Série História das Nações

História Concisa
da Itália

SÉRIE HISTÓRIA DAS NAÇÕES

A Edipro traz para o Brasil uma seleção de títulos
da Série *História Concisa*, originalmente produzida pela
Editora Cambridge, na Inglaterra, e publicada entre os renomados
títulos acadêmicos e profissionais que compõem o seu vasto catálogo.

"Esta série de 'breves histórias' ilustradas, cada qual dedicada a um
país selecionado, foi pensada para servir de livro-texto para estudantes
universitários e do ensino médio, bem como uma introdução histórica
para leitores em geral, viajantes e membros da comunidade executiva."

Cada exemplar da série – aqui intitulada *História das Nações* –
constitui-se num compêndio da evolução histórica de um povo.
De leitura fácil e rápida, mas que, apesar de não conter
mais que o essencial, apresenta uma imagem global
do percurso histórico a que se propõe a aclarar.

Os Editores

O livro é a porta que se abre para a realização do homem.

Jair Lot Vieira

CHRISTOPHER DUGGAN

Série História das Nações

História Concisa da Itália

tradução de Natalia Petroff
Especialista em inglês pela USP-SP e tradutora técnica em inglês,
espanhol e russo nas empresas Sadia (BRF), Hatch, Atech e CH2M HILL.
Professora de russo em cursos de sobrevivência e de inglês.

© Christopher Duggan, 2014

Syndicate of the Press of the University of Cambridge, England.

A Concise History of Italy – Second Edition

© Cambridge University Press, 2014

This publication is in copyright. Subject to statutory exception and to the provisions of relevant collective licensing agreements, no reproduction of any part may take place without the written permission of Cambridge University Press.

Copyright da tradução e desta edição © 2016 by Edipro Edições Profissionais Ltda.

Todos os direitos reservados. Nenhuma parte deste livro poderá ser reproduzida ou transmitida de qualquer forma ou por quaisquer meios, eletrônicos ou mecânicos, incluindo fotocópia, gravação ou qualquer sistema de armazenamento e recuperação de informações, sem permissão por escrito do editor.

Grafia conforme o novo Acordo Ortográfico da Língua Portuguesa.

1ª edição, 2ª reimpressão 2024.

Editores: Jair Lot Vieira e Maíra Lot Vieira Micales
Coordenação editorial: Fernanda Godoy Tarcinalli
Tradução: Natalia Petroff
Editoração: Alexandre Rudyard Benevides
Revisão: Fernanda Godoy Tarcinalli
Diagramação e Arte: Karine Moreto Massoca
Imagem de capa: O Coliseu à noite (Aerobed / iStockphoto)

Dados Internacionais de Catalogação na Publicação (CIP)
(Câmara Brasileira do Livro, SP, Brasil)

Duggan, Christopher
　　História concisa da Itália / Christopher Duggan – São Paulo : Edipro, 2016. (Série História das Nações)

　　Título original: A Concise History of Italy.
　　ISBN 978-85-7283-951-8

　　1. Itália – História I. Título. II. Série.

15-10956　　　　　　　　　　　　　　　　CDD-945

Índice para catálogo sistemático:
1. Itália : História : 945

São Paulo: (11) 3107-7050 • Bauru: (14) 3234-4121
www.edipro.com.br • edipro@edipro.com.br
@editoraedipro @editoraedipro

Sumário

Lista de imagens, mapas e tabelas 9

Prefácio 13

Cronologia 17

Introdução 25

**Capítulo 1 • As determinações geográficas
da desunião** 33

A vulnerabilidade da grande Península 33

Solo e clima 38

**Capítulo 2 • Desunião e conflito:
dos romanos à Renascença (400-1494)** 55

A idade das trevas (400-1000) 55

A era das comunas (1000-1300) 60

Renascença italiana (1300-1494) 70

Capítulo 3 • Estagnação e Reforma (1494-1789) 85

As invasões da Itália 85

O desenvolvimento social e econômico
nos séculos XVI e XVII 90

O século XVIII:
a era das reformas do Iluminismo 99

Capítulo 4 • O surgimento da questão nacional (1789-1849) 111

O impacto da Revolução Francesa 111

Do Concerto da Europa à Revolução (1815-1849) 121

Capítulo 5 • A Itália unificada 143

Cavour e o triunfo dos moderados 146

1860 154

O novo Estado 159

Capítulo 6 • O Estado liberal e a questão social (1870-1900) 169

A tomada de Roma 169

A Itália na década de 1870 172

A luta por um Estado competente (1876-1900) 184

Capítulo 7 • Giolitti, a Primeira Guerra Mundial e a ascensão do fascismo 199

Crescimento econômico e a revolta idealista 199

A experiência política de Giolitti 207

A Itália e a Primeira Guerra Mundial 216

A queda do Estado liberal 222

Capítulo 8 • Fascismo 233

De volta à ordem (1922-1925) 233

Partido e Estado 238

A economia fascista 242

Forjando uma nação fascista 249

A guerra e o fim do fascismo 259

Capítulo 9 • A República 269

A Resistência (1943-1945) 269

A Reconstrução (1945-1948) 272

A Itália na década de 1950 283

Do "milagre econômico" ao protesto social:
a Itália na década de 1960 290

As revoltas de 1968-1973 298

Recessão, terrorismo
e o compromisso histórico de 1973-1982 302

O fim da "Primeira República" 314

A Itália no início do século XXI 325

Ensaio bibliográfico 333

Índice remissivo 353

Lista de imagens, mapas e tabelas

Imagens*

1. Vista do Monte Cammarata na Sicília Ocidental (*Hulton Deutsch Collection*). — 39
2. O imperador Constantino doando o Império Ocidental ao papa Silvestre II (*Getty Images*). — 58
3. Vista aérea de Luca, mostrando o anfiteatro romano (Foto Quilici). — 62
4. Capela Palatina, Palermo (*Mansell Collection*). — 65
5. Siena no século XIV (*Getty Images*). — 71
6. São Bernardino orando na frente do Palazzo Comunale, em Siena (*Getty Images*). — 77
7. Parte da série de telas de Mantegna retratando o triunfo de Julio Cesar (reproduzida com a graciosa autorização de Sua Alteza, a Rainha). — 81
8. Marquesa Brigida Spinola Doria, de Rubens (*National Gallery of Art*, Washington, D.C.). — 92
9. Uma imagem devocional de Nossa Senhora das Graças, 1632 (Biblioteca Ambrosiana, Milão). — 98
10. Um auto de fé na frente da catedral de Palermo, 1724 (curadores do Museu Britânico). — 105
11. A queda de Veneza, 1797 (Biblioteca da University of Reading). — 114
12. Ugo Foscolo (*Getty Images*). — 122

---

* Todos os esforços foram realizados para a obtenção das permissões necessárias para a reprodução do material com direitos autorais, embora em alguns casos tenha sido impossível localizar os detentores do *copyright*. Caso ocorra alguma omissão, teremos prazer em incluir os agradecimentos correspondentes na reimpressão ou em edições posteriores.

10 | HISTÓRIA CONCISA DA ITÁLIA

13. La Marmoras, *c.* 1825 (*Collezione La Marmora*, Biella). 129

14. Mazzini imitando Garibaldi na Jovem Itália (Passigli Editori). 133

15. Giuseppe Garibaldi em 1849 (Biblioteca da University of Reading). 140

16. (a) Cavour, 1856 (Istituto Mazziniano, Gênova). 150
    (b) Mazzini, *c.* 1850 (Istituto Mazziniano, Gênova).

17. Garibaldi entrega o Sul a Vítor Emanuel II (*Hulton Deutsch Collection*). 161

18. Garibaldi em 1862 (Istituto per la Storia del Risorgimento Italiano, 163
    Roma).

19. Um soldado italiano posa com o cadáver do bandido Nicola Napoli- 167
    tano (Editori Riuniti).

20. Trabalhadores rurais e cabanas de palha na Campagna Romana (*Getty* 177
    Images).

21. Monumento para Vítor Emanuel II (*Hulton Deutsch Collection*). 187

22. Francesco Crispi encontra Bismarck em Friedrichsruh, 1887 (Rizzoli 194
    Editore).

23. Emigrantes chegando em Nova York, *c.* 1905 (Giulio Einaudi Editore). 204

24. Giovanni Giolitti, 1908 (UTET, Turim). 210

25. Trabalhadores agrícolas durante uma greve em 1910 (UTET, Turim). 213

26. Os artistas Carlo Carrà, Umberto Boccioni e outros (UTET, Turim; 219
    Giulio Einaudi Editore).

27. Varredoras de rua em Milão (Giulio Einaudi Editore). 221

28. Guerra Civil, 1920-1922 (Gruppo editoriale Fabbri). 229

29. Mussolini com guarda-costas durante uma visita a Londres, 1922 235
    (*Hulton Deutsch Collection*).

30. Dois pôsteres da "batalha dos grãos" (Gruppo editoriale Fabbri). 247

31. Mussolini discursando para uma multidão em Veneza (Editori La- 251
    terza).

32. Mussolini inspecionando membros de organizações femininas fas- 254
    cistas (Gruppo editoriale Fabbri).

33. Palácio da Civilização do Trabalho, de Marcello Piacentini, Roma 258
    (Gruppo editoriale Fabbri).

34. O fim do fascismo. Os corpos de Mussolini e Claretta Petacci, 29 de 271
    abril de 1945 (Editori Laterza).

35. Imagens devocionais ao lado de escritos do Partido Socialista e Co- 275
    munista (*Hulton Deutsch Collection*).

36. Norte e Sul nos anos 1950 (*Getty Images*). 287

37. Manifestação pela aprovação do divórcio em Roma, 1970 (*Hulton Deutsch Collection*). 301

38. O corpo de Aldo Moro, baleado pelas Brigadas Vermelhas, 9 de maio de 1978 (*Getty Images*). 310

39. Cena do primeiro "grande julgamento" dos membros da Cosa Nostra, 1986 (Publifoto, Palermo). 316

40. Desenho de *La Repubblica*, outubro de 1992. 321

41. Silvio Berlusconi dirigindo um encontro de empresários importantes, em Milão, em abril de 2004 (Renato Franceschini). 327

MAPAS

1. A localização da Itália no Mediterrâneo. 34

2. Rios, relevo e principais estradas romanas. 49

3. Zonas dialetais italianas. 52

4. Itália: 1559-1796. 89

5. A unificação da Itália. 158

6. Itália a partir de 1919. 224

TABELAS

1. PIB na Itália: 1861-1988. 42

2. Emigração da Europa para países não europeus. 44

3. População da Itália: 1550-1800. 96

4. Ferrovias: 1840-1900. 152

5. Indicadores demográficos: 1860-1998. 173

6. População das principais cidades italianas: 1800-2000. 174

7. Itália em 1861: variações regionais. 179

8. Comércio exterior na Itália. 193

9. Crescimento médio anual do PIB, da população e do PIB *per capita*: 1896-1913. 200

10. Estudantes universitários. 260

11. Carros particulares em uso: 1914-1998. 304

12. PIB *per capita*: 1870-1988. 307

Prefácio

Uma história da Itália nessa escala não pode trazer nenhuma reivindicação à originalidade ou à abrangência. Minha intenção foi apresentar um estudo sucinto e claro, de algumas das principais urbanizações na Península desde o tempo dos romanos. Os primeiros capítulos e o final têm forte embasamento em outros trabalhos: espero que os autores em questão exercitem a paciência e aceitem, coletivamente, meus calorosos agradecimentos. Talvez inevitavelmente, dadas as limitações de espaço, eu foque principalmente sobre questões políticas (no caso, porém, um pouco mais do que inicialmente previsto). No entanto, tentei inserir, em determinados pontos, discussões de assuntos econômicos, sociais e culturais; e na introdução lancei um rápido olhar em como a localização da Itália na Europa, seu solo, seu clima, seus recursos minerais e sua geografia física influenciaram sua história.

O principal problema com um trabalho como esse é encontrar o segmento temático. No caso da Itália é especialmente difícil: o país existe somente desde 1861 e, estritamente falando, é quando sua história começa, não antes. Antes dessa data, a Península era uma colcha de retalhos de estados, cada um com sua própria história e tradições. Uma solução adotada ocasionalmente é abandonar a narrativa política e, em vez disso, considerar "Itália" essencialmente como uma "expressão geográfica", uma unidade de território, cuja história pode ganhar coerência, centrando-se em amplos temas socioeconômicos e culturais. Isso, no entanto, não é satisfatório, uma vez que a unidade territorial ainda é nacional e política e, na maior parte, tem pouca relação óbvia ou natural com qualquer desses temas.

Existindo um único segmento temático nesse livro, este será sobre o problema da "construção da nação". A Itália passou a existir em 1859-1860, tanto acidentalmente como por projeto. Apenas uma pequena minoria de pessoas acreditava seriamente antes de 1860 que a Itália fosse uma nação, e que deveria formar um Estado unitário; e mesmo essa minoria tinha de admitir que havia pouco, aparentemente, para justificar sua crença: nem a história nem a linguagem, por exemplo, apoiava seu caso. O resultado foi que, uma vez conseguida a união, os governantes da Itália enfrentaram a difícil tarefa de criar um sentimento de identidade coletiva e de vínculo da população da Península com as novas instituições nacionais. Alternando-se entre soluções materialistas e idealistas, não conseguiram, em geral, criar uma fórmula satisfatória.

Os dois primeiros capítulos deste livro visam principalmente a dar alguma ideia dos obstáculos – naturais e históricos – que tornaram tão difícil a tarefa de construir uma nação na Itália após 1860. Proporcionam pouco mais que uma introdução à parte principal do livro, que enfoca os últimos duzentos anos. Assim, as seções sobre a Idade Média e o Renascimento são extremamente superficiais. Inicio com a queda do Império Romano, pois foi então que a fragmentação política da Península teve início. O capítulo final vem até o presente. A Itália atualmente enfrenta enormes desafios econômicos.* Embora seus resultados, em termos políticos, sejam muito difíceis de prever, as tensões entre as identidades locais, nacionais e supranacionais, que tantas vezes caracterizaram a história moderna do país, são suscetíveis de fazer da Itália um barômetro de futuras tendências europeias – como em muitas ocasiões importantes nos últimos dois séculos.

A primeira edição deste livro surgiu na primavera de 1994, quando a Itália parecia estar em uma encruzilhada. Silvio Berlusconi acabara de ser eleito primeiro-ministro, e os partidos que tinham dominado a vida política do país durante quase meio século foram sendo varridos na sequência de um enorme escândalo de corrupção e uma ofensiva bastante aplaudida, pelo Judiciário. Quase vinte anos mais tarde, as esperanças geradas naquele tempo, de uma mudança na raiz da cultura política, parecem ter sido perdidas. A chamada "Segunda República" revelou-se muito semelhante à "Primeira" em muitos aspectos fundamentais. Para a segunda edição, atualizei o último capítulo para cobrir a extraordinária era de Silvio Berlusconi, que deixou o país enfrentando problemas sem dúvida muito mais graves do que quando primeiro tomou o poder. Também fiz algumas pequenas alterações nos capítulos anteriores para refletir recen-

---

*   A edição original da presente obra foi publicada pela Cambridge em 2014. (N.E.)

PREFÁCIO | 15

tes mudanças de conhecimento – especialmente em relação ao *Risorgimento* e ao período fascista.

Várias pessoas gentilmente estudaram os rascunhos da primeira edição desse livro. Sou especialmente grato ao Professor Adrian Lyttelton por ler o texto inteiro e fazer comentários perspicazes. Denis Mack Smith, o Professor Donald Matthew e o Professor John A. Davis leram diversos capítulos, oferecendo sugestões extremamente valiosas. A Dra. Shirley Vinall, o Professor Percy Allum, o Dr. Jonathan Morris e a Dra. Patricia Morison também leram capítulos específicos e ofereceram conselhos muito úteis. O Professor Giulio Lepschy indicou várias melhorias para a primeira seção e ajudou com o mapa de dialetos italianos e com a tabela de exemplos desses. Meus agradecimentos a todos os que participaram. Naturalmente, assumo total responsabilidade por quaisquer erros que tenham permanecido.

CRONOLOGIA

410	Os visigodos, liderados por Alarico, saqueiam Roma.
476	Rômulo Augusto, o último imperador romano no Ocidente, é derrubado por Odoacro.
493	Teodorico, rei dos ostrogodos, derrota Odoacro e estabelece um governo na Itália.
535-553	O imperador oriental em Bizâncio tenta reaver a Itália dos ostrogodos, durante as "Guerras Góticas".
568-569	Os lombardos invadem a Itália e ocupam o Norte até Milão.
751-755	Os lombardos capturam Ravena e lançam-se contra Roma; o papa Estevão II pede ajuda aos francos; a "Doação de Constantino" ocorre em Roma nesta época.
773-774	Carlos Magno conquista o reino dos lombardos e é eleito rei.
800	Carlos Magno é coroado imperador pelo papa Leão III, na catedral de São Pedro, em Roma.
827	As incursões árabes começam a invadir a Sicília e o sul da Itália.
962	O rei alemão, Otto I, é coroado imperador em Roma, depois de conquistar boa parte do norte da Itália.
1072	Forças normandas tomam Palermo e garantem o controle de boa parte da Sicília dos árabes.
c. 1080-1130	O movimento comunal vê muitas cidades do norte e do centro da Itália afirmarem sua autonomia em relação ao governo imperial.
1152	Frederico Barbarossa torna-se imperador e prepara-se para restaurar a autoridade imperial na Itália.
1176	Barbarossa é derrotado pelas cidades da "Liga Lombarda" na Batalha de Legnano.

c. 1225-1250	O imperador Frederico II empenha-se para reafirmar a autoridade imperial sobre as comunas; partidários dos guelfos (pró-papa) e dos gibelinos (pró-império) surgem em muitas cidades.
1266	Carlos I de Anjou derrota o filho de Frederico II, Manfredo, na Batalha de Benevento e assume o controle do sul da Itália e da Sicília, em nome da causa dos gibelinos.
1282	A revolta das "Vésperas sicilianas" contra os franceses, em Palermo, leva à tomada da Sicília pelos aragoneses.
1302	Dante Alighieri (1265-1321) é banido de Florença, sua cidade natal, após anos de lutas violentas entre as facções Negra e Branca dos guelfos; no exílio ele escreve a *Divina Comédia*.
1309-1377	Os papas residem em Avignon.
1343-1346	Falência dos Bardi, dos Peruzzi e de outras casas bancárias florentinas.
1378	Revolta dos cardadores de lã florentinos (*Ciompi*).
1378-1417	A cisma papal: papas rivais em Roma, Avignon e, mais tarde, Pisa.
1442	Alfonso de Aragão conquista o Reino de Nápoles.
1454	O Tratado de Lodi encerra várias décadas de conflito entre Estados na Itália.
1494	A invasão da Itália por Carlos VIII da França marca o começo de várias décadas de lutas entre franceses, espanhóis e as forças imperiais, pelo controle da Península.
1513	Nicolau Maquiavel escreve *O Príncipe*.
1527	O Saque de Roma pelas tropas alemãs e espanholas.
1542	Estabelecimento da Inquisição Papal (romana).
1559	O Tratado de Paz Cateau-Cambrésis reconhece o controle espanhol da maior parte da Itália.
1630	Praga em Milão e em outras partes do norte da Itália – retratada no romance *I Promessi Sposi* (*Os noivos*), de Alessandro Manzoni (1ª edição em 1827).
1647-1648	Revoltas em Nápoles e Palermo contra o governo espanhol.
1701-1714	A Guerra da Sucessão Espanhola faz que todas as propriedades dos Habsburgos espanhóis passem para os Habsburgos austríacos.
1734	Carlos de Bourbon torna-se o rei de Nápoles e da Sicília.
1748	O Tratado de Aix-la-Chapelle encerra a Guerra de Sucessão Austríaca e confirma o domínio dos Habsburgos austríacos na Itália.
1763-1764	A fome atinge Nápoles, Florença, Roma e outras cidades.
1796	Napoleão Bonaparte invade a Itália, derrota os austríacos e estabelece a República Cisalpina.

1797	Veneza rende-se à Áustria com o Tratado de Campoformio, encerrando a história de Veneza como uma República independente.
1805	Napoleão é coroado rei da Itália, em Milão.
1807	Ugo Foscolo escreve o poema patriótico *Dei Sepolcri* (Os Sepulcros).
1808	As tropas francesas ocupam Roma: Joaquim Murat torna-se o rei de Nápoles.
1814-1815	O Congresso de Viena e a Batalha de Waterloo (18 de junho de 1815) colocam um fim na era napoleônica; o Reino Lombardo-Vêneto é anexado à Monarquia de Habsburgo; o rei Vítor Emanuel I é reconduzido ao Reino de Piemonte-Sardenha, o grão-duque Fernando III, ao ducado de Toscana, o duque Francis IV, ao ducado de Modena, o rei Fernando IV, ao Reino de Nápoles.
1820-1821	Revoluções são deflagradas em Nápoles, Palermo e Piemonte; a Quádrupla Aliança (Áustria, Prússia, Grã-Bretanha e Rússia) sanciona o princípio da intervenção contra a Revolução na Itália.
1831	Revoluções no Ducado de Modena e em partes dos Estados Papais; Giuseppe Mazzini (1805-1872) funda a sociedade patriótica secreta Giovine Italia (Itália Jovem).
1840-1842	Alessandro Manzoni publica uma versão revisada de *I Promessi Sposi* (*Os Noivos*), no idioma literário toscano.
1843-1844	Publicação de *Del Primato Morale e Civile degli Italiani* (Sobre a proeminência moral e civil dos italianos), de Vincenzo Gioberti, e de *Delle Speranze d'Italia* (Sobre a esperança da Itália), de Cesare Balbo.
1846	Eleição do Papa Pio IX.
1848	Revoluções são deflagradas por toda a Itália (janeiro-março); o rei Carlos Alberto de Piemonte-Sardenha outorga uma Constituição (*Statuto*), declara guerra à Áustria e entra na Lombardia depois de cinco dias de luta nas ruas de Milão (março); Daniele Manin proclama uma República em Veneza; Pio IX condena a guerra contra a Áustria (29 de abril); Carlos Alberto é derrotado pelos austríacos em Custoza e retira-se da Lombardia (julho-agosto).
1849	Depois da fuga de Pio IX, é declarada a República Romana (fevereiro); Carlos Alberto reassume a guerra contra a Áustria, é derrotado em Novara, e abdica a favor de seu filho, Vítor Emanuel II (23 de março); as tropas francesas derrotam a República Romana (junho); a República de Veneza cai em mãos dos austríacos depois de um cerco (agosto).
1852	Camilo Benso, conde de Cavour, torna-se o primeiro-ministro do condado de Piemonte-Sardenha.
1855	Piemonte une-se à aliança anglo-francesa, na Guerra da Crimeia.

1858	Cavour e o imperador Napoleão III encontram-se secretamente em Vosges para planejar uma guerra contra a Áustria e uma nova ordem política na Itália (julho).
1859	A Áustria declara guerra a Piemonte (abril); surgem levantes na Toscana, em Parma, em Modena e em partes dos Estados Papais; as forças francesas e piemontesas derrotam os austríacos em Magenta (4 de junho), San Martino e Solferino (24 de junho); é assinado um armistício com a Áustria em Villafranca, e a Lombardia é anexada a Piemonte; assembleias eleitas nos ducados da Itália central e as missões diplomáticas papais votam pela anexação de Piemonte (agosto-setembro).
1860	Nice e Savoy são concedidas a Napoleão III por Piemonte; uma insurreição irrompe na Sicília (abril); Giuseppe Garibaldi desembarca em Marsala (11 de maio) liderando uma força voluntária ("Expedição dos Mil"), derrota as tropas de Bourbon, em Calatafimi (15 de maio), toma Palermo, e entra em Nápoles (7 de setembro); as tropas piemontesas entram nos Estados Papais (18 de setembro); acontecem os plebiscitos sobre a anexação no Reino das Duas Sicílias (21 de outubro), a Úmbria e as Marcas (4 de novembro).
1861	Acontecem as primeiras eleições para o novo Parlamento italiano; o Reino da Itália é formalmente constituído e Vítor Emanuel II assume o título de rei da Itália (17 de março); Cavour morre (6 de junho); escalada de violência e desordem no Sul, dando início ao que se tornou conhecido como a "guerra aos brigantes".
1862	Garibaldi tenta marchar sobre Roma a partir da Sicília e é interceptado nas encostas de Aspromonte (julho).
1864	Pio IX publica o *Syllabus dos Erros*, ampliando a distância entre a Igreja e o Estado liberal.
1865	A capital mudou de Turim para Florença; primeira menção da "Máfia" em um documento oficial.
1866	A Itália entra na guerra austro-prussiana e é derrotada pelos austríacos: em terra, em Custoza (24 de junho), e no mar, em Lissa (20 de julho); o Vêneto é entregue pela Áustria a Napoleão III, que o transfere para a Itália.
1870	As tropas italianas entram em Roma depois da retirada das tropas francesas e da derrota de Napoleão III pelos prussianos (20 de setembro); Roma e Lácio são anexados por plebiscito; Pio IX denuncia a apreensão de Roma e excomunga Vítor Emanuel II.
1871	A Lei de Garantias oferece proteção e independência ao papado, mas é rejeitada por Pio IX; a capital é transferida para Roma.

1876	Agostino Depretis torna-se primeiro-ministro do primeiro governo de esquerda.
1878	O rei Vítor Emanuel morre e é sucedido por seu filho, Humberto I (9 de janeiro).
1882	A reforma eleitoral avança; a Itália une-se à Tríplice Aliança com a Alemanha e a Áustria-Hungria; morre Garibaldi (2 de junho).
1887	Francesco Crispi torna-se primeiro-ministro e dá início a uma política externa agressiva na Europa e na Etiópia.
1892	Fundação do Partido Socialista Italiano; a deflagração do escândalo da Banca Romana ameaça as finanças públicas e a credibilidade do Parlamento.
1894	Crispi declara "estado de sítio" na Sicília e reprime o movimento socialista do Fasci Siciliani [Liga dos Trabalhadores Sicilianos] (janeiro).
1896	As forças italianas são derrotadas na Etiópia, na Batalha de Adua (1º de março).
1900	O rei Humberto I é assassinado por um anarquista e é sucedido por seu filho, Vítor Emanuel III (29 de julho).
1901	Giovanni Giolitti entra no governo de Giuseppe Zanardelli e promove uma política conciliatória com os socialistas.
1903	Giolitti torna-se primeiro-ministro.
1908	Publicação da revista *La Voce*, por Giuseppe Prezzolini.
1910	Fundação da Associação Nacionalista Italiana, em Florença (dezembro).
1911	Itália declara guerra à Turquia e invade a Líbia (29 de setembro).
1912	Introdução do sufrágio masculino quase universal.
1914	Semana Vermelha (junho); deflagração da Primeira Guerra Mundial e declaração de neutralidade pela Itália (agosto); Mussolini funda *Il Popolo d'Italia* [O povo da Itália] e é expulso do Partido Socialista (novembro).
1915	Tratado de Londres, com a Grã-Bretanha, a França e a Rússia (26 de abril); Itália declara guerra à Áustria (24 de maio).
1917	Derrota da Itália em Caporetto (outubro).
1918	A vitória italiana em Vittorio Veneto e o armistício com a Áustria (4 de novembro).
1919	Mussolini funda o *Fasci di Combattimento* [Grupos Italianos de Combate] (23 de março); D'Annunzio ocupa Fiume (setembro).
1920	Ocupação das fábricas (setembro); ação paramilitar por grupos fascistas se intensifica.

1921	Fundação do Partido Comunista Italiano (PCI) depois da cisão no Partido Socialista no Congresso de Livorno (janeiro); os fascistas entram na lista de candidatos ao governo nas eleições gerais (maio); fundação do Partido Fascista (PNF) (novembro).
1922	Marcha sobre Roma; Mussolini é nomeado chefe de um governo de coalizão (28-29 de outubro).
1923	Fusão dos nacionalistas com o PNF (fevereiro); ocupação de Corfu pelas forças italianas (agosto).
1924	Vitória fascista nas eleições gerais (abril); assassinato do líder socialista Giacomo Matteotti e retirada de partidos de oposição do Parlamento (junho).
1925	Mussolini admite a responsabilidade pela violência fascista e dá início a uma ditadura (3 de janeiro).
1926	Atentados seguidos à vida de Mussolini, todos os partidos de oposição são banidos e o poder da Polícia é fortalecido com uma Lei de Segurança Pública (novembro).
1929	Assinatura do Tratado de Latrão, levando ao fim o conflito entre o Vaticano e o Estado italiano (11 de fevereiro).
1935	A Itália invade a Etiópia (outubro); sanções são impostas pela Liga das Nações.
1936	Proclamação do Império Italiano (9 de maio); as forças italianas intervêm na Guerra Civil Espanhola; Mussolini declara a existência de um Eixo Roma-Berlim (setembro).
1938	Mussolini aceita a anexação da Áustria por Hitler (março); introdução de Leis Raciais Fascistas (setembro).
1939	A Itália ocupa a Albânia (abril); o Pacto de Aço é assinado na Alemanha (22 de maio); eclosão da guerra entre Alemanha, França, Grã-Bretanha e Itália declara sua "não beligerância" (setembro).
1940	A Itália declara guerra à França e à Grã-Bretanha (10 de junho); a Itália invade a Grécia (28 de outubro).
1941	A Marinha italiana é derrotada no Cabo Matapão (março); as forças expedicionárias italianas são enviadas à Rússia.
1942	A Batalha de El Alamein abre o caminho para a perda da Líbia (novembro)
1943	As forças aliadas desembarcam na Sicília (10 de julho); Mussolini é demitido como primeiro-ministro por Vítor Emanuel III e substituído por Pietro Badoglio (25 de julho); é assinado um armistício com os Aliados (3 de setembro); Mussolini é libertado pelos alemães (12 de setembro) e estabelece a República de Salò [República Social Italiana].
1944	Roma é libertada pelos Aliados (4 de junho).

1945	Ofensiva dos Cem Dias no norte da Itália. Mussolini é executado pelos *partisans* [guerrilheiros] (28 de abril).
1946	Realização de eleições para a Assembleia Constituinte e referendo sobre a monarquia (2 de junho); a Itália torna-se uma República.
1948	A nova Constituição entra em vigor (1º de janeiro); os democrata--cristãos ganham a maioria absoluta dos assentos nas eleições gerais (18 de abril).
1956	O relatório de Khrushchev sobre Stalin e a invasão soviética da Hungria provoca deserções do PCI.
1957	O Tratado de Roma é assinado (25 de março) e a Itália torna-se membro da Comunidade Econômica Europeia.
c. 1958-1963	Anos de crescimento econômico excepcional, conhecido como "milagre econômico".
1958-1963	Pontificado de João XXIII.
1967-1968	Protestos e manifestações violentas de estudantes contra o sistema universitário e a Guerra do Vietnã.
1969	A montagem da militância sindical culmina no "Outono Quente"; uma bomba plantada por neofascistas na Piazza Fontana, em Milão, mata dezesseis pessoas (dezembro).
1970	Introdução do "Estatuto do Trabalhador" (maio); introdução da lei do divórcio (dezembro).
1973	O líder do PCI, Enrico Berlinguer, propõe o "compromisso histórico".
1976	O PCI obtém sua maior votação nas eleições gerais (34,4%) (junho).
1978	O líder democrata-cristão Aldo Moro é morto pelas Brigadas Vermelhas (9 de maio); instituída a lei do aborto (22 de maio); João Paulo II é eleito papa (outubro).
1980	Uma bomba na estação ferroviária de Bolonha mata 85 pessoas (agosto).
1981	Giovanni Spadolini, líder do Partido Republicano, torna-se o primeiro primeiro-ministro não democrata-cristão, desde 1945.
1982	O general Carlo Alberto dalla Chiesa é morto pela Cosa Nostra, em Palermo (3 de setembro).
1983-1987	Bettino Craxi, líder do Partido Socialista, é o primeiro-ministro.
1991	O PCI é dissolvido e divide-se em Partido Democrático de Esquerda e Partido da Refundação Comunista.
1992	Início do escândalo de *tangentopoli*; a Liga Norte separatista avança significativamente nas eleições gerais (abril); o principal investigador antimáfia, Giovanni Falcone, é assassinado na Sicília (23 de maio).

1994	Silvio Berlusconi lança o Partido Forza Italia e torna-se o primeiro-ministro de um governo de coalizão entre a Liga Norte e a Alleanza Nazionale de extrema-direita.
1995-1996	O governo tecnocrata de Lamberto Dini ajuda a recuperar a credibilidade nas finanças públicas.
1998	A Itália garante o acesso à moeda única europeia (maio).
2001-2006	Berlusconi é o primeiro-ministro à frente da coalizão de centro-direita Casa das Liberdades [*Casa delle Libertà – CdL*].
2011	Berlusconi é obrigado a se demitir como primeiro-ministro em meio à crescente preocupação internacional com as finanças públicas da Itália; Mario Monti o substitui na liderança de um governo tecnocrata (novembro).*

---

* Mario Monti esteve à frente do governo de 2011 a 2013, de forma independente. Em abril de 2013 foi sucedido por Enrico Letta, do Partido Democrático, que governou até fevereiro de 2014. Matteo Renzi, também pelo Partido Democrático, governou de 2014 a dezembro de 2016. Paolo Gentiloni, ainda pelo Partido Democrático, assumiu de dezembro de 2016 a junho de 2018. Giuseppe Conte iniciou seu governo em junho de 2018, após uma coligação entre o Movimento 5 Estrelas e a Liga Norte; posteriormente, em agosto do mesmo ano, passou a governar pela aliança entre o Movimento 5 Estrelas e o Partido Democrático, renunciando ao cargo em fevereiro de 2021. Mario Draghi, sem filiação partidária, sucedeu o governo de fevereiro de 2021 a outubro de 2022. Giorgia Meloni, atual primeira-ministra, iniciou seu governo em outubro de 2022, pelo Partido Fratelli d'Italia, sendo a primeira mulher a ocupar o cargo, no qual permanece até o momento do fechamento da reimpressão desta edição em 2024. (N.E.)

Introdução

No final da Primavera de 1860 Giuseppe Garibaldi, um extravagante soldado em situação irregular, tendo passado grande parte da vida no exterior combatendo como um líder guerrilheiro, zarpou para a Sicília, de um porto perto de Gênova. A bordo de seus dois pequenos navios havia um grupo heterogêneo de alunos e aventureiros, muitos deles mal saídos da adolescência. Sua missão era unificar a Itália. As perspectivas de sucesso pareciam limitadas: o grupo estava mal armado, e poucos deles tiveram alguma experiência em guerra ou administração. Além disso, não constituíam uma propaganda promissora para a futura nação. Entre os mil e tantos voluntários havia húngaros e poloneses, e o contingente italiano incluía um número desproporcional da pequena cidade setentrional de Bérgamo. Entretanto, no espaço de poucos meses, eles conseguiram conquistar a Sicília e o continente ao sul dos Bourbon; e, em março de 1861, Vítor Emanuel II, rei de Piemonte-Sardenha, tornou-se o primeiro rei da Itália unida.

O sucesso de Garibaldi e seus "Mil" foi notável e inesperado; e quando a euforia assentou, muitos observadores sóbrios se perguntaram se o Estado italiano sobreviveria. França e Áustria, as duas maiores potências continentais da época, ambas ameaçavam invadir o novo Reino, dissolvê-lo e reconstituir os Estados Pontifícios, anexados por Vítor Emanuel no curso da unificação. Uma ameaça muito mais insidiosa a longo prazo, para a sobrevivência do Estado novo, no entanto, era a ausência de qualquer sentimento de comprometimento ou de lealdade ao Reino entre todos, exceto uma pequena minoria da população. Os novos governantes do país justificavam suas demandas por impostos pesados e serviço militar, medidas frequentemente repressivas e instituições desconhecidas, apelando para a santidade e inviolabilidade da "nação" italiana; mas para a esmagadora massa de italianos, a "nação italiana", na verdade a "Itália" em si, não significava quase nada.

A falta de lealdade para com o Estado novo assombrou os intelectuais do país por muitos anos depois de 1860. Inicialmente, havia alguma esperança de que a introdução de instituições liberais e o livre-comércio desencadeariam o surgimento de talentos e energias de um povo que tinha dado ao mundo a civilização da Roma Antiga e o Renascimento; e a nova prosperidade, imaginava-se, geraria apoio para a ordem liberal e seus líderes. Isso logo se mostrou ilusório. Ao final da década de 1870 a agitação socioeconômica começou a corroer as velhas certezas. A desilusão cresceu; e outras ideias políticas menos liberais vieram à tona, exigindo que se resolvesse o problema de como gerar nos italianos sentimentos de compromisso com o Estado. Essas ideias culminaram no experimento fascista da década de 1920 e 1930. A catástrofe da Segunda Guerra Mundial deu à Itália o que foi, sem dúvida, seu conjunto mais coeso de valores desde 1860, os valores de antifascismo. Mas na década de 1990 esses estavam sendo desafiados.

Se a tarefa de forjar uma "identidade nacional" coletiva revelou-se tão difícil, uma das razões foi a ausência de qualquer substância política à ideia de uma Itália unificada antes do século XIX. Historiadores patrióticos e propagandistas alegavam discernir uma consciência nacional nas lutas das cidades medievais (ou "comunas") contra os imperadores do Sacro Império Romano, ou no apelo de Maquiavel para a expulsão dos invasores "bárbaros" no início do século XVI; mas essas interpretações eram forçadas. A história da Península, após a queda do Império Romano, foi confusão e divisão, um "tumulto de povos, Estados e instituições", de acordo com o filósofo Giuseppe Ferrari em 1858. O historiador Arnold J. Toynbee observou que havia mais estados independentes na região central da Itália no século XIV do que em todo o mundo em 1934. Dada essa tradição de fragmentação política, não é surpreendente que tantos italianos achassem difícil identificar-se com o Reino unificado após 1860.

Isso não é dizer que a ideia da Itália foi totalmente sem significado político antes do século XIX. O papado do tempo de Gregório VII, no final do século XI, incitara "todos os italianos" a resistirem às reivindicações dos imperadores alemães de soberania alemã na Península; e no século XIII Manfred, o governante Hohenstaufen da Sicília, usara a "Itália" como um bastão para abater seus oponentes franceses. Entretanto, o conceito não foi amplamente empregado, e seu principal apelo fora para escritores e poetas, não para políticos. Os humanistas do Renascimento eram seus especiais apaixonados, embora muito de seu entusiasmo pelo termo *Itália* derivasse do fato de ter sido largamente usado por autores latinos, os quais desejavam seguir. Durante o *Risorgimento* – o movimento de renascimento nacional no início e em meados do século XIX –, muitos patriotas famosos eram escritores profissionais, como Alessandro Manzoni, ou então tinham inclinações literárias muito fortes, como Massimo d'Azéglio ou Giuseppe Mazzini. Um número notável dos "Mil" de Garibaldi produziram relatos de seus feitos em 1860. O próprio Garibaldi escrevia poesia.

Se a ideia da Itália prosperou fortemente entre os homens das letras, isso deu-se muito, também, na Idade Média e após, nos pensamentos de expatriados e exilados. Provavelmente nenhuma outra região da Europa produzira tantos emigrantes no decorrer dos séculos, parcialmente porque a população da Península sempre tendeu a ultrapassar os recursos disponíveis e parcialmente, ainda, porque o banimento por longo tempo fora uma punição padrão para políticos criadores de caso. Sob a influência da nostalgia, e jogados juntos talvez pela primeira vez, napolitanos e sicilianos, piemonteses e venezianos, puderam esquecer de suas diferenças e reunir uma comunidade imaginária à qual todos pertenciam. Foi durante o exílio que Brunetto Latini, retórico florentino do século XIII, chegou à conclusão de que "a Itália é um país melhor do que a França"; Petrarca descobriu seu grande amor pela "Itália" durante o tempo que passou em Avignon; e a devoção de Mazzini à causa da unidade italiana foi sustentada durante trinta anos nos subúrbios de Londres.

Se a consciência de ser "italiano" muitas vezes surgiu por meio do contato com o mundo exterior, também residia em certas premissas culturais reais, ao menos desde a Idade Média. Dante queixava-se que a Itália de seus dias possuía mais de mil línguas diferentes; mas o fato permanece que mercadores, mercenários, artesão, frades e pedintes atravessavam a Península e presumivelmente faziam-se entender sem tantas dificuldades. A evolução de uma língua literária comum a partir do século XIV, na base da escrita toscana, ajudou a reunir os cultos, enquanto as realizações artísticas e intelectuais da Renascença, e a enorme riqueza das cidades-Estados, deu para muitos italianos sentimentos de distinção e superioridade. "De manhã à noite", disse o escritor do século XVI Matteo Bandello, aludindo às realizações de exploradores como Cristóvão Colombo e Américo Vespúcio, "ouvimos que o Novo Mundo foi descoberto por espanhóis e portugueses, entretanto fomos nós, os italianos, que lhes mostramos o caminho."

Esses vislumbres de nacionalismo cultural, no entanto, contrastavam fortemente com a fragmentação política da Península do século VI. Uma sucessão de invasões estrangeiras, multiplicidade de estados, disputas pela soberania e intermináveis guerras domésticas fizeram a ideia de Itália intelectualmente enganosa. "No que [a Itália] consiste?", perguntou Giuseppe Ferrari: "Qual é a ligação entre as repúblicas, os tiranos, os papas, os imperadores? [...] A sabedoria nada nos esclarece: na verdade, longe de nos guiar, ela simplesmente evidencia o caos." A ausência de quaisquer temas de união no passado da Itália fez uma narrativa histórica coerente da Península, do tipo que daria substância à ideia de Itália, extremamente difícil de escrever, e nenhuma das tentativas feitas por humanistas estudiosos nos séculos XV e XVI chegaram perto de ter sucesso. A única exceção possível foi a de Francesco Guicciardini. A primeira *História da Itália* em inglês, escrita pelo galês William Thomas em 1549, teve um subtítulo revelador: "Um livro extremamente produtivo de se ler, pois trata sobre o estado de muitas e diversas comunidades como foram e são governadas".

A moda pela escrita histórica na Itália durante o Renascimento declinou no século XVII, e ninguém procurou seguir Guicciardini e tentar escrever uma história coerente da Península. Em parte isso aconteceu porque a preeminência cultural da Itália – sobre a qual colocara-se tanto sentimento "nacional" na Idade Média posteriormente –, desaparecera, e agora havia poucos motivos para a visualização da Península como um todo distinto. Entretanto, o surgimento do movimento intelectual conhecido como Iluminismo, no início do século XVIII, começou a mudar essa situação. Um sentimento agora desenvolvido entre os cultos era de que os vários estados italianos ficaram para trás do restante da Europa; e esse sentimento, combinado com um novo interesse em questões econômicas e sociais, encorajou mais uma vez os escritores a verem a Península como uma unidade. A obra histórica mais notável do período, de Ludovico Antonio Muratori, *Antiquitates Italicae Medii Aevi* (1738-1742), alcançou uma visão integrada da Itália na Idade Média, abandonando a estrutura convencional de narrativa política e, em vez disso, focando em categorias como lei, comércio e operações militares.

Entretanto, os estudiosos italianos do Iluminismo pertenciam a um movimento cosmopolita, e sua preocupação não era tanto o estabelecimento da identidade da Itália, mas o alinhamento da Península com a Europa por meio da eliminação de anacronismos feudais e privilégios. A Revolução Francesa e o nascimento do nacionalismo romântico destruíram esse cosmopolitismo. A ideia da Itália agora adquiria uma compleição nova e radical, conforme surgiu a visão de que a Península não era só distinta, mas também uma "nação", merecendo a independência tanto quanto a França ou a Grã-Bretanha. Propagandistas vasculhavam o passado da Itália em busca de provas que apoiassem essa crença, cientes, como escreveu o aristocrata piemontês Cesare Balbo em 1850, de que, "na ausência de conduta virtuosa (e infelizmente esse é o nosso caso), a história é muito útil, a melhor base possível para um programa político nacional".

O problema, no entanto, permaneceu: o que era a essência da Itália? Aqueles, como Giuseppe Ferrari, que favoreceram uma solução federal para a questão nacional, salientaram as lutas das comunas na Idade Média pela independência do Sacro Império Romano: a Itália, de acordo com essa visão, era a somatória de suas partes autônomas. Por outro lado, aqueles como Cesare Balbo, que esperavam que o papado tomaria um papel de liderança na formação da nova nação, preferiram enfatizar a permanência dos papas medievais contra os imperadores alemães, subestimando o fato de que muitas vezes o papado e as comunas também estavam em desacordo. Às vezes, o que era na realidade uma revolta social ou um conflito local, foi reformulado em um molde "nacional". Michele Amari, o grande historiador siciliano (e futuro Ministro da Educação), escreveu um relato do levante brutal em Palermo contra os franceses de 1282, conhecido como as Vésperas sicilianas, descrevendo-as como um episódio de nacionalismo revolucionário em vez de (mais prosaica e corretamente) uma Revolta dos Jacques.

As distorções a que o registro histórico foi submetido pela causa nacional indicam o quanto a ideia de unidade apoiava-se na suspensão voluntária da descrença para levá-la à frente. Alguns patriotas, sem dúvida, viam a unificação como uma forma de alcançar objetivos econômicos racionais, como um maior mercado interno ou uma moeda única; porém não representavam a maioria, nem eram especialmente influentes. Em geral, o *Risorgimento* atraía mais aqueles grupos das classes médias – profissionais, estudantes, a burguesia provincial –, para quem a ideia de Itália despertou emoções fortes, porém vagas, que deixavam pouco espaço para a reflexão. Era essa gente que aplaudia freneticamente quaisquer alusões patrióticas nas óperas de Giuseppe Verdi: o refrão de abertura de sua *La Battaglia di Legnano* (A Batalha de Legnano) (1849), por exemplo, ("Vida longa para a Itália! Um pacto sagrado une todos os seus filhos"), foi recebido na primeira noite com gritos de êxtase de "Viva a Itália!". O assunto da ópera – a derrota do Imperador Barbarossa pela Liga Lombarda em 1176 – foi um dos principais episódios da historiografia nacionalista.

Alguns patriotas temiam o quanto a retórica serviu para ocultar a verdade sobre a condição da Itália. "Um pouco de idolatria do passado, misturada com sonhos dourados de um futuro remoto: realidade – o presente –, nunca", reclamava o piemontês liberal, Giacomo Durando, que desejava uma solução federal para a questão italiana. Entretanto, mesmo os mais sóbrios sucumbiam à elaboração de mitos. O grande escritor católico, Alessandro Manzoni, rejeitou a Idade Média como um tempo de violência e divisão, mais do que um protonacionalismo glorioso, ele, porém, ainda sentia a necessidade de criar um mito histórico alternativo, baseado na imaginária paciência e humildade dos italianos comuns ao longo dos séculos. Para ele, a Itália essencial permanece nos momentos mais silenciosos e obscuros do passado, como os que sucederam as invasões da Lombardia do século VI, ou durante a ocupação espanhola do século XVII, cenário de sua obra mais famosa, o romance histórico *I Promessi Sposi* (Os Noivos), com a primeira publicação em 1827.

Enquanto o movimento nacional tomava um impulso na década de 1840, também o fazia o desejo de ignorar as divisões do passado. "O senhor não sabia... que a palavra mais cruel que se pode jogar [na Itália] é 'diversidade'", Manzoni indagara Alphonse de Lamartine, em abril de 1848, "e que isso... resume uma longa história de sofrimento e degradação?" Entretanto a própria visão humilde de unidade de Manzoni gozava de pouco sucesso com o público. Muito mais atraentes eram as elevadas e vagas reivindicações pela grandeza da Itália encontradas no programa democrático de Mazzini (com sua noção de uma gloriosa "Terceira Roma" que liberaria toda a Europa) e nos escritos desses nacionalistas moderados, como o sacerdote piemontês Vincenzo Gioberti. Sua obra *Del Primato morale e Civile degli Italiani* (Da Supremacia Moral e Civil dos Italianos) (1843) teve surpreendente sucesso (apesar de medíocre e fatigante), um resultado em grande parte de sua mensagem bastante crua sobre a superioridade cultural da Itália, antiga e moderna.

Os acréscimos literários e retóricos que se acumularam em torno da ideia da Itália desempenharam um papel importante na geração de entusiasmo pela unificação; eram também um risco grave para o novo Reino. A realidade da Itália unida ficou muito aquém das expectativas; inevitavelmente, assim, séculos de divisão política e atraso socioeconômico não poderiam ser facilmente superados. Essa verdade dolorosa, no entanto, foi difícil de reconhecer e até mesmo mais difícil de aceitar. Muitos, em todos os níveis da sociedade, de proprietários e intelectuais a operários e camponeses, voltaram sua raiva para o novo regime e seus líderes. Sob ameaça e com sua própria fé, naquilo que tinham conseguido, diminuindo, os governantes da Itália começaram a brincar com medidas políticas e métodos que só serviram para enfraquecer ainda mais a credibilidade do Estado liberal. O resultado foi uma crise de legitimidade que levou Mussolini a tornar-se primeiro-ministro em 1922.

O regime fascista esforçou-se muito para incutir na população italiana um sentido de identidade nacional e, assim, superar lealdades discordantes locais, regionais e de classe, que tinham trazido o país à beira da aparente não governabilidade em várias ocasiões desde 1860. Libertado das restrições ideológicas do liberalismo, o fascismo usou o poder do Estado numa escala sem precedentes para coagir e moldar: propaganda, educação e guerra foram os principais instrumentos de doutrinação; e a Roma Antiga foi elevada para o repositório histórico de valores morais e políticos nacionais. No entanto, a aliança fracassada de Mussolini com o nazismo e sua tentativa de importar doutrinas notoriamente estranhas, como o antissemitismo, destruíram grande parte da credibilidade do regime; e o fiasco da Segunda Guerra Mundial fez o resto.

O colapso do fascismo desacreditou a retórica da grandeza nacional (e em certa medida, a própria ideia de "nação") que tinha apoiado o regime de Mussolini; mas ao mesmo tempo ajudou a resolver a identidade política do país. Para a realidade da derrota em 1945, foi que a Itália não teve escolha alguma, além de se inserir no âmbito do capitalismo democrático ocidental. No entanto, o problema mais geral de "identidade nacional" permaneceu. A nova República nasceu sob a bandeira do "antifascismo": mas a expulsão dos comunistas, o mais claramente antifascista de todos os partidos, da coalizão do governo em 1947 invalidou-a como um princípio unificador. A Igreja sob Pio XII tentou por um tempo transformar a Itália em uma bandeira de "Civilização cristã": mas o crescimento do consumismo produziu uma causa perdida.

A partir de meados da década de 1950, a Itália parecia cada vez mais incerta de seus fundamentos morais. Os democrata-cristãos, que dominavam o governo (e em grande medida, o Estado também), fingiram pregar valores católicos e exploraram o medo do comunismo; mas seu objetivo parecia, mais e mais, ser a retenção do poder por si só. A pouca legitimidade que tinham resultou em grande medida do crescimento, muitas vezes surpreendente, da economia após a Segunda Guerra Mundial. No entanto, na ausência de qualquer liderança moral clara, a prosperidade material gerou expectativas que se mostraram cada vez mais difíceis de controlar. No início dos anos 1990, a República enfrentou uma crise de autoridade, provocada por má gestão de finanças públicas, pressão pela integração europeia, corrupção e o terremoto ideológico que seguiu o fim do comunismo.

Uma sequência de novos partidos políticos sucedeu a confusão gerada pelo colapso do que logo foi chamado como a "Primeira República". O mais bem-sucedido desses foi o Forza Italia, liderado pelo homem que dominou a política italiana por quase duas décadas, Silvio Berlusconi. A extraordinária marca de populismo de Berlusconi, misturada a pronunciadas tendências autoritárias, pode ter fornecido uma medida de estabilidade governamental. Mas a indefinição contínua dos interesses públicos e privados durante seus períodos de governo em nada contribuiu para a credibilidade das instituições. Enquanto a Europa envolvia-se em uma crise financeira cada vez mais profunda na segunda década do século XXI, a persistente fraqueza moral e estrutural do Estado italiano fazia cada vez mais difícil o desafio da busca de soluções viáveis para as dificuldades do país. Nessas circunstâncias, cresceu a probabilidade de a raiva popular poder – como muitas vezes no passado – tornar-se o árbitro imprevisível do destino político do país.

capítulo 1

AS DETERMINAÇÕES GEOGRÁFICAS DA DESUNIÃO

A VULNERABILIDADE DA GRANDE PENÍNSULA

A história da Itália é inerente a sua posição geográfica. A Península integrou as encruzilhadas da Europa durante séculos. Ao Norte, os Alpes sempre foram uma barreira menor do que sua altura sugeria: entre as 23 passagens, 17 já eram usadas regularmente pelos romanos. Os Alpes Julianos e os Alpes Cárnicos, a Nordeste, relativamente baixos, ofereciam um ponto de travessia para os inimigos invasores. Foi por aí que os visigodos, os hunos, os lombardos, e outras tribos europeias marcharam nos séculos posteriores à queda de Roma. Durante a Idade Média, o fluxo intenso de intercâmbio comercial, por Passo do Simplon, Passo de São Gotardo e Passo do Brennero, foi crucial para a prosperidade de Gênova, Milão, Veneza, e muitas cidades menores da Planície Padana. A acessibilidade do Brennero para as pesadas carretas alemãs foi particularmente importante para a economia veneziana.

A posição da Itália no centro do Mediterrâneo foi tão importante quanto essa ligação com o continente europeu. Com um litoral extenso, praias levemente inclinadas e muitos portos naturais, a Península atraiu os colonizadores estrangeiros. Os gregos de Corinto, Eubeia e de outros lugares, viajando para o Oeste sobre as correntes predominantes, desembarcaram na Sicília e ao sul do continente, a partir do século VIII a.C. Suas colônias floresceram: durante o século IV, Siracusa era a cidade-estado mais poderosa do Mediterrâneo. A pequena distância entre a Sicília e o Norte da África (aproximadamente 160 km no ponto mais estreito) tornou-a mais propícia aos ataques a partir do Sul: entre os séculos V e III a.C., os cartagineses a invadiram muitas vezes; e no século IX d.C., os árabes conquis-

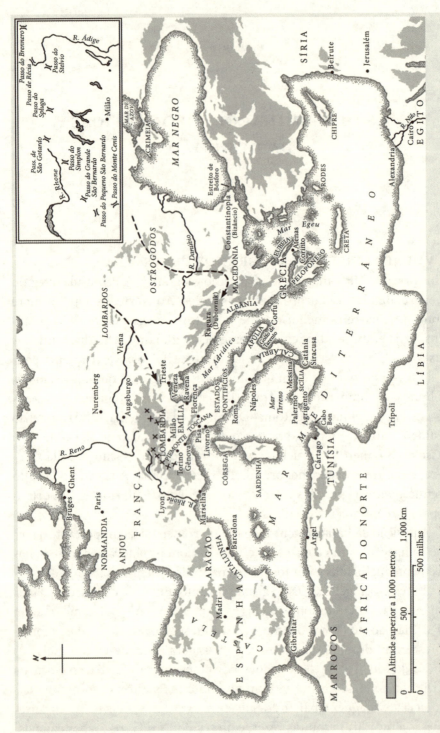

MAPA 1. A localização da Itália no Mediterrâneo.

taram a ilha. Em julho de 1943, a Sicília foi o primeiro território do Eixo a cair frente os aliados, depois da vitória na Campanha Norte-Africana. Se a localização central da Itália tornou o país vulnerável a ataques, também proporcionou oportunidades excelentes. Isso foi particularmente verdadeiro durante a Idade Média, quando o Mediterrâneo tornou-se o eixo da vida comercial europeia. Nápoles, Pisa, Gênova e Veneza enriqueceram principalmente por serem capazes de aproveitar sua posição central para as rotas das caravanas asiáticas e africanas e para os mercados do norte da Europa, e garantir um quase monopólio do tráfico de especiarias, corantes e minerais preciosos. Os comerciantes italianos ligaram a Espanha ao Mar Negro; e as feitorias italianas surgiram em lugares tão distantes quanto o Mar de Azov. Suprimentos abundantes de madeira (pelo menos até o século XVI, quando parece que o carvalho começou a escassear) nutriam uma vigorosa indústria de construção naval. Os navios genoveses, em particular, eram famosos pelo tamanho e pela navegabilidade: as galés genovesas foram pioneiras na rota do Atlântico Norte, já no início do século XIII.

O fato de a Itália dividir o Mediterrâneo determinou a existência de orientações diferentes para os lados oriental e ocidental da Península. Até o século XV, Veneza olhava para o Levante, e sua arte e cultura, voltadas para a ornamentação e o rito, traziam a marca de Bizâncio. A ameaça do islamismo e o desafio da ortodoxia nas montanhas dos Balcãs deram um traço claramente militante ao catolicismo em Friul e Vêneto. Apúlia, mais ao Sul, estava de frente para a Albânia e a Grécia, e, por períodos longos, sua história esteve mais estreitamente ligada com esses países do que com a Península. A costa ocidental movia-se em outra esfera. O papado em Roma era moldado por forças que emanavam da França e da Alemanha; Nápoles e Sicília eram cobiçadas pela Espanha; e o fato da Renascença emergir nas cidades do oeste da Península deve-se em parte aos laços econômicos com os grandes centros culturais de Flandres e Borgonha.

Embora a posição da Itália no Mediterrâneo tenha sido vantajosa na Idade Média, no período moderno, representou um obstáculo. No século XVI, a abertura das rotas marítimas do Atlântico e o avanço do Islã para o Ocidente, empurraram o eixo do comércio europeu para o Norte; e a Grã-Bretanha, a Holanda e a França emergiram como os novos poderes dominantes. O declínio econômico da Itália foi acompanhado pela marginalização política. Nos séculos XVII e XVIII, os eventos na Península estavam subordinados aos assuntos dos grandes estados do norte e oeste da

Europa. As mudanças de dinastia e governo ocorridas eram consequência das promoções compensatórias feitas na mesa de negociação diplomática; e os Estados italianos tinham pouco a dizer sobre o assunto. Agora, os interesses estrangeiros na Itália eram mais culturais do que econômicos, e os nortistas, que desceram a Península, o fizeram para apreciar as ruínas da Roma Antiga ou as obras de arte de Bolonha, Florença e Nápoles.

Na primeira metade do século XIX, a questão do equilíbrio de poder na Europa, e, principalmente, as ambições da França deram à Itália um novo significado geopolítico; e isso contribuiu muito no processo de unificação nacional. Entre 1806 e 1815, durante as guerras contra Napoleão, a Grã-Bretanha ocupou a Sicília para manter o Mediterrâneo aberto à navegação e conter a frota francesa; e o fato de a Itália localizar-se no caminho para o Egito, e, portanto, da colônia mais valorizada pela Inglaterra, a Índia, deu uma importância ainda maior à Península. Durante os anos 1850, quando a França mais uma vez representou uma ameaça para a estabilidade europeia, o governo britânico assistiu ao movimento patriótico na Itália com benevolência cautelosa: a perspectiva de um poder maior no Mediterrâneo, que serviria para equilibrar a França, era atraente. Além disso, com a Rússia e a Áustria competindo nos Balcãs, e a África atraindo o interesse colonialista, a Itália tinha agora uma posição estratégica.

Depois de 1860, a posição da Itália no Mediterrâneo determinou muitos dos parâmetros de sua política externa. O litoral extenso, pontilhado por cidades que poderiam ser atacadas pelo mar (Gênova, Nápoles, Palermo, Bari, Veneza e, até, Roma), tornou vital uma relação harmoniosa com a Grã-Bretanha, a grande potência marítima. Além disso, a principal ferrovia e as linhas telegráficas corriam ao longo das planícies costeiras, que no caso de comunicações de guerra entre o Norte e o Sul poderiam ser facilmente interrompidas por bombardeios. Contudo, a geografia não permitia à Itália o luxo de se concentrar apenas em defesas navais, porque a presença das fronteiras ao norte de duas forças importantes e frequentemente hostis, a França e a Áustria, exigia a manutenção de um grande exército. O resultado foi uma carga enorme de despesas militares; e o mais sensato para a Itália foi evitar acordos que pudessem levar à Guerra. Melhor ainda foi compartilhar a responsabilidade pela defesa com outros países.

Na euforia criada pela explosão industrial e da agricultura em meados do século XIX, muitos acreditaram que a posição geográfica da Itália poderia ser novamente transformada em vantagem econômica. Conde Cavour escreveu em 1846 que a construção de uma rede ferroviária europeia

CAPÍTULO 1 – AS DETERMINAÇÕES GEOGRÁFICAS DA DESUNIÃO | 37

tornaria a Itália "a rota mais curta e fácil do Oriente para o Ocidente", o que permitiria que o país "recuperasse a posição comercial excelente que ocupou ao longo da Idade Média". A abertura do Canal de Suez, em 1869, e logo após, do Túnel do Fréjus, sob os Alpes, incentivaram essa ideia. Agora era possível supor que Brindisi substituiria Marselha como o principal porto para a Índia, enquanto a Marinha Mercante italiana e suas ferrovias seriam transformadas pelo novo tráfego transcontinental. Essas expectativas não se realizaram: as tarifas altas do Canal de Suez restringiram o volume de mercadorias que o cruzavam; e a frota italiana tinha poucos navios a vapor para tirar proveito das novas rotas.

Uma das consequências deste fracasso do ressurgimento do Mediterrâneo no século XIX como um eixo central do comércio mundial foi a ampliação da lacuna econômica entre o norte e o sul da Itália. No início da Idade Média, a metade ao sul da Península lucrou com as relações estreitas com o mundo bizantino e árabe; e também usufruiu de um bom governo e de uma autonomia política saudável. O resultado foi que cidades como Nápoles, Salerno, Amalfi e Palermo tornaram-se centros culturais e comerciais fantásticos. A partir do século XIII, a situação começou a mudar. O Sul separou-se da África e do Levante, e por meio da conquista entrou na órbita da França e da Espanha. Relegada à periferia do mercado europeu, a região nunca recuperou a prosperidade que desfrutou nos séculos anteriores. Depois de 1860, mesmo os melhores esforços do Estado italiano fracassaram em suas ações para tornar a economia do Sul competitiva e autossustentável.

A geografia, apenas, não pode explicar as diferenças entre o Norte e o Sul, mas a proximidade do Norte com os ricos mercados da França e da Alemanha certamente influenciou sua vida econômica e cultural, e ajudou a distingui-lo do sul da Itália. Na verdade, por conta de sua história, a Planície Padana estava mais intimamente ligada com o norte da Europa do que a Península italiana. Até 1860, o estado piemontês voltou-se para os Alpes, e, muitas vezes, seus governantes estavam mais felizes em Chambéry, do que em Turim. O primeiro-ministro, conde Cavour, conhecia bem a França e a Inglaterra, mas nunca viajou mais ao sul de Florença (da qual não gostava). No século XIX, a cultura lombarda tinha um traço francês: para o escritor Stendhal, Milão era um segundo lar. Veneza tinha laços tradicionais com a Áustria e com o sul da Alemanha, e na Idade Média, Rialto estava sempre repleta de mercadores alemães. "Alemães e venezianos", escreveu o mercador patrício Girolamo Priuli, em 1509, "somos todos um, devido à nossa antiga parceria comercial."

O sul da Itália pertencia a uma região diferente da Europa. Isolado do rico tráfego terrestre do Norte pela cadeia dos Apeninos e a falta de estradas, sua cultura frequentemente confrontava os forasteiros como estrangeiros. Nos séculos XI e XII, os governantes normandos possuíam haréns, tinham funcionários islâmicos e gregos, e desenvolveram uma visão hierocrática da realeza, semelhante à dos imperadores de Constantinopla. A partir do século XV, a influência da Espanha prevaleceu: Nápoles tornou-se uma cidade burlesca, cheia de mendigos e vagabundos, com uma corte e uma nobreza espanholas, e uma população de trabalhadores, que atendia em grande parte às necessidades dos ricos e do clero. Títulos e privilégios eram procurados avidamente; e a *vendetta* [vingança] era comum em todos os níveis sociais. Na Sicília, a Inquisição resistiu até 1782, e em todo o Sul, o catolicismo adquiriu características exuberantes, que repugnaram muitos piemonteses e lombardos quando chegaram à região, em 1860.

SOLO E CLIMA

Se a posição da Itália na Europa e no Mediterrâneo determinou o padrão de boa parte de sua história, a geografia do interior do país também influenciou os contornos principais da vida política e social. As montanhas e colinas escarpadas dominam a Península. Depois da extensa e fértil Planície Padana, os Alpes, ao Norte, dão lugar à longa cadeia dos Apeninos, que se espalha sobre uma grande área ao Sul, de Gênova, cruzando o centro da Itália, até a Calábria e através da Sicília. A Sardenha também é quase totalmente montanhosa. Em grande parte da Península, as montanhas chegam até o mar, deixando apenas uma estreita planície costeira. Além da Planície Padana, existem poucas áreas extensas de planície (Maremma, na Toscana, a Campagna Romana, a Planície de Lentini, na Sicília), que sofreram constantemente, e até hoje, com o excesso de água que desce das colinas circundantes para formar grandes extensões pantanosas, focos de malária.

O perfil montanhoso de boa parte da paisagem tornou a Península ecologicamente vulnerável. As florestas, que antigamente cobriam as colinas, da encosta até o cume (como acontece hoje no Parque Nacional de Abruzzi), eram uma proteção vital contra a erosão do solo; mas, assim que as árvores começaram a ser cortadas para abrir caminho para a agricultura, o solo superficial, exposto às chuvas pesadas do outono e do inverno, foi lavado. E não se recuperou imediatamente: o matagal abundante e resinoso, que tomou conta do Mediterrâneo quando as florestas se foram,

CAPÍTULO 1 – AS DETERMINAÇÕES GEOGRÁFICAS DA DESUNIÃO | 39

IMAGEM 1. A desolação das montanhas ao sul da Itália. A vista do Monte Cammarata, no oeste da Sicília. Em primeiro plano, a mina de enxofre em funcionamento.

não produz um húmus rico, ao contrário da cobertura decídua do norte da Europa. O desmatamento também provocou a destruição de nascentes. Assim, a Itália enfrentou um problema sério em suas terras, que, na falta de um controle cauteloso, tendiam constantemente à infertilidade.

Além da vulnerabilidade do solo, a Itália teve de enfrentar os problemas do clima. A paisagem montanhosa sempre garantiu chuvas abundantes, mesmo no Sul, com médias anuais de aproximadamente 600-900 mm, na maior parte do país, em níveis mais altos nas montanhas dos Alpes e região, particularmente no Oeste, exposto aos ventos litorâneos. A principal variação está na distribuição ao longo do ano: a Planície Padana tem um tipo de clima "continental", com invernos rigorosos e verões quentes, e recebe a maior parte das chuvas no outono e na primavera; por outro lado, a região central e o Sul são mais "mediterrâneos", e pelo menos 80% das chuvas chegam nos meses de inverno, deixando a terra seca no verão e os córregos e rios reduzidos a meros fios de água ou nada. A principal preocupação dos agricultores italianos não era tanto com a quantidade de chuva, mas como aproveitar a água e armazená-la.

Isso exigiu a intervenção humana em grande escala. Durante séculos, o problema da Planície Padana foi o excesso de água. Os grandes rios alpinos – o Ticino, o Adda, o Oglio, o Ádige, o Brenta e o Piave – sempre podiam ter suas margens destruídas quando alcançavam as planícies. Na Idade Média, o rio Pó, especialmente no seu curso mais baixo, transbordava regularmente, e no século XII, ele alterou completamente seu curso abaixo de Ferrara, em consequência da inundação. O resultado foi um terreno pantanoso extenso e árido. De fato, até recentemente, era o Sul, e não o Norte, conhecido por sua riqueza agrícola, e foi a construção de grandes canais de irrigação, como o Naviglio Grande e o Martesana, a partir do período medieval, que gradualmente permitiu o controle das águas na Planície Padana, e a região tornou-se uma das mais ricas da Europa.

Durante séculos, no Centro e no Sul, a zona rural também esteve sujeita à intensa intervenção humana, mas o resultado foi em geral bem menos satisfatório do que na Planície Padana. A pressão populacional levou à remoção gradual das florestas e ao cultivo de terras cada vez mais altas nas encostas das montanhas e colinas. Em algumas áreas essa ocupação produziu um terraceamento bem construído, como na Toscana, onde, no século XVI, o escritor francês Montaigne ficou surpreso ao ver castanheiras sendo substituídas por videiras, "até os cumes". Em outras regiões, principalmente no Sul, o desmatamento aconteceu sem considerar as consequências a longo prazo: sem as árvores, a antiga superfície do solo foi facilmente lavada; e as tempestades violentas de inverno produziram inundações e malária nas planícies, empurrando mais pessoas para as colinas e instalando um círculo vicioso.

Com o tempo, a paisagem da Itália conheceu mudanças dramáticas, e o mesmo aconteceu com suas culturas e a vegetação. As árvores frutíferas de origem asiática, como o pistache, o pessegueiro e a amendoeira, surgiram antes dos romanos; enquanto o algodão, o arroz, o sumagre, a laranjeira, o limoeiro e a amoreira foram introduzidos em algum momento entre os séculos V e X, provavelmente pelos árabes. Na Idade Média, a cana-de-açúcar era cultivada no Sul, e por volta do século XV, com o clima aparentemente mais quente, podia ser encontrada até mesmo na costa Oeste, em Fórmias. A descoberta da América no século XVI levou à introdução do cultivo do tomate, do figo da Índia e, o mais importante, do milho, que, embora longe de ser ideal para o clima do norte da Itália, logo se tornou sua principal cultura de subsistência. Nos séculos XVI e XVII, o arroz espalhou-se pela Planície Padana, assim como as amoreiras, base da importantíssima indústria da seda.

Os tipos de grãos cultivados na Itália mudaram com os séculos (com exceção do trigo, que tem sido cultivado no Sul desde os primórdios), mas, embora negativa, outra característica da agricultura tem sido mais estável. Trata-se da ausência de pastagens ricas e, por conseguinte, de pecuária de boa qualidade, especialmente gado. A consequente ausência de carne na dieta italiana foi fonte de irritação constante para os europeus do Norte, que não estavam acostumados a refeições baseadas em frutas, legumes e verduras, sem carne bovina ou suína. ("Na Itália", Montaigne observou, "um banquete é o equivalente a uma refeição na França."). A ausência de pastagens também impossibilitou a criação de cavalos fortes, e os agricultores contavam apenas com mulas e bois para tração. Isso, assim como o solo fraco ou as condições de posse da terra, ajuda a explicar o motivo do fracasso de tantas inovações tecnológicas da "revolução agrícola" na Itália.

Outra consequência importante da escassez de gado na Itália foi a falta de adubo. Sem fertilizantes, o solo esgota-se facilmente; e isso explica o motivo de grandes áreas da Península terem sido abandonadas ou nunca cultivadas. Até o final do século XIX, a ausência de conhecimentos técnicos para a maioria dos agricultores não melhorou a situação: a alternância de culturas só foi introduzida em alguns lugares; na década de 1950, o esterco de animais ainda era encontrado amontoado nas ruas das cidades da Sicília, porque os agricultores acreditavam que ele "sujava" a terra. A baixa produtividade evidenciava a má qualidade do solo italiano. Em meados do século XIX, partes do Sul produziram apenas quatro hectolitros de trigo por hectare, enquanto a média do país era de nove hectolitros. Esse valor contrapõe-se a outras médias nacionais: na Áustria, dezesseis, na França, dezenove, e, na Grã-Bretanha, vinte e cinco (ou provavelmente mais).

Existiam algumas áreas de agricultura fértil, principalmente na Lombardia e em Piemonte, cujos métodos de cultivo foram calorosamente elogiados pelo economista Arthur Young, em uma visita à Itália, na véspera da Revolução Francesa. Contudo, o quadro era desolador. A situação teria sido menos séria, se a população acompanhasse o ritmo dos recursos; a exemplo de outros países europeus, a partir do final do século XVII, a Itália começou a experimentar uma queda acentuada nas taxas de mortalidade; consequentemente, sua população passou de aproximadamente 11 milhões de habitantes, em 1660, para 18 milhões, em 1800, e quase

42 | HISTÓRIA CONCISA DA ITÁLIA

26 milhões, em 1860. Isso produziu uma crise socioeconômica, da qual os Estados do *ancient régime* não conseguiram se livrar. A unificação também não resolveu o problema: a produtividade agrícola melhorou um pouco nas décadas depois de 1860, enquanto a renda *per capita* parece ter caído em muitos lugares, como sugerem a incidência disseminada da pelagra, no Norte, ou da ilegalidade no Sul (veja a TABELA 1).

TABELA 1. PIB na Itália: 1861-1988 (fronteiras atuais e a preços constantes).

	(1) PIB (1861 = 100)	(2) Média anual de aumento (1)	(3) PIB *per capita* (1861 = 100)	(4) Média anual de aumento (1)
1861	100	—	100	—
1896	131	0,8	104	0,1
1913	198	2,4	140	1,8
1922	231	1,7	157	1,3
1929	271	2,2	174	1,5
1938	315	1,6	187	0,7
1951	359	1,0	196	0,4
1963	719	5,8	365	5,3
1973	1.249	5,5	589	4,8
1988	1.965	3,1	893	2,8

Observe o crescimento insignificante do PIB *per capita* no período de 1861-1896. Durante o mesmo período, a França, a Alemanha e a Grã-Bretanha tiveram aumentos do PIB *per capita* da ordem de 40% a 50%.

Fonte: ZAMAGNI, V. *Dalla periferia al centro* (Bolonha, 1990).

Uma resposta tradicional ao problema da superpopulação é a emigração. No século XVI, quando as pressões demográficas já eram intensas, empreendedores italianos podiam ser encontrados em toda a Europa: eram geralmente artesãos, com habilidades específicas (tecelagem de brocado, manufatura de vidro, fabricação de faiança). No século XIX, a situação desesperadora no campo refletia-se na quantidade cada vez maior de camponeses viajando para o exterior. Até o final do século, a maioria vinha do Norte. Durante o inverno italiano, eles encontravam trabalhos temporários na Europa central, ou mesmo na Argentina, onde ajudaram nas colheitas. Muitos estabeleceram-se definitivamente na América do Sul, como revela a série de casas de ópera, do Rio de Janeiro (onde Toscanini fez sua estreia como maestro) ao interior da Floresta Amazônica. A partir dos anos 1880, os italianos começaram a emigrar em grande escala, principalmente para a América do Norte, graças às baixas tarifas transatlânticas, que chegaram com os navios a vapor (veja a TABELA 2, p. 44).

A emigração aliviou, mas não resolveu os problemas na zona rural. Uma alternativa possível era a revolução. A perspectiva de converter os sofrimentos dos trabalhadores calabreses e sicilianos em um grande movimento político, que varreria a ordem existente, inspirou uma sucessão de insurreições, começando com os *carbonari*, nos primeiros anos do século XIX e seguindo, nos anos 1830, com republicanos, como os irmãos Bandiera e Carlo Pisacane. Depois da unificação, a população rural italiana continuou a atrair revolucionários e utopistas. O grande anarquista russo, Mikhail Bakunin, passou vários anos na Itália, tentando instigar levantes no campo; e a partir do final do século, o Partido Socialista Italiano, apesar das reservas ideológicas, encontrou a maior parte de seus apoiadores entre os camponeses da Planície Padana. Depois da Segunda Guerra Mundial, os camponeses do Sul foram fundamentais para a estratégia do Partido Comunista Italiano.

Um dos motivos que levaram muitos subversivos a acreditar no potencial revolucionário dos camponeses italianos foi que o conheciam muito pouco. A maioria dos líderes republicanos, anarquistas, socialistas e comunistas, vinha de famílias da classe média urbana, e seu conhecimento do campo raramente era direto. O fato de existir uma grande divisão cultural e, até certo ponto, econômica entre as cidades e o campo (muitas famílias camponesas consumiam o que cultivavam e não vendiam a produção nos mercados) reforçava este desconhecimento. Estas circunstâncias favorecem a impressão romântica de "povo", como um exército de soldados oprimidos esperando pelos generais para conduzi-los para a terra prometida e próspera. Essa ideia sobreviveu a muitas indicações de que a maioria dos camponeses era, na verdade, profundamente conservadora, para não dizer reacionária. Um ponto a ser considerado é a influência do legado "messiânico" da Igreja Católica sobre os revolucionários italianos.

Um sério obstáculo no caminho dos revolucionários foi que os camponeses, apesar de ter sofrimentos em comum, estavam longe de ser uma força homogênea. Os trabalhadores e arrendatários do Sul estavam sujeitos

TABELA 2. Emigração da Europa para países não europeus (em milhares).

	1851 1860	1861 1870	1871 1880	1881 1890	1891 1900	1901 1910	1911 1920	1921 1930	1931 1940	1941 1950	1951 1960
Áustria--Hungria[a]	31	40	46	248	440	1.111	418	61	11[b]	—	53[c]
Dinamarca	—	8	39	82	51	73	52	64	100	38	68
França	27	36	66	119	51	53	32	4	5	—	155
Alemanha[d]	671	779	626	1.342	527	274	91	564	121[e]	618	872
Itália	5	27	168	992	1.580	3.615	2.194	1.370	235	467	858
Espanha	3	7	13	572	791	1.091	1.306	560	132	166	543
Suécia	17	122	103	327	205	324	86	107	8	23	43
Reino Unido e Irlanda	1.313[f,g]	1.572[g]	1.849[g]	3.259	2.149	3.150	2.587	2.151	262	755	1.454

(a) República da Áustria: 1921 em diante.
(b) 1931-1937.
(c) 1954-1960.
(d) Alemanha Ocidental: 1941-1950 e 1951-1960.
(e) 1932-1936.
(f) 1853-1860.
(g) Exceto a emigração direta de portos irlandeses.

Fonte: WOODRUFF, W. *Impact of Western Man* (Londres, 1966).

a uma gama enorme de contratos, que concorriam contra a formação de alianças de classe. Alguns eram ao mesmo tempo proprietários de pequenos lotes de terra, arrendatários e trabalhadores rurais. Pelo menos até o final do século XIX, os privilégios e as obrigações feudais sobreviveram em muitos lugares e ajudaram a fixar os camponeses à ordem vigente, e frequentemente desencorajavam atitudes hostis ao proprietário local. A meação era o sistema predominante nas regiões centrais da Itália, onde os camponeses quase sempre tinham um relacionamento estreito com o proprietário de terras. Na Planície Padana, um exército de trabalhadores do campo começou a surgir a partir dos anos 1880; mas, ao mesmo tempo, nas montanhas, havia um grande número de pequenos proprietários, em geral fortemente independentes, católicos e conservadores.

As grandes variações nas posses e na riqueza entre os camponeses e o fato de que a sociedade rural estava muitas vezes dividida pela desconfiança e competição enfraqueceram a emergência de um movimento campesino sustentável. Contudo, os levantes espontâneos e violentos eram muito comuns e aterrorizavam as autoridades. O medo dos camponeses famintos e amotinados, queimando os postos fiscais, matando policiais e arrombando cadeias, foi um dos motivos que levou os governos italianos a instaurar grandes programas de reformas sociais e econômicas durante o século XVIII. O sucesso limitado dessas iniciativas criou incertezas quanto às providências a serem tomadas. Durante quase todo o século XIX, a repressão foi o instrumento habitual de controle social, principalmente nos anos imediatamente seguintes à unificação, em 1860, quando as autoridades perceberam (com razão) que o clero, os republicanos e os anarquistas tentavam incitar o campesinato contra o Estado.

O problema de como encontrar alívio para as tensões no campo, sem destruir ou mesmo mudar a ordem social e a política básica, preocupou os governos italianos no século XIX e no início do século XX. Se a Itália fosse bem dotada de minerais, uma solução possível teria sido a construção de uma base industrial no país, e desse modo o deslocamento do excedente de população rural para as cidades. Porém, a Península não tinha carvão e possuía apenas alguns depósitos de lignite, um fato de crucial importância para o desenvolvimento econômico do país, porque significava que a Península estava excluída da primeira revolução industrial dos séculos XVIII e XIX. Somente no final do século XIX, a Itália conseguiu superar parte de sua desvantagem energética, com a construção de represas hidroelétricas nos Alpes.

A carência de carvão não era compensada com a abundância de outros minerais. O minério de ferro era explorado no lado oriental da ilha de Elba, em minas da época etrusca; e na Idade Média, os depósitos nas redondezas de Bréscia deram origem a uma importante indústria de armas (a armadura milanesa era muito apreciada no século XV). Em nenhum dos casos, a quantidade era muito grande. A Toscana produziu uma determinada quantidade de sal, bórax e gipsita, no vale de Cecina, mercúrio e antimônio, próximo ao Monte Amiata, e ferro-manganês, no Monte Argentário. A Sicília tinha campos de enxofre muito importantes, que, com uma mineração mais eficiente, poderiam ter fornecido a principal fonte de receita. A região mineradora mais rica era a Sardenha, com depósitos de chumbo, zinco, prata, bauxita, cobre, arsênico, barita, manganês e fluorita. Depois da Segunda Grande Guerra, foram descobertos o gás metano, na Planície Padana, e o petróleo, na costa da Sicília; mas isso não livrou a Itália da dependência do petróleo importado para suas necessidades energéticas.

Com poucos minerais e uma grande população rural desempregada, não surpreende que as primeiras indústrias italianas fossem estreitamente ligadas à agricultura. Por exemplo, a propagação de amoreiras na Planície Padana, depois do século XVI, estimulou o desenvolvimento da produção de seda. Os casulos, cultivados principalmente por pequenos agricultores (ou mais precisamente por suas mulheres), eram transformados em tecidos semiacabados, em moinhos d'água. A abundância de rios caudalosos no norte da Itália ajudou a indústria a crescer, e no final do século XVII, Bolonha era a cidade mais mecanizada da Europa, com mais de uma centena de fábricas de seda. Em Piemonte e na Lombardia, as duas regiões mais produtivas, os moinhos estavam ligados à agricultura das zonas montanhosas menos férteis e contavam com mão de obra, especialmente com o trabalho sazonal dos camponeses locais, particularmente das mulheres.

Até a segunda metade do século XIX, a seda foi a única grande indústria da Itália, e o fato de ser uma ramificação da agricultura sugeria que um setor industrial autônomo e competitivo poderia estar fora do alcance do país. Muitos liberais de meados do século XIX, entre eles Cavour, pensavam que o futuro da Itália dependia das exportações agrícolas; Richard Cobden, o grande apóstolo vitoriano do livre-comércio, concordava, dizendo com concisão metafórica que "O vapor da Itália é o seu sol". Contudo, a agricultura fraca fora da Planície Padana foi um obstáculo para esta opção, e depois da década de 1870, os governos se viram na obrigação de considerar alternativas para a industrialização. A carência de minerais e o fato de ser um "retardatário" levou o Estado a desempenhar um papel importante no processo, introduzindo taxas, controlando a força de trabalho e salvando empresas falidas e instituições de crédito.

A criação (com muito pouco) de uma ampla base industrial enfrentou dificuldades e, no começo, muitas pessoas das classes dominantes italianas questionaram se seria sensato arrancar os camponeses do campo e jogá-los no ambiente urbano. Apesar da forte tradição cívica que remonta à época romana, a sociedade italiana ainda era predominantemente rural no final do século XIX. Durante séculos, a vida da grande maioria da população acontecia em pequenas comunidades, muitas com costumes, tradições políticas e dialetos distintos. A natureza montanhosa de boa parte da Península reforçou a fragmentação. Assim, não surpreende que a migração de milhões de camponeses e suas famílias, do campo para a cidade, no século posterior à unificação, tenha produzido tensões que o Estado era forçado a conter.

Até bem pouco tempo, a fraqueza do mercado interno foi um importante fator limitante do deslocamento da população. A pobreza do solo e a rigidez dos contratos agrícolas impostos à maioria dos camponeses pelos proprietários de terras (que sempre tendiam a ser autoritários, graças a seu poder político e à abundância de mão de obra) significava que poucos agricultores estavam sempre em posição de acumular excedentes para vender. Antes de 1860, talvez dois terços de todos os grãos produzidos na Itália eram consumidos por quem os cultivava, e apenas nas regiões mais prósperas, Norte e Central, aconteciam trocas entre as cidades e o campo. Mesmo assim, o comércio tinha um caráter quase exclusivamente local. O pagamento em espécie era praticado em quase todos os lugares, e havia muito pouco dinheiro em circulação. Portanto, boa parte da população vivia fora do mercado.

Mesmo se a demanda doméstica fosse maior, os produtores ainda enfrentariam um obstáculo enorme para negociar na ausência de uma boa comunicação interna. A Península não possuía rios navegáveis, o que significa que a Itália era privada das condições existentes em Londres ou Paris, para desenvolver centros comerciais. O único canal importante, o rio Pó, sofria muito com as flutuações sazonais e com o assoreamento. As rotas terrestres também eram deficientes. Durante séculos, as grandes estradas romanas continuaram a ser artérias importantes; e no interior, muitas cidades e vilarejos, especialmente no Sul, contavam com trilhas de mulas ou pastagens para ter acesso ao mundo exterior. Segundo uma estimativa, mesmo em 1890, quase 90% de todas as comunas não estavam ligadas por estradas. Durante o inverno, as tempestades e os deslizamentos de terra cobravam seu preço, especialmente nas pontes e nos caminhos mais íngremes, e os danos raramente eram reparados.

Nessas circunstâncias, a população de grande parte da Península permaneceu fora do alcance do mundo moderno até depois da unificação. Nem mesmo a Igreja conseguiu chegar até as regiões mais remotas, apesar de sua política, nos séculos XVII e XVIII, tentar conseguir novos adeptos pela conversão dos pobres da zona rural. As missões jesuítas no Sul ("os índios de lá de baixo", como se referiam a elas) operavam principalmente nos arredores dos principais centros urbanos, mas mesmo nesses locais, encontraram uma ignorância extraordinária. Em 1651, Scipione Paolucci falou sobre seu encontro com cerca de quinhentos pastores nas proximidades de Eboli, que "dificilmente eram mais bem informados do que os animais dos quais cuidavam". Quando questionados sobre quantos deuses existiam, "alguns disseram uma centena, outros, mil, e outros até mais, pensando que quanto maior a estimativa, mais inteligentes eram, como se fosse uma questão de aumentar a quantidade de seus animais".

Porém, no início do período moderno, a Igreja conseguiu assegurar um controle maior sobre o campesinato italiano do que qualquer outra força, o que explica por que o rompimento com o Vaticano, depois de 1860, mostrou-se tão prejudicial ao Estado liberal. Sem dúvida, boa parte do catolicismo rural estava longe de ser ortodoxo, e continha vestígios de superstição, folclore, e até de práticas pagãs. Elementos místicos e milenários vieram à tona nos movimentos de protestos populares: nos anos 1870, no Monte Amiata, ao sul da Toscana, Davide Lazzaretti e seus humildes seguidores proclamaram a terceira e última era do mundo e da "República de Deus" na Terra, apenas para serem alvejados pelos *Carabinieri* (Polícia Militar). Apesar desses sinais de desobediência, a Igreja Católica conseguiu estabelecer ligações suficientemente estreitas com o campesinato (especialmente com as mulheres), para suportar os ataques dos liberais e socialistas e emergir triunfante, depois de 1945, com a Democracia Cristã.

O sucesso da Igreja com o povo deve muito às medidas relacionadas à assistência social (cuidados com doentes, idosos e destituídos), mas (talvez o ponto crucial desta influência) também consegue atender às necessidades dos poderosos. A filiação a uma ordem religiosa era um símbolo

CAPÍTULO 1 – AS DETERMINAÇÕES GEOGRÁFICAS DA DESUNIÃO | 49

MAPA 2. Rios, relevo e principais estradas romanas.

de *status* para a elite local, especialmente se envolvesse a organização da *festa* anual para o santo padroeiro; e os confrontos entre facções políticas poderiam ganhar um verniz de respeitabilidade, disfarçados como rixas entre ordens rivais. O culto aos santos e os milagres (tais como, São Genaro, em Nápoles, Santa Rosália, em Palermo, Nossa Senhora de Pompeia ou Santo Antônio de Pádua) ajudaram a reforçar o orgulho cívico; havia lugares onde a Igreja conseguiu fazer um acordo oficial com a ilegalidade dos ricos: na Sicília, antes de 1860, as autoridades eclesiásticas publicavam uma lista anual de penas (bem leves) para vários crimes, incluindo o assassinato como um ato de vingança.

Se a Igreja conseguiu, por meio do compromisso e da flexibilidade, penetrar em muitas comunidades do interior rural, o Estado foi bem menos eficiente. Séculos de isolamento criaram hábitos de independência rigorosos, difíceis de romper, especialmente quando se tratava de pagar impostos ou servir o Exército. Uma inscrição em um mapa da Sardenha do século XVIII registra, "Nurra: povo não conquistado que não paga imposto". A lei e a ordem eram problemas exclusivos do Sul. Em muitas das regiões mais pobres e remotas, a competição por recursos fez que ditadores ou bandidos ganhassem poder e influência, que não estavam dispostos a compartilhar com a Polícia. O fato de a população local conspirar ao lado deles piorou a situação, e as autoridades frequentemente se deparavam com um muro de silêncio quando tentavam investigar os crimes. Antes de 1860, no Reino de Nápoles, o governo começou a recrutar marginais como policiais, na tentativa desesperada de superar o problema.

A imposição da lei e da ordem no Sul foi dificultada ainda mais pelo terreno montanhoso, a falta de estradas e também pelos padrões de assentamento. No Centro e no Norte, a zona rural foi muito bem habitada, particularmente nas regiões onde a meação era a forma usual da posse agrícola, como a Toscana e a Úmbria. Os camponeses viviam com suas famílias em vastas fazendas, nas terras que trabalhavam, muitas vezes cedidas por seus arrendadores. No Sul, ao contrário, a população rural estava concentrada em grandes "cidades agrícolas", situadas no alto das encostas, acima das terras baixas da malária. Todas as manhãs, os camponeses viajavam para o interior para trabalhar na terra, no máximo a dez ou quinze quilômetros de distância, e voltavam ao pôr do sol. As vastas extensões de paisagem desolada, com suas montanhas, vales e cavernas, ofereciam o território ideal para marginais, ou quem quer que desejasse se esconder da lei.

A distância e a pobreza de tantas comunidades rurais na Itália ajuda a explicar o motivo da subsistência da pletora de dialetos falados na Península até hoje; e a falta de uniformidade linguística foi um obstáculo para o estabelecimento da autoridade. Estima-se que em 1860, apenas 2,5% da população entendia o italiano – em outras palavras, o toscano literato do século XIV, que era aceito desde a Renascença como a língua dos instruídos (apesar de muitos dirigentes preferirem não utilizá-lo: Vítor Emanuel II, o primeiro rei da Itália unificada, geralmente escrevia em francês e falava um dialeto nas reuniões de gabinete; e o primeiro-ministro, Cavour, ficava visivelmente desconfortável ao usar o italiano no Parlamento). A maioria dos falantes de italiano na época da unificação estava concentrada em Roma e na Toscana.

Apesar de uma série de dialetos ser reconhecida como "italiano", muitos deles eram na verdade línguas independentes, com vocabulário, gramática e cadência próprios. Em partes do Sul, alguns ainda mantinham elementos do latim arcaico e do dórico, línguas que remontam aos tempos pré-cristãos, um sinal notável da imobilidade dessas comunidades. Ainda mais extraordinária é a sobrevivência (até hoje) de localidades falantes do grego, na Calábria e em Apúlia, cujas origens encontram-se no período bizantino ou possivelmente antes disso. Mais recentes, mas igualmente indicativas de isolamento, são as cidades albanesas do Sul, fundadas por refugiados dos Balcãs no século XV: a população era de aproximadamente 100 mil habitantes na época da unificação. Em Alghero, na Sardenha, uma comunidade de falantes do catalão ainda sobrevive, desde 1354, época da colonização original, por espanhóis.

No final do século XIX e ao longo do século XX, o ritmo acelerado da industrialização, o aumento da frequência nas escolas primárias, a migração para as cidades, a ampliação de estradas e ferrovias, e a comunicação de massa, contribuíram para o declínio constante da variedade linguística na Península e para uma crescente familiaridade com a língua nacional. No entanto, para grande parte da população, o italiano continuou a pertencer a um mundo alheio, o mundo da linguagem literária, e também, da burocracia e do Estado, em relação aos quais os pobres tinham, na melhor das hipóteses, sentimentos ambivalentes. Um levantamento de 1910 mostra que pelo menos metade dos professores eram obrigados a dar aulas em dialeto para serem compreendidos; e setenta anos depois, de acordo com outra pesquisa, aproximadamente 50% dos italianos ainda elegiam um dialeto como primeira língua.

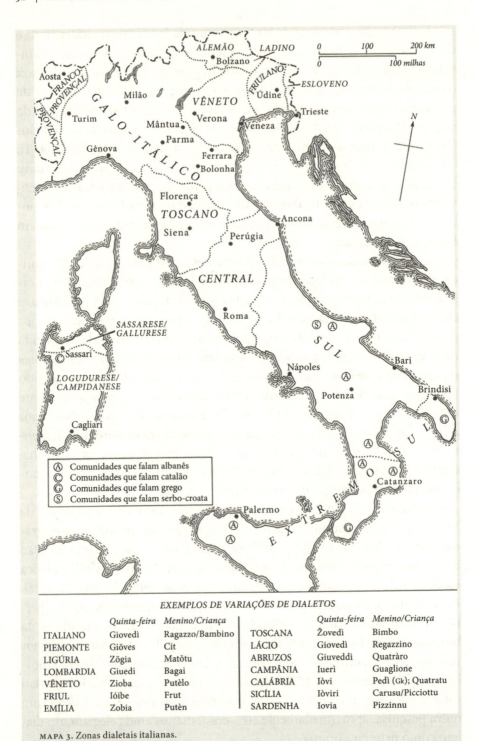

MAPA 3. Zonas dialetais italianas.

Em contraste com a situação na Alemanha (onde desde o século XVI, todas as classes chegaram a escrever, se não falar, o mesmo idioma), a língua na Itália operou mais como um anteparo entre as elites dominantes e a grande massa da população, do que como um instrumento de integração. Isso ficou claro, sobretudo nas primeiras décadas da unificação, quando se comprovou que o idioma limitava a autoridade do Estado. Na tentativa de reparar essa anomalia, foram tomadas uma série de medidas enérgicas (especialmente no período fascista) para impor a uniformidade linguística, estigmatizando os dialetos. A criação de uma língua comum, como muitos outros fatores que contribuíram ostensivamente para a sensação de identidade coletiva na Itália, foi em grande parte o produto de forças socioeconômicas, desencadeadas, mas nem sempre controladas, pelo Estado.

capítulo 2

Desunião e conflito: dos romanos à Renascença (400-1494)

A idade das trevas (400-1000)

Longos séculos de dominação romana deixaram um enorme legado para as futuras gerações italianas, tanto na esfera material, quanto no campo das ideias. A remoção de antigas florestas passou a ser regular, e especialmente o Sul começou a assumir traços de sua aparência moderna, com grandes extensões de terras altas desmatadas, ocupadas por propriedades produtoras de trigo e latifúndios. Uma rede de estradas foi criada, que, depois do ano 800, ao lado da Via Francigena, entre Piacenza e Roma, serviu de base para as comunicações terrestres, até o século XIX. O mais importante foi a fundação de uma série de cidades semi-independentes ao longo da Planície Padana, atravessando o centro da Itália, até o sul. Estes *municipia* foram os blocos construtores do sistema administrativo romano, e sua autonomia (ainda que, por vezes, nominal) funcionou como um farol, que ajudou a inspirar a tradição cívica da Idade Média.

A façanha romana de trazer primeiro a Península e depois todo o Mediterrâneo para seu domínio exerceu uma influência poderosa nas mentes de muitos de seus seguidores. A ideia de um imperador forte, que pudesse erradicar a guerra e o sectarismo, era o sonho de Dante, no início do século XIV. Dois séculos mais tarde, a fascinação de Maquiavel pela república romana o levou a desejar um renascimento das virtudes cívicas, que uma vez fizeram a Itália grande. A partir do século XVI, a cultura da Renascença como um todo, com sua exaltação ao mundo clássico, gerou um sentimento crescente de fracasso e uma crença de que os italianos tinham o dever de se tornarem dignos de seu passado heroico. Esta crença inspirou muitos patriotas do *Risorgimento*. De uma forma menos palatável, também alimentou a retórica do fascismo e muito de sua agressividade militar.

A queda do Império Romano no Ocidente foi gradual, e não repentina. O evento tido tradicionalmente como um marco – a deposição do imperador Rômulo Augusto pelo bárbaro Odoacro, em 476 – não gerou nenhum comentário especial dos cronistas ocidentais. Pelo menos desde o século II, a Itália vinha perdendo sua posição central no Império, na medida em que as legiões eram empurradas através dos Balcãs e penetravam na Ásia; e a população urbana da Península começou a cair e sua agricultura, a se contrair, bem antes de Constantino mudar a capital imperial para o Leste, em 326. Depois do século I, relativamente poucos imperadores eram de origem italiana. No final do século XIV, São Ambrósio, bispo de Milão, talvez tenha exagerado muito pouco ao se referir a Bolonha, Modena, Piacenza e outras cidades ao longo da Via Emília como "cadáveres de cidades semidestruídas".

No final do século V, a invasão da Itália pelos ostrogodos não resultou em nenhuma quebra clara das tradições romanas (a única marca de sua presença sobrevive na grande tumba do rei Teodorico (falecido no ano 526, em Ravena); mas inaugurou um século de guerra catastrófica, que rompeu a unidade política da Península e levou à destruição da maior parte do que restava da estrutura do Estado romano. Em 535, o imperador oriental Justiniano conseguiu recuperar a Itália dos bárbaros, e durante dezoito anos suas forças, sob o comando de Belisário, e depois Narses, lutaram uma sucessão de campanhas cruéis contra os godos. A destruição causada pelas "Guerras Góticas" foi enorme: a fome tornou-se generalizada e o papa Pelágio I descreveu a condição dos estados italianos em 556 como desoladora. Em meio ao caos, a Igreja passou a assumir um papel econômico e administrativo cada vez mais importante.

Em 568, uma nova onda de invasores vinda do Norte chegou à Itália. Os lombardos eram um povo seminômade, adepto da criação de cavalos e da guerra, mas pouco habilidoso em artes mais pacíficas. Depois de rechaçar os bizantinos e confiná-los ao extremo Sul e ao Nordeste, nos arredores de Ravena, eles estabeleceram um novo Reino, centralizado em Pavia, mas com o poder efetivo nas mãos dos "duques" locais. Politicamente, a invasão lombarda foi uma linha divisória: marcou o fim de qualquer vestígio de unidade política da Península, pois, apesar de seu poderio militar, os lombardos nunca conseguiram conquistar toda a Itália. Os imperadores orientais continuaram a governar na Sicília e em partes do sul do continente; enquanto os papas, ansiosos para fazer valer suas

CAPÍTULO 2 – DESUNIÃO E CONFLITO: DOS ROMANOS À RENASCENÇA (400-1494) | 57

reivindicações de soberania sobre a Igreja, lutaram com algum sucesso para manter a independência de Roma e áreas vizinhas.

Embora do ponto de vista político a invasão lombarda fosse algo como um ponto de virada, em muitos outros aspectos seu impacto foi menos dramático. No lugar de impor sua própria cultura, os lombardos aparentemente respeitaram a cultura da população natural do país e absorveram grande parte dela. Pelo menos os governantes converteram-se ao cristianismo; e por volta do século XVIII, a maioria dos lombardos havia abandonado sua forma tradicional de vestuário e aparência – roupas com listras multicoloridas e cabelo comprido repartido ao meio – e adotaram a moda romana, mais sóbria. Parece que até perderam sua própria língua. A lei lombarda, com ênfase no parentesco e na justiça privada, misturou-se à lei romana. Os níveis de instrução, ao menos nos escalões mais altos da sociedade, parecem ter sido muito elevados frente aos padrões contemporâneos.

A invasão lombarda não produziu inovações importantes na economia. O desmatamento ganhou força a partir do século VIII, geralmente como resultado de iniciativas locais das casas monásticas; e o número de pequenas propriedades pode ter aumentado. Houve a prevalência de culturas aráveis, com o trigo dando lugar ao centeio e outros cereais, particularmente na Planície Padana, onde os sistemas de drenagem criados pelos romanos entraram em decadência. Os padrões de propriedade agrícola parecem ter variado muito. Na base da pirâmide estavam os escravos (embora a quantidade estivesse em declínio); acima deles estavam os arrendatários, encarregados de uma gama de trabalhos e outras obrigações; e finalmente, os proprietários-agricultores livres (aparentemente uma categoria considerável no século VIII) e a elite de grandes proprietários.

Neste caso, em grande parte do Sul, a continuidade do governo imperial representou menos uma ruptura com o passado do que em outros locais. Os latifúndios (*latifondi*) sobreviveram aos distúrbios da guerra, e, pelo menos na Sicília, o confisco de terras era limitado, talvez devido aos grandes arrendamentos da Igreja na ilha. O governo bizantino produziu uma cultura cosmopolita, sobretudo grega; e os portos, como Nápoles e Bari (assim como Veneza, no Nordeste) estabeleceram conexões comerciais lucrativas com o Levante. Em contraste com o Norte, onde os lombardos desenvolveram um Estado bem integrado, usando as tradições administrativas romanas, o Sul, como um todo, não teve estruturas políticas fortes. Benevento foi um ducado independente, frequentemente em guerra com

IMAGEM 2. A lenda que serviu de base para o pedido do papado por poder temporal. O imperador Constantino doa o Império Ocidental ao Papa Silvestre. Um afresco do século XII na igreja dos Quatro Santos Coroados, em Roma.

CAPÍTULO 2 – DESUNIÃO E CONFLITO: DOS ROMANOS À RENASCENÇA (400-1494) | 59

os bizantinos; enquanto Cápua, Nápoles, Salerno e Amalfi desfrutaram de graus variados de autonomia e lutaram entre si constantemente.

Uma ameaça específica à estabilidade do Sul veio dos árabes, que, depois de uma rápida expansão no Norte da África, no século VII, lançaram uma série de ataques relâmpagos à Sicília e à costa continental. O auge foi a conquista da Sicília dos bizantinos, depois de 827, e a ocupação de partes da Campânia, Calábria e Apúlia. A Sicília, sob o domínio dos árabes, prosperou notavelmente, mesmo com o desconto feito ao exagero poético dos relatos da época. Uma série de inovações técnicas surgiram, incluindo reservatórios, torres de água e moinhos para produzir açúcar. Prata, chumbo e enxofre foram manufaturados; e muitas novas culturas foram introduzidas. Palermo transformou-se em uma capital deslumbrante, e, segundo um viajante do século X, com mais mesquitas do que qualquer outra cidade no mundo islâmico, exceto Córdoba.

A ameaça de eliminação, representada pela presença bizantina na Itália, teve consequências importantes para o papado, uma das forças-chave na história italiana. Os papas tinham tido o controle da cidade de Roma e seus arredores, desde os primórdios; mas, no século VIII, esta posição foi ameaçada pela expansão do poder lombardo, o que levou à expulsão dos bizantinos de Ravena, aumentou o controle lombardo na Itália central e do sul, e impôs o pagamento de impostos ao papado. Diante da perda da independência, o papa Estevão II recorreu aos francos para pedir ajuda; que, em 754 ou 755, responderam com o envio de um exército pelos Alpes. Eles voltaram em 773, comandados por Carlos Magno, que entrou triunfalmente em Pavia, e proclamou-se rei. Desde então, a metade norte da Itália passou a fazer parte do Império Franco, com o papado reivindicando uma faixa territorial, de Roma em direção ao Nordeste, incluindo as antigas províncias bizantinas ao redor de Ravena e Bolonha.

Contudo, a questão da independência papal não estava resolvida, porque Carlos Magno não tinha a intenção de ser sócio da Igreja. Talvez na tentativa de manter o controle, o papa Leão III colocou a coroa na cabeça do rei franco, na catedral de São Pedro, em Roma, no dia de Natal do ano 800; e Carlos Magno assumiu o título de "Imperador dos romanos". Essa mudança foi legalizada com um documento conhecido como Doação de Constantino, segundo o qual, no início do século IV, o imperador Constantino doa todas as províncias ocidentais do império aos papas, em expiação por seus pecados. Apesar da falsificação, feita provavelmente pela chancelaria papal nos anos 750, a Doação continuou sendo a base para todas as reivindicações posteriores por parte do papado à regra temporal. Contudo, Carlos Magno desfrutou de poderes reais na Itália, que não dependiam das concessões papais; e ele evidentemente acreditava que tinha direitos sobre a Igreja. O mesmo aconteceu com seus sucessores. A confusão foi fonte de graves conflitos nos séculos vindouros.

Apesar da sofisticação administrativa, os francos não foram capazes de construir um Estado duradouro na Itália. A partir do século IX, as disputas pela sucessão minaram sua autoridade, e os condes locais aproveitaram para ampliar seu poder pelas armas. Entretanto, apesar da fragilidade do governo estrangeiro, não surgiu nenhum reinado "italiano" para preencher o crescente vácuo político. Os imperadores ausentes (que depois de 962 eram alemães) tentaram compensar a influência dos condes, fortalecendo os bispos; mas os condes simplesmente se mudaram para o campo, onde seus *castelli* fortificados começavam a pontear a paisagem. O declínio da autoridade centralizada também estimulou o crescimento da iniciativa cívica e a relutância crescente por parte dos citadinos ricos em se submeter a um nomeado imperial, especialmente se fosse um bispo de língua alemã.

Na zona rural, os séculos IX e X testemunharam um leve afrouxamento dos laços feudais. A escravidão diminuiu e os senhorios começaram a arrendar seus domínios, libertando desse modo seus arrendatários dos laços do trabalho forçado. Há evidências de que os camponeses conseguiram vender terras alugadas a outros camponeses, lá pelo final do século X. O quadro geral (que contrasta fortemente com a situação em outros locais da Europa) é de um aumento da mobilidade de trabalho e uma queda no poder econômico dos proprietários de terras. Em alguns lugares, surgiram novas ferramentas agrícolas, como o arado pesado e a foice, além de novas ações de drenagem e limpeza de terrenos, muitas vezes realizadas por mosteiros, especialmente na Planície Padana. Essas evoluções ajudaram a lançar as fundações para a ascensão econômica que acompanhou o surgimento de comunas no final do século XI.

A ERA DAS COMUNAS (1000-1300)

O declínio da civilização urbana no final do Império Romano foi apenas parcial. Entre mais ou menos cem *municipia* do norte e do centro da Itália, mais de três quartos ainda eram cidades em funcionamento por vol-

CAPÍTULO 2 – DESUNIÃO E CONFLITO: DOS ROMANOS À RENASCENÇA (400-1494) | 61

ta do ano 1000. A taxa de sobrevivência no Sul foi bem menor. Não há dúvida de que a decadência estrutural aumentou, porque as igrejas e os edifícios públicos foram abandonados ou usados como pedreiras; mas, em quase todos os lugares, os muros da cidade, e mesmo a praça pública, foram mantidos, e o padrão em grade característico das ruas continuou visível (e permanece até hoje em Turim, Milão, Piacenza, Cremona, Florença e outros locais). As igrejas passaram a ser os novos indicadores do vigor urbano: Luca, a principal cidade toscana, tinha pelo menos cinquenta e sete igrejas antes do ano 900. Nesses lugares, os numerosos comerciantes e artesãos, agiotas e proprietários de terra ajudaram a sustentar uma vitalidade econômica que a confusão da guerra não conseguiu esmagar.

No século XI, o comércio italiano foi mais amplo do que em qualquer outra parte da Europa, exceto no sul da Espanha árabe. A extração de sal das lagoas do Adriático, da costa toscana e da foz do Tibre foi especialmente lucrativa, e foi um dos pilares da riqueza veneziana. Veneza foi conduzida ao comércio desde o início, pois não possuía um interior agrícola; ela se valeu de seus estreitos laços políticos com Bizâncio, importando obras de arte e tecidos orientais em troca de grãos e outras *commodities*. Inúmeras cidades do Sul também prosperaram no comércio com o Levante. No século XI, Salerno tinha se transformado em um grande centro intelectual, com uma famosa escola de Medicina. O caso de Amalfi foi particularmente marcante. Apesar de estar localizada em uma costa rochosa, quase inacessível, a cidade tornou-se um dos portos mais ricos do Mediterrâneo no século X: sua riqueza parece ter sido o resultado da ajuda aos árabes em suas incursões na costa italiana, o que garantiu concessões comerciais valiosas em troca.

A prosperidade de muitas cidades italianas na Idade Média foi em parte uma consequência do colapso do controle político centralizado, depois do século IX. Isso criou um espaço onde as forças locais podiam vir à tona, livrar-se dos vestígios do governo imperial e construir cidades autônomas ou "comunas". Na maioria dos casos, a formalização da independência ocorreu somente após 1080; mas as tensões vinham crescendo há algumas décadas. O imperador Conrado II relatou como os cidadãos de Cremona se rebelaram contra o bispo, em 1037, e "o jogaram para fora da cidade, com grande desonra, o despojaram de seus bens e destruíram as fundações de uma torre do castelo... Eles também demoliram as muralhas da antiga cidade e construíram outra mais larga, contra nosso Estado". A imposição de pedágios pelo bispo foi uma fonte de atrito.

IMAGEM 3. A permanência das cidades. Uma vista aérea de Luca mostra as casas medievais construídas dentro da estrutura do anfiteatro romano. No canto superior direito pode ser visto o interior, ou *contado*, intensivamente cultivado.

A criação de comunas independentes também foi resultado de um novo e extraordinário crescimento da economia, que continuou até o século XIV, e gerou as condições materiais que propiciaram o desenvolvimento da civilização da Renascença, com todas as suas conquistas culturais e artísticas. Esse crescimento foi impulsionado pelo comércio em muitos lugares, durante os séculos IX e X; mas o progresso espetacular do século XI foi primeiramente percebido nas (e parcialmente devido às) mudanças no campo, cujas terras começaram a ser rapidamente limpas, e a área

CAPÍTULO 2 – DESUNIÃO E CONFLITO: DOS ROMANOS À RENASCENÇA (400-1494) | 63

cultivada aumentou a níveis provavelmente próximos ao ponto mais alto alcançado no século I. Por sua vez, esse desenvolvimento resultou de um aumento da população.

A prosperidade crescente da zona rural permitiu um acúmulo de capital. Já há algum tempo, os laços feudais vinham sendo rompidos, e isso estimulou a mobilidade para as cidades, onde existiam muitas oportunidades de investimento no comércio. A proclamação da Primeira Cruzada, em 1096, abriu novas portas: em troca de transportar cavaleiros para a Terra Santa em seus navios, os comerciantes de Gênova, Pisa e Veneza asseguraram direitos comerciais importantes no Oriente, que se tornaram um dos pilares de sua prosperidade nos séculos vindouros. O comércio de especiarias do Levante (usadas na culinária e na Medicina) foi extremamente rentável: um carregamento com pimenta, canela, gengibre, açafrão, flor da noz-moscada, alho e noz-moscada, gerava grandes somas nos mercados urbanos da Europa ocidental. Por si só, as importações venezianas de pimenta atingiram em alguns anos o valor de mais de um milhão de libras de prata.

O aparecimento de uma nova elite mercantil foi um fator importante no estabelecimento da autonomia cívica, no final do século XI. As lutas das quais as comunas cresceram têm características diversas de um local para outro, mas, em geral, elas foram o produto da aliança entre as antigas famílias militares (*milites*) e os novos grupos sociais e seus adeptos (muitas vezes chamados de *popolo*), que encontraram uma causa comum para limitar a jurisdição do bispo ou conde local. Os líderes comunitários, conhecidos como "cônsules", variaram em número, de dois ou três para mais de vinte. Raramente chegavam ao poder devido a um único ato revolucionário: isso era frequentemente decorrente da aceitação gradual de que teriam melhores condições do que qualquer pessoa para representar os interesses da cidade. Em Milão, até o início do século XII, os cônsules e o arcebispo trabalhavam lado a lado; mas a tensão entre eles cresceu quando o arcebispo deixou de apoiar a guerra contra Como, pelo controle das passagens alpinas.

O movimento na direção da autonomia comunal ocorreu em muitas regiões da Europa ocidental, do século XI ao XIII, mas foi maior na Itália do norte e central. Isso se deve em parte ao incentivo dado pelos papas à luta contra o Império. De 1080 a 1130, Gênova, Milão, Mântua, Cremona, Piacenza, Pádua, Florença, Pisa, entre outras cidades, desenvolveram instituições públicas. Desde o início, advogados desempenharam um papel proeminente nos novos governos, definindo seus poderes e vetando todas as decisões e ações dos cônsules. Em certa medida, isso refletia a forte tradição legal italiana, que remonta à época romana; mas também indicava a instabilidade dos cônsules e seu desejo de encontrar legitimidade para agir. Em termos práticos, seu poder apoiava-se na capacidade de expressar os interesses dos cidadãos proeminentes, que se encontravam periodicamente em grandes assembleias; mas, para desafiar o imperador, apesar do apoio do papa, os cônsules evidentemente sentiram a necessidade de uma aprovação superior.

Enquanto as cidades do norte e do centro da Itália tendiam para a autonomia, a situação de Roma para o Sul era muito diferente. Durante quase todo o século X, o papado foi um joguete nas mãos das famílias nobres locais, que lutavam pelo controle do ducado de Roma. Em 1059, na tentativa de fortalecer sua posição, o papa Nicolau II estabeleceu uma aliança com os normandos (os combatentes contemporâneos mais temidos), que por trinta anos saquearam o Sul, contra o governo bizantino. Ele reconheceu o poder dos normandos em Apúlia, Calábria e Cápua, e os incentivou a conquistar a Sicília (ainda em poder dos árabes), em troca de um pagamento anual e de apoio militar. Seu direito legal para agir deste modo não era claro, mas a aliança serviu a ambos. Em 1061, os normandos deram início à conquista da Sicília; e por volta de 1091, com a queda de Noto, conseguiram o controle de toda a ilha. O Estado normando, que emergiu no Sul, era forte e centralizador, e não tolerava a autonomia local.

Por volta do século XII, os grandes portos do Sul estavam em decadência. Em 1135, Amalfi foi devastada pelo ataque pisano e nunca se recuperou totalmente. O antagonismo entre os normandos e o Império Oriental fechou as rotas comerciais com o Levante, para proveito das cidades do Norte, em particular Veneza. Os impostos impingidos aos comerciantes pelos reis normandos, nas cidades sob seu controle, enfraqueceram ainda mais o comércio no Sul. De qualquer maneira, em longo prazo, os portos do Sul não conseguiriam competir com o Norte: a riqueza apoiava-se principalmente no seu papel de entreposto, e eles não tinham áreas agrícolas dinâmicas, cruciais para a prosperidade das cidades no Norte. No século XI, mesmo em Apúlia, uma das regiões mais ricas do Sul, a produção de trigo e óleo para o mercado parece ter sido limitada.

Os normandos estavam cientes da importância do comércio, mas sua principal preocupação era com o exercício do poder político e com o esta-

CAPÍTULO 2 – DESUNIÃO E CONFLITO: DOS ROMANOS À RENASCENÇA (400-1494) | 65

IMAGEM 4. O ecletismo brilhante do poder normando no Sul. No século XII, a capela Palatina, em Palermo, voltada para o Oeste, onde os reis eram coroados sob uma imagem de Cristo. O teto suntuoso é obra de artesanato árabe.

belecimento da autoridade pessoal. Seu Estado foi um dos mais extraordinários do mundo medieval. Ele tinha uma receita enorme, uma corte brilhante, famosa pela Ciência e pela poesia, e uma burocracia sofisticada, composta por árabes e gregos, na Sicília. O Estado foi instituído com base em uma visão de realeza, muito referida aos imperadores ocidentais: os súditos tinham até de se curvar diante do soberano. A arte e a arquitetura foram usadas como propaganda: os grandes mosaicos de Cristo, nas igrejas reais de Monreale e Cefalù, enfatizavam a ideia de onipotência, e outro mosaico, em Palermo, mostrava o rei sendo coroado diretamente por Deus. Tais imagens, sustentadas pela eficiência da máquina governamental, ajudaram a legitimar o Estado normando.

Ao rejeitar o governo dos imperadores alemães, as comunas do norte e do centro da Itália fizeram da "liberdade" seu ideal. Os administradores revezavam-se regularmente, e todos os cônsules faziam juramentos elaborados, uns aos outros e à comuna, na tentativa de se proteger de qualquer usurpação de poder. Contudo, essa não foi a fórmula para um governo forte. A ameaça de um inimigo comum – a corte feudal local, outra cidade ou imperador – podia gerar uma sensação temporária de unidade entre os cidadãos; mas, na maior parte do tempo (de modo crescente, nos séculos XII e XIII), o enfrentamento entre facções era frequente. Batalhas campais, com atiradores pelas ruas, edifícios incendiados e dezenas de pessoas sendo mortas ou feridas eram acontecimentos comuns. E, muitas vezes, como em Florença, entre 1177 e 1179, prevaleceu a anarquia.

A vulnerabilidade das comunas aos enfrentamentos entre facções era em parte devida à força dos laços familiares. Especialmente entre os ricos, o parentesco era importante, e servia de base para a atividade política e econômica. As principais famílias geralmente agrupavam-se no mesmo bairro, ou até mesmo ao redor de uma *piazza*, como os Doria, em Gênova, e os Peruzzi, de Florença. As famílias designavam pontos de encontro, onde se reuniriam em momentos emergenciais para deliberar e decidir sobre uma política coletiva. A união fortaleceu-se com certo tipo de casamento misto, e era simbolizada pelo patronato comum de uma igreja ou capela particular. Ironicamente, a fonte mais poderosa de coesão eram as contendas – ora entre famílias específicas, ora entre grupos de famílias chamados de *consorterie*.

Essas *consorterie* poderiam servir a um objetivo econômico inofensivo, como a cooperação no cultivo de um pedaço de terra; mas, entre os

CAPÍTULO 2 – DESUNIÃO E CONFLITO: DOS ROMANOS À RENASCENÇA (400-1494) | 67

poderosos, elas foram principalmente associações juramentadas de auto-defesa, com termos de concordância consagrados em contratos. Segundo um contrato de Luca, do século XIII, os membros deveriam se reunir em tempos de crise e decidir "entre servir a comuna ou servir a seus amigos". Cada *consorteria* tinha sua torre fortificada, uma estrutura de pedra sólida, que podia atingir a altura de 750 metros. A torre servia tanto para defesa, como para ataque, em tempos de agitação: arqueiros e catapultas ficavam estacionados no topo e abriam fogo contra as torres vizinhas ou na direção das ruas. A silhueta da maioria dessas cidades era dominada por uma floresta de torres: no início do século XIII, Florença tinha pelo menos 150, cada uma com um nome como "a castanha", "beijo do gato" ou "lança".

A luta entre famílias e *consorterie* pelo poder refletia e reforçava a fragilidade política das comunas. Sem um poder executivo forte, a elite de proprietários e comerciantes ricos, de onde saiam quase todos os funcionários públicos, lutava pela supremacia. As contendas geralmente polarizavam dois grupos dominantes: na Florença do final do século XII, entre os Uberti e os Donati; na Bréscia, entre os Rivola e os Coglioni; em Cremona, entre os Barbarasi e os Cappelletti. As disputas visavam principalmente ao controle político da comuna, mas se apoiavam na linguagem aristocrática da "honra". Insultos de todo tipo incitavam e sustentavam as *vendetas*: dizem que a longa luta entre as facções papais e imperiais, em Florença, durante o século XIII, teve início quando Buondelmonte de'Buondelmonti foi assassinado, depois de ser levado a romper um noivado e se casar com um membro da família Donati.

A instabilidade interna das comunas tinha uma dimensão tanto econômica, quanto política. As cidades cresceram rapidamente durante os séculos XII e XIII, como demonstra a ampliação constante de seus muros. A população de Florença aumentou de alguns milhares, no ano 1000, para, talvez, 100 mil habitantes, no início do século XIV, tornando-a, ao lado de Veneza, Milão, Gênova e Paris, uma das cinco maiores cidades da Europa. A expansão parece ter sido causada em grande parte pela imigração vinda do campo, visto que o caráter insalubre das cidades não é consistente com a queda nas taxas de mortalidade. O afluxo de camponeses levou ao crescimento das indústrias de artesanato urbanas, do comércio e do câmbio de moedas, e ofereceu novas fontes de sustentação para a *consorterie* nobre. O resultado foi a intensificação e a ampliação da luta pelo poder.

68 | HISTÓRIA CONCISA DA ITÁLIA

Um sintoma disso foi o surgimento de uma nova força política nas comunas, conhecida como *popolo*. Era uma organização formada principalmente por não nobres, com uma base militar complexa, que, no início do século XIII, começou a estabelecer instituições políticas próprias e a desafiar o poder da antiga *consorterie*. O *popolo* foi fundado por associações ou *arti*, que representavam os diversos interesses econômicos de cada cidade. Em Florença, existiam (provavelmente) vinte e uma: sete "principais" e quatorze "secundárias". As associações tinham seus próprios grupos armados e reuniam-se em confederações juramentadas, com líderes eleitos, também conhecidos como *anziani* ou *piori*. Em meados do século XIII, o *popolo* (como as confederações eram conhecidas) exigia uma participação na administração da comuna, uma tributação mais justa e o fim das contendas desastrosas dos nobres.

Um dos motivos pelo qual o *popolo* estava tão determinado a controlar a antiga *consorterie* foi que, desde a segunda metade do século XII, as comunas enfrentavam uma grande intimidação externa à sua independência por parte do ressurgente Sacro Império Romano. Em 1152, Frederico Barbarossa foi eleito imperador, e nos trinta anos seguintes lutou para restabelecer a autoridade imperial no norte da Itália. Apesar das cinco expedições pelos Alpes, em uma das quais – em 1162 – ele ocupou e destruiu Milão, seus esforços mostraram-se infrutíferos: em 1176, ele foi derrotado na Batalha de Legnano, por uma coligação de forças das cidades do Norte, reunidas na Liga Lombarda (Lega Lombarda). Seis anos depois, com a Paz de Constance, Frederico reconheceu formalmente a autonomia das comunas.

O neto de Barbarossa, o imperador Frederico II, fez uma nova tentativa de subjugar as comunas, entre 1225 e o ano de sua morte, 1250. Frederico foi criado na Sicília, que, no fim do século XII, foi herdada dos normandos pela dinastia alemã dos Hohenstaufen. Durante toda a vida, Frederico carregou a marca de sua infância na corte de Palermo. Ele amava a Ciência e a Literatura (o início da poesia em língua italiana é devida ao seu patronato), mas combinava isso com um desejo incansável e autoritário de submeter os súditos e uma visão exagerada do papel da realeza. Seu famoso Código legal de 1231, as *Constitutiones Augustales* (o título imperial romano é revelador), incorpora esse desejo, com a total proibição de todas as guerras privadas e a criação de um sistema de tribunais reais para coordenar as diferentes tradições legais de seus domínios (romano-bizantino, lombardo, franco e normando).

CAPÍTULO 2 – DESUNIÃO E CONFLITO: DOS ROMANOS À RENASCENÇA (400-1494) | **69**

As ambições de Frederico na Itália colocaram-no em conflito não apenas com as comunas, mas também com o papado, que durante o século XII havia consolidado sua posição em Roma e seus arredores. Em 1198, a eleição do vigoroso Inocêncio III, de trinta e sete anos, viu as reinvindicações papais pelo poder temporal elevadas a novos patamares. Com base nos preceitos da Doação de Constantino, Inocêncio argumentou a favor de uma autoridade papal especial dentro do império e do domínio feudal sobre alguns reinos (Sicília, Aragão e Hungria). Também procurou garantir a independência permanente do papado (agora ameaçado pelo poder alemão, tanto no Norte, como no Sul), com o estabelecimento de um Estado forte na Itália central. Contudo, ele enfrentou o mesmo problema de seus predecessores: sem forças militares próprias, Inocêncio teve de contar com outros lutando por ele, o que trouxe a questão da independência de volta ao início.

O conflito entre Frederico e o papado resultou em quase trinta anos de guerra, que terminou com a destruição do poder dos Hohenstaufen na Itália. Os dois lados tentaram conseguir apoio nas cidades do Norte: para indicar sua identidade, os partidos rivais nas comunas adotaram a denominação de *Ghibelline* [Gibelinos] (império) ou *Guelf* [Guelfos] (papado), embora na prática os nomes tivessem pouco significado e servissem meramente como um recurso adicional (por meio de alianças) na luta pela dominação local. Frederico obteve algum sucesso, particularmente na Romanha, onde ganhou o apoio de um chefe militar ambicioso, chamado Ezzelino da Romano; mas sua causa não era atraente, porque as comunas tinham consciência de que sua vitória significava uma redução das liberdades e a imposição de tributos pesados. Por outro lado, o papado parecia ser uma ameaça um pouco menos grave.

Quando morreu em 1250, Frederico deixou poucos aliados no norte da Itália, e o único resultado claro de anos de luta foi uma enorme devastação. "Naquela época", escreveu um contemporâneo, "...os homens não aravam, semeavam ou colhiam... e os lobos se reuniam em grandes alcateias ao redor dos fossos das cidades, uivando, famintos." Por alguns anos, a causa dos Hohenstaufen foi retomada pelo filho ilegítimo de Frederico, Manfredo; mas o papa procurou a ajuda de Carlos de Anjou, irmão do rei francês. Carlos marchou para a Itália e derrotou e matou Manfredo, na Batalha de Benevento, em 1266. Seu prêmio foi o Reino da Sicília; e embora a Sicília tenha sido ocupada pelos aragoneses, em 1282, depois de uma

RENASCENÇA ITALIANA (1300-1494)

rebelião local, conhecida como Vésperas sicilianas, a Casa de Anjou continuou a governar em Nápoles, por mais um século e meio.

Antes do século XIX, as campanhas de Frederico II e Manfredo foram as últimas tentativas sérias de introduzir uma situação de unidade política na Itália. Nas décadas após a Batalha de Benevento, a Península tornou-se cada vez mais fragmentada, uma vez que as cidades, livres da ameaça comum da ambição imperial, voltaram-se umas contra as outras. Anos de luta deixaram um legado amargo. As facções dos Guelfos e dos Gibelinos competiam pelo poder, assassinando ou expulsando os inimigos e gerando um emaranhado complexo de alianças. "Oh, servil Itália, terreno fértil da miséria, navio sem piloto em uma grande tempestade", lamentou Dante, ele mesmo no exílio, no início do século XIV. Dante tinha a esperança de que um imperador viria para restabelecer a ordem; mas, até o século XVI, não havia nenhum imperador em uma posição suficientemente forte para causar um impacto duradouro na Itália.

O fim das ambições imperiais coincidiu com o declínio da autoridade do papado. A tentativa de criar um Estado independente na Itália central envolveu os papas em um atoleiro de políticas seculares. O momento mais grave deu-se em 1303, quando o papa Bonifácio VIII foi preso por ordem do rei francês, após uma discussão sobre a tributação do clero. Depois disso, os papas decidiram sair da Itália, e em 1316, a cúria se estabeleceu em Avignon, onde permaneceu durante os sessenta anos seguintes, desfrutando de um grau de autonomia confortável. Enquanto isso, os Estados Papais, que compreendiam o Lácio, a Úmbria, as Marcas e a Romanha, foram divididos entre tiranos menores, como Malatesta, em Rimini, e Montefeltro, em Urbino. Somente na segunda metade do século XV o papado ressurgiu como a maior força política da Península.

A agitação prolongada dos séculos XIII e XIV exerceu uma pressão enorme nos governos das comunas. O *popolo* conseguiu ampliar sua base política na maioria das cidades (cerca de 10 mil pessoas eram elegíveis para cargos administrativos em Bolonha, em 1294, entre uma população de 50 mil habitantes – um número excepcional); mas isso não levou a uma estabilidade maior. Nobres, muitos dos quais eram ativos no comércio, inscreveram-se em associações, de onde perseguiam suas *vendetas*; e, nos locais onde a legislação do *popolo* excluía especificamente os aristocratas do

CAPÍTULO 2 – DESUNIÃO E CONFLITO: DOS ROMANOS À RENASCENÇA (400-1494) | 71

IMAGEM 5. Siena, no século XIV. Detalhe da alegoria do bom governo, no Palazzo Comunale, de Ambrogio Lorenzetti (1337-1339). No centro, em primeiro plano, um professor faz uma palestra. Observe as torres que pontilham a linha do horizonte.

alto escalão, as famílias antigas podiam simplesmente mudar seus nomes e repudiar o *status* de nobreza – como os Cavalcanti de Florença, que renunciaram ao passado (simbolicamente), tornando-se os Cavallereschi. A persistência da desordem interna levou muitas pessoas a questionar a validade do governo comunal, com seus conselhos compostos de muitas facções e alta rotatividade de funcionários.

No século XIII, muitas cidades reagiram aos tempos de crise (como a guerra eminente com uma cidade vizinha ou uma insolvência financeira) com a nomeação de um ditador temporário, geralmente um estrangeiro. Esse administrador, conhecido como *podestà*, recebia um mandato preciso; e o período de seu governo era avaliado pelas autoridades comunais, que poderiam demiti-lo por quebra de contrato. A expectativa era que ele ofereceria a imparcialidade e a determinação requeridas pela situação; e uma vez finda a crise, ele seria pago e enviado para casa. Em alguns casos, principalmente na parte baixa da Planície Padana, onde o grande número de cidades tornava as disputas entre comunas mais frequentes, o *podestà* era mais duradouro. A própria cidade podia fazer este pedido; geralmente quando um líder guerreiro ou uma facção local tomava o poder pela força e declarava um governo permanente.

A partir de meados do século XIII, o surgimento de domínios permanentes, ou *signorie*, na Lombardia, no Vêneto, na Emília e nas Marcas, não resultou no colapso imediato das instituições comunais. Alguns *signori*, como Matteo Visconti, em Milão, começaram como capitães do *popolo* e foram reeleitos para a administração para períodos mais longos. E mesmo aqueles, como o truculento Ezzelino da Romano, em Vêneto, ou Obizzo d'Este, em Ferrara, que usaram a força para obter o poder, geralmente governaram ao lado da estrutura existente de conselhos e comitês. Aos poucos, no decorrer nos séculos XIV e XV, as instituições formais decaíram e as rédeas do governo concentraram-se nas mãos dos *signori*, geralmente como resultado de sua habilidade na guerra ou do sucesso na mediação e aproximação de comerciantes e famílias nobres.

Muitas das pequenas propriedades que surgiram na Planície Padana e no sopé dos Alpes tiveram vida curta. No final do século XIV, elas foram conquistadas por Milão, que, sob o comando dos Visconti, construiu um grande império territorial no centro-norte da Itália. Os pequenos proprietários só conseguiram continuar independentes nos Estados Papais: os Malatesta, de Rimini, os Este, de Ferrara, os Montefeltro, de Urbino. A insegurança dos novos *signori* (alguns dos quais, como della Scala, de

CAPÍTULO 2 – DESUNIÃO E CONFLITO: DOS ROMANOS À RENASCENÇA (400-1494) | 73

Verona, tinham origem humilde) era evidente diante de sua busca desesperada por reconhecimento e prestígio, seja por meio de alianças matrimoniais, atos de mecenato ou compra de títulos e honrarias. Em 1395, os
Visconti pagaram 100 mil florins ao imperador para se tornarem "duques",
enquanto os Gonzaga, de Mântua, que se tornaram marqueses em 1433,
vangloriavam-se do direito de usar a libré real inglesa, exibida orgulhosa-
mente no afresco encomendado ao pintor Pisanello.

O governo senhorial era restrito a algumas regiões. No Nordeste exis-
tiram dois principados eclesiásticos, Aquileia e Trento; enquanto o Noroeste era dominado pelos condados de Saboia e Piemonte. No século XV,
os governantes de Saboia foram bem-sucedidos e adquiriram o título ducal,
em 1416; mas seus territórios estenderam-se pelos Alpes, o que dificultou
a comunicação, e eles foram forçados a aceitar um acordo de autonomia
local, com o tribunal atuando principalmente como um ponto de legiti-
mação e patronato. O pequeno marquesado feudal de Monferrat, situado
entre Saboia e Milão, apesar da pobreza, sobreviveu até 1533 sob o domínio dos Palaeologi. No sul da Itália, existiu um grande reino feudal,
governado pela Casa de Anjou, até 1442; mas ali também a comunicação
era difícil, e muitos barões ditavam as próprias leis e obedeciam à Coroa
apenas quando lhes era conveniente: diz-se que, em 1444, o príncipe de
Taranto possuía 400 castelos, tinha moeda própria e declarou que reinava
"pela graça de Deus". O Reino da Sicília também foi difícil de controlar:
durante o século após sua conquista por Aragão, o Reino foi dilacerado
por rivalidades entre feudos baroniais, e alguma ordem foi estabelecida
apenas no século XV.

Os Estados italianos mais conhecidos dos séculos XIV e XV não eram
nem feudais, nem senhoriais. Veneza era uma república, cuja configuração
geográfica sem igual, entre lagoas, ajudou a promover uma identidade coletiva forte. O local foi preservado graças à grande vigilância (por exemplo,
para evitar o assoreamento das vias navegáveis), o que poderia justificar o
respeito dos cidadãos pela autoridade pública e a ausência de sectarismo.
A cidade era famosa por sua estabilidade política. Ela era governada por
uma aristocracia hereditária, cuja composição mudou muito pouco a partir do século XIII. Contudo, a mobilidade social dava-se por meio de uma
classe intermediária de "cidadãos", cuja filiação era determinada em grande parte pela riqueza. Os cidadãos desfrutavam de privilégios comerciais
e tinham acesso a alguns cargos públicos. Eles também monopolizavam

funções na prestigiada *scuole grandi* (as cinco maiores confrarias da cidade), e dominavam mais ou menos cem confrarias menores.

Outros fatores fizeram de Veneza *la Serenissima*. O chefe de Estado, o "doge", era uma figura em grande parte simbólica; mas as cerimônias elaboradas a sua volta conferiam uma grande mística à função e o transformavam no foco poderoso da lealdade pública. A vida cívica era cheia de rituais e cortejos, o que estimulava o orgulho coletivo e também tinha a função específica de impressionar e entreter os pobres. Talvez a relativa ausência de agitação social tivesse outras causas, como a pequena quantidade de trabalhadores não qualificados na cidade (os empregados do arsenal eram o grupo principal: eles tinham um bom salário e privilégios, incluindo o direito de fazer parte da guarda pessoal do doge), e a fragmentação da indústria em um conjunto de pequenas oficinas de artesanato. Além disso, o fato de os nobres continuarem a viver em distritos populares e não se isolarem em bairros exclusivos (como tendia a acontecer em Florença) pode ter inspirado a lealdade à classe governante.

Florença também sobreviveu como uma república – mas não por ser social e politicamente muito estável. O *popolo* só derrotou a antiga nobreza depois de uma luta feroz, que em alguns momentos do século XIII levou a cidade à anarquia, com bairros inteiros reduzidos a cinzas. O governo era uma oligarquia e baseava-se em associações, sendo que as sete maiores (*arti maggiori*) tinham a melhor parte da administração. O executivo (*signoria*) era ocupado em alternância e por lotes, enquanto o poder legislativo estava presente em grandes assembleias populares, que em períodos de crise poderiam ser substituídas por comitês menores, conhecidos como *balie*. Nos padrões contemporâneos, este foi um sistema notavelmente aberto, com talvez dois mil cidadãos elegíveis para a administração em 1420; mas isso não evitou o surgimento de agitações ocasionais entre os pobres, especialmente os trabalhadores semiqualificados ou sem qualificação das oficinas têxteis, que constituíam o núcleo da força de trabalho da cidade.

O sectarismo também persistiu nos séculos XIV e XV, mas em uma escala menos separatista. As famílias mais ricas, de banqueiros, comerciantes, industriais e advogados, continuaram a formar correligionários para promover suas carreiras políticas e financeiras. No século XV, os Médici ganharam notoriedade graças à maneira astuta e sútil como construíram uma enorme rede de sustentação, especialmente, ao que parece, entre os

CAPÍTULO 2 – DESUNIÃO E CONFLITO: DOS ROMANOS À RENASCENÇA (400-1494) | 75

ascendentes, a quem podiam beneficiar com empréstimos. Eles também cultivaram um grande número de seguidores do povo, no seu bairro, San Giovanni. À medida que seu império bancário crescia (graças à conquista da conta papal), eles aumentavam o patronato; e, em 1434, depois de um golpe fracassado dos rivais, os Médici e seus aliados chegaram ao poder. Daí em diante, tiveram o controle efetivo de Florença, embora nunca tenham derrubado a Constituição da cidade, contando apenas com a manipulação sutil do processo eleitoral para manter a supremacia.

A permanência do governo republicano em Florença deve-se em grande medida à sua economia, que era forte o suficiente para sustentar uma vasta classe de comerciantes e artesãos, com vontade e recursos para submeter a velha nobreza, e cujos interesses eram muito diversificados para aceitar o governo de um único senhor. No início do século XIV, Florença era provavelmente a cidade mais rica da Europa. Os córregos caudalosos das colinas circundantes alimentavam a enorme indústria de roupas: em meados do século XIV, a cidade tinha quase trezentas empresas têxteis. Os lucros da produção e do comércio eram transferidos para os bancos, e os financistas florentinos tornaram-se os tesoureiros da Europa. Os empréstimos dos Bardi e dos Peruzzi permitiram que Eduardo III da Inglaterra empreendesse a Guerra dos Cem Anos, nas décadas de 1330 e 1340 (embora tenham sido destruídos por não terem sido reembolsados); e no século seguinte, os Médici, os Pazzi, os Rucellai e os Strozzi estavam entre os maiores nomes do comércio bancário internacional.

Florença, como outras cidades da Itália do norte e central, continuou muito próspera ao longo do século XV; mas a taxa de crescimento econômico foi bem mais baixa do que nos anos fecundos dos séculos XII e XIII. O momento decisivo parece ter ocorrido (como em outros lugares da Europa) na primeira metade do século XIV, embora o caso bem documentado do comerciante Francesco Datini de Prato mostre que ainda era possível fazer fortuna no comércio no final do século XIV. Os motivos exatos da recessão são incertos. A guerra e as más colheitas cobraram seu preço; assim como a concorrência de comerciantes ingleses, flamengos e catalães. O avanço dos otomanos no Leste também deve ter tido um papel. O impacto da Peste Negra, de 1348, na economia é difícil de ser avaliado, embora as consequências demográficas sejam claras: Florença tinha uma população de cerca de 100 mil habitantes no início do século XIV; por volta de 1427, eram apenas 37 mil.

A desaceleração da economia foi acompanhada pelo crescimento da agitação social. No século XIII, a pobreza esteve associada à virtude, por homens como Francisco de Assis e Dante; mas, no século XIV, ela passou a ser identificada cada vez mais com a subversão. Os Apostólicos, liderados por Frei Dolcino, pregavam a comunhão, tanto de bens, como de mulheres, até serem deixados à mingua pelas forças papais, próximo a Novara, em 1306-1307, e mortos. Os Fraticelli (pequenos irmãos), os seguidores mais austeros de São Francisco, eram igualmente perseguidos. As autoridades seculares também enfrentavam dificuldades. Houve rebeliões em Siena, em 1328 e 1349, em Florença, em 1343 e 1345, e em Luca e Perúgia, nos anos 1370. O levante mais famoso foi o chamado *Ciompi*, em Florença, em 1378, um grande movimento de trabalhadores sem qualificação, que almejavam por representação política. A agitação rural também pode ter crescido. "Meu Senhor Jesus Cristo", reza uma oração do século XI, "salve-me da ira e das mãos dos camponeses."

Os estragos produzidos pela praga e a insegurança decorrente da agitação social podem ajudar a explicar o nível extraordinário de atividade religiosa entre os italianos laicos, durante os séculos XIV e XV. Contudo, a religiosidade também estava vinculada à culpa: oficialmente, a Igreja condenava a usura, e a ansiedade dos comerciantes e banqueiros (evidente em seus diários) provavelmente os estimulava a fazer obras de caridade ou doações para entidades religiosas. Isso também incentivou os frades. O resultado pode ter sido uma maior concentração de hospitais, casas de repouso e orfanatos do que em qualquer outra parte da Europa na Idade Média. Muitos desses estabelecimentos contavam com uma equipe de voluntários leigos. As confrarias eram especialmente populares entre os ricos. Essas associações tinham capelães próprios, incentivavam a frequência regular à igreja, e foram responsáveis por atos de caridade singulares, como consolar o condenado a caminho do cadafalso ou dar esmolas aos pobres nascidos de boas famílias.

Embora existisse alguma hostilidade ao mundanismo da Igreja e muitos denunciassem a debilidade dos frades ou o nepotismo dos abades, havia a devoção. Talvez, algum grau de anticlericalismo fosse inevitável, dado o tamanho do clero na Itália: no século XIV, pode ter havido duas vezes mais integrantes *per capita* da população do que na Inglaterra. O entusiasmo religioso dos leigos urbanos era visível de várias maneiras: por exemplo, na popularidade das relíquias e das indulgências, ou no culto

CAPÍTULO 2 – DESUNIÃO E CONFLITO: DOS ROMANOS À RENASCENÇA (400-1494) | 77

IMAGEM 6. O entusiasmo religioso na Renascença. São Bernardino pregando na frente do Palazzo Comunale, em Siena, e segurando o símbolo do Santo Nome de Jesus. Quadro pintado pelo artista de Siena, Sano di Pietro, em meados do século XV.

crescente ao rosário, à *Via Crucis* e ao Santo Nome de Jesus. Este último culto, cujo símbolo é IHS [abreviação do nome de Jesus em grego], estava particularmente associado a São Bernardino de Siena, o maior pregador itinerante da época, cujos sermões produziam um fervor extraordinário na audiência. O mesmo acontecia com os sermões do abade dominicano Savonarola, que, em meados dos anos 1490, teve Florença nas mãos com suas exigências apocalípticas de arrependimento e queima pública de "vaidades".

A tensão entre riqueza e religião presente na mente de algumas pessoas encontrou algum grau de sublimação por meio da arte. Grandes igrejas e capelas, altares, afrescos e esculturas representaram simultaneamente monumentos ao sucesso material e glorificações a Deus. Às vezes, o sentido de contrição era bastante evidente. A capela Arena, em Pádua, com o magnífico ciclo de afrescos de Giotto, foi construída pelo filho de um usurário local, Reginaldo Scrovegni, cujas atividades reservaram-lhe um lugar no *Inferno* de Dante. Mesmos os retratos tinham raízes religiosas: eles estão mais relacionados a um desejo antigo de reconhecimento, do que a um novo sentido de individualismo. Niccolò della Tuccia disse que gostaria de ser incluído no quadro de Nossa Senhora das Mercês, encomendado por ele em 1458, "não por orgulho ou vaidade, mas apenas para o caso de um de meus sucessores querer me ver, assim poderá se lembrar melhor de mim, e minha alma poderá ser louvada por ele".

Nem todas as encomendas eram inspiradas em preocupações religiosas. Nos séculos XIV e XV, a arte foi cada vez mais usada como uma forma de reforçar o *status* mundano. Entre os maiores clientes estavam pequenos senhores ansiosos por expiar um passado algo repulsivo, como no caso do ex-mercenário Bartolomeo Colleoni, em Bergamasco, ou Federico da Montefeltro, outro *condottiere*, em Urbino, cujo palácio foi construído para oferecer "uma bela morada, digna da posição e fama de nossos antepassados e de nossa posição". As encomendas também eram usadas para dar lustro a confrarias (como o ciclo de pinturas de Carpaccio, para a *scuola* de Santa Ursula, em Veneza, em 1490-1498) ou a associações: as estátuas na parte externa da igreja de Orsanmichele, em Florença, foram pagas pela *arti*, sendo que os mais ricos encomendavam trabalhos em bronze, no lugar do mármore; e foi a Calimala, uma associação extremamente rica, que encomendou os "Portões do Paraíso" a Ghiberti para o Batistério de São João.

Por muito tempo, a arte teve um papel cívico na Itália. Os principais edifícios, esculturas e quadros eram encomendados pelo governo. O ta-

CAPÍTULO 2 – DESUNIÃO E CONFLITO: DOS ROMANOS À RENASCENÇA (400-1494) | 79

manho e a qualidade da obra aumentavam o prestígio da cidade: em 1311, ao ser concluída, a "Maestà", obra-prima de Duccio, foi carregada em triunfo de seu ateliê pelas ruas de Siena. Mensagens políticas específicas podiam ser transmitidas pela arte. A escultura de bronze de Judith cortando a cabeça de Holofernes, criada por Donatello, foi transferida para uma posição de destaque na praça central de Florença, em 1495, como um alerta, depois da expulsão dos Médici. Os afrescos de Ambrogio Lorenzetti, nos muros da sala do conselho do Palazzo Comunale, em Siena (1337-1339), tinham a função de instruir os governantes da cidade. Eles mostravam alegoricamente as virtudes e os vícios relacionados ao bom e ao mau governo, e os benefícios materiais e morais, advindos da cidade e do campo, quando um Estado é bem dirigido.

O valor social e político da arte na Itália renascentista transformou o ato de colecionar e a expertise em belas artes em passatempos elegantes; e grandes fortunas, muitas das quais acumuladas na atividade bancária ou no comércio, foram destinadas à aquisição de pinturas, esculturas, desenhos, bronzes, medalhas e tapeçarias. Ludovico Sforza, de Milão, Isabella d'Este, de Ferrara, e outros patronos, estabeleceram vínculos pessoais estreitos com pintores e escultores talentosos, uma indicação da posição ascendente do artista. A família Gonzaga apadrinhou os filhos de Andrea Mantegna (que também recebeu o título de conde palatino), enquanto a amizade de Donatello com os Médici resultou em seu sepultamento próximo ao grande Comimo, na igreja de São Lourenço. A ideia do gênio criativo, com uma personalidade peculiar, difícil, e geralmente torturada, foi em grande parte produto deste período e um dos temas centrais do livro *A Vida dos Artistas* [Vite], de Giorgio Vasari, publicado em 1550.

As realizações artísticas surpreendentes da Renascença foram uma consequência do ambiente econômico e social extraordinário das cidades-Estados; mas a cultura italiana desse período está longe de ter apenas raízes nativas. Os pintores de Borgonha e de Flandres eram muito apreciados na Itália, e sua influência técnica e estilística sobre os artistas italianos foi provavelmente maior do que os contemporâneos gostariam de admitir. As trocas culturais com o norte da Europa eram facilitadas pela forte presença de banqueiros e comerciantes italianos em cidades tais como Bruges e Gante: nos anos 1470, um deles, Tommaso Portinari, encomendou um grande retábulo a Hugo van der Goes (atualmente na Galeria Uffizi). A supremacia do Norte era evidente na música. Os músicos franceses e flamengos eram constantemente chamados à corte italiana, e durante o século XV o coral do papa era composto por cantores recrutados em Cambraia e em outras localidades do norte da Europa. No decorrer do século XVI, a música italiana começa a demonstrar uma identidade independente marcante.

Contudo, a principal fonte de inspiração da cultura, na Itália dos séculos XIV e XV, foi a arte e a literatura do mundo clássico. O interesse nos escritos dos antigos não tem precedência. Nos séculos XII e XIII ocorreram evoluções importantes na Ciência e na Filosofia, resultantes principalmente da influência de Aristóteles. Contudo, não é estranho que estudiosos "humanistas" italianos se voltassem para Tito Lívio, Cícero e Suetônio, não pelo conhecimento, mas para extrair um novo sistema moral, em harmonia com o estilo de vida dos comerciantes e banqueiros, que tinham alcançado um lugar de destaque nas cidades-Estados. A superioridade da vida ativa sobre a vida contemplativa, o poder enobrecedor da riqueza, a superioridade da glória terrena e a importância do patriotismo cívico podiam ser ilustrados, se não comprovados, a partir dos autores antigos; e para homens como Francesco Sforza ou Lourenço de Médici, eles ofereciam um complemento conveniente às crenças religiosas cristãs.

Não obstante, a "redescoberta" do mundo clássico de meados do século XIV em diante, por Petrarca, Boccaccio, Salutati e outros, não levou a uma transformação súbita da cultura italiana. Sem dúvida, os modelos e temas antigos influenciaram a pintura e a arquitetura, e a escultura ganhou um novo impulso com a descoberta de estátuas antigas; mas o novo saber, com seu desejo de imitar as habilidades literárias, os valores, e até o estilo de vida dos grandes romanos, ficou limitado a um pequeno, porém notável, grupo de homens, muitos dos quais, como Petrarca, dominavam o latim, graças a seus estudos jurídicos. É provável que a maioria dos italianos alfabetizados do século XV tenha permanecido praticamente intocada pelo humanismo. As universidades e as escolas primárias continuaram a ensinar as formas tradicionais de conhecimento, e diferiam de seus homólogos no norte da Europa apenas pelo primado do direito no lugar da teologia.

Se a cultura humanista e seus valores foram reservados a uma elite instruída, cuja influência seria percebida principalmente nos séculos vindouros, a Itália renascentista, por sua vez, foi um mundo excepcionalmente culto. A necessidade dos comerciantes e banqueiros de saber

IMAGEM 7. Culto renascentista da Roma Antiga. Parte da série de nove telas de Andrea Mantegna, retratando o triunfo de Júlio Cesar. A série foi encomendada pela família Gonzaga de Mântua, patronos de Mantegna, c. 1480-1495.

ler e contar incentivou novas formas de educação prática. As artes de escrever cartas, da contabilidade e de falar em público foram ensinadas ao lado de disciplinas mais tradicionais, como a composição em latim e a teologia. O vernáculo adquiriu novo prestígio como meio de comunicação natural nos negócios e no governo; e isso fez parte do grande florescimento da literatura italiana a partir da segunda metade do século XIII. Florença era conhecida por suas escolas, e isso, além do domínio político das classes mercantis, ajuda a explicar o motivo pelo qual a maioria dos escritores de poesia e prosa italianos (Dante, Petrarca, Boccaccio) é originária da Toscana.

No entanto, o crescimento das artes pacíficas pouco ajudou na redução do apetite das cidades para a guerra e para a conquista. Na ausência de um poder de controle superior, a necessidade de abastecimento de alimentos para as populações urbanas levou a uma competição predatória. A partir de meados do século XIV, os estados italianos mais ricos esgotaram grande parte do território circundante: Florença apropriou-se de Prato, Pistoia, Volterra, Arezzo, Pisa e Livorno, entre 1350 e 1421; Veneza confiscou Treviso, Vicenza, Verona, Pádua e Friul, no mesmo período; e Milão, sob o domínio dos Visconti, foi igualmente feroz. No Sul, a ascensão de Alfonso de Aragão ao trono siciliano, em 1416, foi seguida pela conquista de Nápoles e de guerras contra Florença, Gênova, Milão e Veneza. A agitação e o conflito na Península foram agravados pela cisma papal: a partir de 1378, eram dois e, em determinado momento, três, papas rivais incentivando seus adeptos e ajudando a opor um poder contra o outro.

A eleição de Nicolau V como papa, em 1447, marcou o início das tentativas para estabilizar a situação. O medo da intervenção estrangeira na Península ajudou a concentrar as mentes; assim como a captura de Constantinopla pelos otomanos, em 1453, com a ameaça que isso representou para os interesses territoriais e comerciais de Veneza, Gênova e outros estados. Em 1454, Milão, Veneza, Florença, o papado e Nápoles concordaram em enterrar suas diferenças e estabeleceram a Liga Itálica, uma aliança que tinha o objetivo de restaurar a paz e defender o *statu quo* na Itália. A França era uma de suas preocupações. A monarquia francesa tinha reivindicações tanto para o Reino de Nápoles, como para o Ducado de Milão – por meio do casamento de Luís de Orléans com Valentina Visconti, em 1389; e o fato de ter saído vitoriosa da Guerra dos Cem Anos e de desfrutar do aumento da receita pública e ter um controle maior sobre sua nobreza fez a perspectiva de invasão parecer mais provável.

Entretanto, a Liga não conseguiu garantir a paz. Havia muita animosidade e ambição, e muitos pretextos para a guerra. Alfonso de Aragão con-

CAPÍTULO 2 – DESUNIÃO E CONFLITO: DOS ROMANOS À RENASCENÇA (400-1494) | **83**

tinuou sua luta com Gênova; Sigismondo Malatesta, de Rimini, entrou em confronto com o papa e acabou perdendo a maioria de suas terras; o papa Sisto IV desentendeu-se com os Médici e deixou Florença em pé de guerra com Nápoles; e Veneza lutou sem sucesso pelo controle de Ferrara. Enquanto isso, a ameaça turca se aproximava. Nos anos 1470, os otomanos invadiram Friul, e em agosto de 1480, atacaram Otranto, na Apúlia, profanando igrejas e escravizando metade da população. Porém, o perigo do Islã não fez nada para conter as ambições dos papas, determinados em consolidar suas reinvindicações na Itália central, a qualquer custo. Foi nesse contexto de incerteza que, em 1494, Carlos VIII da França marchou sobre os Alpes.

capítulo 3

Estagnação e Reforma
(1494-1789)

As invasões da Itália

No final do século XV, apesar das incertezas políticas e econômicas, as principais famílias das cidades-Estado italianas tinham uma forte sensação de superioridade. Elas formavam uma elite não totalmente fechada, que tinha valores e aspirações geralmente mais aristocráticos do que seus antepassados comerciantes. Os Médici e os Strozzi ainda eram famílias de banqueiros importantes, mas sua riqueza era cada vez mais investida em palácios urbanos, em vilas no campo e obras de arte. A sensibilidade, a erudição e certo desdém pelo dinheiro *per se* tornaram-se os critérios de avaliação de *status*: quando Giuliano Zancaruol encomendou um quadro a Giovanni Bellini, frisou que o custo não importava, "desde que o quadro seja bonito". As realizações de Alberti, Pisanello, Mantegna, Botticelli, Bramante ou Leonardo transmitiram a seus patronos sentimentos de importância, que frequentemente se expressavam como vaidade. Muitas pessoas na Itália achavam que sua civilização não apenas rivalizava, mas talvez superasse, a de seus antepassados.

A sensação de autoconfiança foi prejudicada pela longa sequência de guerras, que abalaram a Península a partir de 1494. Carlos VIII conquista Nápoles, e as invasões subsequentes, pelos espanhóis, pelos franceses e pelas tropas imperiais, foram vistas como atos de retribuição divina, punições pelo excesso de riqueza e mundanismo na Itália. O historiador Francesco Guicciardini relatou que a chegada do exército de Carlos VIII foi precedida por prodígios impressionantes: em Apúlia, três sóis brilharam no meio do céu à noite, enquanto em Arezzo, "uma quantidade infinita de homens armados montados em grandes cavalos passou pelo ar, com um barulho terrível de trombetas e tambores". Nos anos 1530, quando Guicciardini escreveu isso, os Estados italianos tinham sido reduzidos a peões em uma briga internacional pelo poder. Espanha dominou a Sicília, Nápoles, Sardenha e a Lombardia; a estrutura e as fronteiras de outros territórios foram radicalmente redesenhadas; e Roma foi saqueada. A desilusão começou a substituir os sentimentos de supremacia.

Os contemporâneos esforçaram-se para compreender o que tinha dado errado. O monge dominicano Savonarola culpou a blasfêmia, os jogos de azar, os vestidos decotados, as pinturas de deusas pagãs e a devoção aos clássicos. O diplomata e intelectual florentino, Nicolau Maquiavel, que, durante a vida, viu o governo de sua cidade natal ser derrubado três vezes, voltou-se para a Roma Antiga em busca de uma resposta, e argumentou que os problemas da Itália resultavam de uma falta básica de moralidade pública ou *virtù*. Ele tinha a esperança de que isso pudesse ser recuperado. Guicciardini, mais jovem que ele quatorze anos, não foi tão cruel. Para ele, "as calamidades da Itália" resultavam de uma mistura aparentemente incurável de agressão externa e divisões internas. Alguns humanistas identificaram o problema como "barbárie" estrangeira: mas seu argumento foi invalidado pelo fato de que a maior parte do contingente brutal nos exércitos invasores era formada por mercenários italianos.

Como sugeriu Guicciardini, os Estados italianos foram, em grande medida, vítimas de circunstâncias fora de controle. A prosperidade na Idade Média dependeu, em parte, da incapacidade do Sacro Império Romano ou de qualquer outro poder de subjugá-lo, deixando o controle para os poderes políticos e econômicos locais. Contudo, a força das comunas trabalhou simultaneamente contra a emergência de unidades territoriais integradas; até porque, as principais cidades sempre foram suficientemente ricas para colocar exércitos fortes em campo e se defender da predação dos vizinhos. Enquanto outras partes da Europa se enfraqueciam com as rivalidades entre a Coroa e a nobreza feudal, a Itália permaneceu relativamente a salvo; mas assim que essas disputas se resolveram (como aconteceu na França e na Espanha, por volta do final do século XV), surgiram repentinamente monarquias poderosas, com um potencial econômico e militar que deixou a Itália para trás.

O sucesso dos reis da França e da Espanha no controle da nobreza foi acompanhado pela aquisição de novas terras e, consequentemente, por novos rendimentos. A morte de Carlos, o Audaz, na Batalha de Nancy, em 1477, trouxe uma parte da herança dos Borgonha para Luís XI, enquanto seu

CAPÍTULO 3 – ESTAGNAÇÃO E REFORMA (1494-1789) | 87

sucessor garantiu o Ducado da Bretanha, a última região mais ou menos independente da França. Em 1479, o casamento de Fernando e Isabel, na Espanha, levou à união de Castela e Aragão; e, a seguir, à conquista de Granada pelos mouros. O resultado deu à França e à Espanha os recursos para sustentar os enormes custos da campanha; e, uma vez que nenhum dos lados tinha vantagens em armas e soldados, as guerras se prolongavam e eram decididas principalmente pelo erário público. A importância do dinheiro foi evidente no caso do sagrado imperador romano, Maximiliano. Os problemas com o aumento de impostos tornaram-no o mais fraco dos poderes estrangeiros na Itália. Em 1516, ele teve de abandonar a ocupação de Milão, quando seus tesoureiros ficaram sem dinheiro.

Se as pretensões dinásticas decorrentes de antigas alianças matrimoniais, conquistas e concessões papais proviam um emaranhado de pretextos para a guerra, as ambições e rivalidades dos Estados italianos confundiam ainda mais a situação. Foi a hostilidade entre Veneza e Milão que incentivou Luís XII a atacar o Ducado de Sforza, em 1499; e foram as ambições do papa Alexandre VI e, depois, de Júlio II e Leão X, no centro e no nordeste da Itália, que provocaram o carrossel diplomático, dirigido primeiro contra um poder, e depois, contra o outro. Em 1508, Júlio II aliou-se a Luís e Maximiliano, contra Veneza; três anos depois, ele fez uma reviravolta e solicitou o apoio veneziano e espanhol para expulsar os franceses. Em 1515, Leão X uniu-se à França, contra Milão; em 1521, os franceses foram expulsos de Milão, graças a um acordo do papa com a Espanha. Essas distorções trouxeram ganhos substanciais para o papado, na Romanha e nas Marcas; mas, em 1527, o desastre: Roma foi saqueada pelas tropas imperiais, um episódio cujas consequências foram tanto religiosas, quanto políticas.

O destino da Itália foi finalmente selado por um capricho da loteria dinástica. Entre 1516 e 1519, todas as heranças espanholas, austríacas e burgúndias couberam ao príncipe de Habsburgo, Carlos V; e, em 1519, o título imperial também lhe foi conferido. O enorme Império de Carlos estendia-se da Silésia ao estreito de Gibraltar. Na Itália, ele abrangia Nápoles, a Sicília e a Sardenha. Entretanto, não incluía a Lombardia, controlada pela França, uma anomalia que dificultou a comunicação entre as metades norte e sul do Império. Na tentativa de corrigir isso, Carlos foi à guerra, e, em 1525, derrotou e capturou o rei francês, na Batalha de Pavia. Em 1530, Florença caiu nas mãos das forças imperiais: e, agora, Carlos era a autoridade suprema de toda a Península. Ele anexou Milão à

Espanha e devolveu Florença aos Médici (que se tornaram duques, e depois grão-duques da Toscana); Saboia, Ferrara, Mântua, Urbino, Modena e Parma foram transformadas em ducados hereditários, enquanto Luca, Gênova e Veneza continuaram repúblicas. Os papas ficaram com o governo dos Estados Papais. Esse arranjo foi confirmado pelo Tratado de Cateau-Cambrésis, em 1559, e permaneceu praticamente inalterado até os acontecimentos do século XVIII.

É irônico (embora não se trate de uma total coincidência), que a humilhação política e militar da Itália, na primeira metade do século XVI, tenha sido acompanhada pela emergência de um perfil cultural nacional. Desde Petrarca, os escritores humanistas jogavam com a ideia de *Itália*; e agora, a invasão estrangeira trazia nova pungência e significado a esse conceito. No último capítulo de *O Príncipe** (*Il Principe*), de 1513, Maquiavel apela por um salvador da "Itália", da "insolência dos bárbaros". Contudo, o conceito tinha muito mais substância na literatura do que na política. Graças ao grande apoio do humanista veneziano Pietro Bembo (1470-1547), o vernáculo toscano foi amplamente aceito por toda a Península como a língua literária principal. Ariosto revisou seu grande poema *Orlando Furioso* (1532) para adequá-lo ao novo cânone linguístico, e, em 1528, Baldassare Castiglione fez o mesmo com seu famoso manual de cerimonial *Il Libro del Cortegiano* (O Cortesão). Os dialetos continuaram a ser usados por alguns escritores italianos, e até mesmo floresceram em alguns lugares durante os séculos XVII e XVIII; mas, doravante, o toscano dominou os círculos instruídos.

À medida que o século XVI avançava, a arte e a cultura italianas propagaram-se para o Norte e passaram a dominar grande parte da Europa. A educação humanista, com a visão bastante romântica do mundo clássico e a ênfase na fluência do latim e do grego, tornou-se uma característica marcante dos ricos, da Escócia até a Sicília. O vestuário, o comportamento e, até mesmo, a culinária italiana definiam o padrão das cortes principescas; e Nápoles tornou-se a capital europeia do bom gosto e do refinamento. Na Inglaterra, o túmulo de Henrique VII foi encomendado a um aluno de Michelangelo; Wyatt, Surrey, Spenser e outros escritores imitavam os modelos italianos; e temas renascentistas começaram a adornar monumentos e palácios, embora casualmente. Pádua, Bolonha e outras universidades italianas lideravam os caminhos da Anatomia e da Mate-

---

*   Obra publicada em *Clássicos Edipro*. (N.E.)

CAPÍTULO 3 – ESTAGNAÇÃO E REFORMA (1494-1789) | 89

MAPA 4. Itália: 1559-1796.

mática; enquanto na Astronomia, o florentino Galileu Galilei apresentava provas irrefutáveis para o universo heliocêntrico e destruía para sempre o cosmos aristotélico, fundamental na visão de mundo medieval.

Se a cultura italiana propagou-se principalmente por meio da adoção espontânea por parte de forasteiros, atraídos por sua conotação de riqueza e sofisticação, também se disseminou por conta da nova postura da Igreja. O desafio de Lutero e a humilhação decorrente do saque de Roma, em 1527, deram origem à era militante da Reforma Católica, na qual o poder da imagem foi usado para combater a austeridade do Protestantismo. No século XVI, Roma se transformou de uma cidade pobre e decadente, em uma cidade vibrante, com grandes praças e igrejas, construídas e decoradas pelos melhores arquitetos e pintores da época. Ela se tornou a vitrine da Contrarreforma, que tinha como um de seus objetivos conquistar os ricos e poderosos, não apenas por meio de reformas religiosas, mas também por sancionar a paixão tradicional de príncipes e aristocratas pela ostentação mundana. Com o apoio do papado, as extravagâncias do maneirismo, e, mais tarde, do Barroco, irradiaram da Itália para toda a Europa, a América do Sul e a Ásia.

O DESENVOLVIMENTO SOCIAL E ECONÔMICO NOS SÉCULOS XVI E XVII

As conquistas culturais da Itália no século XVI apoiaram-se em uma economia dinâmica em muitos aspectos. Um dos motivos para isso, ou pelo menos um fator por trás do aumento da produção evidente na indústria e na agricultura neste momento, foi o crescimento da população. Desde meados do século XV, os danos causados pela praga nos últimos cem anos começaram a ser remediados; e o advento da paz, depois de 1530, provavelmente ajudou no processo. A população da Sicília cresceu de 600 mil, em 1501, para mais de um milhão, em 1607; e a cidade de Pavia mais do que dobrou o número de habitantes apenas nas décadas centrais do século. Segundo uma estimativa, por volta de 1600, a Itália foi provavelmente a região mais densamente povoada da Europa, tendo em média 44 pessoas por quilômetro quadrado, e áreas como a Lombardia e a Campânia chegaram a ter três ou quatro vezes essa média. O número para a França foi de 34, e para a Espanha e Portugal, de apenas 17.

A pressão da população forçou o cultivo de novas áreas. Na Toscana do século XVI, os viajantes se impressionavam com a intensidade do plantio de videiras e outras culturas nas encostas das montanhas. No sul da Itália, apesar das restrições do governo, a nobreza tentou aumentar a produção da agricultura, com a fundação de novas cidades: foram criadas umas quatrocentas durante as décadas centrais do século. Na Lombardia,

CAPÍTULO 3 – ESTAGNAÇÃO E REFORMA (1494-1789) | 91

a resposta dos proprietários de terra e dos governos para o aumento da população foi vigorosa: foram empreendidas novas iniciativas na drenagem de terras (Leonardo da Vinci foi contratado para controlar as águas do Adda e do Ticino); e no final do século XVI, a região provavelmente era muito parecida com o que é hoje, com campos regulares simétricos, olmos, amoreiras e árvores frutíferas. A única diferença notável teria sido a ausência do milho e da cultura do arroz em larga escala, que apareceram nos séculos XVII e XVIII.

A indústria têxtil floresceu: a produção de lã em Florença quase dobrou entre 1527 e 1572, enquanto a fabricação da seda começou a deixar sua marca pela primeira vez em áreas do norte da Itália. O comércio bancário alcançou um crescimento particularmente dramático, tanto nas cidades grandes, quanto nas menores: no século XVI, a proliferação de palácios e edifícios públicos foi possível graças à disponibilidade de crédito. Os banqueiros genoveses eram especialmente poderosos: as empresas das famílias Doria, Grimaldi, Spinola e Pallavicino rivalizavam com grandes interesses do sul da Alemanha, dos Fugger ou dos Welser, financiando as grandes frotas transatlânticas espanholas e fornecendo o ouro para pagar as tropas espanholas nos Países Baixos. Os bancos de Florença e de Luca tendiam a trabalhar mais com a Coroa francesa. Entretanto, todos eram suscetíveis à insolvência governamental, e durante a segunda metade do século XVI, a crescente inabilidade da Coroa espanhola, em particular, de saldar seus débitos ameaçou muitos banqueiros italianos (e alemães), e os levou à ruína no século XVII.

As melhorias nas comunicações terrestres e marítimas, a invenção de um novo tipo de moinho d'água poderoso (que beneficiou muito a produção da seda) e o aumento do turismo estão entre os fatores que ajudaram a sustentar a economia italiana no século XVI: mais de meio milhão de peregrinos visitaram Roma para o jubileu de 1600. No Sul, a tendência dos nobres de mudar do campo para Nápoles e Palermo, para ficarem mais próximos do vice-rei e da corte, estimulou a fabricação de produtos: um relato diz que, no final do século XVI, quatro quintos dos trabalhadores napolitanos dependiam da indústria da seda. No entanto, o principal estímulo para a economia italiana veio provavelmente do governo central, cujos poderes e autoridade cresceram rapidamente na maioria dos estados em meados do século XVI. O Senado de Veneza assumiu a drenagem de grandes extensões de pântanos ao redor de Pádua, e, em 1592, o grão-duque da Toscana transformou a pequena aldeia de pescadores de Livorno em um grande porto, com uma população de mais de 10 mil habitantes.

IMAGEM 8. O veranico da prosperidade genovesa. Marquesa Brigida Spinola Doria, por Peter Paul Rubens, da série de retratos suntuosos dos membros de famílias genovesas importantes, executado pelo jovem Rubens, em uma visita à Itália, em 1606.

CAPÍTULO 3 – ESTAGNAÇÃO E REFORMA (1494-1789) | 93

Depois de 1530, a prosperidade econômica foi um fator importante na crescente estabilidade dos Estados italianos. Ao longo do século, a lei substituiu a violência, como meio normal de resolução de litígios entre sujeitos, e as revoltas contra o governo foram poucas. A revolta napolitana de 1585 foi mais direcionada contra a má administração local do que contra o domínio espanhol. Os príncipes propuseram-se a legitimar suas posições por meio da elaboração de Constituições novas ou revisadas (suficientemente bem elaboradas para sobreviver até o século XVIII), e apaziguaram seus súditos com uma reforma tributária e o paternalismo. Como em outras partes da Europa, o princípio da monarquia era absoluto, mas Conselhos, Senados, ou, no caso de Nápoles e da Sicília, Parlamentos permitiam que a nobreza se sentisse envolvida com o governo. O sucesso da nova ordem foi tal, que o ressentimento com o governo "estrangeiro" parece ter sido mínimo. Nápoles se revoltou contra seu vice-rei aos gritos de *Impero* [Império] e *Spagna* [Espanha].

Entretanto, sob a fachada ordeira e próspera, surgiam algumas características alarmantes. Uma delas foi a crescente fraqueza da burguesia. Ao longo do século XVI, em quase todos os lugares, os empresários do comércio, que tinham sido o esteio da economia italiana desde a Idade Média, começaram a se afastar do comércio e da indústria, e adotar um estilo de vida aristocrático. Segundo o embaixador veneziano, em Florença, em 1530, qualquer pessoa com 20 mil ducados investiu metade em uma casa de campo; e certamente, no final do século, os Torrigiani, os Corsini e muitas outras famílias ricas estavam transferindo seu dinheiro dos negócios para a terra. A nova elite florentina viveu de renda e sob a proteção da corte ducal. Em Veneza, foi detectado um processo semelhante. No Sul, a nobreza cresceu tanto em tamanho, quanto em importância política, auxiliada pela venda de títulos da Coroa e sua alienação de direitos e deveres. Entre 1558 e 1597, a quantidade de marquesados no Reino de Nápoles parece ter triplicado.

Essas tendências eram o sintoma, e, em certa medida, também a causa, da crescente vulnerabilidade da economia italiana. A partir de 1580, a recessão acelerou, e, nas décadas seguintes, o comércio e a indústria sofreram uma queda catastrófica. A fabricação de roupas de lã desapareceu quase completamente; a construção de navios despencou; e os principais portos, com exceção de Livorno (que servia como ponto de paragem para os navios que se deslocavam entre o norte da Europa e o Mediterrâneo), encolheram acentuadamente. O comércio bancário também diminuiu dramaticamente. No final do século XVII, a Itália tinha se transformado em um importador de grandes quantidades de produtos acabados, da França, da Inglaterra e da Holanda, e um exportador de bens primários ou semiacabados: trigo, azeite, vinho, e, principalmente, seda. O país passou de uma posição dominante para uma posição subordinada dentro da economia europeia.

Os motivos desse declínio econômico não são claros. Parte da explicação está na mudança do eixo do comércio mundial para o Atlântico e na importância crescente do comércio com países não mediterrâneos. No entanto, enquanto isso pode explicar alguns dos problemas enfrentados pelos comerciantes na Itália, não esclarece a incapacidade da indústria italiana de competir na Europa. Um fator foi provavelmente o poder histórico das associações e os controles que elas exerciam sobre práticas financeiras e trabalhistas: as economias mais novas da Inglaterra ou da Holanda, livres de tais restrições, podiam vender mais barato do que os produtores italianos. Outro fator talvez tenha sido a limitação do mercado interno. Isso foi resultado de antigas rivalidades entre os Estados italianos (e a consequente incapacidade de construir laços comerciais) e da extrema concentração de riqueza nas mãos de uma elite, que preferia investir em arte e palácios, no lugar da indústria. A maioria da população era muito pobre para adquirir produtos manufaturados, e, portanto, a demanda doméstica era fraca.

Se a agricultura da Itália tivesse sido mais eficiente, alguns desses problemas teriam sido minimizados. A população cresceu no século XVI, o que levou ao cultivo de novas áreas, entretanto, sem gerar melhorias reais na produtividade e nos métodos de produção. A tendência das classes médias urbanas de mover seu capital do comércio para a terra levou ao fenômeno crescente do proprietário ausente, que teve consequências especialmente danosas no Sul, onde grandes propriedades eram arrendadas em contratos de curto prazo para intermediários, que plantavam sem considerar a preservação do solo e o bem-estar dos trabalhadores; e a produção sofreu na mesma medida. A partir do final do século XVI, os governos italianos enfrentaram dificuldades cada vez maiores para produzir alimentos suficientes para seus súditos; e a situação se agravou porque o Império Otomano enfrentava uma crise semelhante, o que pôs fim aos suprimentos de reserva de trigo tradicionais da Ucrânia.

Um sintoma da crise crescente no campo foi o banditismo. Nas últimas décadas do século XVI, a quantidade de relatos de depredação intensificou-se, e os governos ficaram alarmados com a ascensão da ameaça à ordem pública. "Em Roma, este ano", diz uma nota de 1585, "vimos mais cabeças [de bandidos] sobre a Ponte Sant'Angelo, do que melões no mercado." Nos arredores de Nápoles, foram construídas vigias para alertar sobre a aproximação de bandidos; e na Campagna, incêndios periódicos eram encomendados para afugentar bandos de ladrões. A Calábria foi particularmente infestada, pois o terreno oferecia uma boa proteção. Segundo um relato do século XVI, em uma ocasião, os bandidos entraram em Reggio em plena luz do dia e abriram fogo com canhão, "enquanto o governador ficou desamparado, pois os homens da cidade se recusaram a obedecer e vir em seu auxílio". O banditismo era causado principalmente pelo aumento do desemprego e da pobreza; mas o fato de a Itália ser uma miscelânea de Estados também facilitou, porque os bandidos podiam fugir e cruzar as fronteiras quando perseguidos.

A crise na produção de alimentos foi acompanhada por outras dificuldades e desastres, que tornaram a primeira metade do século XVII um dos períodos mais desanimadores da história italiana. A praga voltou com virulência renovada: em 1630-1631, Milão, Verona, Florença e Veneza sofreram epidemias importantes, que mataram entre um terço e metade de seus habitantes. O aumento das taxas de mortalidade fez a população da Itália cair de 13,1 milhões, em 1600, para 11,3 milhões, em 1650 (veja na TABELA 3, p. 96). Uma recessão mundial iniciada na segunda década do século expôs a fragilidade estrutural e a produção dizimada da indústria italiana: em Milão, a quantidade de teares de seda caiu de 3 mil, em 1606, para apenas 600, em 1635. O desemprego e a pobreza cresceram rapidamente. Um estudo da cidade piemontesa de Saluzzo (onde a manufatura era modesta) sugere que em 1624, dois terços da população já não eram capazes de se sustentar.

Os efeitos da recessão foram piores do que a guerra. Os duques de Saboia, sempre ambiciosos, envolveram-se com os espanhóis pelo controle de Monferrato e, mais tarde, de Mântua, um conflito que atraiu os franceses em 1628. Veneza pegou em armas contra os Habsburgo austríacos em 1615; e, a partir de 1620, se envolveu com a França, a Espanha e Saboia em uma disputa pela região alpina de Valtellina. Em 1635 tem início uma nova rodada de hostilidades com França, Saboia, Parma e Mântua, aliados contra a Espanha. Esses e outros conflitos no norte da Itália se arrastaram até 1659 e geraram enormes despesas para o governo, pagas em grande medida com o aumento dos impostos. O resultado foi uma maior depressão da demanda pelo consumidor. Nápoles foi forçada a aumentar seus subsídios para Madri, de 835 mil ducados, em 1616, para mais de 6 milhões, dez anos depois; e até o papado (que também tinha ambições territoriais neste período) viu sua dívida pública triplicar para 35 milhões de *scudi* entre 1620 e 1640.

TABELA 3. População da Itália: 1550-1800 (em milhares).

	1550	1600	1650	1700	1750	1800	1700-1800 aumento (%)
Norte da Itália	4.746	5.412	4.255	5.660	6.511	7.206	+ 27,3
Centro da Itália	2.542	2.915	2.737	2.777	3.100	3.605	+ 29,8
Reino de Nápoles	3.050	3.320	2.850	3.300	3.900	4.847	+ 46,9
Ilhas[a]	1.108	1.424	1.527	1.456	1.776	2.136	+ 46,1
Total	11.446	13.111	11.370	13.193	15.287	17.795	+ 34,8

(a) Incluindo Malta e Córsega.

Observe a taxa de crescimento particularmente rápida no Sul: 1700-1800.

Fonte: ROMANO, Ruggiero (Ed.), *Storia dell'economia italiana*, v. II (Turim, 1991).

Uma resposta dos governos aos problemas financeiros crescentes foi tentar levantar capital com a venda de terras da Coroa, monopólios, títulos e privilégios. Especialmente no Sul, isso levou a um processo descrito como "refeudalização", pelo qual os proprietários desfrutavam um relacionamento com a terra, baseado mais em restrições legais, direitos e imunidades arcaicas, do que em critérios mercadológicos. Como resultado, enquanto o poder dos latifundiários diminuía, o eclesiástico tendia a crescer, em detrimento do campesinato e, em longo prazo, do governo central também. Entretanto, essa tendência não foi de forma alguma geral. No Norte, a agricultura continuou a ser moderna e de caráter capitalista; e, durante os séculos XVII e XVIII, em algumas regiões, como a Emília, os arrendatários começaram a ser substituídos por diaristas, um sinal claro dos níveis crescentes de comercialização.

Se o aumento do privilégio feudal no século XVII foi o resultado da insolvência governamental, ele também foi uma resposta (embora míope) à recessão agrícola. A partir de 1620, teve início um longo declínio no

CAPÍTULO 3 – ESTAGNAÇÃO E REFORMA (1494-1789) | 97

preço do trigo, e os latifundiários procuraram reforçar suas posições por meio de garantias legais, no lugar de canais mais precários de investimentos ou empreendimentos. Os resultados ficaram evidentes com a ampla deterioração do solo e com a persistência de métodos de cultivo arcaicos. Áreas que tinham sido drenadas voltaram a ser pantanosas – como o curso inferior do rio Pó, a região da Maremma Toscana e Romana, e ao longo da costa sul. No Centro e no Sul, a monocultura do trigo, alternada com períodos de descanso, foi reforçada; assim como a transumância. O poder crescente da nobreza também levou ao fechamento de grandes extensões de terra para a caça ou pastagem, o que estimulou a migração de camponeses desempregados e famintos para outras cidades.

Contudo, a situação não era tão desoladora. Em partes do Norte, especialmente na Planície Padana, os proprietários de terra tentaram minimizar o impacto da recessão pela diversificação. O arroz e o milho foram introduzidos, e, em meados do século XVII, o cultivo estava bem estabelecido em muitas áreas. A alternância contínua era largamente praticada, muitas vezes em culturas industriais, como o linho e o cânhamo, e isso ajudou a fortalecer os laços entre a agricultura e a manufatura, já bastante evidentes no caso das amoreiras e da seda. O arrendamento de terra pelos camponeses no Norte alcançou certa estabilidade durante esse período, principalmente devido a contratos justos com os proprietários. Piemonte parece ter reagido muito bem à crise, dividindo os feudos grandes e de difícil manejo em unidades mais viáveis. Na Toscana, ainda eram vistos muitos sinais de inatividade econômica: em 1644, o diarista John Evelyn surpreendeu-se ao encontrar o próprio grão-duque atuando no comércio de vinhos.

Entretanto, a impressão geral que se tinha da Itália no século XVII é de estagnação, tanto social, como econômica. A burguesia moderna, em qualquer sentido do termo, quase não existia, mesmo em regiões bastante adiantadas, como a Lombardia. Os nobres constituíam a classe governante em todos os lugares; e apesar de serem em pequeno número – no norte da Itália, apenas 1% da população – e da emergência no século XVI de novos grupos de funcionários públicos, eles ainda dominavam quase todos os setores do governo e da administração, especialmente nas cidades provinciais. Seus postos eram quase sempre hereditários. Uma grande quantidade de aristocratas vindos da Espanha se estabeleceu em várias regiões, principalmente no Sul, trazendo consigo um conjunto de valores tradicionais da corte, como a preocupação com a honra, privilégios e rituais, e uma propensão para a *vendetta*. Muitas vezes, eles eram profundamente

IMAGEM 9. Imagem devocional de Nossa Senhora das Graças, de 1632, comemorando a libertação da praga, que, como revela a inscrição, "assola poderosamente a cidade de Milão em 1630 e 1631".

piedosos; e durante os anos de dominação espanhola, a Igreja na Itália recebeu benefícios e ficou muito rica e poderosa.

A influência da nobreza e o fortalecimento de práticas feudais, em muitos lugares, polarizou a sociedade perigosamente. Em 1647, após uma série de colheitas ruins e do aumento dos impostos, uma revolta importante irrompeu em Nápoles. Seus lideres proclamavam a igualdade dos pobres e da aristocracia, alegando (erroneamente) que Carlos V já havia concedido esse privilégio para a cidade uma vez. A insurreição transformou-se em uma guerra contra a Espanha. Os pobres de Palermo também tomaram as ruas e queimaram a prefeitura da cidade, abriram as prisões e forçaram os nobres a irem para o campo. Os dois levantes foram derrubados pelas tropas espanholas, mas pouco foi feito para combater as causas econômicas e sociais da agitação. Em Palermo, o arcebispo de Monreale exorcizou publicamente os demônios e as bruxas que levaram o povo a se rebelar; enquanto as autoridades, para economizar alimentos, expulsaram os desempregados sob pena de morte, junto com as pessoas que viviam na cidade há menos de dez anos.

Essas medidas foram apenas cosméticas; e a questão da pobreza continuou sem solução, ainda que, de forma mais realista, os governos tenham procurado resolver o grave desequilíbrio entre a população e os recursos, para tentar regular a oferta, a distribuição e o tabelamento do trigo. Segundo um contemporâneo, em Florença, em abril de 1650, era impossível assistir à missa em paz, com tantos miseráveis molestando, "nus e cobertos de feridas". Em 1674, uma insurreição irrompeu em Messina, resultante principalmente da escassez de alimentos. A resposta dos espanhóis foi derrubar o prédio da prefeitura, arar o terreno e cobri-lo de sal. "A apenas alguns quilômetros de Nápoles", diz um relato de 1734, "os homens e as mulheres que você encontra estão praticamente nus... ou vestindo trapos repugnantes... Sua dieta básica resume-se a alguns gramas de pão... No inverno, na falta de trabalho regular... eles são forçados a comer plantas, sem óleo ou sal. Se tanta pobreza é encontrada na província da Terra di Lavoro, a região onde a mãe natureza é mais caridosa... como estará a situação em outras províncias do Reino?"

O SÉCULO XVIII:
A ERA DAS REFORMAS DO ILUMINISMO

Nas últimas décadas do século XVII, a Itália desfrutou de um período de relativa paz. Os espanhóis continuaram a ser a força dominante na Península, governando Milão, Sardenha, Nápoles, Sicília e um enclave na

Toscana, chamado de Presidi, e controlando indiretamente as atividades dos outros Estados. Sua presença ajudou a isolar a Itália do desenvolvimento social, econômico e cultural do norte da Europa. Os duques de Saboia continuaram a cobiçar novos territórios, explorando sua posição intermediária entre as duas potências continentais da época. Em 1690, Vitor Amadeo II apoiou a Espanha em uma coalisão contra a França, esperando conquistar Milão; diante do fracasso, fez as pazes com Luís XIV e ficou com a cidade fortaleza de Pinerolo. Porém, os dias da Espanha como um poder mundial estavam contados, uma vez que sua economia não conseguiria mais sustentar o peso do Império. Em 1700, o último dos Habsburgo espanhóis, Carlos II, morreu, e uma grande guerra europeia eclodiu para estabelecer uma nova ordem internacional.

A Guerra da Sucessão Espanhola foi travada por mais de uma década entre a França, a Áustria, a Espanha e a Grã-Bretanha. A Itália foi arrastada menos como protagonista e mais como um prêmio a ser repartido entre as partes em conflito. O mapa político da Península mudava com frequência. Em 1707, a Áustria ganhou a Lombardia; sete anos depois, com o Tratado de Rastatt, acrescentou o Ducado de Mântua e todo o sul do continente, e substituiu a Espanha como poder dominante na Península. O duque de Saboia, que, com o oportunismo habitual, trocou de lado na guerra, lucrou ao apoiar a Inglaterra e ganhou Alexandria, Valenza, Lomellina e a Coroa da Sicília. Em 1718, trocou a Sicília pela Sardenha, mas conservou o título real. A Sicília passou brevemente para a Espanha e, em 1720, para a Áustria. Modena, Parma e a pequena província costeira de Massa continuaram como ducados, a Toscana, como um grão-ducado, e Veneza, Gênova e Luca, como repúblicas.

Em 1733, a guerra começou novamente, desta vez pela sucessão polonesa; e o mapa da Itália foi redesenhado. Carlos de Bourbon, filho de Felipe V, da Espanha, tomou Nápoles dos austríacos e assumiu o antigo título de Rei das Duas Sicílias. Em 1737, a Áustria recebeu uma compensação, quando o grão-ducado da Toscana passou para a Casa de Lorraine, um braço da família imperial austríaca, depois da morte de Gian Gastone, o último dos Médici. Durante os anos 1740, uma nova rodada de lutas (a Guerra de Sucessão Austríaca) levou a outra pequena remodelação do bloco. Modena foi ocupada pelos Habsburgo, enquanto Parma, Piacenza e Guastalla ficaram com os Bourbon. A Casa de Saboia adicionou novas províncias do lado oriental. Em 1748, o Tratado de Aix-la-Chapelle inaugurou um longo período de paz, o maior na história moderna da Itália; e

CAPÍTULO 3 – ESTAGNAÇÃO E REFORMA (1494-1789) | 101

agora o mapa político da Península permaneceria praticamente inalterado (afora o intervalo napoleônico) até a unificação nacional, em 1860.

As guerras da primeira metade do século XVIII pressionaram enormemente a economia e a administração dos Estados italianos, e colocaram à mostra suas fragilidades de forma arrasadora. Depois de dois séculos de fossilização rastejante sob o domínio da Espanha, a exposição aos regimes mais eficientes e centralizados da Europa produziu uma crise de identidade política e cultural na Itália. Isso levou os governos a aderir a programas de reforma importantes, na tentativa desesperada de aumentar a arrecadação e abrandar a ameaça de agitação social. Embora a economia italiana já sinalizasse uma recuperação a partir dos anos 1740, com os preços subindo mais uma vez depois de mais um século de estagnação, a tendência demográfica também crescia. Entre 1700 e 1800, a população da Itália aumentou de cerca de 13 milhões, para aproximadamente 18 milhões, uma taxa de crescimento mais lenta do que em outras partes da Europa, mas suficiente para garantir que a Península continuasse presa à armadilha malthusiana (veja a TABELA 3, p. 96).

O primeiro Estado italiano a introduzir um programa sério de reformas foi Piemonte, cujos duques, e depois reis, tinham objetivos expansionistas, difíceis de alcançar sem uma burocracia eficiente e centralizada. O problema principal foi a tributação. Cerca de um terço das terras mais rentáveis era de propriedade do clero e da nobreza, cujos privilégios feudais eram de tal monta que pelo menos 80% deles usufruía de imunidade fiscal. Além disso, a forma como a coleta de impostos era explorada possibilitava o desperdício e o abuso. Para corrigir essa situação, no final do século XVII, o governo empreendeu um grande censo no território piemontês. A resistência foi reprimida firmemente: 49 pessoas foram enforcadas na região de Monregalese por oposição aos inspetores reais. Quando a avaliação foi concluída, em 1731, o rei pôde aumentar a receita de impostos, e, o mais importante, pôde confiscar propriedades usurpadas do patrimônio real, ou aquelas cujos proprietários não conseguiram comprovar um título antigo.

O registro piemontês de terras reduziu o poder da aristocracia feudal e fortaleceu o governo central. Os Estados confiscados pelo rei foram usados para recompensar servidores leais e criar uma nova classe de nobres, que eram dependentes e comprometidos a servir a Coroa. Esse processo de fortalecimento da autoridade real avançou nas primeiras décadas do século XVIII com várias outras reformas. O sistema legal foi reorganizado para criar um conjunto de leis mais coerente; a pobreza e a mendicância eram abordadas por instituições para treinar o desempregado para o trabalho produtivo; os ensinos médio e superior adotaram um perfil mais laico, com o intuito de dotar o Estado com administradores modernos; e a indústria ficou sujeita a tarifas protecionistas e a medidas que tinham o efeito de enfraquecer a posição contratual dos trabalhadores. Com essas mudanças o Estado de Piemonte ganhou força e autoridade sem paralelo na Itália.

Entretanto, as reformas em Piemonte foram realizadas no âmbito tradicional do absolutismo. Quase nada foi feito para ganhar o apoio das pessoas envolvidas; e não foram desenvolvidos argumentos morais ou teóricos para justificar as reformas. Elas eram produtos da conveniência, e não tinham qualquer vestígio das ideias iluministas, que começavam a circular em outras partes da Europa. As reformas tiveram sucesso porque a população era muito leal, respeitosa ou passiva para resistir. Seu principal objetivo foi o fortalecimento do Estado para a guerra; e a forma autoritária como foram impostas refletia o caráter militarista de um Reino que tinha um exército permanente de 24 mil homens – o equivalente a um soldado para cada noventa e dois habitantes. O sucesso livrou Piemonte de fazer novas reformas importantes depois de 1730; e o controle rígido que o governo central exercia sobre a sociedade garantiu que a crítica e a dissidência fossem sufocadas. O resultado foi que, em grande medida, o Iluminismo passou em branco por Piemonte.

Em outros lugares, a necessidade de reformas foi bem mais urgente do que em Piemonte. Em meados do século XVIII, na Lombardia, quase metade das terras cultiváveis pertenciam à nobreza, e outros 20%, à Igreja. Na Itália central, 61% do Agro Romano estava nas mãos de apenas 113 famílias; e no Reino de Nápoles, de 40% a 50% da renda fundiária era dividida entre a Igreja e os nobres. A maior parte dessas propriedades era feudal e (com exceção de Veneza) isentas de impostos. Assim, a carga fiscal caía sobre os pobres: nos anos 1720, na Lombardia, três quartos de todos os impostos estatais eram provenientes dos proprietários de um quarto da riqueza. Privilégios de todos os tipos eram abundantes. Os senhores feudais extorquiam dízimos e pedágios, tinham os direitos de caça e peça, possuíam monopólios e reivindicavam a jurisdição civil e até criminal sobre os camponeses. A pretensão de estar acima da lei era comum: o príncipe siciliano de Villafranca, que torturou meninos com ferros quentes porque zombaram de sua carruagem, defendia-se com sucesso dizendo que o caso não era assunto para as cortes reais.

CAPÍTULO 3 – ESTAGNAÇÃO E REFORMA (1494-1789) | 103

No século XVIII, um dos maiores problemas enfrentados pelos governos italianos foi o Estado caótico do sistema legal. A Itália tinha uma grande quantidade de tribunais e jurisdições rivais, em parte resultante da riqueza da sociedade civil – leigos e religiosos – na Idade Média, e, também, da longa história de fragmentação política da Península. Ironicamente, a força do corpo jurídico na Itália ajudou a sustentar a confusão, porque a maioria dos advogados tinha interesse em preservar o *statu quo* e resistia aos esforços da Coroa para ampliar seu poder. Isso aconteceu principalmente no Sul, onde os advogados, além de serem numerosos (no século XVIII, em Nápoles, 26 mil supostamente ganhavam a vida no exercício da profissão), também eram oriundos de famílias ricas, cujas imunidades e privilégios eram pagos para defender. Na Sicília, um advogado talentoso, chamado Carlo di Napoli, conquistou a gratidão da nobreza – e um monumento público – argumentando com sucesso, nos anos 1740, que os antigos feudatários normandos tinham direitos iguais ao rei e não eram seus vassalos; e consequentemente, os feudos sicilianos eram na verdade propriedades privadas, sobre as quais a Coroa não tinha direito.

A condição caótica do sistema legal teve algumas consequências de longo alcance. Ela privou o governo de duas importantes fontes de receita – multas e confiscos. Também atingiu as transações comerciais, porque sem um sistema unificado de tribunais, havia a incerteza de que os contratos e dívidas seriam honrados. Na Sicília, a Inquisição, o Protonotário, o Chanceler, a Nunciatura Apostólica, a Casa da Moeda, o Almirantado, a Auditoria Geral do Exército, a alfândega, e o conselho de exportação do trigo, todos tinham jurisdições separadas. Na Toscana, a situação era ainda pior: Florença tinha mais de quarenta tribunais, quatorze dos quais pertenciam a associações da cidade. A pletora de jurisdições teve repercussões importantes no policiamento. Por exemplo, o fato de que criminosos tinham direito de asilo em propriedades eclesiásticas significou que, segundo uma estimativa, em 1740, 20 mil homicidas lançaram mão dessa prerrogativa para evitar a prisão. Não surpreende que as igrejas tenham servido de sede operacional para ladrões e assassinos.

A confusão administrativa e a crise econômica apresentaram o cenário para a propagação das ideias do Iluminismo na Itália. Os primeiros sinais de renovação intelectual foram detectados nos últimos anos do século XVII, quando alguns indivíduos começaram a levar a sério as inovações científicas e filosóficas surgidas no norte da Europa. Inspirados no grande intelectual francês Jean Mabillon (que visitou a Itália, em 1685), o monge beneditino Benedetto Bacchini e seus alunos, Ludovico Antonio Muratori e Scipione Maffei, começaram a aplicar a "razão" a uma ampla gama de assuntos – históricos, jurídicos, literários e filosóficos – com o objetivo de denunciar a ignorância e a superstição do passado italiano, e assim libertar o presente da mão mortífera da tradição. Seus trabalhos foram notáveis por sua erudição; e ao explorar com sabedoria inatacável a maneira como as instituições e as leis se desenvolveram, eles esperavam pavimentar o caminho para uma melhor compreensão da sociedade contemporânea e para a correção de suas anomalias.

Diante da força da Igreja na Itália, não é surpreendente que os reformistas do Iluminismo utilizassem boa parte de seu arsenal para atacar os privilégios e poderes clericais. Em 1723, o advogado napolitano Pietro Giannone publicou seu famoso livro *Istoria Civile del Regno di Napoli* (História civil do Reino de Nápoles), uma denúncia poderosa dos processos pelos quais a Igreja tinha assegurado o controle pernicioso do Estado, ao longo dos séculos: o livro levou Giannone ao exílio e à sua morte na prisão. Em outros lugares – Veneza, Milão, Modena e Parma –, as primeiras décadas do século XVIII testemunharam outros ataques semelhantes às reivindicações temporais da Igreja. Nos anos 1740, o debate esquentou: o grande número de feriados religiosos na Itália foi condenado por promover a ociosidade e a bebedeira; e a hostilidade da Igreja à usura foi responsabilizada pela vantagem que supostamente deu aos comerciantes protestantes do norte da Europa sobre os rivais católicos. E a existência ou não de demônios e da magia tornou-se um assunto extremamente polêmico.

O problema enfrentado pelos intelectuais do Iluminismo foi a conversão de ideias em reformas práticas. O controle exercido pela nobreza e pela Igreja sobre a sociedade italiana era tão forte, e a classe média, geralmente tão fraca, que era pouco provável que a pressão por mudança viesse por baixo. Os Parlamentos de Palermo, Nápoles e Milão eram baluartes do privilégio; o mesmo acontecia com muitas outras instituições que representavam a sociedade civil. Uma possibilidade estava em tentar persuadir as classes governantes de que a reforma poderia atender a seus interesses; e a partir dos anos 1750, inúmeras publicações foram criadas com o objetivo de divulgar os ensinamentos de Newton e Locke, Voltaire e Montesquieu, e de gerar simultaneamente um clima de debate a partir do qual a reforma poderia emergir. A mais conhecida dessas revistas foi *Il Caffé*, publicada na Bréscia, entre 1764 e 1766. Ela constituiu a plataforma a partir da qual alguns dos intelectuais mais notáveis da época, entre

IMAGEM 10. O poder inabalável da Igreja. A Inquisição conduzindo um auto de fé, na frente da catedral de Palermo, em 1724. Até 1782, a Inquisição não tinha sido totalmente abolida da Sicília.

eles, Cesare Beccaria, Pietro Verri e Gian Rinaldo Carli, argumentaram a favor de uma mudança radical em esferas como o comércio, a agricultura, o Direito e a Ciência.

As novas ideias tiveram uma adesão limitada, mas atraíram a atenção em muitos Estados com reis e governantes ansiosos por encontrar a solução para as dificuldades econômicas e sociais, depois do caos financeiro causado pela guerra e pela recessão, sendo a pobreza uma ameaça constante. A urgência de uma reforma foi realçada por uma série de situações desastrosas de extrema escassez de alimentos, que explodiu nos anos 1760. Em Nápoles, em 1764, milhares de camponeses morreram de fome nos becos da cidade, depois de fugir do campo; a lembrança de corpos estendidos nas ruas marcou toda uma geração de reformadores do Sul. Na Toscana, os anos de fome de 1763 a 1766 foram igualmente traumáticos. Aqui (como em Nápoles), a calamidade foi atribuída às *annone*, as poderosas agências públicas, geralmente corruptas, que regulavam a distribuição e o preço do trigo na maioria das cidades italianas, no século XVI. Em 1767, na tentativa de estimular a produção, o governo da Toscana aprovou uma lei introduzindo o livre-comércio do grão, uma ruptura decisiva com o mundo imutável e restritivo do *ancien régime*.

Sob o governo do grão-duque Leopoldo (1765-1790), a Toscana desenvolveu um dos Estados mais progressistas da Europa. O mérito pode ser atribuído ao próprio Leopoldo – um homem enérgico e visionário, que conhecia bem os autores do Iluminismo. Com seu apoio, foram introduzidas várias medidas, projetadas para promover o bem-estar público, por meio da racionalização da economia e da administração. Os privilégios tributários acabaram e o sistema fiscal foi simplificado; as terras comunais foram vendidas – de acordo com a convicção reformista de que a propriedade privada beneficiava a produção; as associações florentinas foram abolidas e o princípio de liberdade de trabalho foi declarado; a autonomia local foi atacada; e a propriedade de terra, em vez da nobreza, tornou-se o principal critério para a ocupação de cargos públicos. Em 1786, um novo Código criminal foi introduzido. Ele foi elaborado pelo grande jurista lombardo Cesare Beccaria, e teve como base os mais recentes preceitos humanitários e racionalistas. Ele acabou com a pena de morte e a tortura, e confirmou a posição da Toscana na vanguarda da reforma.

Leopoldo foi auxiliado em suas reformas por um grupo de funcionários públicos talentosos (quase todos preparados pela universidade de Pisa, que, segundo um ministro do governo, "sozinhos, resgataram a Toscana do Estado de ignorância no qual quase todo o resto da Itália se afundou"), e também – talvez, o mais importante – por uma nobreza, cuja inclinação comercial tinha ensinado já há muito tempo, que a cooperação com um Estado bem governado era de seu interesse, tanto quanto do governante. Na Lombardia, a ideia de parceria não era tão desenvolvida. A partir do século XVI, quando a Espanha assumiu o controle do ducado, a elite milanesa adquiriu um forte senso de autonomia e protegeu seus privilégios políticos no Senado. A prosperidade da região (Arthur Young descreveu a planície da Lombardia como "a melhor perspectiva agrícola da Europa") tornou a nobreza de Milão particularmente relutante em permitir a interferência dos governos estrangeiros de Madri, e depois, de Viena, em seus assuntos.

Isso ajuda a explicar alguns dos limites do movimento reformista na Lombardia. A partir dos anos 1750, o governo austríaco pressionou fortemente uma mudança e alcançou alguns sucessos marcantes. Um novo cadastro de terras foi aprovado em 1757; os privilégios eclesiásticos foram reduzidos, e o poder da Igreja sobre as universidades e o ensino médio foi atenuado; os direitos alfandegários foram revisados, o sistema tributário, reestruturado, e as associações, abolidas. Foram elaborados planos para criar

CAPÍTULO 3 – ESTAGNAÇÃO E REFORMA (1494-1789) | **107**

um sistema coerente de escolas de ensino fundamental, segundo a crença de que a educação popular era necessária para o bem-estar moral e material das massas. Porém, o andamento das reformas e o fato de que eram impostas de cima, sem contar com o apoio dos mais interessados, provou um ressentimento crescente. Isso foi particularmente verdade entre 1780 e 1790, quando José II foi imperador: sua conduta autoritária afastou não apenas a nobreza da Lombardia, mas também intelectuais; e muitas de suas reformas ficaram restritas à região.

No Reino de Nápoles, a desconfiança entre a nobreza e a Coroa, a enorme extensão dos privilégios feudais e eclesiásticos, e a dimensão da desordem administrativa tornaram a tarefa dos reformistas assustadora. Entretanto, o tamanho do desafio foi por si só um estímulo para a ação, e na segunda metade do século XVIII Nápoles era um laboratório de ideias do Iluminismo, especialmente na economia. A figura-chave foi Antonio Genovesi, um padre que foi nomeado professor de economia política na universidade de Nápoles (a primeira cadeira desse tipo na Europa) em 1754. Por 15 anos, ele transmitiu a uma geração de jovens intelectuais as lições a serem aprendidas com a Holanda, a Inglaterra e outras nações comerciais, e abordou a urgência de uma reforma para evitar um desastre econômico e social de maiores proporções no Sul. Genovesi ficou profundamente impressionado com as cenas angustiantes que acompanharam a grande fome de 1764, e foi isso que o convenceu a apoiar uma política de livre--comércio de grãos.

Nas décadas de 1750 e 1760, apesar da influência e reputação de Genovesi, Nápoles não conseguiu estabelecer uma colaboração estreita entre o governo e os intelectuais, do tipo que produziu resultados tão impressionantes na Toscana e na Lombardia. O ministro-chefe do Reino, Bernardo Tanucci, era uma figura astuta e pedante, que desconfiava profundamente da teoria econômica abstrata: ele preferiu atacar os problemas de forma a encontrar soluções concretas imediatas – na esfera do direito e acima de tudo, da Igreja. Os jesuítas foram expulsos do Reino em 1765; os conventos foram suprimidos; os dízimos e as mãos-mortas foram abolidos; e o consentimento real passou a ser obrigatório para decretos eclesiásticos. Embora essas medidas fossem vistas por Genovesi como um passo na direção certa, elas não resolviam o que ele considerava o problema econômico fundamental do Sul, isto é, o controle da nobreza feudal improdutiva e de seus aliados nas questões da terra, os advogados.

Somente depois da queda de Tanucci do poder, em 1776, o caminho se abriu para uma investida mais direta sobre a economia. Surgiram uma série de estudos notáveis, escritos por alunos de Genovesi, analisando as deficiências da agricultura no Sul, com grande perspicácia; e por todo o Reino, grupos de reformistas do Iluminismo reuniam-se em academias e lojas maçônicas para discutir novas propostas de mudança. Um sentimento de urgência estava no ar: nos anos 1770, os preços dos grãos subiram e a condição do campesinato piorou. No entanto, o problema da nobreza persistia. Entre 1781 e 1786, o vice-rei da Sicília, Domenico Caracciolo, comandou uma campanha vigorosa na ilha contra os privilégios dos nobres, e escreveu: "É preciso salvar o campesinato das presas destes lobos [baroneses]". Ele fez pouco progresso. Em Nápoles, algumas reformas foram introduzidas: mas elas apenas arranharam o poder dos barões; e assim que irrompeu a Revolução Francesa, todas as tentativas de mudança foram interrompidas.

Em outras partes da Itália, o ritmo da reforma na segunda metade do século XVIII foi menor. Na década de 1760, o Ducado de Parma, o mais eclesiástico entre os Estados italianos – o papa afirmava ser seu suserano feudal –, aprovou medidas para reduzir o poder da Igreja; mas teve menor sucesso em outras áreas, e a partir da década de 1770, retrocedeu ao seu provincialismo. Para Veneza e Gênova, o século XVIII foi um período de declínio: as oligarquias governantes ficaram limitadas pela inércia da tradição e não foram capazes de converter as ideias iluministas em reformas práticas. O mesmo se aplica aos Estados Papais, onde a hostilidade à mudança foi impulsionada pela equação religiosa da verdade com a permanência. Na década de 1770, o papa Pio VI tentou lidar com a situação financeira caótica, mas foi impedido pela oposição local. Na época da Revolução Francesa, apenas o Ducado de Modena obteve sucesso com a reforma, entre os Estados menores.

Durante o século XVIII, as tentativas da Itália de se libertar do fardo do *ancien régime* obtiveram resultados variados. O balanço foi mais saudável no Norte e no Centro do que no Sul; mas, mesmo no Norte, na segunda metade do século, o fato de os reis de Piemonte recusarem-se a restringir seu absolutismo, e virarem as costas firmemente para as ideias e os ideais do Iluminismo, agitou os partidários do progresso. Nas décadas seguintes, Piemonte produziria alguns dos defensores mais conhecidos da reação – entre eles o diplomata e escritor Joseph de Maistre. Em Nápoles, a incapacidade dos Bourbon de romper o poder da nobreza feudal deixou

CAPÍTULO 3 – ESTAGNAÇÃO E REFORMA (1494-1789) | 109

a economia do Sul vulnerável e a sociedade perigosamente instável. E, o mais importante, isso reforçou a sensação (presente durante alguns séculos) de que o poder real na região permaneceu nas mãos de indivíduos ou grupos privilegiados, e não com o Estado, que na melhor das hipóteses continuou na sombra.

Entretanto, no plano intelectual, os Estados italianos participaram dos debates do Iluminismo europeu com um vigor digno de louvor. O isolacionismo cultural do século XVII deu lugar a um engajamento ativo no mundo das ideias modernas; e isso, por sua vez, gerou um novo otimismo sobre as possibilidades de mudança e progresso. Contudo, a aproximação com a Europa não se deu sem problemas. Ao mesmo tempo em que deu origem a novos ideais econômicos, sociais e logo, também, políticos, aos quais os reformistas aspiravam, ela também criou um sentimento de inferioridade correspondente, a sensação de que o que era característico da Itália era anacrônico ou de pouco valor. Foi o início de uma crise de identidade que perturbaria o curso da história moderna da Itália, e que levaria nos próximos dois séculos a uma oscilação frágil entre o desejo de imitar modelos estrangeiros e a afirmação frustrada, e muitas vezes zangada, da tradição e do caráter nativos.

capítulo 4

O SURGIMENTO DA QUESTÃO NACIONAL
(1789-1849)

O IMPACTO DA REVOLUÇÃO FRANCESA

Nas décadas de 1770 e 1780, o otimismo, que constituiu a base do Iluminismo europeu, a crença que um mundo mais humano e próspero poderia ser construído com a razão, a tolerância e a eliminação sistemática do privilégio, da ignorância e da desumanidade, foi marcado pela incerteza. A maioria dos Estados italianos conseguiu reduzir os poderes da Igreja; mas as aflições da pobreza, do banditismo, da mendicância e da ociosidade, continuaram e pareciam crescentes. Segundo os reformistas, esses demônios só seriam curados com o rompimento do controle exercido pela nobreza improdutiva: mas havia dúvidas quanto ao desejo dos príncipes de chegar a isso. Alguns achavam que a única esperança de uma reforma verdadeira apoiava-se na recomposição de todo o sistema. Um utopismo novo e, de algum modo, desesperado, começou a surgir, perceptível num primeiro momento na rápida disseminação da maçonaria, na década de 1770, e depois, durante a década de 1780, com o aparecimento de seitas, como os *Illuminati*, que pregavam mensagens igualitárias e comunistas.

A fé nos príncipes e nos governos diminuiu, e aqueles que pretendiam um mundo melhor começaram a buscar novas alternativas para seus anseios. Muitos olhavam com interesse e simpatia para as massas, cujas virtudes foram eloquentemente descritas por Jean-Jacques Rousseau. A inspiração foi a guerra da independência americana, com sua afirmação revolucionária do direito do povo de determinar suas próprias leis. Na década de 1780, alguns intelectuais, entre eles o reformista jurídico napolitano Gaetano Filangieri, ficaram encantados com a ideia da igualdade: hoje, ele escreveu, "tudo está nas mãos de poucos. Nós precisamos agir para garantir que tudo fique nas mãos de muitos". Outros foram absorvidos pela busca filosófica das origens históricas da sociedade contemporânea. Isso levou ao renascimento do interesse em Giambattista Vico (1668-1744), o acadêmico napolitano rebelde, mas muito original, cujas pesquisas incluíram uma investigação ampla dos costumes e das culturas de diferentes povos.

À medida que os intelectuais começaram a voltar sua atenção para o "povo", a noção de soberania popular ganhou terreno entre os radicais, estimulada pelas doutrinas modernas dos direitos naturais universais; e isso, por sua vez, levantou a questão da "nação": o conjunto de humanos, cujo direito coletivo seria determinar a forma de governo sob a qual viveriam. O Iluminismo teve um espírito cosmopolita; mas os laços estreitos que se desenvolveram entre os reformistas italianos, e o fato de os Estados da Península serem atingidos por um conjunto de problemas comuns e estarem sujeitos a um processo comum de declínio, geraram a ideia de uma "Itália" pungente e revigorada. Alguns reformistas, entre os quais Genovesi, falaram até na necessidade de uma unidade econômica maior na Península. Assim, o conceito de "Itália" foi readquirindo algumas características marcantes da Renascença; mas também foi ganhando conotações políticas, inteiramente ausentes durante os séculos XV e XVI.

Em 1789, a eclosão da Revolução Francesa foi um catalizador dessas ideias. A tomada da Bastilha e a primeira fase da revolução foram saudadas com entusiasmo pela maioria dos intelectuais italianos. Alguns partiram para Paris; outros, incluindo Pietro Verri, em Milão, ficaram em casa e tentaram usar a ameaça de agitação como uma arma para pressionar os governantes a conceder novas reformas. Entretanto, a supremacia jacobina, os massacres de setembro de 1792 e o Terror de 1793-1794 fizeram crescer a desilusão entre os mais moderados. Um deles foi o dramaturgo Vittorio Alfieri, um aristocrata piemontês que passou boa parte da vida viajando pela Europa, e cujos trabalhos, amplamente baseados em temas clássicos, continham denúncias enfáticas à tirania e referências patrióticas à Itália. Seu apoio inicial à revolução diminuiu rapidamente: em 1792, ele deixou Paris e foi para Florença, onde passou os anos seguintes satirizando os acontecimentos na França em seu livro *Il Misogallo* (O Antifrancês).

A Revolução Francesa trouxe um fim repentino às reformas nos Estados italianos. As ideias do Iluminismo foram vistas como responsáveis pela ruptura da ordem na França; e os príncipes, com medo de perder seus tronos, voltaram às práticas antigas do absolutismo. A censura ficou mais rigorosa e o uso da Polícia secreta, mais intenso. Mesmo a Toscana, que tentou com afinco manter a fé em suas tradições reformistas, restaurou a pena capital e introduziu controles parciais no comércio de grãos. Os maçons foram abertamente perseguidos, de Turim a Palermo. Um motivo de preocupação para os governos foi o aumento dos tumultos violentos no campesinato no início da década de 1790. As autoridades sabiam bem que, embora localizado e dirigido principalmente contra os proprietários de terra repressores ou aos impostos pesados, a revolta era um sinal da crise social mais ampla, que poderia facilmente levar a uma revolução em grande escala.

A ameaça de instabilidade interna ficou ainda mais preocupante diante da perspectiva de uma guerra com a França. Em novembro de 1792, o governo parisiense anexou a Saboia, que considerava como a "fronteira natural" da nação francesa; e nos meses seguintes, os principais Estados italianos uniram-se à Grã-Bretanha, à Áustria e à Prússia, em uma aliança antirrevolucionária. Entretanto, nada aconteceu durante algum tempo: somente em 1795, quando a França enfrentava o caos financeiro crescente e o descontentamento doméstico, deu-se a invasão da Itália, como um meio de aumentar a receita e aliviar a pressão sobre os exércitos franceses no Reno, onde as principais ofensivas foram realizadas. O governo francês estava ciente de que os "jacobinos" italianos (como eram conhecidos os radicais) não constituíam uma grande força; mas eles também sabiam que os Estados italianos eram militarmente fracos e não contavam com um amplo apoio popular.

Na primavera de 1796, Napoleão Bonaparte, aos 26 anos de idade, liderou o exército francês sobre os Alpes. Ele expulsou os austríacos da Lombardia, invadiu o Vêneto e "liberou" a Bolonha e a Romanha. Na Emília, os jacobinos locais rebelaram-se e destituíram o duque. A determinação e a presteza das vitórias de Napoleão deixaram-no livre para agir quase sem se reportar a Paris. Ele criou dois novos Estados no norte da Itália, as repúblicas Cispadana e Cisalpina; e em outubro de 1797, concluiu sua campanha com a assinatura do Tratado de Campoformio, pelo qual Veneza foi entregue à Áustria, com um cinismo que chocou os contemporâneos. Assim, a história de Veneza como um Estado independente chegou ao fim. Napoleão deixou a Itália em novembro, mas sua breve incursão à Península mudou para melhor o curso da revolução. Agora, a França não estava mais lutando por suas "fronteiras naturais", mas estava comprometida com uma guerra de expansão e conquista, da qual não conseguiria se libertar.

IMAGEM 11. A queda de Veneza (1797). Napoleão deu ordens para a apreensão de muitas obras de arte venezianas famosas. Os quatro cavalos de bronze de São Marcos foram enviados a Paris para adornar o Arco do Triunfo do Carrossel, nos Jardins das Tulherias.

Um dos episódios mais famosos da curta estadia de Napoleão na Itália foi a competição, lançada em setembro de 1796, para a premiação de um ensaio sobre "que tipo de governo livre é mais adequado para a felicidade da Itália". Assumiu-se que a Itália era uma "nação"; e aqueles que entrassem na competição eram estimulados a alimentar o sentimento nacional ao "recordar as antigas glórias da Itália". A maioria dos escritores referia-se às ideias políticas dominantes da Revolução Francesa, ao sugerir uma "república, única e indivisível"; mas alguns, como o líder jacobino Giovanni Ranza, argumentavam que o federalismo era necessário devido à grande variedade de costumes e dialetos regionais da Itália. A competição foi ganha por Melchiorre Gioia, com a proposta de uma república unitária forte, na qual um único sistema de leis operaria para romper os hábitos e as práticas locais, e criaria uma cultura "nacional".

A experiência italiana de governo revolucionário durou até a primavera de 1799, quando uma coalizão de forças expulsou os franceses para além dos Alpes. Embora breve, o período do governo jacobino foi extraordinário: não tanto pelo que alcançou – em alguns lugares se limitou à venda de terras da Igreja e à abolição de certos privilégios feudais –, mas antes pelo que revelou sobre o caráter da "nação italiana". Uma vez libertadas por Napoleão, muitas cidades do Norte mandaram delegações a Paris e tentaram estender seus territórios à custa dos vizinhos. Milão ansiava assumir a maior parte do Vêneto. Bolonha cobiçava Ferrara, a Romanha e Ancona: mas Ferrara preferia ser governada por Milão. Ancona esperava ganhar o controle das Marcas, enquanto Reggio procurou tornar-se independente de Modena. Roma, que se transformou em uma república em 1798, depois que os franceses invadiram os Estados Papais, queria o território napolitano; mas alguns jacobinos napolitanos achavam que Roma lhes pertencia.

Se essas rivalidades territoriais prejudicaram a causa revolucionária, o mesmo aconteceu com as divisões entre os jacobinos. O extremismo da Revolução Francesa deu origem a uma nova geração de reformistas, cujas ideias eram frequentemente muito diferentes daquelas dos antigos intelectuais do Iluminismo. O toscano Filippo Buonarroti – discípulo de Robespierre e ativista em Paris durante o "Terror" – queria conquistar "o povo" com medidas igualitárias, incluindo a abolição da propriedade privada; mas muitos jacobinos vinham de famílias proprietárias e preferiam limitar sua democracia à venda de terras da Igreja e à prestação de assistência social e educação pelo Estado. Outra fonte importante de discordância foi a unidade política. Os jacobinos mais radicais achavam que o movimento revolucionário só poderia se sustentar na Península se o povo italiano se unisse de alguma forma; mas os moderados eram geralmente mais preocupados com a independência e o poder de suas próprias cidades.

Essas divisões enfraqueceram imensamente os jacobinos; e as demandas de Paris por contribuições para a guerra também não ajudaram. Os impostos pesados provocaram um distanciamento entre os novos governos e os pobres, e levaram a tumultos e desordens. As consequências foram particularmente graves em Nápoles, que se tornara uma república no início de 1799, na esteira da invasão francesa. A incapacidade dos líderes jacobinos de concordar com as medidas que poderiam ter angariado o apoio popular – como o confisco de propriedades feudais – e a inabilidade de colocar rédeas nos impostos afastaram o campesinato; e as tentativas de subjugar as instituições de caridade da Igreja no Sul só pioraram a situação. "Nós não queremos repúblicas", disse um camponês calabrês, "se tivermos que pagar como antes." O clero, ajudado pelos nobres, bandidos e representantes monarquistas, organizou uma contrarrevolução. No verão de 1799, a "República Napolitana" foi esmagada pelo "Exército Cristão" de camponeses do cardeal Fabrizio Ruffo, que invadiu e saqueou Nápoles.

Em 1800, Napoleão atravessou os Alpes novamente para reafirmar o poder francês; e desta vez, as vitórias o levaram a uma conquista mais duradoura. Nos quinze anos seguintes, a Itália se transformou em uma arena para experimentos constitucionais, com fronteiras sendo apagadas e redesenhadas com tal frequência, que muitas pessoas, em um dado momento, devem ter ficado inseguras quanto a sua identidade. Na verdade, a Itália napoleônica aproveitou da legalidade; e os mais sensíveis politicamente neste período foram impulsionados pelos acontecimentos a refletir sobre a natureza da soberania. Entre os acertos, a República Cisalpina foi recuperada e transformada em República Italiana; a Toscana tornou-se o Reino da Etrúria; Piemonte foi anexada à França, junto com a Ligúria, Parma, Úmbria e Lácio; e o Reino da Itália foi estabelecido no Norte, em 1805, tendo Milão como capital. Nápoles foi conquistada pelos franceses, em 1806, e sua Coroa ficou com o irmão de Napoleão, José, e dois anos depois, com seu cunhado, Joaquim Murat.

Essas mudanças foram feitas sem qualquer referência ao povo italiano. Como nos séculos XVI e no início do século XVIII, parece que a Itália não tinha voz própria e era apenas um peão nos jogos diplomáticos e dinásticos dos outros. Mesmo a Sicília e a Sardenha – as duas regiões que Napoleão não conseguiu conquistar – perderam a medida de sua autonomia. A Sicília, para onde o rei Bourbon fugiu em 1806, foi ocupada por uma grande guarnição britânica, aparentemente para protegê-lo, mas, na verdade, para evitar que a ilha, que era importante estrategicamente e tinha reservas valiosas de enxofre, caísse nas mãos dos franceses; e, durante muitos anos, depois do período napoleônico, os ingleses continuaram a ter um forte poder comercial sobre a ilha, que controlaram com mãos firmes. A Sardenha foi o lar da dinastia Saboia no exílio, e embora nunca tenha sido ocupada por tropas britânicas, sua independência deu-se graças à vigilância da frota inglesa.

Uma característica dominante do regime napoleônico na Itália, como em outros lugares, foi a centralização. Isso foi especialmente válido a partir de 1805, quando o controle da França sobre todo seu Império (proclamado em 1804) tornou-se cada vez mais rígido e constante. Mesmo a República Italiana, que tinha alguma autonomia com seu vice-presidente, o reformista Francesco Melzi d'Eril, recebia ordens diretas de Paris, assim que se tornou um reino: "A Itália... precisa mesclar seus interesses com os da França", foi o que ouviu Eugène de Beauharnais, vice-rei de Napoleão, em Milão. Por toda parte, os arranjos administrativos existentes foram varridos e substituídos por sistemas mais racionais; e não eram admitidas concessões para variações nas práticas locais. Foi criado um padrão único de departamentos e distritos; as barreiras alfandegárias internas foram abolidas; pesos e medidas, padronizados; a educação, reformada; o sistema tributário, reorganizado e os Códigos Civil, Penal e Comercial napoleônicos foram impostos.

Diante disso, o passado foi varrido com algumas medidas administrativas. Contudo, muitas dessas reformas nunca foram colocadas em prática. Velhos hábitos custam a morrer, mesmo porque o caos administrativo e a corrupção do *ancien régime* muitas vezes beneficiavam setores da classe média e proprietários de terras. Principalmente no Sul, há muito tempo, o poder local dependia da fragilidade do governo central. Como um oficial napoleônico observou desanimado, ao se referir às dificuldades enfrentadas pelas autoridades para introduzir um sistema alfandegário eficiente no Reino de Nápoles: "É inacreditável a quantidade de empregados que roubam e fraudam; o vício está no sangue". O impacto do estatuto napoleônico na sociedade italiana foi bem menor do que o volume de reformas implícitas. Ele foi maior nas regiões que tiveram uma experiência mais duradoura com as normas francesas, como Piemonte.

O sistema napoleônico sofreu com a fé excessiva no racionalismo e na convicção de que tendo funcionado na França, funcionaria em qualquer lugar; mas em um aspecto importante – sua atitude em relação aos nobres – ele foi mais realista do que os governos iluministas anteriores. "Propriedade" era a pedra angular do Império; e embora a abolição do feudalismo estimulasse a ascensão de proprietários de classe média, Napoleão nunca agiu para minar diretamente a velha aristocracia. Seu objetivo era uma sociedade integrada e fortemente hierarquizada, na qual os indivíduos subordinassem seus interesses à vontade geral do "povo"; e, uma vez que os proprietários de terra ainda tinham grande poder, o atalho óbvio para essa sociedade foi aproveitá-los na nova ordem "revolucionária". Em termos práticos, eles eram a única classe de administradores viável na maioria dos lugares. Assim, a nobreza italiana foi cortejada pelos governos imperiais e recebeu postos importantes na burocracia, na corte e no Exército.

A continuidade da superioridade política e social da antiga nobreza nesses anos foi uma causa importante da menor redistribuição de riqueza na Itália do que na França. Como em outros lugares, a "terra nacional" – bens retirados da Igreja ou das antigas casas governantes – foi vendida; mas enquanto na França as terras geralmente foram compradas por camponeses prósperos, na Itália, os principais beneficiários foram os nobres ou os proprietários de classe média. Em uma comuna da Romanha, a área de terras da Igreja caiu de 42,5% em 1783, para 11,5% em 1812; mas os compradores eram membros da burguesia ou da nobreza, cuja participação no território cresceu de 59% para 88%. Em Piemonte, os compradores típicos foram as famílias nobres, tais como os Cavour e os d'Azéglio, que mais tarde seriam importantes no movimento de unificação nacional, e cujas fortunas foram feitas – ou de alguma forma consolidadas – nos anos do domínio francês.

Uma das medidas mais importantes tomadas pelo regime napoleônico, pelo menos do ponto de vista simbólico, foi a abolição do feudalismo. As administrações jacobinas de 1796-1799 aprovaram leis para extinguir os encargos trabalhistas, dízimos e outros resíduos feudais, particularmente no Norte; mas aí, como no centro da Itália, o feudalismo era coisa do passado, e sua supressão formal provavelmente não envolveu muitos aspectos práticos. Por outro lado, no Sul, o feudalismo ainda era arraigado; e as leis de 1806-1808, que acabaram com as jurisdições baroniais, removeram as restrições legais para a alienação de propriedades e, feitas para a divisão de terras comuns, tiveram consequências graves. Essa não era a intenção do governo: José Bonaparte compensou os feudatários pelos privilégios perdidos e os confirmou como proprietários legais de seus estados – o objetivo era introduzir a mobilidade da terra, e não realizar uma revolução social. Entretanto, a perda da receita feudal expôs os nobres aos ventos gelados das forças de mercado; e muitos foram levados a vender suas terras.

No Sul, a principal beneficiária desse desenvolvimento (e também da venda de terras da Igreja) foi a classe média provinciana. Os advogados, médicos, gerentes imobiliários, arrendatários, comerciantes e agiotas locais deslocaram-se para as propriedades recém-liberadas e as compraram, geralmente, por preços muito baixos. Terras comuns, tão importantes para a economia dos pobres, também foram confiscadas: depois de 1806, por lei, elas deveriam ter sido divididas entre os barões e camponeses, mas, na prática, muitas vezes foram anexadas indiscriminadamente por proprietários de terra inescrupulosos. Assim, o município ficou com a tarefa árdua, cara e perigosa de recorrer à lei para recuperá-las. Na Sicília – onde os nobres aboliram o feudalismo, em 1812, sob a pressão dos britânicos –, a pequena cidade de Salaparuta passou 74 anos perseguindo o Príncipe de Villafranca nos tribunais, tentando recuperar as áreas de floresta comunal que ele havia expropriado e, em um gesto de provocação, queimado.

No Sul, o desbloqueio do mercado de terras e a venda da propriedade da Igreja foram pouco proveitosos para o campesinato e para a agricultura. Em geral, os novos proprietários da classe média eram indistinguíveis dos nobres, em suas atitudes e práticas. Logo, alguns adquiriram títulos aristocráticos; e muitos viviam longe de suas propriedades, em Nápoles ou Palermo, em locais onde podiam frequentar salões elegantes, a ópera ou a corte. Assim como os antigos barões, a terra era para eles mais um símbolo de *status* do que um meio de investimento rentável. No Norte, uma família rica como os Cavour, acreditava que poder e *status* deveriam estar ligados a uma busca ativa, e geralmente muito sóbria, de lucro comercial, dentro da estrutura legal; mas no Sul prevaleceu uma visão social menos progressista e em grande parte feudal, segundo a qual o *status* de um homem era aferido por sua capacidade de lazer e generosidade, e por sua habilidade de exercer a força, coagir os camponeses, e, se necessário, desrespeitar a lei impunemente.

A era napoleônica gerou ganhos diversos para a Itália. Muitos dos antïgos privilégios e boa parte do caos administrativo, que tanto atormentavam os governos pré-revolucionários, desapareceram formalmente; ainda assim, os benefícios foram bem menores do que deveriam. Isso se deve em parte à atitude de Napoleão em relação à Itália: ele não via a Península como uma nação para ser libertada, mas como um território para ser dividido e oferecido como recompensa a membros de sua família. O mais importante talvez tenha sido a atribuição de um papel secundário à Península dentro do Império. A principal função da Itália era ajudar a financiar as campanhas francesas; e como resultado, o espírito da Revolução, com seus ideais de igualdade e liberdade, foi sacrificado muitas vezes por compensações fiscais e políticas. A terra foi vendida e o feudalismo abolido, mais para levantar dinheiro para o erário público parisiense (sem provocar a oposição de ricos e poderosos) do que para introduzir quaisquer mudanças sociais importantes.

Entretanto, a experiência com o governo francês teve algumas consequências importantes para o desenvolvimento do sentimento nacional italiano. A Revolução Francesa despertou a ideia de nação; Napoleão, com sua tendência à isonomia, parecia inclinado a reprimi-la. As pessoas mais irritadas com isso eram os poetas e escritores (e também devido às tentativas de Napoleão de tornar o francês a língua oficial do Império), e muitos reagiram ressuscitando o "nacionalismo cultural", surgido na Itália durante o Renascimento. O mais conhecido dos escritores "nacionalistas" foi o poeta greco-veneziano Ugo Foscolo, cujo famoso trabalho *Dei Sepolcri* (Dos Sepulcros) (1807) foi escrito em protesto contra uma lei francesa que determinou não serem mais permitidos os sepultamentos nas igrejas. Para Foscolo, os monumentos funerários, especialmente os importantes, como Santa Croce, em Florença, eram meios essenciais de salvaguardar a memória coletiva e inspirar o sentimento de reverência às glórias do passado, sem as quais uma nação não poderia esperar ser moralmente forte.

Em outros aspectos, a era napoleônica teve consequências importantes para o futuro. A abolição das barreiras alfandegárias, o novo Código Comercial e o maior acesso aos mercados lucrativos do norte da Europa beneficiaram amplamente os comerciantes e negociantes italianos; e as principais estradas construídas naqueles anos – particularmente nos

Alpes – demonstraram o que um governo progressista e determinado pode conseguir. Os Cavour e os D'Azéglio aprenderam a lição. Além disso, a incorporação da Itália à Europa foi a realização de um sonho para os adeptos das ideias do Iluminismo; e o fato de que milhares de italianos serviram com distinção nos exércitos napoleônicos demonstrou a vitalidade dessa nova integração. Isso também animou aqueles que sentiam que, durante muito tempo, a "nação italiana" esteve marcada por uma imagem – até certo grau autoimposta – de decadência, covardia e corrupção moral.

Doravante, os laços da Itália com a Europa continental (com momentos de hiato) cresceriam com muito mais força; mas a questão do caráter e da identidade do "povo italiano", um corolário inevitável ao princípio da nacionalidade, ainda estava longe de ser resolvida. Na verdade, como um problema político, a questão estava apenas começando a ser abordada. Enquanto alguns, especialmente no norte da Península, acreditavam que a Itália deveria imitar os sistemas de governo da França e da Grã-Bretanha, outros sustentavam que ela deveria ter seu próprio passado como guia – o mundo das comunas medievais, o papado de Inocêncio III ou a Roma Antiga. No decorrer do tempo, outros ainda preferiam lançar o olhar para além da Europa, para arranjos adotados por outros países, como a Rússia, ou mesmo a China. A busca pela "nação italiana" mostrou-se longe de ser simples, e deu origem a uma dialética desajeitada e muitas vezes instável, entre a esperança e a desilusão.

Do Concerto da Europa à Revolução (1815-1849)

Em 1813-1814, a queda do regime napoleônico na Itália não foi recebida com consternação. Durante alguns anos, impostos pesados, aumentos nos preços e a ganância dos proprietários de terra, antigos e novos, geraram um amplo descontentamento popular, particularmente entre os camponeses. O banditismo foi um sintoma dessa agitação rural, alimentada por deserções no Exército. A oposição também cresceu entre setores das classes médias e ficou evidente na formação de sociedades secretas e facções. As associações católicas, como a Amizade Cristã, em Piemonte, e os Calderari, na Calábria e em Apúlia, evocaram a tradição reacionária do cardeal Ruffo, em Nápoles, e suscitaram revoltas camponesas em nome da Igreja; enquanto as sociedades secretas "liberais", muitas vezes organizadas por ex-jacobinos desencantados com o conservadorismo social do regime napoleônico, conspiravam para criar uma ordem mais igualitária.

IMAGEM 12. Ugo Foscolo (1778-1827). Nos escritos de Foscolo, as preocupações românticas com a perda espiritual e a identidade pessoal tomaram forma em torno da ideia da Itália. Depois de 1816, o exílio na Inglaterra alimentou sua nostalgia patriótica.

CAPÍTULO 4 – O SURGIMENTO DA QUESTÃO NACIONAL (1789-1849) | 123

Entre as mais famosas, está a *Carboneria*, cujo principal reduto estava no sul do continente.

Entretanto, essas forças oposicionistas eram muito divididas para exercer um papel importante na derrubada dos governos napoleônicos. Elas nem mesmo operavam sob uma bandeira "nacionalista" (diferentemente da Alemanha e da Espanha). Alguns membros de facções liberais certamente falavam em "nação italiana", mas seu objetivo principal era mais a queda de Napoleão do que o estabelecimento de um Estado unificado. O único clamor sério para uma revolta nacional veio por meio dos britânicos e austríacos – por interesses próprios – e do rei de Nápoles, Joaquim Murat. Em março de 1815, depois da fuga de Napoleão de Elba, Murat tentou reunir os liberais de toda a Península, e pediu que se mobilizassem em nome da Itália e expulsassem os britânicos e austríacos: "Será que foi em vão que a natureza criou os Alpes para defendê-los, e deu-lhes uma barreira ainda maior, produzida por diferenças de língua, costumes e características? Não! Fora com a dominação estrangeira!". Seu apelo passou despercebido e, algumas semanas depois, ele foi derrotado na Batalha de Tolentino.

Em 1814-1815, o sucesso dos exércitos austríacos na Itália levou ao rápido restabelecimento dos governos depostos. Vítor Emanuel I voltou a Turim, Fernando III, a Florença, e o papa, a Roma. O Acordo de Paz de Viena (1815), elaborado pelas potências vitoriosas, teve a "legitimidade" como seu princípio orientador, mas, na prática, assegurou que a Áustria conseguisse o domínio quase total da Península. A Lombardia e Veneza ficaram sob o domínio direto de Viena; os ducados de Modena e Parma foram presenteados aos membros da família imperial; e Fernando IV voltou ao trono de Nápoles só depois de concordar com uma aliança defensiva permanente com a Áustria. O único Estado mais ou menos independente da Itália era Piemonte, cuja importância estratégica como neutralizador entre a França e a Áustria permitiu que se recuperasse Nice e Saboia, e também se anexasse a República de Gênova.

Alguns italianos liberais, principalmente na Lombardia, tentaram conquistar o reconhecimento das reinvindicações nacionais da Itália, e apelaram aos poderes vitoriosos que freassem a ampla reintegração do domínio austríaco; mas, em geral, o acordo de 1815 encontrou pouca resistência (visível) na Península. Um dos motivos foi que muitas mudanças socioeconômicas e administrativas, que ocorreram durante o período napoleônico, foram aceitas pelos governos reintegrados. Novos proprietários de terras tiveram seus direitos de propriedade confirmados; em geral, os funcionários públicos conservaram seus postos – mesmo no Sul, onde o rei Fernando expediu uma anistia ampla e evitou o expurgo; e boa parte da burocracia napoleônica, até mesmo a máquina judiciária, foi preservada. Na Lombardia-Veneza, os austríacos tentaram evitar a insatisfação local com o estatuto "estrangeiro" por meio de um governo eficiente, que foi a administração mais eficaz e menos corrupta da Itália.

Paradoxalmente, o governo de restauração mais reacionário da Itália também foi o mais independente. A partir do momento em que Vítor Emanuel, de Piemonte-Sardenha, entra novamente em Turim, ostentando incisivamente a peruca e o rabo de cavalo do *ancien régime*, deixa clara sua determinação de atrasar o relógio para antes de 1789. Ele demitiu os nomeados franceses, restabeleceu o direito romano e restaurou os privilégios aristocráticos. Falava-se até em derrubar a ponte "jacobina" recém-construída sobre o rio Pó. Os jesuítas voltaram e foram encarregados da educação e da censura, e os judeus foram colocados em guetos novamente. Embora boa parte da máquina burocrática napoleônica tenha sido mantida em outros locais, as barreiras alfandegárias foram reintroduzidas, tanto nas fronteiras, como internamente, com resultados prejudiciais para a economia. Enquanto fazia de tudo para ganhar o apoio popular, a Coroa tentou aumentar sua visibilidade com gastos militares pesados e falando sobre o possível "papel italiano" para a Casa de Saboia.

Ideologicamente, o Concerto da Europa foi marcado por uma rejeição a qualquer noção de progresso pela aplicação da razão, e por uma crença no lugar dos méritos superiores da tradição, autoridade e hierarquia, sancionada pela religião. Politicamente, os austríacos procuraram salvaguardar a causa do absolutismo por meio do acordo entre os poderes vencedores (A Quádrupla Aliança entre Grã-Bretanha, Prússia, Rússia e Áustria), para conservar o *statu quo* na Europa, e, por conseguinte, suprimir o constitucionalismo, onde quer que surgisse. A Grã-Bretanha tinha sérias reservas sobre essa política reacionária, e achava que ela poderia fazer mais para estimular do que impedir a oposição liberal; mas, apesar disso, em 1820, o chanceler austríaco, príncipe de Metternich, ganhou aceitação para o princípio da intervenção para derrubar os movimentos revolucionários; e, uma vez que toda a Península foi considerada um assunto imediato da Áustria, toda agitação em qualquer lugar na Itália deveria ser sufocada pelas tropas dos Habsburgos.

Depois de 1815, as perspectivas de instabilidade política na Itália eram consideráveis, apesar das tentativas dos governos de restauração de manter as características mais atraentes do sistema napoleônico. Na Lombardia--Veneza os impostos continuaram altos, o serviço militar era mais oneroso do que antes, e o comércio, contrariando as classes comerciais, ficou restrito ao império austríaco. A paixão do imperador pela centralização também implicou no desaparecimento de qualquer autonomia local *de facto*. "Os lombardos", de acordo com um relato de 1820, "...detestavam o sistema de uniformidade pelo qual foram colocados em pé de igualdade com os alemães, boêmios e galegos". Nos Estados Papais, a queda de Napoleão acarretou a volta do Estatuto ineficiente e corrupto, com o clero recuperando seu monopólio no governo. No Sul, as tentativas de fortalecer o domínio de Nápoles sobre o Estado levaram a um ressentimento disseminado, especialmente na Sicília, que recebeu sua própria Constituição em 1812 (agora suspensa), e onde a nobreza acostumara-se a ter certa liberdade com os britânicos.

Tivesse a ascensão econômica acompanhado o Concerto da Europa, teria sido mais fácil para os novos governos garantirem o apoio político. Infelizmente, depois de 1815, por mais de 30 anos, a Europa passou por um período de crise generalizada; e o resultado para a Itália foi a estagnação constante na agricultura, que serviu para agravar ainda mais uma crise duradoura no campo, que os reformistas do Iluminismo (e Napoleão) não conseguiram resolver. Os pequenos agricultores, que dependiam de colheitas de qualidade, assim como dos vinhedos, para obter receita, tiveram dificuldades para fazer face às despesas: muitos tornaram-se diaristas ou então migraram para cidades, para engrossar as fileiras de trabalhadores marginais, mendigos e criminosos; e alguns voltaram para o banditismo. Os grandes proprietários de terra, confrontados com a queda nos lucros, responderam com a intensificação do trabalho. Esse foi em especial o caso do Sul, onde quase não existia a tradição de investimento de capital; e o resultado foi desvalorizar ainda mais os padrões de vida dos camponeses.

A pobreza no campo agravou-se pela pressão incessante da população. Alguns pequenos agricultores limitaram o tamanho de suas famílias para ter menos bocas para alimentar; mas os diaristas (que eram numerosos) tendiam a ter famílias grandes para ter mais força de trabalho para vender. Isso, ao lado do declínio das taxas de mortalidade, ajudou a levar a população da Itália de 18 milhões, em 1800, para 22 milhões, quarenta anos depois; e o aumento restringiu-se quase inteiramente ao campo, visto que, nesses anos, a população da maioria das cidades italianas permaneceu estática ou diminuiu, devido a epidemias importantes – como a cólera, em 1835-1837 – que acabaram com um grande número de pobres urbanos. (Nas favelas de Nápoles da época, a expectativa de vida ao nascer não era maior do que vinte anos.) Com a zona rural cada vez mais lotada, há um aumento da competição por recursos; e a ameaça de desordem e motins é constante.

A preocupação com a condição do "povo" continuou a ser uma questão para um setor, pequeno, mas ativo, das classes instruídas; esse foi um dos motivos do alarme das autoridades frente a esse estado de coisas. Os ideais do Iluminismo e da Revolução Francesa persistiam entre muitos intelectuais mais velhos, mas também na nova cultura do Romantismo, com sua paixão pela liberdade e pela ação heroica, às vezes, combinadas com uma tensão democrática, que também começava a afetar a geração mais jovem. A ameaça das doutrinas "liberais" ao governo parecia aumentar na medida em que o número de estudantes universitários e secundaristas – o eleitorado natural de ideias radicais – crescia rapidamente. Isso foi um resultado parcial das reformas na educação superior realizadas no final do século XVIII; mas também refletia a nova proeminência da burguesia rural e urbana, cujos filhos estavam obtendo formação em direito, medicina ou engenharia.

O número crescente (ainda pequeno) de intelectuais na classe média geralmente parecia mais ameaçador para as autoridades do que a pobreza rural. "[Hoje]", queixou-se o rei de Piemonte, nos anos 1820, "os maus são instruídos, os bons, ignorantes." Por si só, os camponeses eram geralmente uma força muito desorganizada para representar um desafio sério para o Estado; e a maioria era profundamente conservadora. Porém, liderados pelas classes médias ou pelo clero, podiam se transformar em um exército assustador. Após 1815, o grande temor dos governos foi que os instruídos tentassem começar uma revolução, usando a agitação popular. A aliança entre o trono e o altar na restauração do Estado ajudou a apaziguar a Igreja; mas a *intelligentsia* urbana mostrou-se mais difícil de satisfazer, porque suas expectativas em relação ao Estado moderno foram profundamente afetadas pela experiência napoleônica, e, cada vez mais, pelo conhecimento do que estava acontecendo em países progressistas, como a Grã-Bretanha e a França.

O caráter reacionário da restauração dos Estados, com sua reputação de ideias progressistas e censura rígida, forçou a clandestinidade da oposição. Como resultado, as sociedades secretas foram os principais instrumentos para a dissidência liberal depois de 1815. Muitas delas nasceram no período napoleônico como oposição ao conservadorismo social do Império, e devem muito, tanto na forma, quanto no espírito, à maçonaria: elas tinham uma panóplia de rituais e símbolos, e suas estruturas e objetivos eram obscuros, mesmo para os seus membros. A sociedade Sublime Perfect Masters [Sublimes Mestres Perfeitos], por exemplo, criada pelo famoso conspirador italiano Filippo Buonarroti, por volta de 1818, tinha três posições completamente separadas: a mais baixa era ciente apenas de seu caminho para o deísmo, a fraternidade e a igualdade; a segunda, jurou trabalhar por uma república unitária com base popular; e a terceira, dos "diáconos móveis", comprometeu-se com a abolição da propriedade privada e respondia diretamente a Buonarroti.

O problema principal com as sociedades secretas foi a falta de unidade e a clareza sobre o que esperavam conseguir em termos práticos. A maioria dos seguidores de Buonarroti deve ter concordado que o primeiro passo deveria ser o estabelecimento de um governo constitucional; mas não era claro se isso significava a adoção da Constituição espanhola de 1812, ou algo mais conservador – a *Charte* francesa, por exemplo. A questão da unidade nacional era igualmente incerta. Se Buonarroti e alguns de seus apoiadores mais próximos visavam a uma república unitária (como um trampolim para uma revolução social universal), muitos liberais provavelmente acharam que o melhor que poderiam esperar era algum tipo de Estado do Norte. No caso da *Carboneria*, a principal sociedade secreta do Sul, a confusão era ainda maior, porque ela não tinha as estruturas de coordenação que Buonarroti tentou dar à Sublime Perfect Masters. Os *carbonari* foram agrupados de forma muito vaga em "conciliábulos", e compreendiam uma mistura heterogênea de oficiais do Exército, profissionais liberais, artesãos e baixo clero, com pontos de vista políticos que variam de democráticos radicais a moderados.

A ausência de objetivos definidos claros foi o ponto fraco principal da oposição liberal. O mesmo pode ser dito sobre a fé acrítica no "povo", e uma suposição vaga de que tanto os sectários, como as massas, tinham no fundo interesses similares. As consequências foram desastrosas. No verão de 1820, um grupo de jovens oficiais deu um golpe bem-sucedido em

Nápoles e forçou o rei a aceitar a Constituição espanhola: mas as divisões logo surgiram entre aqueles que achavam que a "nação" napolitana estaria bem representada pelos proprietários de terra, e aqueles que adotavam uma linha mais democrática. Como resultado, os insurgentes não conseguiram se organizar frente ao avanço das tropas austríacas. Em Palermo, as divisões políticas foram igualmente desastrosas. A revolução de 1820 começou como uma revolta espontânea de trabalhadores. As facções dos nobres aliaram-se a eles na esperança de tirar vantagem e conquistar a independência da ilha; mas perderam a coragem quando os acontecimentos começaram a fugir do controle, e ficaram aliviados quando o Exército chegou para colocar um fim à desordem.

Nenhuma das duas revoluções mostrou qualquer preocupação com a unidade da Itália. Na verdade, os rebeldes sicilianos inspiraram-se principalmente na sua tradicional hostilidade a Nápoles; e, por sua vez, os napolitanos foram oponentes quase unânimes em relação às demandas da ilha por um governo independente. Por outro lado, em Piemonte, havia um interesse muito maior na questão nacional, parcialmente porque aqui a "independência" significava logicamente uma guerra com a Áustria, e a perspectiva atraente de fazer um Estado forte no Norte, anexando a Lombardia. Contudo, os liberais estavam provavelmente bem mais divididos em Piemonte do que no Sul. Os moderados, como o aristocrata católico Cesare Balbo, estavam ansiosos pela reforma; mas rejeitavam a ideia de serem desleais ao trono. Por consequência, quando em março de 1821, o jovem oficial de cavalaria Santorre di Santarosa encenou um golpe patriótico, com a ajuda de sectários democratas, os moderados de Turim hesitaram. O rei abdicou, mas seu sucessor recusou-se a aceitar a Constituição e o levante esvaziou diante da indiferença popular.

Como muitos jovens italianos bem nascidos de sua geração, ansiosos por uma causa, Santarosa foi para o exílio; e assim como Lorde Byron, cuja busca por emoção e agitação o trouxe para Veneza, morreu na luta pela independência grega. Os anos seguintes testemunharam o ponto alto da reação. Na Lombardia, os austríacos cercaram os membros das sociedades secretas e condenaram muitos liberais conhecidos a longas penas na prisão. Entre eles estava Silvio Pellico, cujo livro de memórias, *Le Mie Prigioni* (Minhas prisões) (1832), tornou-se um *best-seller*. Piemonte e os Estados Papais experimentaram uma repressão semelhante: em Piemonte, 97 conspiradores, companheiros de Santarosa, foram condenados à morte. No Sul,

CAPÍTULO 4 – O SURGIMENTO DA QUESTÃO NACIONAL (1789-1849) | 129

IMAGEM 13. Uma família aristocrática piemontesa, La Marmoras (c. 1825). Observe a quantidade de fardas do Exército, uma indicação das fortes tradições militares da nobreza piemontesa.

onde, depois de 1815, o governo tinha adotado uma linha mais conciliatória, a década de 1820 assistiu ao desmantelamento da burocracia, o que, além de provocar ódio e amargura, privou o Reino de alguns de seus funcionários mais capazes.

Tendo em conta as tentativas do governo napoleônico de estimular a economia do Sul, nas décadas de 1820 e 1830, isso foi particularmente danoso. Além da ameaça à ordem colocada pela pobreza extrema, o governo enfrentava agora o problema da enorme dívida pública depois das guerras napoleônicas. Luigi de'Medici, ministro-chefe nesses anos, embarcou em uma política audaciosa, que buscava, por meio de impostos e contratos com o Estado, construir uma indústria doméstica e, simultaneamente, ajudar os pobres, contendo os preços dos grãos. O capital estrangeiro foi trazido para o Reino; e a região entre Nápoles e Salerno ficou pontilhada de fábricas, muitas das quais produziam tecidos e pertenciam principalmente a empreendedores suíços e ingleses. O governo também montou uma fundição e uma fábrica para produzir maquinário pesado; e Nápoles tornou-se o primeiro estado na Itália a lançar um navio a vapor (1818) e a construir uma ferrovia (1839).

Entretanto, o programa de De' Medici foi falho. Por motivos políticos, ele foi incapaz de estancar o ressurgimento do poder da Igreja; e a influência do clero na política do governo foi prejudicial para a economia: a incapacidade de Nápoles de acompanhar seu sucesso inicial na construção da ferrovia deve-se em parte à proibição dos túneis – vistos como uma ameaça à moralidade pública. Todavia, uma dificuldade fundamental foi a fragilidade do mercado interno. Na ausência de melhorias sérias na agricultura, a grande maioria da população estava muito pobre para comprar produtos manufaturados. Como resultado, as novas indústrias continuaram dependentes do apoio do Estado para sobreviver, e nunca conseguiram se tornar autossustentáveis. Outro problema foi a cobiça estrangeira: a Grã-Bretanha, a França e a Espanha insistiram em tarifas preferenciais para os produtos transportados em seus navios; e, nos anos 1830, os britânicos bloquearam impiedosamente as tentativas dos Bourbon de garantir o monopólio da mineração de enxofre na Sicília.

O programa de De' Medici também foi politicamente controverso. O governo correu o risco de antagonizar os proprietários de terras ao segurar o preço do trigo e buscar espalhar a carga fiscal de forma a não sobrecarregar os pobres; e as tentativas de estimular a divisão dos Estados grandes

CAPÍTULO 4 – O SURGIMENTO DA QUESTÃO NACIONAL (1789-1849) | 131

e criar uma nova classe de pequenos proprietários leais ao governo foram igualmente repudiadas. Nem os proprietários de terra se beneficiaram muito com o protecionismo. As tarifas podem ter ajudado os industriais suíços em Nápoles, mas foram de pouca valia para os produtores locais – por exemplo, de azeite –, que dependiam de exportações e agora enfrentavam impostos retalhadores. O resultado, a longo prazo, foi desastroso para os Bourbon. Os grandes proprietários de terra ficaram desiludidos e voltaram-se cada vez mais para o constitucionalismo; e os camponeses permaneceram desesperadamente empobrecidos, vítimas de um sistema e de uma administração agrícola não reformada, cujos regulamentos mal corriam em muitas das comunidades mais remotas.

A volatilidade no campo, particularmente no Sul, ajudou a manter as esperanças liberais vivas, depois dos fracassos de 1820-1821. Entretanto, muitas das pessoas que participaram das revoluções daqueles anos agora estavam dolorosamente cientes de que "o povo" estava longe de ser uma força confiável; e algumas delas começaram a pensar em persuadir um monarca ou um príncipe a liderar um movimento liberal nacional – o duque de Modena, por exemplo, era conhecido por suas ambições territoriais. Contudo, não havia um consenso; e Buonarroti achava abominável a ideia de cooperação com os príncipes. Em 1831, quando uma série de levantes eclodiu na Itália central, inspirada pela Revolução de Julho, do ano anterior, em Paris, as divisões na liderança novamente prejudicaram as chances de formação de uma frente fortemente unida. Além disso, os governos revolucionários de curta duração foram dominados por proprietários de terra conservadores, e fracassaram em atrair o apoio popular; e as tropas austríacas, enviadas para acabar com os levantes, avançaram, para a alegria do campesinato.

Um aspecto particularmente desconcertante das revoluções de 1831, e outro motivo do fracasso, foi a inabilidade de diferentes cidades de deixar de lado antigas rivalidades em favor de uma causa comum. As primeiras revoltas eclodiram no ducado de Modena e espalharam-se em direção ao Sul, para a Bolonha e as Marcas: mas os bolonhenses liberais ficaram muito desconfiados dos modeneses, que chamavam de "estrangeiros"; e, na verdade, quando Modena enviou tropas para ajudar Bolonha contra os austríacos, eles só foram autorizados a entrar na cidade se desarmados. Em outros locais, antigas inimizades vieram à tona. Muitas das menores cidades na Emília tiraram vantagem da turbulência para estabelecer suas próprias administrações; e um "governo provisório dos estados de Modena e Reggio" só pôde ser formado depois de muita disputa. Mesmo assim, Parma e Bolonha insistiram em continuar com governos separados.

Os acontecimentos de 1830-1831 afetaram profundamente o movimento liberal, tanto na Itália, quanto na Europa em geral. A Revolução de Julho, em Paris, que levou ao trono um novo monarca constitucional, marcou a volta da França ao cenário internacional e sinalizou o fim das esperanças de Metternich de estabilizar a Europa em torno do acordo de 1815. A França também reafirmou sua pretensão de ser a nação revolucionária *par excellence*; e os radicais mais antigos – entre os quais, Buonarroti – tomaram coragem e partiram para a principal convicção francesa, de que uma grande revolução europeia estava muito próxima. Embora muitos sentissem que a marcha do progresso parecia incontrolável, a situação na Itália ainda estava longe de ser tranquila. Os levantes de 1831 expuseram de forma dolorosa a inadequação das sociedades secretas e sua liderança; e, o mais alarmante, eles voltaram a demonstrar o quanto "o povo" italiano não era politicamente confiável.

Entre os que sentiam a necessidade de uma mudança de rumo estava Giuseppe Mazzini, um jovem membro dos *carbonari* que foi mandado para o exílio em 1831, por tentar organizar um levante na Ligúria. Mazzini nasceu em Gênova, em 1805, filho de um professor universitário e uma mãe convencida de que seu filho estava destinado a ser o novo messias. Segundo seu próprio relato, ele se converteu à causa da unidade italiana ao ver um grupo de liberais piemonteses esperando no cais para embarcar para a Espanha, após o golpe abortado de 1821. A partir de então, ele escreveu mais tarde: "Resolvi me vestir sempre de preto, imaginando-me em luto pelo meu país". De temperamento sensível e reflexivo, ele tinha a obstinação de um fanático; e embora nunca tenha ido além do sul da Toscana durante a vida (e tenha passado quase toda a vida adulta no exterior, principalmente no norte de Londres), nunca se afastou de sua convicção de que a Itália estava destinada à unidade e à grandeza.

Mazzini era mais um produto do Romantismo do que do Iluminismo. Ele aceitou os princípios de 1789, mas acreditava que uma nova etapa da história tinha chegado, na qual a luta coletiva do "povo" por liberdade substituiria a luta por direitos individuais. Ele foi muito influenciado pelos escritores alemães contemporâneos sobre o nacionalismo, especialmente Herder; mas sua filosofia básica tinha origem em uma intuição religiosa:

IMAGEM 14. O mundo das sociedades secretas. Mazzini (à direita) apresentando Garibaldi à Jovem Itália (*Giovine Italia*), no quartel general da organização, em Marselha, em 1833. O juramento é feito diante de um busto que representa a liberdade, um símbolo da Revolução Francesa.

a convicção de que Deus tinha destinado as nações a serem unidades naturais da humanidade. A Itália seria uma república, única e indivisível, formada pelo "povo"; e assim como o século XVIII foi o século da França, o século XIX seria da Itália: "Eu vi uma Itália regenerada", ele escreveu, "que se torna, de repente, missionária de uma religião de progresso e fraternidade. Por que não uma nova Roma, a Roma do povo italiano – como pressenti e vi – surge... para unir e harmonizar a terra e o céu, o direito e o dever... para anunciar aos homens livres e iguais sua missão aqui na terra?".

O elemento espiritual foi essencial na visão de unidade italiana de Mazzini, e, de fato, para o movimento democrático como um todo; que, depois de 1831, começou a se distinguir rapidamente do movimento dos liberais moderados, que, cada vez mais, procuravam realizar a reforma dentro do quadro de Estados existente. Como herdeiros do Iluminismo e da Revolução Francesa, os democratas tinham uma aversão profunda à Igreja Católica; não apenas porque o catolicismo era uma barreira para a disseminação do "evangelho da humanidade", mas também por ser um obstáculo político no caminho da revolução. As massas tinham de ser convencidas de que Deus não falava mais por meio do papa, mas por meio do "povo" reunido em nações, e que a causa da Itália era por si mesma uma missão divina, que exigia luta, sacrifício e, se necessário, martírio. "Como porta-estandartes do renascimento da Itália", disse Mazzine para seus seguidores, "lançaremos a pedra fundamental da sua religião."

A ênfase dada por Mazzini à "nação" destacou-o da geração mais velha de revolucionários "cosmopolitas"; pode-se dizer o mesmo sobre o destaque dado aos "deveres", no lugar dos "direitos". Em 1831, para divulgar suas crenças e criar um instrumento de revolução mais eficiente do que as facções, agora desacreditadas, ele criou uma associação secreta chamada Jovem Itália. Ela era semelhante à *Carboneria*, quanto ao uso de rituais e senhas; mas era mais organizada e, acima de tudo, visava a tornar seus objetivos explícitos e, assim, evitar a confusão que foi tão desastrosa na década de 1820. A Jovem Itália durou poucos anos, mas atraiu apoio considerável: entre seus membros estava um jovem marinheiro chamado Giuseppe Garibaldi. Ela chamou a atenção ao sustentar a questão da unificação; mas, talvez o mais importante, ao afirmar de forma inequívoca que a Itália deveria ser uma república feita pelo "povo", ela fez vir à tona a divisão entre os liberais moderados e os democratas, que até então tinha sido obscurecida pela bandeira do constitucionalismo.

CAPÍTULO 4 – O SURGIMENTO DA QUESTÃO NACIONAL (1789-1849) | 135

Uma nova onda de repressão em meados a década de 1830 levou muitos dos novos seguidores de Mazzini (incluindo Garibaldi) ao exílio; e, por algum tempo, a causa do nacionalismo revolucionário parecia quase morta. Enquanto isso, o desenvolvimento em outras partes da Europa alimentou a ideia de uma versão alternativa e bem menos radical do nacionalismo, relacionado com o liberalismo político e econômico. Em regiões alemãs da Europa central, a união aduaneira de 1834, ou *Zollverein*, mostrou como o nacionalismo poderia servir aos interesses comerciais da classe média. Depois de 1830, o advento da construção de ferrovias e a aceleração marcante da taxa de crescimento industrial também sugeriam que o futuro não dependia de barreiras tarifárias e de controles governamentais, mas de mercados mais abertos, especialmente porque os grandes avanços comerciais estavam ocorrendo nos Estados liberais, como a Grã--Bretanha, a França e a Bélgica.

Na Itália, a década de 1830 assistiu a um progresso industrial limitado. Em 1838, mesmo Milão, que era de longe a cidade economicamente mais avançada da Itália, tinha ao todo um pouco mais de mil industriais, comerciantes e banqueiros, em uma população de aproximadamente 150 mil habitantes. Nessas circunstâncias, e em contraste com a Alemanha, os laços entre o nacionalismo e as demandas por representação política da burguesia comercial em crescimento eram fracas. Mesmo entre os industriais lombardos, apesar de certo ressentimento com as políticas comerciais da Áustria, a causa da unidade italiana nunca foi uma questão candente. Foram os proprietários de terras, os profissionais liberais, os estudantes e os intelectuais que acionaram o processo. Na verdade, foi irônico que o porta--voz mais inteligente para as classes médias italianas neste período, Carlo Cattaneo, tenha repudiado o movimento nacionalista como algo absurdo, dadas as disparidades econômicas, administrativas e morais em quase toda a Península.

Sem uma base socioeconômica forte, a forma moderada de nacionalismo, que emergiu na Itália nas décadas de 1830 e 1840, retirou sua dinâmica em grande parte das evoluções políticas em outras localidades da Europa. Entretanto, muito se deve também à tradição doméstica de "nacionalismo cultural", criado por humanistas da Renascença e reativado no século XVIII, e que agora era construído por uma geração de jornalistas e escritores que viam na literatura um veículo para tecer e espalhar um sentimento nacional. Inspirados pelo sucesso de Walter Scott, eles escreveram romances históricos, com temas patrióticos mal disfarçados: entre os mais conhecidos estão *I Promessi Sposi* (*Os Noivos*), de Alessandro Manzoni (primeira edição em 1827), e *Ettore Fieramosca*, de Massimo d'Azéglio (1833). Eles também publicaram histórias "nacionais", e incentivaram a criação de associações – como a "Sociedade para a história patriótica" piemontesa – cuja função era aumentar a consciência histórica entre os membros das classes instruídas.

Sem dúvida, a temática "patriótica" de muitos dos romances, poemas, peças e óperas mais famosos das décadas de 1830 e 1840, ajudou a dar uma carga emocional à ideia de nação italiana. A popularidade dessas obras não implicou automaticamente em um reforço ao apoio político para as ideias de unidade ou independência: os conservadores puderam finalmente responder, com tanto entusiasmo quanto os liberais, aos coros emocionantes do *William Tell*, de Rossini (1829), ou do *Nabucco*, de Verdi (1842), em sua evocação de "liberdade" e "pátria". O grau com que os escritores românticos enquadravam sua compreensão dos problemas italianos em termos éticos foi indiscutivelmente mais significativo para o futuro desenvolvimento de um movimento nacional. O declínio do país desde a Idade Média foi amplamente atribuído por eles à perda das virtudes cívicas e militares e à disseminação de vícios como o individualismo, o materialismo e o ceticismo. A preocupação em remodelar o caráter nacional e "fazer italianos" continuaria a ser uma dimensão importante das discussões políticas nas décadas vindouras.

Nessas décadas, o nacionalismo tinha um caráter retórico e era mais intenso em Piemonte e na Lombardia, reduto do romantismo literário na Itália. Ele se tornou mais político principalmente sob a influência do medo. No início da década de 1840, a situação econômica na Europa era grave: na Inglaterra, o ano de 1842 testemunhou a greve geral cartista; e o espectro da revolução estava presente em quase todos os lugares. Na Itália, os democratas usufruíam um ressurgimento: em 1840, Mazzini refundou a Jovem Itália; em 1843, uma revolta eclodiu na Romanha; e, em 1844, os irmãos Bandiera, de Veneza, tentaram um levante na Calábria. Em nenhum lugar o medo de um tumulto foi mais intenso do que em Piemonte, provavelmente ainda o Estado mais reacionário da Península – as palavras "nação", "liberdade" e, mesmo, "Itália" foram banidas –, embora também fosse o lugar onde as classes mais altas eram mais leais à dinastia governante. Aqui se desenvolveu rapidamente a sensação de que a menos que o

CAPÍTULO 4 – O SURGIMENTO DA QUESTÃO NACIONAL (1789-1849) | 137

rei Carlos Alberto aliviasse as tensões com alguma medida reformista, os seguidores de Mazzini iriam explorar o descontentamento popular e montar uma revolução republicana.

Foi nesse cenário de crise crescente que alguns liberais piemonteses avançaram com propostas de um programa conservador. Em 1844, o historiador Cesare Balbo publicou o livro *Delle Speranze d'Italia* (Sobre as esperanças da Itália), no qual repudiava a visão de Mazzini da unificação italiana, como "uma ideia pueril, acolhida no máximo por míseros estudantes de retórica", e sugeriu que no lugar disso os austríacos deveriam ser induzidos a deixar a Península, se lhes fossem oferecidas compensações na Europa Oriental, fora do fragmentado Império Otomano. Massimo d'Azéglio – primo em primeiro grau de Balbo – também estava determinado a encontrar uma solução moderada para a questão nacional. Em outubro de 1845, ele teve uma entrevista com Carlos Alberto, na qual lhe disse que havia um desejo muito difundido de que o rei deveria anunciar iniciativas democráticas próprias, abarcando a causa da independência italiana. Para surpresa de D'Azéglio, o rei demonstrou simpatia pela ideia.

Entretanto, a proposta moderada mais famosa desses anos veio de um padre piemontês exilado, Vincenzo Gioberti, que, em 1843, publicou (em Bruxelas) *Del Primato Morale e Civile degli Italiani* (Sobre a proeminência moral e civil dos italianos), um hino prolixo à grandeza passada e futura da Itália. Apesar de (ou por causa de) sua erudição prolixa e da mensagem um tanto chauvinista, o livro teve várias edições. A ideia política-chave era que a Itália se tornaria uma confederação de Estados, apoiada pelo exército piemontês e presidida pelo papa – uma proposição pouco realista, uma vez que, depois de 1815, o papado tinha dado as costas a tudo o que se relacionasse com o mundo moderno (inclusive a iluminação das ruas), mas a visão "novo-guelfo" de Gioberti foi conservadora o suficiente para, pela primeira vez, transformar a "Itália" em um assunto de discussao legitimo para muitas pessoas, e não apenas para o clero.

Apesar da situação econômica deteriorada e dos sinais de que a pressão por reforma estava se tornando opressiva em muitas partes da Europa (na Grã-Bretanha, os Conservadores foram levados a revogar as Leis dos Grãos [*Corn Laws*], em 1846), Carlos Alberto de Piemonte recusou-se a tomar a iniciativa e agir em nome da Itália. Ele tinha flertado com o liberalismo quando jovem, mas a idade o tornou tão reacionário e católico como seus antepassados. Ele se fez de surdo aos extraordinários (e injustificados) clamores de otimismo liberais que saudaram a eleição do papa Pio IX, em 1846; e mesmo quando uma revolução eclodiu em Palermo, em janeiro de 1848, e se propagou pelo continente, forçando o rei Fernando a outorgar uma Constituição, Carlos Alberto ainda se recusou a fazer quaisquer concessões. Só depois que as barricadas se ergueram em Paris, ele foi forçado a se submeter: no início de março, ele também outorgou uma Constituição, que em deferência ao seu horror pelo termo foi chamada de *Statuto*.

Em meados de março, uma revolução em Viena desencadeou um levante em Milão; e Carlos Alberto e seu governo, agora liderado por Cesare Balbo, sofreu grande pressão para intervir e ajudar os rebeldes lombardos. O rei hesitou: ele abominava a ideia de ajudar homens, que provavelmente estavam contaminados pelas crenças de Mazzini. Contudo, as demandas por uma guerra patriótica contra a Áustria eram crescentes: "A hora suprema para a monarquia sarda soou... Ai de nós se... não chegarmos a tempo", escreveu o jovem liberal conde Camilo Cavour. O medo da desordem interna forçou Carlos Alberto a declarar apoio aos insurgentes milaneses, e o Exército piemontês arriscou a travessia da Lombardia. Não foram feitos preparativos para a campanha: sequer existiam mapas da Lombardia; e o avanço lento permitiu que os austríacos se retirassem em segurança para o Leste, onde poderiam esperar por reforços.

Quando chegou a Milão, onde os rebeldes forçaram a guarnição austríaca a se retirar depois de cinco dias de luta heroica nas ruas, Carlos Alberto revelou sua verdadeira posição. Ele ignorou os patriotas e se voltou para a aristocracia local, cujas credenciais liberais eram, na melhor das hipóteses, suspeitas. Ele também insistiu na realização de um plebiscito para garantir a fusão da Lombardia com Piemonte. Isso confirmou a suspeita de muitos liberais de que, na verdade, o rei de Piemonte estava no comando de uma antiquada guerra dinástica de conquista, e não de uma guerra de libertação. Serviu também para dissuadir os nacionalistas em Nápoles, na Toscana e em Roma, prontos para lutar contra a Áustria por uma nova Itália. No final de maio, quando Carlos Alberto estava preparado para avançar novamente, a esperança de derrotar os austríacos estava perdida: o Marechal Radetzky reuniu suas forças, e em julho, derrotou os piemonteses em uma pequena batalha em Custoza.

Enquanto isso, os governos constitucionais, que nos primeiros meses de 1848 tinham sido formados no Sul, nos Estados Papais e na Toscana, estavam em apuros. O mesmo acontecia com a República veneziana, estabelecida em março, sob a liderança de Daniele Manin. Como nas revoluções anteriores, o problema principal foi a divisão entre os moderados e os democratas, a qual se somou uma nova divisão entre alguns políticos, sobretudo radicais, que desejavam uma Itália unificada, e a maior parte dos moderados, que ansiavam por alguma forma de federação italiana. Na Sicília, a busca tradicional pela independência da Nápoles dos Bourbon turvou ainda mais as águas. Em maio, a confusão crescente permitiu que o rei Fernando revogasse a Constituição outorgada a Nápoles alguns meses antes; e, quando Carlos Alberto foi derrotado em Custoza, assinou um armistício e abandonou a Lombardia (sem mesmo consultar seus ministros), o futuro do governo constitucional em toda a Itália parecia sombrio.

O fracasso da guerra contra a Áustria levou a problemas crescentes com a lei e a ordem, e os democratas, amargurados com a ineficácia dos moderados e com a infidelidade dos governantes constitucionais, decidiram tirar vantagem. "A guerra real acabou, a guerra do povo começa", declarou Mazzini, de sua base em Lugano. Na Toscana, surgiram as associações populares pregando a causa da "liberdade" e "independência", e, em outubro, os democratas chegaram ao poder, depois de alguma turbulência. Um mês mais tarde, o papa fugiu para Gaeta, depois que uma multidão assassinou seu ministro moderado, Pellegrino Rossi. Mazzini e seus seguidores reuniram-se em Roma, onde uma assembleia eleita votou a favor da criação de uma República; mas as esperanças de que isso viesse a ser o trampolim para uma revolução nacional foram frustradas pelo sentimento regionalista: Toscana, Sicília e Veneza rejeitaram o apelo de Mazzini pela união com Roma.

Em Piemonte, a derrota em Custoza foi seguida por uma série de administrações de curta duração e pelos pedidos dos democratas por uma guerra pela independência nacional verdadeira. Em março de 1849, o medo de uma revolução republicana em casa foi em grande parte responsável pela decisão de Carlos Alberto de retomar a campanha contra a Áustria. Novamente, não houve uma preparação séria; a indicação de um general polonês para seu comandante titular provocou grandes problemas de comunicação e diminuiu a confiança. Em 23 de março, as forças piemontesas posicionaram-se em Novara, e Carlos Alberto abdicou imediatamente. Gênova, um reduto dos democratas, se revoltou, e houve pedidos para a continuação da guerra do lado de Roma, Florença e Veneza (onde a República de Daniele Manin ainda sobrevivia); mas o general La Marmora controlou a cidade, bombardeando-a até a rendição.

IMAGEM 15. Ícone laico: Giuseppe Garibaldi, em 1849. No fundo está o Castelo de Sant'Angelo, em Roma. O culto a Garibaldi foi alimentado por imagens idealizadas como esta, que representavam sua suposta semelhança com Cristo. (Veja a fotografia: IMAGEM 18, p. 163.)

A derrota de Piemonte deixou o caminho aberto para o restabelecimento da antiga ordem em toda a Itália. Em abril, o grão-duque Leopoldo voltou para Florença. A República romana de Mazzini estendeu-se até julho contra o sítio do Exército francês, enviado para reintegrar o papa – em resposta à pressão da opinião católica local. A defesa heroica da cidade foi liderada por Giuseppe Garibaldi, cujas incríveis habilidades militares se desenvolveram nas lutas no exílio, como líder de guerrilhas nas Repúblicas emergentes da América do Sul. O último posto avançado da revolução foi Veneza, que resistiu às forças austríacas até o final de agosto. Se os anos de 1848-1849 terminaram com a derrota esmagadora da esquerda radical na Itália, como em outros locais da Europa, o heroísmo das Repúblicas de Roma e Veneza ganhou a admiração dos democratas e o respeito em muitos quartéis, e deu visibilidade à causa da independência da Itália.

capítulo 5

A Itália unificada

O ano de revoluções na Europa, de 1848-1849, foi mais um protesto contra as deficiências dos Estados restaurados do que a luta consciente por uma nova ordem social. Muitos dos líderes intelectuais e intérpretes desta "primavera dos povos", de Karl Marx a Mazzini, esperavam, e mesmo, acreditavam, que um mundo livre de opressores e tiranos estava prestes a nascer; mas os artesãos, os lojistas e a população urbana pobre, que formaram a espinha dorsal das insurreições, e tomaram as ruas de Palermo, Berlim e Viena, fizeram barricadas e invadiram prefeituras, agiram mais a partir da raiva espontânea contra o desemprego, os preços ou os impostos, do que pelo desejo de criar uma sociedade completamente diferente. Não obstante, em pelo menos um aspecto importante, o período de 1848-1849 olhou para o futuro: ele ecoou o toque de finados do Absolutismo. A ideia de que um governo deveria evitar a mudança e congelar a sociedade segundo o interesse de uma pequena elite parecia insustentável em um mundo que começava a ser transformado pela indústria e pela Ciência.

O ritmo acelerado da vida econômica da Europa da década de 1830 se ativaria ainda mais na década de 1840. A Grã-Bretanha liderou o caminho: em meados da década de 1840, o país tinha aproximadamente 3 mil milhas de ferrovias; por volta de 1850, esse número era mais do que o dobro; e, por volta de 1860, o total era maior que 10 mil milhas. A produção de algodão e de ferro-gusa, pedras-angulares da indústria neste período, foi às alturas; o mesmo aconteceu com a produção de uma grande variedade de outros bens, muitas vezes invenções recentes, que a demanda mundial, deprimida por mais de trinta anos, assimilou dramaticamente. A fé na marcha do progresso parecia sem limites e se consagrou na Grande

HISTÓRIA CONCISA DA ITÁLIA

Exibição, aberta em 1851. Nos Estados da França, Bélgica e Alemanha, o ritmo da vida econômica foi igualmente transformado, embora de forma menos dramática. Pequenas oficinas transformaram-se em grandes indústrias; vilas tornaram-se cidades; camponeses viraram proletários; e, em todos os lugares, a classe média ficou mais numerosa e afirmativa.

Os contrastes eram marcantes em grande parte da Itália. Algumas regiões, principalmente no Norte, eram adiantadas: "Podemos mostrar aos estrangeiros a planície da Lombardia inteiramente cultivada... Hoje, mais de 4 mil quilômetros quadrados estão irrigados; e um volume de água estimado em mais de 30 milhões de metros cúbicos por dia flui através de canais artificiais", declarou Carlo Cattaneo, em 1844, em uma descrição apaixonada da riqueza agrícola e da tecnologia de Lombardia, sua terra natal. Contudo, fora da Planície Padana, o cenário era muito menos animador. Por volta de 1860, o Sul tinha apenas 60 milhas de ferrovias; o rendimento por hectare era em média um terço do registrado na Lombardia; não existiam sociedades anônimas, e a estrutura bancária era primitiva. Mesmo a Toscana, com seu passado econômico ilustre, tinha poucas indústrias; e sua agricultura começava a sofrer com a adesão doutrinária dos proprietários de terra à meação, que eles consideravam promotora de relações harmoniosas de classes, embora à custa da produção.

Assim como no século XVIII, a percepção de um abismo crescente entre a Itália e as partes mais desenvolvidas da Europa fez a introdução do liberalismo na Península parecer mais urgente do que nunca, pelo menos para alguns. O governo constitucional ofereceu um antídoto à revolução social, como nos exemplos da Bélgica, da França e da Grã-Bretanha, e também parecia ser a melhor garantia de prosperidade. Segundo se dizia, a liberdade política permitia que os indivíduos desenvolvessem plenamente seus talentos, sem os controles, restrições e privilégios que sufocavam os empreendimentos nos Estados do *ancien régime*; e a prosperidade de cada um contribuiria para a prosperidade de todos. Portanto, as barreiras tarifárias foram um anátema: "O livre-comércio", escreveu o mais ardoroso dos liberais italianos, conde Cavour, na década de 1840, "é uma meta almejada por todos os povos civilizados.".

Não surpreende que muitos dos que se tornaram os principais defensores do liberalismo político e econômico na Itália, durante os anos 1850, tenham vivido ou viajado pelo norte da Europa. Quintino Sella, o futuro Ministro das Finanças, foi enviado pelo governo piemontês para estudar na École des Mines, em Paris. Ele também frequentou universidades na

Alemanha e na Inglaterra. O agrônomo Stefano Jacini foi estudante em Berna e Viena; e o grande crítico literário, Francesco De Sanctis lecionou em Zurique, enquanto esteve no exílio. Durante seus anos de formação, o conde Cavour visitou a Grã-Bretanha e a França em várias ocasiões e conheceu muitos estadistas e intelectuais. Foi então, na época da Lei de Reforma (*Great Reform Act*), de 1832, e da Revolução de Julho que nasceu sua admiração pela política e pela cultura dos dois países. Sua paixão pela Inglaterra lhe valeu o apelido de "Milord Camilo"; e, mais tarde, ele se referiu à França como sua segunda pátria.

Sella, Jacini e Cavour, como a maioria dos liberais italianos mais conhecidos da época, vêm das regiões mais ricas do Norte, particularmente, de Piemonte e da Lombardia. Seu ponto de vista foi moldado pelo rigor da sociedade civil na qual eram nascidos; uma sociedade de proprietários de terra empreendedores – como os Cavour –, que liam as publicações científicas mais recentes; e fabricantes de seda, algodão e lã. Para eles, era natural que o Estado deveria atuar apenas para facilitar e salvaguardar as atividades da indústria, como na Grã-Bretanha. Por outro lado, no Sul, onde os grandes proprietários de terra muitas vezes estavam ausentes, a infraestrutura era deficiente e o Estado de direito era frágil, o liberalismo era concebido em termos bastante diferentes: o que se percebia era que a liberdade não significava nada ali, a menos que fosse "arquitetada" por uma forte ação do Estado: "Não é suficiente", disse o napolitano Francesco De Sanctis, "simplesmente decretar a liberdade, para que ela exista".

Essas duas vertentes do liberalismo deveriam competir pela alma da ideologia oficial na Itália, depois de 1860, e, na prática, geralmente se misturavam. Entretanto, na década de 1850, raramente representavam as opiniões das classes dominantes como um todo. Na verdade, Cavour era praticamente o único a exibir tal paixão pelo progresso e pelo liberalismo do norte da Europa. Geralmente, os burgueses, do Norte e do Sul, viam a modernização carregada de perigos sociais; e seus temores eram moralmente sancionados pela Igreja, que condenava o rompimento de relações econômicas tradicionais e a propagação da urbanização, causados pelo capitalismo. Comentaristas sociais inteligentes, como o conde Petitti, de Piemonte, salientaram repetidamente a preocupação de que a indústria traria tumultos violentos; e Vincenzo Gioberti argumentou que a Grã--Bretanha era inferior à Itália, porque não tinha conseguido encontrar o equilíbrio entre a energia econômica e valores verdadeiramente religiosos.

O medo estava presente na perspectiva da maioria dos ricos e instruídos na Itália. A instabilidade da zona rural superpovoada provocou a crença generalizada de que o tecido social só poderia ser contido se o campesinato permanecesse resignado. O púlpito para muitos ainda era a chave para a ordem rural. A educação popular era vista com suspeita, e as ideias materialistas, fossem socialistas, utilitárias ou mesmo liberais, eram consideradas incendiárias e imorais. De fato, o baixo nível moral aliado ao pensamento materialista afetou tanto a esquerda, quando a direita, e tornou difícil, tanto em curto, com em largo prazo, o avanço do socialismo pragmático na Itália. Depois de 1849, os democratas ainda eram dominados pela figura de Mazzini, que desprezava o materialismo; e embora o pensamento socialista atraísse alguns adeptos na década de 1850 (notadamente, Carlo Pisacane), eles eram relativamente pouco numerosos.

CAVOUR E O TRIUNFO DOS MODERADOS

O governo austríaco respondeu aos acontecimentos de 1848-1849 com o fortalecimento da centralização. Quase todas as concessões feitas durante as revoluções foram revogadas, e o Absolutismo administrativo voltou a prevalecer. A censura rigorosa, a perseguição política e a burocracia eficiente alemã, de certa forma opressiva, foram as principais características do Império austríaco na década de 1850. Os ducados na Itália central, dependentes, como antes, das tropas austríacas, seguiram a liderança de Viena e também revogaram as reformas outorgadas em 1848. No Sul, o rei Fernando, tendo enfrentado a tempestade sem a ajuda estrangeira, isolou-se, com medo de mudanças, e afundou em um torpor político do qual nem mesmo uma crise agrícola grave, em meados da década, conseguiu tirá-lo. O papa, graças às armas francesas, recuperou Roma.

Em 1849, Piemonte foi o único Estado italiano a conservar sua Constituição. Isso se deve, em parte, aos austríacos: depois da Batalha de Novara, eles incentivaram o novo rei, Vítor Emanuel II (que queriam como aliado), a manter o *Statuto*, acreditando que assim ele ficaria mais forte. O próprio Vítor Emanuel estava disposto a abandoná-lo: como seu pai, ele foi criado em um ambiente estritamente militar, era um católico convicto (embora desobediente), casado com uma princesa austríaca devota; e era simpatizante do Absolutismo. Felizmente, para o futuro do liberalismo italiano, faltava-lhe a autoconfiança para se afirmar e, quase invariavelmente, submetia-se aos mais determinados. Ele manteve a autoestima vangloriando-se da forma física (que era considerável) e de sua competência

CAPÍTULO 5 – A ITÁLIA UNIFICADA | 147

sexual – bem menor do que gostaria que imaginassem, mas suficiente para fazer circular a piada de que nenhum soberano tinha sido mais bem-sucedido como "um pai para seus súditos".

Apesar da oposição de Vítor Emanuel, o *Statuto* era na verdade muito conservador. Ele fazia pouquíssimas concessões aos princípios de 1789: apenas 9 de suas 84 cláusulas tratavam sobre os direitos dos indivíduos. O *Statuto* conferia amplos poderes ao rei: o Executivo respondia a ele, mas o Parlamento não, e, teoricamente, ele podia indicar e demitir o primeiro-ministro à vontade; sua única responsabilidade era fazer tratados e declarar guerra; a segunda Câmara, o Senado, era nomeada pelo rei; o Judiciário exercia a justiça em seu nome e não era independente do governo; e, embora o Parlamento (que compreendia o Senado e uma Câmara eleita de Deputados) controlasse a legislação, o rei tinha o direito de veto e o poder de baixar "decretos" sem o consenso do Parlamento.

Entre 1849 e 1860, a grande realização dos governos piemonteses foi persuadir o rei a aceitar o princípio de que, na prática, o Executivo responderia ao Parlamento, e não à Coroa. Contudo, como a Constituição não conseguiu especificar isso (na verdade, não mencionava absolutamente o papel do primeiro-ministro ou do presidente do Conselho), deixou espaço para muita ambiguidade. Um dos resultados a longo prazo foi o surgimento de um relacionamento bastante desconfortável entre o Executivo e a Câmara dos Deputados, que tinha a tarefa de monitorar, e, se necessário, restringir o governo, e também de garantir que interesses setoriais, ou mesmo pessoais, não fossem sacrificados a favor de qualquer pretensão administrativa de representar um interesse "nacional" maior. Nesta situação, o primeiro-ministro teria que negociar duramente, e geralmente persuadir, se quisesse permanecer no poder por qualquer período de tempo.

Outro problema enfrentado pelo Executivo ao lidar com o Parlamento foi a desconfiança generalizada dos "partidos". Cesare Balbo e Cavour eram atípicos entre os moderados no que diz respeito à compatibilidade da existência de partidos e liberdade; para muitos, os partidos eram um pouco mais do que "facções", com o objetivo de impor o desejo de uma minoria sobre a maioria. Consequentemente, as linhas partidárias nunca eram bem demarcadas, e a lealdade partidária nunca alcançava grande força moral. Esse foi mais um motivo para que os ministros tivessem que recorrer à barganha com cada deputado para obter apoio, muitas vezes fazendo acordos indesejáveis com eles ou seus constituintes; e, depois da década de 1860, o caráter incontestável dessas negociatas danificou severamente a imagem do Parlamento. Entretanto, no geral, a situação foi mais simples para o Executivo piemontês, dado que muitos deputados tinham postos no setor público e não arriscariam suas carreiras ao votar contra o governo.

Depois de 1849, Camilo Benso, conde de Cavour, foi o homem que deu forma à política piemontesa e lhe conferiu um cunho liberal, e, mais do que qualquer outro, foi responsável pela definição das regras do jogo, segundo as quais a vida parlamentar da Itália unificada operou por mais de meio século. Nascido em 1810, filho de um proprietário de terra e, em uma oportunidade, chefe de polícia, em vários aspectos ele foi um produto de uma família nobre piemontesa. Entretanto, ele tinha conexões suíças e protestantes, de onde absorveu parte de sua simpatia pela liberdade, pela tolerância religiosa e pela ética no trabalho, uma preocupação que se consolidou durante suas viagens ao norte da Europa, nas décadas de 1830 e 1840. Quanto às questões sociais, Cavour sempre foi conservador; ele acreditava fortemente na propriedade privada e estava convencido de que a ordem e o progresso estavam indissoluvelmente ligados.

A fé veemente no progresso – econômico, político e moral – determinou grandemente a filosofia política de Cavour. Ele sustentava que as revoluções eram contraproducentes: traziam a desordem e provocavam a oposição. O progresso verdadeiro e duradouro só chega com a mudança gradual, e pode ser alcançado por meio do que chamou de *juste-milieu* – o caminho do meio entre extremos. Ele acreditava que, nas décadas de 1830 e 1840, a Grã-Bretanha tinha confirmado a sensatez dessa abordagem. A política era a arte das coisas possíveis (*le tact des choses possibles*); tratava-se de responder às circunstâncias com imaginação e não ficar constrangido indevidamente por dogmas ou escrúpulos morais. Na verdade, sua antipatia por Mazzini resultava tanto de uma aversão ao temperamento intransigente do republicano, quanto de suas ideias revolucionárias.

Quanto à questão nacional, o pensamento de Cavour era um tanto contraditório. Ele certamente acreditava que o sentimento de patriotismo era moralmente importante. Em um artigo de 1846, ele escreveu: "Cada período da história mostra que nenhum povo consegue atingir um alto grau de inteligência e moralidade, a menos que tenha desenvolvido um forte sentimento de identidade nacional". No entanto, ele geralmente desconsiderava a ideia de unificação da Itália. Em parte, porque Cavour a considerava irrealista (seu comentário sobre Daniele Manin, em 1856, foi: "Ele ainda é um tanto utópico, fala na unificação da Itália e outros absurdos");

CAPÍTULO 5 – A ITÁLIA UNIFICADA | 149

e, talvez, porque ela lhe lembrava de Mazzini; mas também porque não estava claro se a Itália era realmente uma nação. Afinal, como muitos piemonteses, culturalmente, ele era mais francês do que italiano; falava italiano com dificuldade e, segundo um colega próximo, sabia pouco sobre a história da Itália.

Cavour dizia que seu objetivo não era tanto a unificação como "a independência da Itália e o engrandecimento de Piemonte", uma frase ambígua, que na prática implicava na retomada da luta contra a Áustria. A lição que ele tinha aprendido de 1848-1849 foi que as potências europeias não poderiam se dar o luxo de permitir que Piemonte perdesse território, mesmo se sofresse uma derrota militar; porque Piemonte era estrategicamente muito importante, um Estado neutralizador, que mantinha o elo entre a Áustria e a França. Da mesma forma, ele acreditava que Piemonte não temia uma política envolvida com a possibilidade de guerra. O programa de Cavour continha duas vertentes principais, a econômica – para promover a agricultura e a indústria, e criar infraestruturas modernas, especialmente ferrovias – e a outra, diplomática; mas, para realizá-lo, ele precisou criar uma base de poder político em casa, forte o suficiente para permitir que atuasse com independência.

Primeiro, Cavour teve que garantir uma maioria sólida no Parlamento. As eleições piemontesas de dezembro de 1849 tinham enfraquecido os democratas e fortalecido os moderados; e, este fato, ao lado do golpe conservador de Napoleão III, em 1851, na França, convenceu Cavour de que a ameaça de revolução na Europa estava afastada. Armado dessa crença, ele conspirou para derrubar a coalizão de centro-direita de Massimo d'Azéglio (de cujo governo tinha sido o Ministro da agricultura) e a substituiu por outra mais centrista, que deixaria isoladas a extrema-direita e a extrema-esquerda, e permitiria que ele buscasse o *juste milieu*. Essa manobra bastante dissimulada, que resultou em uma aliança (mais tarde chamada de *connubio*, ou "casamento") com a centro-esquerda, contribuiu para a indicação de Cavour para primeiro-ministro, em novembro de 1852. Ele considerou o arranjo sua obra-prima política. A aliança proporcionou uma base na Câmara, forte o suficiente para permitir que ele continuasse como chefe do governo, quase ininterruptamente, até sua morte, em 1861.

Depois de dominar a Câmara (o domínio foi tal que uma vez ele disse "nunca me senti tão fraco como quando o Parlamento foi fechado"), Cavour tinha que dominar o Reino. A virada veio com a chamada "Questão Cala-

IMAGEM 16 (A). O pragmático: Camilo Benso, conde de Cavour, em 1856.

biana". Em 1854, Cavour apresentou um projeto de lei ao Parlamento para suprimir os mosteiros que não tivessem um papel educacional ou beneficente. Os escrúpulos católicos de Vítor Emanuel (e sua família) o levaram a se opor a essa medida anticlerical, e a conspirar com os bispos no Senado para bloqueá-la. Cavour percebeu o que estava acontecendo e se demitiu,

CAPÍTULO 5 – A ITÁLIA UNIFICADA | 151

IMAGEM 16 (B). O sonhador: Giuseppe Mazzini, c. 1850.

enraivecido. O rei não conseguiu encontrar uma alternativa conservadora e teve de enfrentar a ignomínia da recondução de Cavour e assistir à aprovação do projeto. Daí em diante, foi aceita a independência relativa dos ministros da Coroa – Vítor Emanuel logo reconheceu os benefícios do acordo, que o poupava de ser responsabilizado por decisões impopulares.

Sob o comando enérgico de Cavour, Piemonte seguiu em frente economicamente. Foram assinados tratados comerciais com a Inglaterra, a França, a Áustria e outros países; e foi introduzida uma tarifa de livre-comércio comum. Cavour nunca foi um liberal *laisser-faire* pleno, e acreditava que era o papel de seu governo oferecer a infraestrutura necessária para o florescimento da iniciativa privada. Daí o incentivo ao comércio bancário e também o aumento na construção de ferrovias: por volta de 1840, 40% dos 2.400 km de ferrovias na Itália localizavam-se nas regiões de Piemonte e da Ligúria (veja na TABELA 4). O aumento dos gastos públicos resultou na tributação mais elevada e na enorme dívida pública; mas o sucesso das políticas de Cavour podia ser visto em quase todos os setores, especialmente no têxtil, no de armamentos e na navegação, além da agricultura (de forma menos exuberante).

TABELA 4. Ferrovias abertas (em km): 1840-1900.

	1840	1850	1860	1870	1880	1890	1900
Áustria-Hungria	144	1.357	2.927	6.112	11.429	15.273	19.229
França	410	2.915	9.167	15.544	23.089	33.280	38.109
Alemanha	469	5.856	11.089	18.876	33.838	42.869	51.678
Grã-Bretanha	2.390	9.797	14.603	21.558[a]	25.060	27.827	30.079
Itália	20	620	2.404	6.429	9.290	13.629	16.429

(a) 1871.

Fonte: MITCHELL, B. R. *International Historical Statistics, Europa 1750-1988* (N.Y., 1992).

Neste contexto de ressurgimento econômico, Cavour embarcou em uma política externa ambiciosa. A desagregação da ordem conservadora relativamente harmoniosa, que prevalecia na Europa há mais de 30 anos, o ajudou. Agora, a França, governada por Napoleão III, era uma potência revisionista, ansiosa para desfazer o acordo de 1815; a Grã-Bretanha estava ficando alarmada diante das ambições russas na Ásia; e a Áustria enfrentava o desafio da Prússia pelo domínio na Europa central, e também a rivalidade com o czar, nos Balcãs. O clima de insegurança se agravou com as pressões internas e com as dúvidas crescentes sobre a capacidade do Absolutismo de sobreviver aos desafios colocados pelo liberalismo e pela democracia. Foi nessa atmosfera de tensão que eclodiu a Guerra da

CAPÍTULO 5 – A ITÁLIA UNIFICADA | 153

Crimeia, em 1854, com a junção de forças da França e da Grã-Bretanha, para inibir o expansionismo russo no Oriente.

Apesar da oposição do gabinete, Cavour estava ansioso para se juntar na guerra contra a Rússia. Ele queria elevar a posição de Piemonte diante da Grã-Bretanha e da França, e garantir um lugar na mesa de negociações; mas o rei comprometeu suas forças antes de combinar os termos do acordo, e Piemonte viu-se envolvida na Guerra da Crimeia, sem nenhuma garantia de que seus interesses seriam ouvidos ao fim dos combates. Entretanto, no Congresso de Paris, em 1856, Cavour conseguiu levantar a questão da Itália, mas minou a conquista ao se confrontar com a Áustria de forma indevidamente belicosa. Isso assustou o governo britânico, que deixou de confiar inteiramente nele. Como resultado, Cavour foi forçado a procurar a França para ajudá-lo contra os austríacos, que agora (esta foi uma consequência importante da Guerra da Crimeia) estavam perigosamente isolados, por não terem escolhido um dos lados durante as hostilidades.

A partir de 1856, Cavour tentou atrair Napoleão III para uma guerra contra a Áustria. Sua tarefa foi facilitada pelo desejo do imperador de rivalizar com o tio, o grande Napoleão, e também pelo fato de o jovem Napoleão III ter sido um *carbonaro*. Já em 1852, o imperador tinha falado em particular sobre seu desejo de fazer alguma coisa na Itália, sua "segunda pátria". Contudo, as inclinações românticas de Napoleão eram mescladas com considerações políticas práticas: ele não poderia admitir a unificação da Itália, que implicava na destruição dos Estados Papais, o que enfureceria os católicos franceses. De qualquer modo, uma Itália unificada não era desejável estrategicamente, pois significava a criação de um rival potencial para a França, no Mediterrâneo. O que ele almejava era um Reino ampliado no Norte (para se tornar um satélite da França), e para a Península como um todo, uma estrutura federal sob o comando do papa.

Em julho de 1858, Cavour e Napoleão reuniram-se secretamente em Vosges para discutir os termos para uma guerra contra a Áustria. Ficou combinado que a Itália se tornaria uma confederação liderada pelo papa e dividida em quatro Estados: Piemonte assumiria o controle do norte da Itália, incluindo a Romanha, e cederia Nice e Saboia para a França; seria criado um novo Reino da Itália central ao redor da Toscana; Roma e seus arredores ficariam com o papado; e Nápoles permaneceria inalterada. Um pretexto para a guerra teria que ser encontrado, usando *agents provocateurs*, que promoveriam uma revolta no território de Modena e pediriam ajuda a Vítor Emanuel. Assim, os austríacos seriam expulsos do norte da

Itália. Essa negociação, armada por Cavour e Napoleão, quase fracassou quando Vítor Emanuel se recusou a selar acordo vinculando-o com a aprovação do casamento de sua filha piedosa de quinze anos com o primo devasso do imperador. Cavour o forçou a reconhecer o sentido da transação.

No entanto, a guerra não saiu como planejada. Para começar, ela quase não eclodiu: o levante na Itália central foi um fracasso; e um erro de cálculo dos austríacos conduziu ao início das hostilidades. Em abril de 1859, eles decidiram de repente dar uma lição em Piemonte, depois de avaliar erroneamente que Napoleão tinha perdido a coragem. Então, apesar do ataque rápido à Lombardia e das vitórias francesas importantes em Magenta e Solferino, ele interrompeu repentinamente a campanha: ficou alarmado ao descobrir que Cavour estava trabalhando secretamente para anexar os Estados Papais, e também foi informado que a Prússia estava pronta para intervir. Ele firmou apressadamente um armistício com a Áustria (Cavour sequer foi consultado), sob cujos termos a Lombardia se rendeu a Napoleão – que depois a entregou a Piemonte – enquanto a Áustria conservava o Vêneto. Cavour sentiu-se humilhado e, em um acesso de raiva, renunciou ao cargo de primeiro-ministro.

Enquanto isso, a guerra contra a Áustria tinha desencadeado uma série de levantes patrióticos no centro da Itália. No final de abril, Leopoldo da Toscana foi obrigado a se exilar; e, depois da vitória dos franceses em Magenta, ele foi seguido pelos duques de Modena e Parma. Bolonha, Perúgia e várias outras cidades na Romanha e da Úmbria também se rebelaram contra o papa. Cavour tentou imediatamente induzir os governos provisórios dessas regiões a aceitar uma fusão com Piemonte, o que aborreceu muitos líderes liberais, entre os quais o barão Ricasoli, em Florença, que desconfiou que a preocupação de Cavour com a independência da Itália estava longe de ser altruísta. Além disso, os sentimentos autonomistas tradicionais e as rivalidades entre as comunas ainda eram intensos. No final, foi o medo da desordem social, assim como de uma possível restauração de antigos governos, que levou os governos provisórios a pedir, e no início de 1860 garantir, a anexação a Piemonte.

1860

A guerra de 1859 pode não ter sido como Cavour esperava, mas ajudou na expansão do Reino de Piemonte. Napoleão não estava satisfeito. O armistício com a Áustria estipulou que os governos no centro da Itália deveriam ser restaurados: a incapacidade de atingir esse objetivo prejudicou sua credibilidade. Além disso, sua prepotência durante a campanha enfraqueceu a forte influência moral sobre Vítor Emanuel e deixou o governo de Piemonte mais livre do que se tivesse conseguido realizar as anexações. Entretanto, Napoleão obteve uma concessão importante: em troca do reconhecimento das anexações, ele insistiu que Nice e Saboia fossem entregues à França. Cavour (que tinha retornado ao poder em janeiro de 1860) aceitou; e, apesar dos escrúpulos do rei e dos protestos daqueles que achavam que desse modo Piemonte ocidental ficaria militarmente indefensável, ele assinou um tratado secreto em março, cedendo esses territórios. Cavour confidenciou que isso foi inconstitucional.

Entre aqueles que ficaram particularmente furiosos com o ato de Cavour estava Giuseppe Garibaldi. Ele era nascido em Nice e ficou mortificado ao saber que a cidade italiana tinha sido permutada com a França, transgredindo a causa nacional. Seu ódio foi maior porque depois de 1848-1849, ele, de boa-fé (como muitos outros seguidores desiludidos de Mazzini), tinha confiado em Piemonte como líder da causa nacional. Garibaldi era membro da Sociedade Nacional Italiana, um organismo criado em 1857 para promover a unificação da Itália, que, ao menos aparentemente, tinha o apoio veemente de Cavour. Na guerra de 1859, ele foi autorizado a comandar uma força de voluntários patriotas, muitos dos quais eram veteranos de 1848. A concessão de Nice em troca dos ducados da Itália central dava sinais de fraude, e parecia confirmar uma suspeita antiga de Garibaldi, de que, na verdade, Cavour estava mais interessado no "engrandecimento de Piemonte" do que na causa da unificação.

Em abril, as novidades chegaram com um levante de camponeses no oeste da Sicília, contra impostos, tarifas e proprietários de terra opressores, como em tantas outras ocasiões. Garibaldi foi abordado e convidado a liderar uma expedição para converter esta *jacquerie* em uma revolução nacional. Durante algum tempo, Mazzini e seus seguidores estiveram conspirando de Londres a Paris para iniciar um movimento: em 1859, Francesco Crispi tinha entrado na Sicília para transmitir os conhecimentos mais recentes na confecção de bombas. Agora, depois que boa parte da Itália tinha sido libertada, parecia imperativo se esforçar e terminar o processo, e ao mesmo tempo, usurpar a iniciativa de Cavour e dos moderados. Entretanto, com a aceitação de Crispi e Garibaldi, a única oportunidade real de sucesso estava em abafar qualquer sugestão de republicanismo e recorrer a Vítor Emanuel. Talvez por estar mal informado, Garibaldi estava entre os que acreditavam que o rei piemontês era um patriota mais autêntico do que seu primeiro-ministro.

A expedição de Garibaldi foi muito bem-sucedida. Com apenas mil seguidores, muitos dos quais estudantes ou em idade escolar, e quase todos sem treinamento militar, ele avançou para o interior, a partir de Marsala, na costa oeste da Sicília, proclamando pelo caminho Vítor Emanuel como o rei da Itália. Com uma carga eficiente de baionetas, ele dispersou heroicamente uma força dos Bourbon, em Calatafimi, capturou Palermo, em junho, atravessou o Estreito de Messina, em agosto, e no dia 7 de setembro entrou triunfalmente em Nápoles. Esta façanha extraordinária se deu graças ao gênio de Garibaldi. Também é devida ao manejo político habilidoso da revolução por Francesco Crispi, que atraiu os camponeses com ofertas de terras e impostos mais baixos, e a classe média local, com garantias de propriedade, lei e ordem. Em algumas ocasiões, notoriamente em Bronte, no leste da Sicília, os revoltosos foram sumariamente fuzilados. Os acontecimentos de 1860 também tiveram uma dimensão internacional importante. Assim como o desejo da França de substituir a Áustria enquanto força dominante na Europa levou Napoleão à guerra anterior, o desejo dos britânicos de frustrar as ambições francesas e garantir, com uma Itália unificada, um equilíbrio do poder novo e favorável no continente, levou Londres a demonstrar seu apoio a Garibaldi e a deter a intervenção de Napoleão para barrá-lo.

No entanto, é indiscutível que o principal motivo do sucesso de Garibaldi está na convergência de um conjunto de sentimentos, muitas vezes negativos, em relação à bandeira da revolução. Para os camponeses, Garibaldi ofereceu a esperança de alívio ao sofrimento; para os proprietários de terra sicilianos, a derrubada dos Bourbon significou finalmente a oportunidade de garantir a independência de Nápoles; para a classe média provinciana, frequentemente envolvida em lutas cruéis entre facções, era a oportunidade de assumir o controle do governo local e derrotar os inimigos. A maioria das pessoas que participou da revolução provavelmente o fez sem ter clareza sobre o motivo do embate. Muitos nunca tinham se defrontado com o termo *Itália*: alguns até imaginavam que *"La Talia"* era o nome da esposa de Vítor Emanuel. Em 1860, essa indefinição pode ter sido uma fonte de energia, porque admitia os sonhos mais apaixonados; mas, depois, quando a realidade da unificação italiana veio à tona, o resultado foi um enorme ressentimento.

Para Cavour, os acontecimentos da primavera e do verão de 1860 foram um pesadelo. Ele não ousou se opor abertamente a Garibaldi, uma vez que a opinião pública piemontesa estava entusiasmada com a expedição, assim como o rei, que tinha uma simpatia pessoal por Garibaldi. O temor de Cavour foi que se Garibaldi e seu exército de jovens voluntários (a maioria dos quais era democrata) conseguissem, contra todas as probabilidades, libertar o Sul, o que os impediria de retirar o apoio ao rei Vítor Emanuel e passar a defender a causa republicana, particularmente se conquistassem Roma, com suas lembranças de 1849? Aliado a isso estava o pavor de Cavour da intervenção estrangeira. No momento, Napoleão estava insatisfeito com a situação na Itália; se um exército de camponeses e seguidores de Mazzini avançasse sobre Cidade Santa, a pressão no país para que ele enviasse uma força expedicionária seria irresistível.

Dissimuladamente, Cavour fez o que pôde para impedir Garibaldi. Ele sequestrou sua remessa de rifles Enfield, antes de zarparem. Ele ordenou que o almirante sênior piemontês Persano interceptasse a expedição enquanto se dirigia para o Sul; mas Persano sequer conseguiu localizá-la. Quando Palermo caiu, Cavour enviou para a Sicília um de seus tenentes, Giuseppe La Farina, para engendrar a anexação imediata da ilha a Piemonte: mas La Farina comportou-se com grande falta de tato e foi despachado. Cavour teve mais sorte em Nápoles, onde bloqueou as tentativas dos democratas de eleger uma assembleia para decidir sobre uma nova Constituição, e persuadiu Garibaldi a realizar um plebiscito: os eleitores teriam que escolher entre aceitar ou rejeitar um Estado unitário subordinado a Vítor Emanuel. A aceitação foi esmagadora. Contudo, o voto não era secreto e a fraude aconteceu em larga escala. Na Sicília, foram registrados 132.053 votos a favor, e apenas 667 contra.

No início do outono, os Estados Papais eram a única região "não libertada" da Itália, além do Vêneto. Cavour estava determinado a ocupar esses territórios antes de Garibaldi, e se apoderar da iniciativa política. Ele deixou que Napoleão soubesse que teria que invadir para impedir a marcha de Garibaldi sobre Roma. Entretanto, ele provavelmente não conseguiu deixar claro o que aconteceria com os Estados Papais mais tarde; e quando os franceses viram o que estava acontecendo, protestaram veementemente. No início de setembro, as tropas piemontesas atravessaram as Marcas. As forças papais foram derrotadas em uma batalha secundária, em Castelfidardo, e, no final do mês, a Úmbria e as Marcas foram conquistadas. Os camponeses e padres que ofereceram resistência foram sumariamente fuzilados. Vítor Emanuel ficou exultante com o sucesso e se dirigiu para o Sul. Em 25 de outubro, ele encontrou Garibaldi, perto de Teano, ao

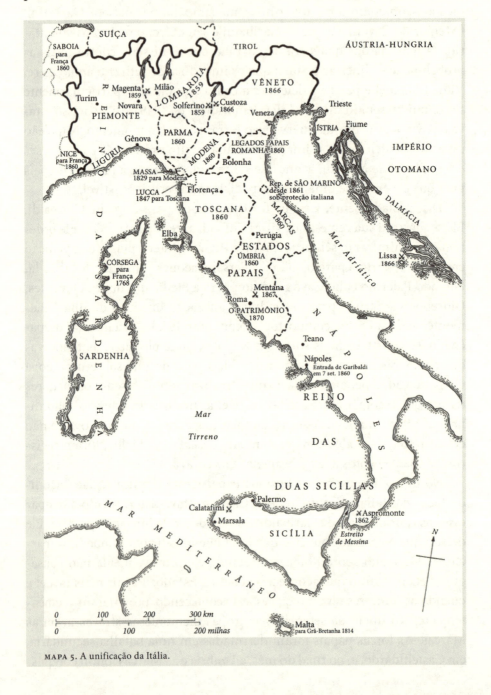

MAPA 5. A unificação da Itália.

CAPÍTULO 5 – A ITÁLIA UNIFICADA | 159

norte de Nápoles. Garibaldi entregou lealmente seus poderes no Sul para o rei. Contra todas as probabilidades, e, em grande parte, acidentalmente, foi criada a Itália.

O NOVO ESTADO

O "aperto de mãos em Teano" logo entraria no panteão da mitologia patriótica. Dizem que ele se tornou um símbolo do novo Estado, forjado pela convergência harmoniosa do "povo", representado por Garibaldi, e a monarquia piemontesa. Dizem também que os moderados e os democratas complementavam-se perfeitamente, e ambos triunfaram em 1860. Entretanto, a realidade foi outra. A unificação da Itália foi mais o resultado de uma guerra civil do que de uma guerra de libertação. Trata-se da guerra civil que Cavour estava determinado a vencer, e venceu, usando todas as suas habilidades políticas. Ao se aproveitar da iniciativa de Garibaldi, com a invasão ousada dos Estados Papais, ele garantiu que a nova Itália nada devesse para os democratas. Os serviços de Garibaldi foram dispensados; seus seguidores foram para casa; e Mazzini continuou no exílio, amargo e desiludido.

As características do novo Estado devem muito ao clima partidário no qual nasceu. Não houve nenhuma discussão de alternativas constitucionais; e, especialmente no Sul, os pontos de vista das pessoas, que esperavam por uma medida de autonomia regional, ou que (como Carlo Cattaneo) acreditavam apaixonadamente no federalismo, foram desconsiderados. Em parte, essa ausência de deliberação foi pragmática. Ao final de 1860, Cavour percebeu o estado de urgência. Ele precisava apresentar um *fait accompli* [fato consumado] para a Europa e temia que uma discussão das alternativas constitucionais pudesse expor as fendas ideológicas entre moderados e democratas, e solicitou a intervenção francesa ou austríaca. Entretanto, a ausência de debate também teve uma dimensão mais sinistra. Para muitos ficou implícito que Vítor Emanuel e Cavour achavam que Piemonte tinha conquistado o restante da Itália, e assim era justo que impusessem seus próprios termos.

Muito pouco foi feito para contradizer essa impressão. O rei manteve o título real inalterado e se tornou Vítor Emanuel II da Itália. Turim se transformou na nova capital, e, quando o primeiro Parlamento italiano se reuniu, em janeiro de 1861, foi referida como a "oitava legislatura do Parlamento sardenho". O *Statuto* piemontês, a estrutura administrativa, os impostos e os tratados comerciais estenderam-se para todo o país. A legislação dos antigos Estados foi mantida, enquanto se aguardava a criação de Códigos legais unificados, mas algumas leis fundamentais, como as relacionadas com a Educação e a Polícia, foram aplicadas em toda a Itália, desde o início. A forma frequentemente insensível como as novas estruturas foram impostas provocou muito ressentimento; mas Cavour continuou confiante nos resultados. "Se demonstrarmos uma vontade inflexível", ele disse ao rei, "o povo irá se acalmar e se adaptar ao regime, uma vez que as nossas instituições são preferíveis em todos os aspectos a aquelas das quais eles foram libertados."

A sensação que muitos italianos logo sentiram de terem sido "conquistados" por Piemonte não foi acompanhada de benefícios econômicos. A introdução de novas tarifas de livre-comércio levou a dificuldades consideráveis, particularmente no Sul, onde o setor manufatureiro frágil dependia de proteção para sobreviver. Quase da noite para o dia, as fábricas têxteis e de maquinários de Nápoles fecharam. O mesmo aconteceu com muitas oficinas menores de artesanato. O aumento das taxas também produziu muito sofrimento. Depois de 1860, o governo enfrentou uma dívida pública enorme, mais da metade do montante acumulado por Piemonte na década de 1850. Os ministros das finanças lutavam para equilibrar o orçamento, o que se tornou uma cruzada nacional na década de 1860 e no início dos anos 1870 (Quintino Sella se referiu à situação como "uma questão de 'ser ou não ser'"). O resultado foi um grande aumento da carga fiscal: entre 1862 e 1865, os impostos diretos aumentaram cerca de 54%, os indiretos, uns 40%. Em 1868, foi introduzido o conhecido imposto sobre o grão moído, ou *macinato* (sobre a moagem do trigo), o que desencadeou tumultos generalizados.

Outra forma encontrada pelo governo para aumentar a receita foi o confisco de propriedades da Igreja e das comunas. Em 1866-1867, 2 mil congregações religiosas perderam a condição legal e 25 mil entidades eclesiásticas foram suprimidas. Ao longo dos quinze anos seguintes, mais de um milhão de hectares de terras da Igreja foram vendidos. Um total semelhante de terras comunais também foi a leilão. Algumas pessoas esperavam que essas vendas produzissem um novo extrato de pequenos agricultores camponeses, mas a fome do governo por dinheiro era tanta que não foi feito um aprovisionamento adequado para crédito, e a maior parte das terras acabou nas mãos dos proprietários existentes. Muitos camponeses ficaram extremamente desapontados: em 1860, eles tinham apoiado

CAPÍTULO 5 – A ITÁLIA UNIFICADA | 161

IMAGEM 17. O aperto de mãos em Teano. Garibaldi entrega o Sul a Vítor Emanuel II (sobre o cavalo branco). Uma imagem idealizada feita por um artista napolitano, em 1878. Não fica claro se a presença das ovelhas é apenas um toque bucólico ou um comentário sobre o relacionamento do rei com seus súditos.

Garibaldi muitas vezes, acreditando que receberiam uma parte dos bens comuns. Além disso, o fechamento das casas monásticas deixou os pobres sem uma fonte importante de empregos e, o mais importante, de bem-estar.

Depois de 1860, os problemas econômicos do governo e a preocupação doutrinária com o equilíbrio do orçamento enfraqueceram o apoio já frágil das massas. Na primeira década e meia da unificação, a renda *per capita* aparentemente se manteve estática: no mesmo período, outros países europeus desfrutaram de níveis de crescimento acentuados. Em retrospectiva, a incapacidade do novo Estado de chegar aos pobres pode parecer pouco oportuna; e certamente o medo que os moderados tinham dos democratas os deixou menos sensíveis às questões sociais do que muitos conservadores considerariam prudente. Entretanto, a preocupação principal de Cavour e seus seguidores não era com os pobres, mas com a classe média. Ao estabelecer o regime liberal, eles tentaram criar uma ordem econômica e política que garantisse a liderança da sociedade aos proprietários de terras, industriais e profissionais liberais. Eles esperavam que isso despertasse as energias empreendedoras latentes na Itália, em benefício de todos.

A crença era de que, por meio do exemplo das classes abastadas, as massas se elevariam moralmente e os valores do trabalho duro, da poupança e do esforço pessoal se disseminariam. (Samuel Smiles, um ex-adepto de Mazzini, foi muito popular na Itália: seu livro *Character* (1871) vendeu 7 mil cópias em apenas um ano; e ele teve inúmeros imitadores italianos.) A riqueza privada era o principal critério de poder no novo Estado, tanto na prática, como legalmente. Segundo a lei eleitoral do país, apenas os homens que pagavam pelo menos 40 liras por ano de imposto direto (e fossem alfabetizados) tinham direito ao voto. Isso limitava o sufrágio a menos de 2% da população total, ou cerca de 8% dos homens com idade superior a 24 anos. Para o governo local, o eleitorado era um pouco maior, mas um limite de impostos também era aplicado. A inviolabilidade da propriedade ficou consagrada no *Statuto,* e o Código Civil de 1865 (baseado no Código Napoleônico) fez da defesa dos direitos de propriedade sua preocupação central.

A classe governante da Itália não tinha diferenças marcantes em sua composição com relação a outros países europeus; mas era restrita (graças à fragilidade da burguesia na Itália), e incluía muito menos industriais do que a Grã-Bretanha, a França ou a Bélgica. Essa limitação deu origem a uma sensação de vulnerabilidade aguda, e foi um dos motivos pelos quais os governos foram impelidos a usar a repressão com tanta frequência, na defesa do *statu quo*. Quartéis militares e delegacias de polícia ganharam espaço na geografia social das vilas e cidades italianas; e nas comunidades rurais, os quartéis-generais dos *Carabinieri** eram sempre os edifícios mais vistosos. O Exército era destacado regularmente para acabar com greves e manifestações; e quando a inquietação social era grave (como na Sicília, em 1862, 1866 e 1894), eram instituídos tribunais militares para intermediar a justiça sumária. A Polícia tinha poderes amplos: um homem poderia ser mandado para uma colônia penal (ilha) por cinco anos, apenas sob a suspeita de ser um criminoso.

O problema de usar a coerção para defender o *statu quo* estava nos estragos causados aos fundamentos morais do liberalismo. "Nós agimos", escreveu Massimo d'Azéglio pesarosamente, em agosto de 1861, "no pres-

IMAGEM 18. Garibaldi, em 1862, exibindo o ferimento a bala no tornozelo direito, recebido durante o confronto com tropas italianas nas encostas do Aspromonte, na Calábria. As tropas foram enviadas pelo governo para deter sua marcha revolucionária sobre Roma.

---

* Os *Carabinieri* constituem uma das vertentes das forças armadas da Itália. (N.E.)

suposto de que qualquer governo sem o apoio do povo era ilegítimo... Mas precisamos de sessenta batalhões para controlar o Sul – e nem isso parece suficiente." Um círculo vicioso se colocou em movimento: a repressão provocou raiva e hostilidade, o que fez que os governantes do país se sentissem ainda mais isolados e ameaçados. O desespero se instalou. No final de 1860, Luigi Farini, governador de Nápoles, e futuro primeiro-ministro, escreveu: "Entre os sete milhões de habitantes (do Sul) não existem cem que desejem a unificação da Itália. Também não existem liberais... O que se pode fazer com isso! Se ao menos nossa *maldita* civilização não proibisse a tortura, a ablação da língua das pessoas e o afogamento. Aí então, alguma coisa aconteceria".

O sentimento de isolamento foi reforçado por temores políticos. Parecia que o novo Estado era atacado por inimigos de todos os lados. Muitos democratas, entre eles Garibaldi (que voltou ao Parlamento, em abril de 1861, usando um poncho e uma camisa vermelha, e acusando Cavour de ter travado uma "guerra fratricida"), ainda ansiando por uma revolução nacional feita pelo povo. Durante a década de 1860, o objetivo foi utilizar a agitação social, especialmente no Sul, como um trampolim para uma marcha sobre Roma: em 1862, Garibaldi atravessou o Estreito de Messina à frente de uma força voluntária e foi interceptado pelo Exército da Calábria. Ele tentou novamente cinco anos depois, começando na Itália central. Desta vez, foi barrado pelas tropas papais e francesas. As conspirações dos democratas diminuíram depois de 1867 e desapareceram após a tomada de Roma, em 1870; mas, nos primeiros tempos da unificação, as intrigas aterrorizaram as autoridades e alimentaram o clima de repressão.

A hostilidade da Igreja não era menos assustadora. Depois de 1860, os Estados Papais (que por séculos foram considerados pelos papas como vitais para sua independência e segurança) foram reduzidos à cidade de Roma e a uma pequena área do território vizinho. A raiva de Pio IX era desenfreada. Ele excomungou o rei e seus ministros, pediu o apoio da França e da Áustria, e estimulou os católicos a evitar a política nacional. O Sílabo dos Erros, de 1864, ampliou a profanação ao proclamar a incompatibilidade do catolicismo com o liberalismo. Organizações leigas foram fundadas (as primeiras extraparlamentares de extrema-direita), com o objetivo de mobilizar os fiéis em defesa da Igreja e consequentemente minar o novo Estado. O governo ficou alarmado, quase paranoico, e começou a responsabilizar as conspirações clericais pelos tumultos crescentes no país, especialmente no Sul.

Depois de 1860, foi o Sul que causou os problemas mais graves ao governo. Os últimos pensamentos de Cavour (ele faleceu em 1861, depois de uma breve enfermidade) se dedicaram a considerar como lidar com o caos crescente. A repressão foi a principal reação: em meados de 1860, quase cem mil tropas estavam engajadas no que o governo capciosamente chamava de "guerra contra bandidos". Na verdade, a agitação e a ilegalidade no Sul eram decorrentes tanto do protesto político e social, quanto da criminalidade. Na Sicília, uma das principais fontes de oposição ao novo Estado foi o recrutamento militar compulsório (uma novidade na ilha). No verão de 1862, o general Govone empreendeu uma operação particularmente violenta para reunir as pessoas que fugiram do alistamento compulsório, cercando vilas inteiras, cortando o fornecimento de água e disparando contra qualquer um "com cara de bandido". Quando questionado sobre seus métodos, ele piorou a situação ao mencionar no Parlamento a "barbárie" na Sicília.

Em 1866, a Sicília se transformou no foco das preocupações governamentais. Naquele verão, a guerra contra a Áustria levou à retirada das tropas da ilha. Os republicanos e democratas locais, com a aquiescência de grande parte da classe média e da nobreza, aproveitaram a oportunidade para encenar um levante em Palermo. Eles foram auxiliados pela intensificação do descontentamento popular. Pelotões de camponeses (muitos dos quais tinham lutado com Garibaldi, em 1860) marcharam das colinas circundantes, e durante uma semana a cidade ficou nas mãos de talvez 40 mil insurgentes. O general Cadorna reconquistou o controle com a ajuda de um bombardeio naval, e impôs a lei marcial. Ocorreram execuções sumárias e foram feitas tentativas de culpar os bandidos, a "Máfia" e os monges, pela revolta. Cadorna ficou tão convencido da ideia de uma conspiração do clero que chegou a prender, como um dos líderes, o Abade de Monreale, um filósofo de renome internacional, com bem mais de setenta anos.

Depois de 1860, ao se deparar com tamanha oposição e temendo o desmoronamento do Estado, os governantes da Itália seguraram as rédeas do poder com uma intensidade desesperada. Eles foram ajudados por uma estrutura administrativa, criada na época do Absolutismo, e aperfeiçoada na década de 1850, em uma atmosfera de guerra. Sua essência era a centralização. O Estado foi dividido em províncias, cada uma delas governada por um prefeito nomeado pelo governo: geralmente um amigo do rei ou do primeiro-ministro, e, normalmente, vindo de Piemonte. Cada comuna tinha

166 | HISTÓRIA CONCISA DA ITÁLIA

um Conselho eleito: mas o prefeito era nomeado pelo governo central, enquanto o principal funcionário, o secretário da comuna, era um funcionário público. O controle das autoridades centrais foi reforçado por poderes discricionais conferidos aos prefeitos para supervisionar e, se necessário, vetar decisões municipais. Os Conselhos locais também poderiam ser dissolvidos (frequentemente eram) em razão de alguma "irregularidade".

Particularmente nas primeiras décadas da unificação, uma pequena elite de nortistas dominou o governo e a burocracia. Até 1887, nenhum sulista tornou-se primeiro-ministro. Se possível, o rei preferia ter um *premier* de Piemonte (com quem podia falar em dialeto), e, de acordo com a ocasião – como durante uma guerra ou em tempos de grande agitação civil – um general também. Agostino Depretis e Giovanni Giolitti, os primeiros-ministros da Itália mais bem-sucedidos entre Cavour e Mussolini, eram de Piemonte. O corpo de oficiais do Exército era predominantemente do Norte: na década de 1860, quase três quartos de todos os generais eram piemonteses. Os altos escalões do serviço civil eram igualmente dominados pelos nortistas. Segundo um levantamento, na década de 1890, 60% dos postos administrativos mais altos eram ocupados por lombardos, venezianos ou piemonteses. O funcionalismo público começou a admitir um grande número de sulistas somente no início do século XX.

A sensação de insegurança política e consequente desconfiança em relação à sociedade civil, que caracterizou boa parte da classe governante da Itália, depois de 1860, prejudicou a burocracia. A ausência de pessoal qualificado e liberal, especialmente no Sul, revela que novas nomeações geralmente eram feitas com base na lealdade política, ao invés de experiência e competências adequadas. Isso alimentou a incompetência. E também turvou a linha divisória entre o Executivo e a administração, e assim frustrou as esperanças daqueles que desejavam fundar uma burocracia imparcial, semelhante ao *Rechtsstaat* alemão, que protegeria os cidadãos das ações arbitrárias do governo. A tendência dos políticos de usar o serviço público para construir clientelas pessoais, por meio da promoção de amigos e aliados, incentivou ainda mais esse processo danoso; enquanto as tentativas posteriores de "neutralizar" a burocracia, envolvendo-a em uma rede de leis administrativas, serviram, a longo prazo, apenas para induzir paralisia.

Por isso, desde o início, o Estado liberal enfrentou um problema enorme de legitimidade. Séculos de fragmentação política e econômica não

CAPÍTULO 5 – A ITÁLIA UNIFICADA | 167

IMAGEM 19. O Norte se encontra com o Sul. Um soldado italiano posa com o corpo do bandido Nicola Napolitano. Entre 1861 e 1865, quase dois terços de todo o Exército italiano foi destacado para tentar manter a ordem no sul da Itália.

foram superados facilmente. A elite governante "nacional" era limitada em tamanho e distribuição regional; e, sem o apoio da Igreja Católica, tinha poucas fontes de autoridade moral para recorrer. A nação não possuía símbolos de união: depois de 1860, as tentativas dos propagandistas de reescrever a história italiana em um tom patriótico, ou de dotar a Casa de Saboia com uma aura de grandeza, eram geralmente muito forçadas para convencer. A unidade tinha sido imposta precipitadamente, e a forma improvisada, na verdade, brutal, como os opositores foram varridos, destruiu bastante a boa vontade que Garibaldi, em particular, ajudou a engendrar. A decepção cresceu; como disse um escritor, a poesia deu lugar à prosa; e o novo Estado ficou sem saber como garantir a lealdade da massa da população.

capítulo 6

O Estado liberal e a questão social (1870-1900)

A tomada de Roma

Assim como a derrota da Áustria pela Prússia, em 1866, trouxe o Vêneto para a Itália, a derrota da França pela Prússia, em 1870, levou à tomada de Roma. Ao longo de quase toda a década de 1860, a Cidade Santa foi defendida por uma guarnição de soldados franceses. No verão de 1870, quando os soldados foram retirados para combater na Prússia, e Napoleão III foi derrotado e forçado a abdicar, pouco poderia ser feito para deter a tomada da capital histórica pelo governo italiano. Em 20 de setembro, menos de três semanas depois da Batalha de Sedan, as tropas italianas abriram um buraco nos Muros Leoninos, na Porta Pia, e marcharam sobre a cidade. Pio IX ficou com o pequeno enclave no Vaticano. Em maio de 1871, foi aprovada uma lei que garantia a segurança do papa, lhe proporcionava uma subvenção anual, e lhe conferia as honras e os privilégios de um soberano; mas Pio IX a rejeitou totalmente. Agora, a separação entre o Estado liberal e a Igreja era mais ampla e profunda do que nunca.

A conquista de Roma foi a maior ambição da maioria dos patriotas italianos. Particularmente para os seguidores de Mazzini, a cidade sempre foi muito mais do que um pedaço de território. Ela era um símbolo de regeneração moral, plena da ideia de missão e responsabilidade; e assim como a Roma dos Césares e a Roma dos papas trouxeram uma nova civilização para o mundo, a "Terceira Roma", aquela do "povo", surgiria e transmitiria o evangelho de libertação e paz aos oprimidos. Mesmo um moderado racional como Quintino Sella não escaparia do feitiço de Roma: ele disse que desejava salientar o significado universal da destruição do poder temporal do papa, transformando a cidade em um grande centro para a Ciência. Contudo, nem todos foram atingidos. Massimo d'Azéglio e Stefano Jacini opunham-se à transformação de Roma na capital da Itália, devido às suas associações históricas, que pesariam perigosamente sobre os governantes do país.

Dadas todas as expectativas messiânicas, talvez tenha sido surpreendente que a tomada de Roma acabasse por ser um anticlímax. Para muitos, não parecia tanto o início de uma era, mas o fim de uma era; e um fim bastante inglório. A cidade devia sua libertação, assim como a Lombardia e o Vêneto, principalmente às vitórias dos Exércitos de outras nações. Vítor Emanuel não entrou na nova capital em triunfo, mas prosaicamente, de trem, e atrasado. Uma observação mal-humorada, feita em piemontês, de que tinham "finalmente chegado", foi transformada pelos propagandistas no grandioso "aqui estamos, e aqui permaneceremos"; mas a realidade sem brilho não era tão fácil de disfarçar, e muitos, principalmente a esquerda, sentiram-se profundamente decepcionados. Alguns se retiraram completamente da política; outros, incluindo Francesco Crispi, sentiram-se desorientados agora que a unificação estava completa, e começaram a buscar um novo objetivo.

Um sentimento de inutilidade parecia estar afetando toda a classe política. Nas eleições de novembro de 1870, menos de 46% do eleitorado se preocupou em votar. A participação foi particularmente ruim nas cidades do Norte, que deveriam estar mais comprometidas politicamente: em Milão, apenas 35% votaram, e, em Bolonha, só 28%. A nova Câmara de Deputados incluía mais de 170 novos membros, que também pareciam paralisados pela incerteza: a maioria escolheu ocupar os assentos centrais, como se quisessem enfatizar que as antigas divisões entre a direita e a esquerda (como os moderados e os democratas eram denominados) não faziam mais sentido. Muitos deputados reeleitos pareciam igualmente incertos quanto à sua identidade política. Agora que a questão de como e quando tomar Roma – o pomo de discórdia entre a esquerda e a direita, na década de 1860 – estava resolvido, era difícil localizar as linhas de combate entre os partidos.

Para muitos intelectuais e políticos, a conclusão da unidade territorial, em 1870, deixou a nação de frente para si mesma pela primeira vez; e a experiência era assustadora. "Agora, [a Itália] deve olhar para seu coração", escreveu Francesco De Sanctis: "...O país precisa se olhar, com olhos límpidos, isentos da ilusão e do preconceito... no espírito de Galileu e Maquiavel." Mas, o que a Itália pretende? Quais seriam os princípios que guiariam os governos do país e uniriam a população heterogênea da Península? Os horrores da Comuna de Paris, em 1871, e a expansão da Associação Internacional dos Trabalhadores levaram muitos liberais a questionar sua fé no progresso econômico: será que a prosperidade traria licenciosidade e guerra de classes, em vez do crescimento da harmonia social? E o triunfo da Prússia, em 1870, não pressagiou uma era de força e autoritarismo: qual seria o lugar nessa nova ordem para os ideais democráticos de Mazzini?

Depois de 1870, os governantes da Itália viram suas escolhas preteridas. Com a Igreja mais enérgica do que nunca em sua oposição ao Estado, as esperanças (afagadas por alguns moderados) de ancorar as instituições do país na rocha do catolicismo eram mínimas. Depois de 1873, os primeiros sintomas de recessão econômica fizeram o livre-comércio parecer cada vez mais insustentável; e o aumento da desordem social, especialmente no Sul, levou ao medo crescente da revolução e à demanda de uma renovação da ação repressiva do tipo que perturbou as consciências liberais mais sensíveis na década de 1860. Vários conservadores esclarecidos chamaram a atenção para a pobreza desesperadora dos sulistas, e sugeriram reformas sociais e econômicas urgentes, necessárias para resolver a situação agora conhecida como a "questão meridional"; mas quando, em 1874-1875, o governo propôs medidas para ajudar os pobres, os proprietários de terras no Sul ficaram horrorizados e passaram para a oposição.

Os políticos, tanto da direita, como da esquerda, estavam atentos à mudança econômica e social. Muitos temiam que o progresso material, sem a moderação de restrições morais, poderia mergulhar o país no caos; e os temores aumentaram com a ascensão do socialismo. O programa liberal de Cavour e dos moderados, fundado na noção de uma espiral de prosperidade, perdeu rapidamente credibilidade no início da década de 1870. E alguns, particularmente da esquerda, propunham como alternativa a geração de uma identidade nacional baseada em ideais, no lugar do materialismo. Eles depositavam confiança na educação e procuravam se orientar pelo legado dos democratas e construir uma ideologia patriótica, na qual o anticlericalismo e a lealdade às instituições estatais se destacaram. A partir da década de 1880, um número cada vez maior de escritores e políticos, conscientes do abismo moral que separava a Itália "real" da Itália "política", perceberam que a possibilidade de "fazer italianos" e destruir o fascínio moral do socialismo dependia de uma grande guerra civil.

A Itália na década de 1870

A conquista do Vêneto e de Roma elevou a população total da Itália para quase 27 milhões de habitantes. Na época, a Grã-Bretanha tinha 32 milhões e a França, 36 milhões. O país carregava as marcas do atraso demográfico. Um terço da população tinha menos de 15 anos, o que refletia uma taxa de natalidade extraordinariamente alta. A taxa de mortalidade também era alta: em 1871, quase um quarto das crianças nascidas vivas morria no primeiro ano. A média de expectativa de vida era provavelmente menor do que 30 anos. A situação melhorou gradualmente nas décadas seguintes, e, por volta de 1913, a taxa de mortalidade era mais de 30% menor do que em 1861. Contudo, a taxa de natalidade continuava alta para os padrões europeus, e quando a Primeira Guerra Mundial eclodiu, apesar da emigração maciça (veja a TABELA 5), a população chegou a 40 milhões.

Na década de 1870, aproximadamente 60% da população dependia diretamente da agricultura. Em 1911, o número ainda permanecia em torno de 55%, e somente na década de 1930, caiu para menos de 50%. No período entre 1860 e 1918, o setor agrícola italiano tinha uma importância relativa maior na economia do que na Grã-Bretanha na segunda metade do século XVIII. Apesar disso, a Itália era, em muitos aspectos, uma sociedade urbana, como aconteceu em boa parte de sua história. Segundo o censo de 1881, 34% da população vivia em cidades com mais de 10 mil habitantes, e, por volta de 1911, o número cresceu para 42%. Em 1871, a cidade mais populosa era Nápoles. Com 449 mil habitantes, ela era duas vezes maior do que Roma e Milão, cidades que cresceram rapidamente nas últimas décadas do século e tinham populações de mais de meio milhão em 1911; mas ainda eram menores do que Nápoles (veja na TABELA 6, p. 174).

Várias análises de 1870 e 1880 revelam as condições de vida deploráveis da maioria da população rural. Isso era preocupante, dada a convicção de muitos liberais do Norte, na década de 1860, de que o destino econômico da Itália estava na agricultura e na exportação de alimentos e bens primários. Sidney Sonnino, um dos observadores bem informados do período, afirmou (com razão) que a condição da agricultura na Itália era pior do que em "qualquer outra região da Europa". Muitos dos camponeses, ele disse, viviam esmagados pela pobreza e pela carga de trabalho: "Qualquer recomendação para poupar é uma ironia; toda declaração legal de que eles são livres e iguais a outros cidadãos é um sarcasmo cruel". Ele percebeu que a maioria não sabia o que acontecia fora de sua comuna;

TABELA 5. Indicadores demográficos: 1860-1998.

	Itália			França			Alemanha			Rússia			Inglaterra e País de Gales		
	A	B	C	A	B	C	A	B	C	A	B	C	A	B	C
1860	38/30,9[a]	232[b]	30,5[a]	26,2/21,4	150	—	36,4/23,2	260	42[c]	49,7/35,4	—	—	34,3/21,2	148	42
1900	33/23,8	174	—	21,3/21,9	160	—	35,6/22,1	229	46	49,3/31,1	252	32[d]	28,7/18,2	154	—
1920	32,2/19	127	46,6[e]	21,4/17,2	123	—	25,9/15,1	131	—	30,9	—	—	25,5/12,4	80	53[e]
1930	26,7/14,1	106	—	—	—	—	—	—	—	—	—	—	—	—	—
1940	23,5/13,6	103	—	13,6/18	91	—	20,1/12,7	64	—	31,2/18,3	—	—	14,1/14,4	57	—
1960	18,1/9,6	44	69,1	17,9/11,3	27	69,9	17,4/11,6	34	69,6	24,9/7,1	35	67,4	17,1/11,5	22	71,1
1980	11,3/9,8	15	73,9	14,9/10,2	10	74,1	10,1/11,6	13	72,8	18,3/10,3	27	67	13,2/11,7	12	73,7
1998	9,7/9,4	6	73,4	12,6/9,2	5	78,5	9,7/10,4	5	77,5	8,8/13,6	16	66,8	12,1/10,6	8	77,2

A = Nascimentos e óbitos por 1.000 habitantes.
B = Óbitos de crianças com menos de 1 ano (por 1.000) nascidas vivas.
C = Expectativa de vida ao nascer.

Observe a queda contínua da taxa de natalidade na Itália, na década de 1930, apesar da campanha demográfica do fascismo.

(a) 1861.
(b) 1863.
(c) 1875.
(d) 1894.
(e) 1913.

Fontes: MITCHELL, B. R. International Historical Statistics, Europa 2005 (Basingstoke, 2007); ZAMAGNI, V. Dalla periferia al centro (Bolonha, 1990); www.indexmundi.com.

TABELA 6. População das principais cidades italianas (em milhares): 1800-2000.

	1800/1	1860/1	1870/1	1880/1	1900/1	1910/1	1920/1	1930/1	1940/1	1950/1	1960/1	1970/1	1980/1	1990/1	2000/1
Génova	91	129	130	180	235	272	316	608	635	648	784	812	760	742	632
Turim	78	178	208	254	336	427	502	597	629	711	1.026	1.178	1.104	1.059	901
Milão	135	242	262	322	493	579	836	992	1.116	1.260	1.583	1.724	1.635	1.549	1.302
Roma	163	184	244	300	463	542	692	1.008	1.156	1.652	2.188	2.800	2.831	2.828	2.656
Nápoles	427	417	449	494	564	723	722	839	866	1.011	1.183	1.233	1.211	1.208	1.000
Palermo	139	186	219	245	310	342	394	390	412	491	588	651	700	714	679

Observe o crescimento contínuo das cidades nos anos entre guerras (apesar das tentativas do fascismo de incentivar a "ruralidade") e a onda no período de 1950-1970. Nápoles foi a maior cidade da Itália até a Primeira Guerra Mundial.

Fonte: MITCHELL, B. R. *International Historical Statistics, Europa 2005* (Basingstoke, 2007).

e, para eles, Itália significava simplesmente "serviço militar, impostos e a arrogância das classes abastadas".

As esperanças de que a unificação e o advento do liberalismo proporcionariam um grande estímulo à produção, com a abertura do mercado nacional, foram desmentidas pela fragilidade extraordinária da demanda doméstica. Mais da metade dos grãos cultivados na Itália eram consumidos pelos próprios produtores. Aproximadamente 75% (frequentemente muito mais) da despesa dos camponeses era destinada à alimentação, e o restante a vestuário e moradia. Estava excluída a compra de produtos manufaturados ou produtos agrícolas de qualidade, e assim havia pouco incentivo para investimento e expansão. O pagamento em espécie era quase universal, e o dinheiro era raro fora dos principais centros urbanos: em seu lugar, os camponeses usavam sal e pimenta-do-reino. Existia algum comércio entre as cidades e suas zonas rurais, principalmente no Norte, mas a má qualidade do sistema viário impedia o comércio interno de longa distância.

Algumas categorias de camponeses conseguiam sustentar um padrão de vida mediano. Os arrendatários da Itália central, por exemplo, tinham alguma segurança de posse, e suas fazendas eram geralmente grandes o suficiente para permitir a diversificação e a distribuição dos riscos. Os pequenos proprietários nos vales alpinos eram geralmente independentes. A grande maioria dos camponeses, arrendatários, proprietários ou diaristas (e muitos combinavam esses papéis), viviam precariamente. Particularmente, os diaristas, cujo número tinha crescido nas últimas décadas do século, uma vez que a depressão agrícola colocou os pequenos fazendeiros contra o muro e levou os grandes proprietários de terras, especialmente na Planície Padana, a racionalizar a produção. Os diaristas tinham sorte quando encontravam trabalho para mais de meio ano, e, para muitos, o roubo ou a migração eram as únicas saídas para evitar o desastre.

A dieta básica da maioria dos camponeses consistia de *polenta* (feita de milho), no Norte, e pão de vários tipos, em outros lugares. Frutos secos, castanhas, centeio, aveia e vegetais eram comumente usados para fazer farinha. O consumo de carne era raro, e ocorria apenas em festas ou em períodos de convalescença. A dieta básica podia ser complementada com azeitonas, nozes, verduras, batatas, água misturada com sal e um pouco de óleo (a *acqua e sale* de Apúlia), ou, mais raramente, vinho e queijo. O trigo estava fora do alcance de boa parte da população: um estudo de 1903 sugere que o cereal era desconhecido em mais de um quinto das comunas italianas.

As indicações são de que o padrão de vida dos camponeses como um todo vinha caindo nas últimas três décadas do século (um fato notável frente ao aumento da prosperidade em outros países), e o consumo de trigo *per capita* tinha diminuído de uma média de 1,79 hectolitros, em 1870-1874, para 1,23 hectolitros, em 1889-1893 (*cf.* TABELA 1, p. 42).

A dieta pobre enfraqueceu a resistência às doenças, e foi efetivamente a causa da pelagra, um grande flagelo nas planícies do Norte. Mais da metade da Península foi atingida pela malária, inicialmente debilitante, mas fatal a longo prazo. A doença só foi controlada na década de 1940, com a introdução do inseticida DDT, dos Estados Unidos. A tuberculose e outras doenças respiratórias estavam muito difundidas, principalmente no Sul. A pelagra, resultante da deficiência de vitamina [B3], acarretava a demência e a morte. A doença era decorrente, em primeiro lugar, de uma dieta baseada quase exclusivamente no milho, o alimento básico dos camponeses da Planície Padana. A incidência da pelagra aumentou depois da década de 1860, e um levantamento de 1879 sugere que mais de 3% da população da Lombardia tinha sido afetada, isto é, o dobro dos últimos vinte anos. É provável que essa situação seja o reflexo da queda nos padrões de vida.

As más condições de habitação também contribuíram para os problemas de saúde. Segundo Sonnino, na parte mais baixa da Planície Padana, a maioria das famílias de camponeses vivia em um cômodo único, com chão de terra batida, que se transformava em lama durante os meses chuvosos do inverno. O mesmo acontecia em muitos outros locais; e muitas vezes o espaço tinha que ser compartilhado com uma mula ou um boi. Os trabalhadores imigrantes dos campos de arroz no Norte foram particularmente prejudicados: apenas 20% dormiam em locais cobertos, o restante, a céu aberto. Especialmente no Sul, e também na Campagna Romana, cavernas, grutas e cemitérios antigos foram ocupados: o censo de 1881 registrou mais de 100 mil pessoas vivendo em "moradias subterrâneas". Sonnino descreveu para a Câmara de Deputados a situação com a qual se deparou durante uma incursão fora dos muros de Roma: quarenta homens, mulheres e crianças, amontoados em barracos sem ar ou em câmaras entalhadas na rocha.

Nas décadas de 1860 e 1870, o setor industrial italiano ainda era rudimentar e quase não existia uma força de trabalho industrial moderna. O mercado interno era muito fraco e o setor agrícola particularmente

CAPÍTULO 6 – O ESTADO LIBERAL E A QUESTÃO SOCIAL (1870-1900) | 177

IMAGEM 20. A pobreza da "Itália real". Trabalhadores rurais e cabanas de palha na Campagna Romana. Fotografia do início do século XX.

pobre para estimular uma produção doméstica. Os poucos interesses de porte existentes (como Ansaldo), dependiam quase que totalmente das encomendas de equipamentos ferroviários ou navios feitas pelo Estado. Na época da unificação, a Itália tinha 500 mil fusos de algodão: a Grã--Bretanha tinha 30 milhões e a França, 5,5 milhões. A produção anual de ferro-gusa era de apenas 30 mil toneladas, em comparação com 4 milhões de toneladas na Grã-Bretanha, e um milhão de toneladas na França. A indústria de estatura internacional era a da seda, responsável por aproximadamente um terço do mercado mundial, que empregava 274 mil, dos 382 mil operários na Itália, em 1876. No entanto, muitos trabalhavam apenas sazonalmente, e metade eram mulheres e crianças.

Apesar do *boom* do início da década de 1880, a indústria italiana continuou modesta em escala, até o final do século e se restringia às regiões de Piemonte, Ligúria e Lombardia (veja na TABELA 7). Os trabalhadores das fábricas eram submetidos a um tratamento duro e tinham pouca proteção do Estado. Em 1876, metade deles eram mulheres, e quase um quarto tinha menos de 14 anos de idade. A contratação de crianças de quatro e cinco anos não era rara, particularmente no setor têxtil. Muitos usineiros (e políticos também) argumentavam que a Itália tinha que alcançar outras nações industriais, e para isso precisava baratear o trabalho e não podia se dar ao luxo de ter uma legislação social. Em 1886, foi aprovada uma lei que tornava ilegal a contratação de menores de nove anos (dez e quinze em algumas indústrias) pelas fábricas, que foi amplamente ignorada.

Muitos trabalhadores das fábricas também eram trabalhadores agrícolas, muitas vezes cuidando de seu próprio pedaço de terra, dependendo da estação. Eles tendiam a ter um ponto de vista mais característico dos camponeses do que do proletariado urbano. Sua percepção de tempo, em particular, poderia ser muito lenta. Essa era uma das justificativas para os maus-tratos dos empregadores, que se viam na obrigação de incutir nesses trabalhadores, se necessário à força, a disciplina da vida industrial moderna. Alguns empregadores adotaram uma linha mais humana. Alessandro Rossi, um fabricante de lã católico, acreditava que a satisfação dos trabalhadores era uma das melhores formas de aumentar a produtividade: sua fábrica, em Schio, foi uma experiência em relações harmoniosas de classe, que atendia e monitorava minuciosamente a moradia, o lazer e o bem-estar. Contudo, o paternalismo cristão de Rossi era intrinsecamente autoritário, e não tolerava a ideia de direitos trabalhistas.

TABELA 7. Itália em 1861: variações regionais.

	População (em milhões) (1861)	Valor da produção agrícola (lira/hectare) (c. 1857)	Bobinas de algodão (c. 1857)	Ferrovias em operação (em km) (1859)	Rodovias (em km) (1863)	Cartas recebidas por habitante (1862)	Analfabetos (%) (1861)	Frequência no ensino primário (%)
Piemonte/Ligúria	3,6	169	197.000	850	16.500	6,1	54,2	93
Sardenha	0,6	23	—	—	986	—	89,7	29
Lombardia	3,3	238	123.046	522	20.901	5,3	53,7	90
Vêneto	2,3	128	30.000[b]	—	—	—	75	—
Parma/Modena	0,9	174	—	—	25.766[a]	2,7[a]	78	36
Estados Papais	3,2	68	30.000[b]	101	—	—	80[b]	25-35[b]
Toscana	1,9	117	3.000[b]	257	12.381	3,1	74	32
Reino das Duas Sicílias	9,2	81	70.000[b]	99	13.787	1,6	87	18
Itália	25	104	453.000	1.829	—	—	75	43

(a) Exceto Lácio.
(b) Estimativa.

Fonte: ZAMAGNI, V. *Dalla periferia al centro* (Bolonha, 1990).

Durante as primeiras décadas da unificação, Rossi foi um dos porta-vozes mais entusiasmados da indústria italiana. Entretanto, seus pedidos ao Estado de auxílio à indústria não foram ouvidos antes da década de 1880, porque a classe governante italiana ainda acreditava que o futuro do país estava na agricultura. Nas décadas de 1860 e 1870, o setor da indústria que atraiu realmente a atenção do governo foi o do ferro e do aço, tido como vital para a defesa do país. Na década de 1880, o aprofundamento da depressão na agricultura pressionou o governo a cogitar a opção industrial, e relativamente poucos estavam prontos para considerar a mudança intrinsecamente desejável. A ideia de que a industrialização traria imoralidade e desordem social na sua esteira era generalizada, e isso ajuda a explicar o motivo do crescimento industrial pouco maior do que 1% ao ano antes da década de 1880.

A esperança de que o progresso econômico poderia ser alcançado na Itália, sem mudar a ordem social tradicional, levou muitos (incluindo Rossi) a considerar a importância das escolas para a construção moral da nação. A educação foi amplamente vista como uma forma de ligar as massas ao Estado e prevenir qualquer derrapagem perigosa para o socialismo ou clericalismo. Durante as décadas de 1860 e 1870, uma consciência crescente da limitação intelectual dos italianos se uniu à percepção de urgência: pelo menos dois terços de toda a população era constituído de analfabetos, e em muitas partes do Sul, o número se aproximava de 100% (veja a TABELA 7, p. 179). A lei Casati, de 1859 (muito avançada para a época), ampliada para toda a Itália em 1861, incumbia as autoridades locais de proporcionar escolas primárias e professores, mas várias análises mostraram que entre 40% e 50% das crianças nunca colocaram os pés em uma sala de aula.

Parte do problema estava na falta de recursos. O número de escolas primárias públicas quase dobrou nas primeiras duas décadas da unificação, mas, na prática, a maioria das comunas, especialmente no Sul, era muito pobre para oferecer algo além dos serviços mais básicos. A escola era geralmente uma sala simples, insuficiente para acomodar todos os alunos se eles comparecessem. Os professores eram mal pagos, particularmente nas zonas rurais mais remotas. Em 1886, a escritora Matilde Serao chamou a atenção para os casos de professoras que tinham morrido de fome e no abandono. Nessas circunstâncias, não é surpreendente que os candidatos qualificados fossem escassos, e que as autoridades locais frequentemente deixassem de lado quaisquer objeções ideológicas e procurassem o padre da paróquia: em 1867-1868, 28% dos professores das escolas primárias eram clérigos, mas na Calábria esse número chegava a 49%.

Entretanto, na classe média italiana também havia uma ambivalência profunda em relação à educação popular, tanto por parte da esquerda, como da direita, e esse foi mais um motivo para a frequente inadequação do aprovisionamento local. Uma distinção era feita entre a instrução – que deveria simplesmente permitir que os pobres pudessem ler os jornais socialistas – e a educação, cujo objetivo deveria ser o de moldar bons cidadãos; e a função das escolas primárias era principalmente educar, e não instruir. Segundo o Ministro da Educação, em 1886, os italianos deveriam ser "instruídos na medida do possível, mas, acima de tudo, deveriam ser honestos e trabalhadores, um recurso para suas famílias, e devotados a seu rei e seu país". Porém, mesmo essa dieta educacional tão controlada era considerada perigosa por muitos. Em 1894, um encontro de proprietários de terra sicilianos exigiu o fim do ensino primário compulsório, com o fundamento de que isso estaria transformando os camponeses da ilha em revolucionários.

A lealdade nacional e a ética no trabalho eram os dois temas principais da educação popular. Um hino escolar falava de como as crianças deveriam, quando adultas, "se erguer, como gerações de guerreiros", para lutar pelo rei e "morrer, boa Itália, por ti". Os temas patrióticos e a industrialização estavam sempre ligados nos livros escolares. Carlo Collodi, autor de *Pinóquio* (publicado em 1883, uma fábula sobre os resultados da preguiça e da desonestidade), explicou em *Giannettino* (1886) a importância do crescimento da produção nacional, "de forma que os italianos não fossem forçados a pedir para a França, a Inglaterra e a Alemanha, por tantos, tantos produtos, cujo pagamento fazia milhões de liras fugirem para além dos Alpes". A história infantil mais famosa do período foi *Cuore* (Coração), de Edmondo De Amicis (1886). Sob um verniz sentimental, ela lança uma mensagem clara da necessidade de lealdade à Coroa, respeito à família e harmonia entre classes.

Os objetivos amplamente éticos do ensino primário refletiam mais as preocupações das classes governantes italianas do que as necessidades dos pobres, e não surpreende que muitos camponeses o considerassem irrelevante. As aulas deveriam ser ministradas em italiano, quando a maioria das crianças compreendia apenas o dialeto, o que representou mais uma barreira para a frequência (apesar de que, na prática, a maioria dos

182 | HISTÓRIA CONCISA DA ITÁLIA

professores era forçada a ensinar em dialeto). Se os camponeses aprenderam a ler e escrever, isso se deu muitas vezes graças ao serviço militar. Em meados da década de 1870, quase 65 mil homens jovens eram recrutados anualmente, e, em muitos casos, os três anos passados no quartel eram mais instrutivos do que qualquer tempo passado na escola. Em certa medida, essa era a intenção: o Exército era visto como o instrumento de máxima importância para "fazer italianos", e um lugar mais seguro do que a escola da aldeia.

Se "educação" era para os pobres, a "instrução" era para a classe média. Depois da década de 1860, o objetivo dos moderados era abrir a sociedade para a liderança dos abastados, e a função da educação secundária e superior era definir uma elite governante nacional. O *ginnasio liceo*, o *istituto tecnico* e a *scuola normale* foram submetidos a um controle rigoroso centralizado, e todos davam acesso à universidade. Os cursos tinham currículos homogêneos, construídos em torno de Clássicos, Filosofia, Linguística, História e Literatura. A Ciência e a Economia tinham um espaço pequeno, mesmo nos *istituti tecnici*. Nas décadas de 1870 e 1880, a frequência das escolas secundárias passou por uma grande expansão, uma vez que um número crescente de famílias de classe média buscava tirar proveito da liberalização das profissões e do crescimento da burocracia para ter acesso ao âmbito de postos de trabalho seguros e respeitáveis.

A corrida para a educação superior não tornou a classe média italiana, embora definida, particularmente numerosa. Os dados de 1881 sugerem que os proprietários, industriais, profissionais liberais, professores, funcionários públicos, empregados e donos de lojas reunidos somavam um pouco mais de um milhão de pessoas, ou 6,7% da população total. Nessa época, a França contava 14%. O principal déficit da Itália estava no setor de serviços privados. A França tinha três empregados para cada funcionário público, e, na Itália, a situação era oposta. A falta de uma base industrial considerável e a relativa fragilidade de setores como segurança, comércio bancário e contabilidade, levou a pequena burguesia a empurrar seus filhos para postos na administração e para as profissões liberais. Isso aconteceu principalmente no Sul.

Na virada do século, a Itália tinha 24 mil advogados, seis vezes mais do que a Prússia, que tinha uma população maior. No Sul, havia aproximadamente duas vezes mais advogados *per capita* da população, do que no Norte. Os médicos eram igualmente abundantes; tanto que provavel-

CAPÍTULO 6 – O ESTADO LIBERAL E A QUESTÃO SOCIAL (1870-1900) | 183

mente mais da metade de todos os médicos formados não conseguia arrumar emprego. O crescimento das profissões (e sua crescente influência política) ficou evidente na composição do Parlamento, que, especialmente depois da chegada ao poder da esquerda dominada pelo Sul, em 1876, testemunhou o deslocamento de seu centro de gravidade para longe das antigas elites de proprietários de terras (representada por pessoas como Cavour), para novos quadros de bacharéis ambiciosos em ascensão, muitas vezes oriundos de insignificantes extratos burgueses. Uma estimativa sugere que em 1913, 49% dos deputados eram formados em direito.

Tal como na primeira metade do século XIX, o número elevado de estudantes de medicina e direito (57% dos inscritos nas universidades, em 1911-1912) criou graves problemas de desemprego de intelectuais. Muitos entraram para o serviço civil, que cresceu 68% entre 1882 e 1911. Outros buscaram uma carreira na política local ou talvez no jornalismo – uma profissão em rápida expansão nos últimos anos do século. No entanto, outros se uniram ao coro de críticos do liberalismo. Depois da década de 1880, boa parte dos líderes socialistas (e dezesseis dos trinta e quatro deputados no Parlamento, em 1909) eram advogados; e na extrema-direita, os nacionalistas, e depois, os fascistas, incluíam muitos jornalistas, escritores e advogados combativos, cujas frustrações transformaram-se em ódio pelo sistema político.

O peso da "pequena burguesia humanista" italiana, impregnada de Dante e Virgílio, educada para apreciar as habilidades retóricas e forenses, e geralmente estimulada a admirar as abstrações filosóficas, mais do que a concretude, era em parte um produto da escassez de abertura no mundo dos negócios e da indústria. Ao mesmo tempo, esse mesmo cenário cultural era por si só um fator contribuinte do crescimento lento da indústria. Muitos comendadores perceberam a aversão da classe média italiana ao empreendedorismo capitalista e sua preferência por formas mais seguras de investimento. Antes da Primeira Guerra Mundial, mais de dois terços de toda a riqueza pessoal estava em imóveis, mobília e terras, e menos de um quarto, em ações, plantas industriais, títulos do governo e depósitos em dinheiro. Apenas em Piemonte e na Lombardia havia um interesse maior por novas formas de riqueza.

A Itália certamente não estava sem uma cultura industrial. Particularmente no Vêneto, mas também na Lombardia e na Toscana, a crença na produção estava casada com doutrinas de paternalismo e solidariedade de classes. Isso estava ligado à forte presença social da Igreja. A Lombardia tinha uma tradição tecnocrata importante, na qual o engenheiro era o modelo do empreendedor. A Politécnica de Milão, fundada em 1864, alimentava essa tradição e ajudou a dar grande respeitabilidade à profissão de engenheiro. Entretanto, tais elementos da cultura industrial tinham que lutar para serem ouvidos nacionalmente. Tanto o governo, como a burocracia, continuavam a ser dominados pelos porta-vozes de valores menos progressistas, de forma que o liberalismo italiano corria o risco de perder o contato com setores mais vigorosos da sociedade.

A LUTA POR UM ESTADO COMPETENTE (1876-1900)

O advento da esquerda ao poder em 1876 coincidiu com a perda crescente da fé no liberalismo moderado. A crença de Cavour de que a unificação italiana abriria um reservatório de iniciativa empreendedora e talento, há muito sufocado pela velha ordem política, chegou a pesar sobre as realidades socioeconômicas da Península. O começo da depressão de 1873 forneceu uma espécie de *coup de grâce*. A direita queria confinar o papel do Estado essencialmente à manutenção da ordem e à preparação de infraestruturas: durante a primeira década e meia da unificação, o sistema ferroviário cresceu de 1829 km, para 7.686 km; a rede telegráfica, de 9.860 km, para 21.437 km; e foram construídos 21 mil quilômetros de estradas. Isso não resolveria a fragilidade estrutural básica da economia, e, em meados da década de 1870, surgiram os pedidos de um tipo diferente de intervenção do Estado.

Na verdade, a esquerda não tinha um programa coerente. Suas fileiras díspares se uniram mais em função da oposição geral às tendências fiscais e centralizadoras da direita do que por um consenso sobre o que fazer. Depois de 1870, a antiga esquerda de adeptos de Garibaldi e Mazzini diluiu-se em novos grupos, muitos dos quais do Sul. Eles viam o Estado mais como um instrumento para defender interesses setoriais do que como a personificação de alguma vontade geral presumida. Por exemplo, por trás da vitória da esquerda, em 1876, que acenava de forma bastante transparente a bandeira da livre iniciativa, estava um grupo importante formado por vários financistas, determinados a salvaguardar os direitos de emissão dos bancos regionais, com os quais estavam ligados. Em troca disso, eles se dispuseram a permitir o aumento de impostos sobre determinados artigos industriais e agrícolas, a partir de 1878.

Depois de 1876, a forma como o Parlamento foi transformado em um fórum, onde grupos de interesse negociavam favorecimentos, refletiu, e ao mesmo tempo, ampliou a brecha entre o que os críticos atualmente se referem como a Itália "legal" e "real". As poucas leis importantes aprovadas pela esquerda (confinadas a um breve período do ano de 1880) foram adaptadas para atender a necessidades setoriais. A reforma do direito ao voto de 1882, por exemplo, triplicou o eleitorado para um pouco mais de dois milhões (cerca de 25% dos homens adultos), e, ao manter a alfabetização como condição para votar, garantiu que a massa dos camponeses fosse excluída. A maioria dos proprietários de terras do Sul insistiu nisso, e o resultado foi que a região acabou com menos de um terço do eleitorado; por volta de 1895, a representação era de apenas 26%.

Os deputados do Sul formaram um bloco poderoso no Parlamento. Em parte devido à sua superioridade numérica (dois quintos do total), e, talvez o mais importante, porque era mais fácil para os governos comprar o apoio desses do que o dos deputados do Norte, que representavam uma gama mais ampla de interesses socioeconômicos. A maioria dos deputados do Sul só pedia a garantia do *statu quo* no Sul. Isso ficou assegurado pelo policiamento rigoroso do campesinato (o Exército era enviado quando a ilegalidade estava crítica), e, acima de tudo (depois de 1887), por meio da concessão de uma tarifa alta para o trigo, que protegia os proprietários de terras dos efeitos da queda do preço dos grãos. Os eleitores da classe média foram apaziguados pela alocação periódica de dinheiro para obras públicas (o que proporcionava muitas oportunidades para especulação), ou a concessão de postos ou títulos.

A proteção agrícola (em 1887-1888, o imposto sobre o trigo importado mais do que triplicou) tinha certa lógica econômica, que poupava a Itália de um déficit grave na balança de pagamentos. Mas a principal consequência a longo prazo foi acentuar os problemas do Sul, ao permitir a subsistência dos padrões de propriedade e produção existentes. Para muitos camponeses, as perspectivas eram mais sombrias do que nunca. O aumento do preço dos alimentos atingiu duramente os consumidores pobres; e, para piorar as coisas, o governo começou uma guerra comercial com a França em 1888. Isso levou a uma queda grave na exportação de produtos como o vinho, responsável pela receita de um grande número de pequenos fazendeiros do Sul. Confrontados com a miséria, muitos emigraram: entre 1881 e 1900, um milhão e meio de camponeses se estabeleceram fora do país, principalmente nas Américas.

A proteção do Estado não se limitou à agricultura. Durante a década de 1880, os governos começaram a olhar com interesse para a indústria.

Isso se deve, em parte, à chegada à Europa do trigo americano barato, depois da década de 1870, o que deixou claro que o futuro econômico da Itália não estava na exportação de alimentos; e, parcialmente, também, porque a crescente rivalidade internacional, principalmente com a França, produziu a demanda de uma indústria bélica nacional. Em 1884, foi criada uma usina de aço em Terni: por volta de 1889, a produção nacional girava em torno de 157 mil toneladas, em comparação com menos de 4 mil toneladas, no início da década. Nos anos de 1880, a produção de ferro dobrou, auxiliada pela proteção, assim como o aço. Embora o estabelecimento de um setor de fabricação de metal fosse um tanto ilógico, dada a escassez de carvão na Itália, ele preparou o caminho para o bom desenvolvimento industrial subsequente.

Sem dúvida, depois da década de 1880, o Parlamento se rendeu cada vez mais à pressão dos interesses setoriais; e, mesmo que a introdução de tarifas protecionistas tenha sido um pouco menos irracional do que muitos comentadores insinuaram, ela refletiu a tendência crescente entre as elites de considerar a existência do governo apenas para atender a suas necessidades. Esse resgate do princípio de conveniência de curto prazo ficou associado com o termo "transformismo", o processo por meio do qual, durante a década de 1880, as antigas legendas partidárias de esquerda e direita perderam o significado, na medida em que os governos se tornaram amálgamas disformes daqueles que uma vez foram adversários. Essa evolução é devida, em parte, à ausência de propostas importantes de reforma depois de 1882: para muitos, agora parecia lógico enterrar antigas diferenças e focar coletivamente em questões específicas.

Entretanto, o transformismo também foi o resultado da incerteza, um sentimento de que a classe governante da Itália deveria cerrar fileiras para enfrentar o desafio crescente do socialismo. O líder da esquerda, pessimista e profundamente conservador, Agostino Depretis, um burguês típico do Norte, que tingia sua longa barba de branco para parecer mais solene, e levou a conveniência e a indecisão às alturas da arte política, estava preocupado que o "novo extrato social" destruiria as instituições: em 1882, ele considerou a reforma eleitoral como um salto perigoso no escuro, mas necessário. A figura dominante da direita, Marco Minghetti, um homem de princípios elevados e inteligência profunda, não estava menos amedrontado. Ele se ofereceu para trabalhar com Depretis na tarefa comum de deter o dilúvio do que chamou de "demagogia fervilhante".

CAPÍTULO 6 – O ESTADO LIBERAL E A QUESTÃO SOCIAL (1870-1900) | 187

IMAGEM 21. A nação como religião. O monumento a Vítor Emanuel II, incorporando o "altar da pátria", erguido próximo ao Monte Capitolino, no centro de Roma, entre 1885 e 1911. Seu objetivo era representar a essência da "italianidade".

O socialismo na Itália produziu muitas tradições diferentes, nem sempre compatíveis. O radicalismo de Mazzini, com ênfase no dever, na dignidade pessoal e na independência dentro de uma estrutura coletivista, encontrou ressonância entre os artesãos urbanos, particularmente no Norte, e foi um estímulo importante para o estabelecimento de sociedades de auxílio mútuo, depois da década de 1840. Essas instituições proporcionaram alívio aos enfermos, pensões e outros benefícios, e preencheram a lacuna que o Estado só veio a considerar a partir da virada do século. Em 1862, a Itália tinha 443 sociedades de auxílio mútuo; por volta de 1885, esse número cresceu para quase 5 mil. As cooperativas de trabalhadores (que floresceram a partir da década de 1890) também se alimentaram da tradição solidarista, embora, neste caso, a inspiração ideológica tenha sido mais católica do que *mazziniana*.

Uma vertente muito mais subversiva do movimento operário na Itália foi o anarquismo. O anarquista russo Mikhail Bakunin foi à Itália na década de 1860 e conquistou seguidores entusiasmados entre grupos de estudantes e artesãos, principalmente em Nápoles. Suas ideias sobre autonomia comunal e oposição ao Estado enraizaram-se facilmente em um ambiente onde o localismo era forte, e o ressentimento com as exigências do regime liberal, em matéria de tributação e de serviço militar, era profundo. A Comuna de Paris de 1871 ajudou muito a causa: ela parecia oferecer um modelo funcional de insurreição espontânea e autogoverno. O apoio de Garibaldi ajudou a orientar pelo menos parte da antiga esquerda (menos Mazzini, que se opôs à Comuna) em direção ao campo anarquista.

Em 1872, a cisão entre marxistas e anarquistas na Associação Internacional dos Trabalhadores viu a Itália pender fortemente para o lado do anarquismo. A ideia de Marx sobre um partido centralizador e de propriedade estatal era pouco atraente em um país de camponeses e artesãos independentes. Nos anos seguintes, os anarquistas italianos ganharam força, sobretudo na Romanha, onde foram liderados por um jovem enérgico, chamado Andrea Costa. Contudo, a crença de Bakunin de que uma revolução poderia ser deflagrada espontaneamente no campo, e depois, sustentada, revelou-se infundada; e as duas tentativas de iniciar insurreições, uma na Romanha, em 1874, e outra na província de Benevento, em 1877, foram um fiasco. No segundo caso, os insurgentes depararam-se com a incompreensão quase total do campesinato, até porque não conheciam seu dialeto.

CAPÍTULO 6 – O ESTADO LIBERAL E A QUESTÃO SOCIAL (1870-1900) | 189

Depois de 1877, os anarquistas desviaram a atenção da insurreição para o terrorismo, esperando que a "propaganda pela ação", com assassinatos e bombas, polarizasse a sociedade e gerasse um clima revolucionário. Em 1878, houve uma tentativa de assassinato do rei Humberto I: ele foi salvo porque seu primeiro-ministro, um ex-republicano, o defendeu da faca do assaltante. O governo agiu com repressão, e muitos anarquistas foram cercados e conduzidos ao exílio. Mesmo assim, continuaram influentes da década de 1880 em diante, particularmente na Itália central e nos círculos de emigrantes. Foram os anarquistas italianos que assassinaram o presidente da França, em 1894, o primeiro-ministro espanhol, em 1897, a imperatriz austríaca, em 1898, e o próprio rei Humberto, em 1900.

A partir do final da década de 1870, uma crise agrícola grave provocou o crescimento do desemprego, principalmente na Planície Padana, onde os trabalhadores sem terra eram mais numerosos e desesperados. As greves eram comuns e quase sempre violentas. A reforma eleitoral de 1882 foi aprovada frente a um cenário de turbulência no campo, em Cremona, Bréscia, Parma e Mântua; e nos anos seguintes a agitação cresceu, para a consternação do governo. Em 1884, uma onda de greves se espalhou por toda a Planície Padana. Os proprietários de terras pediram ajuda, que chegou com a intervenção militar e da Polícia contra os trabalhadores, com a dissolução forçada das ligas camponesas e dos grupos de resistência, e, em 1887, os impostos.

A estratégia do governo foi tentar conduzir os descontentes para os canais constitucionais. Ele procurou conseguir isso, por um lado, ampliando a base política do país (a reforma eleitoral de 1882), e por outro, apresentando uma frente firme e unida no Parlamento, que daria um ar de invulnerabilidade (transformismo) ao regime. Isso funcionou em alguns aspectos. A partir do início da década de 1880, os revolucionários, entre os quais Andrea Costa, rejeitaram o anarquismo e investiram na construção de partidos organizados, que permitiriam que os trabalhadores e seus representantes entrassem no Parlamento. Em 1881, o próprio Costa fundou o Partido Revolucionário Socialista da Romanha, e, no ano seguinte, tornou-se deputado. Ele até concordou em fazer o juramento de lealdade parlamentar, para desgosto de seus amigos menos pragmáticos.

No entanto, a criação de partidos de trabalhadores não produziu uma rejeição ao ideal da revolução. Nem o partido de Costa, na Romanha, ou o Partido dos Trabalhadores Italianos, com base na Lombardia (fundado em 1885, mas suprimido no ano seguinte), ou o Partido Socialista Italiano (1895), renunciaram ao objetivo de uma revolução socialista: a questão era apenas de como e quando a revolução aconteceria. O surgimento desses partidos não reduziu o ativismo de base. Durante as décadas de 1880 e 1890, uma rede compacta de alianças e associações se espalhou pela Planície Padana, muitas vezes lideradas por agitadores da classe média. Elas procuravam melhorar as condições de emprego e remuneração, apoiar greves e elevar a consciência política entre os trabalhadores rurais. Para muitos empregadores, que enfrentavam a recessão, isso era intolerável.

Como a maré de "demagogia fervilhante" continuava a crescer, a elite política italiana procurou meios de sustentar a autoridade do Estado. As opções eram limitadas. Ficou difícil estabelecer uma plataforma "nacional", que reunisse as classes médias (sem contar com os camponeses e trabalhadores). A fragilidade da economia, agravada pela recessão e revestida pela disparidade profunda e crescente entre o Norte e o Sul, revelou a urgência das demandas regionais e setoriais, e tornou inverossímil a grande festa industrial e agrícola. Os deputados negociaram seus votos no Parlamento por recursos financeiros para construir estradas, esgotos e teatros de ópera em seus distritos eleitorais. Geralmente, os problemas "nacionais" eram muito menos atraentes.

A solução sonhada por alguns, possivelmente por muitos, era a reconciliação com a Igreja. Eles achavam que isso daria legitimidade ao Estado e proporcionaria um campo ideológico poderoso contra o avanço do socialismo. Entretanto, grande parte dos deputados, principalmente de esquerda, continuava profundamente anticlerical: a força da maçonaria entre os políticos, e mesmo entre as classes profissionais em geral, foi um reflexo disso. Por sua vez, o Vaticano também era fortemente contrário a um acordo. Gestos hostis de governos sucessivos (como a instalação de uma estátua do herege Giordano Bruno em Roma, em 1889) mantinham vivo o ódio do papa. Enquanto isso, a Igreja podia convocar sua própria rede de associações de paroquianos (coordenada nacionalmente pela *Opera dei Congressi*) para liderar a luta contra o socialismo e o liberalismo.

O horizonte limitado de muitos deputados, que poderia ser facilmente explicado por sua venalidade, levou a um descrédito crescente no Parlamento. Isso agravou ainda mais o problema da autoridade do Estado. A partir da década de 1870, poucos escritores ou jornalistas estavam preparados para defender o "transformismo", ou mesmo qualquer aspecto do Parlamento. Giosuè Carducci, o maior poeta da época, denunciava conti-

CAPÍTULO 6 – O ESTADO LIBERAL E A QUESTÃO SOCIAL (1870-1900) | 191

nuamente o que considerava ser a debilidade sórdida da Itália liberal. Ele disse que o sonho de Roma, em 1860, deu lugar à realidade esquálida de Bizâncio, e uma "farsa de pequenez infinita". A ideia de corrupção governamental passou a ser um tema recorrente nas novelas da época, de *L'Onorevole* (O senhor deputado), de Achille Bizzoni (1895), a *I Vecchi e i Giovani* (Os velhos e os jovens), de Luigi Pirandello (1913). Gabriele D'Annunzio, em *Le Vergini delle Rocce* (*As virgens das rochas*) (1896) se referiu a uma "onda de ganância vil... cada vez mais fedorenta e egoísta", engolindo as praças de Roma, "como se os esgotos tivessem transbordado".

Se naquele momento, denunciar a corrupção se tornou um tipo de clichê (sem dúvida, alimentado pelo forte crescimento da indústria jornalística, nas décadas de 1880 e 1890, e a consequente demanda por sensacionalismo), também havia muito assunto para as charges. Na década de 1890, uma sucessão de escândalos agitou o *establishment*, e levou muitos a acreditar que todo o edifício do Estado estava em perigo. Os escândalos concentravam-se nos bancos. No *boom* da década de 1880, muitos bancos ficaram profundamente comprometidos, e, em 1887, quando a bolha estourou, estavam em crise. Um deles, o Banca Romana, recorreu à impressão ilegal de dinheiro, mas faliu em 1893. As investigações revelaram que os bancos costumavam conceder empréstimos sem garantia para políticos, e ficou claro que as transações eram realizadas em troca de ignorar as irregularidades, como no caso do Banca Romana. Entre os atingidos por essas conclusões estava Giovanni Giolitti, que renunciou ao cargo de primeiro-ministro. Seu sucessor, Francesco Crispi, também estava envolvido, mas se recusou a pedir demissão.

Crispi foi a personalidade política mais importante da Itália durante os últimos anos do século. Como ex-discípulo de Mazzini, que lutou com Garibaldi na Sicília, talvez mais do que qualquer outro, ele sentiu que a nação gloriosa, com a qual sonhara em 1860, tinha sido traída com sordidez e corrupção. Na década de 1880, Crispi tentou estancar o desvio para o transformismo, restabelecendo linhas partidárias claras e reconstruindo a esquerda: ele fracassou, entre outras coisas, por ser considerado pela maioria de seus colegas uma personalidade muito obstinada. Em 1887, com a morte de Depretis, ele se tornou primeiro-ministro, e tentou restaurar imediatamente a autoridade do Estado. Sua política compreendia reformas democráticas limitadas (por exemplo, no governo local), dando mais poder ao Executivo e empreendendo uma política externa mais agressiva.

O programa de reforma dinâmico e belicista de Crispi surgiu a partir da crença de que, desde 1860, os italianos fracassaram em desenvolver o sentido de lealdade às instituições do país e em pensar em termos "nacionais". O crescimento da inquietação social e a inabilidade do Parlamento de subordinar os interesses privados e locais aos da nação o convenceram da necessidade urgente de uma "educação política", se a Itália quisesse evitar a desintegração moral, e possivelmente real. Como bom ex-democrata, ele definiu o patriotismo como religião secular, propagando o que chamou de um "culto às memórias sagradas", ligado particularmente aos heróis do *Risorgimento*, e especialmente a Garibaldi e Vítor Emanuel II. Acima de tudo, ele procurou reforçar o prestígio das instituições políticas – a monarquia, em particular – e mobilizou a nação, por meio da guerra; uma vez que, como muitos dos patriotas italianos do século XIX reconheceram, o sucesso na guerra era uma das formas mais seguras de gerar um sentido de nacionalidade.

Os dois períodos de mandato de Crispi (1887-1891 e 1893-1896) coincidiram com o que um observador chamou de "os anos mais negros da economia italiana". O próprio Crispi pode ser parcialmente responsabilizado por isso. Ele dedicou pouco tempo para a economia, considerando os problemas da Itália mais de caráter moral do que material, e sua política externa beligerante elevou o espectro da guerra e minou a confiança nos negócios. O investimento na indústria, tão importante no *boom* do início dos anos 1880, secou, enquanto a guerra tarifária com a França, provocada por Crispi por motivos políticos, resultou em uma crise dramática nas exportações. O valor do comércio entre a França e a Itália caiu de uma média de 444 milhões de liras, em 1881-1887, para apenas 165 milhões, em 1888-1889. Apenas uma pequena porcentagem desse comércio perdido poderia ser compensada em outro lugar (veja a TABELA 8).

O principal interesse de Crispi estava nos assuntos externos. Ele afirmava que a França era incorrigivelmente hostil à Itália – por motivos históricos e geopolíticos, e devido à disputa da Itália com o Vaticano – e procuraria qualquer pretexto para atacar. Na verdade, isso era principalmente uma projeção de suas próprias ambições agressivas. Ele acreditava (neste caso, a influência de Mazzini era evidente) que a Itália só atingiria seu potencial como nação à custa da França: os dois países eram rivais no Mediterrâneo; e enquanto a França, com grande tradição militar e revolucionária, pudesse dominar a Itália, os italianos nunca desenvolveriam a percepção do próprio valor. "Nós fomos esmagados pela Revolução Francesa", ele escreveu: "Ela ainda pressiona nosso espírito... e nos impede de caminhar nas pegadas de nossos pais. Temos de quebrar esta corrente moral."

TABELA 8. Comércio exterior italiano (% do valor).

	Exportações				Importações			
	1886	1913	1922	1938	1886	1913	1922	1938
França	44	9	15	3	23	8	7	2
Alemanha	10	14	11	21	9	17	8	27
Grã-Bretanha	7	10	12	6	18	16	13	6
Estados Unidos	5	11	11	7	4	14	28	12
Outros	34	56	51	63	46	45	44	53
Total	100	100	100	100	100	100	100	100

Observe a importância da França como parceiro comercial em 1886 e o aumento da importância da Alemanha em 1938.

Fonte: ZAMAGNI, V. *Dalla periferia al centro* (Bolonha, 1990).

Desde 1882, a Itália era aliada à Alemanha e à Áustria sob a Tríplice Aliança. A aliança era defensiva, mas Crispi queria lhe atribuir um uso mais agressivo, acreditando, erroneamente, que Bismarck estava preparado para fazer o mesmo. Apesar da recessão e da queda da arrecadação de impostos, ele intensificou os gastos militares até o nível mais alto desde a unificação, sustentando que a França estava planejando uma invasão; e, em duas ocasiões, em 1888 e 1889, ele disse aos ministros atônitos (e Bismarck) que a invasão era eminente. (Na segunda vez, ele afirmou que a invasão coincidiria com o centenário da queda da Bastilha.) Bismark recusou-se a morder a isca, e a guerra não aconteceu; e, em 1891, quando caiu do poder, Crispi teve que admitir o enorme fracasso de sua política externa.

Mesmo assim, o governo de Crispi conseguiu aumentar o prestígio e a autoridade do Executivo e transmitir uma nova direção ao governo. Durante alguns anos, os críticos do Parlamento insistiram nisso. Pasquale Turiello, em um livro influente de 1882, afirmou que seria necessário um Estado autoritário e militarista para unir a nação: o governo representativo era desastroso na Itália, porque simplesmente espelhava as divisões

IMAGEM 22. Francesco Crispi (à direita) encontra Bismarck, em Friedrichsruh, Alemanha, em 1887. Crispi era muito orgulhoso de sua amizade com Bismarck, mas, apesar de reiterados esforços, fracassou em atraí-lo para uma guerra contra a França.

CAPÍTULO 6 – O ESTADO LIBERAL E A QUESTÃO SOCIAL (1870-1900) | 195

da sociedade civil. O famoso sociólogo Gaetano Mosca compartilhava o desprezo de Turiello pela Câmara dos Deputados: era um amálgama de interesses privados, ele disse, "cuja soma está longe de constituir o interesse público". Muitos escritores sugeriam que uma resposta possível aos problemas políticos da Itália seria a Coroa retirar o poder do Parlamento e se colocar como uma força unificadora forte.

No final de 1893, quando Crispi foi destituído como primeiro-ministro, a necessidade de um governo forte parecia mais urgente do que nunca. O escândalo dos bancos viera à tona recentemente; a economia estava em apuros; os socialistas tinham fundado um partido nacional; e, na Sicília, um movimento de organizações econômicas, os *fasci*, lançado no ano anterior por intelectuais locais, com o objetivo de mobilizar os camponeses e melhorar sua remuneração, tornara-se violento e ameaçava, na opinião de muitos, desencadear uma revolta mais ampla da classe trabalhadora. Crispi enviou 40 mil tropas para a Sicília, e os *fasci* foram esmagados: ele afirmou (absurdamente) que os tumultos tinham sido parte de uma conspiração da França e da Rússia para derrubar o Estado. Os líderes foram presos e condenados a longas penas na prisão; o Partido Socialista foi eliminado; os registros eleitorais foram "revisados", e mais de um quarto dos eleitores italianos (em sua maioria, pobres) foram privados de seus direitos.

Entretanto, Crispi não era um simples reacionário. Ele pretendia destruir a ameaça de socialismo (ou "anarquismo", como ele preferia) com reformas, assim como, com repressão, e até apresentou um projeto de lei para dividir os maiores latifúndios sicilianos e arrendá-los aos camponeses, uma medida que enfureceu muitos latifundiários do Sul e enfraqueceu a posição de Crispi no Parlamento. Os esforços de Crispi para salvaguardar o Estado, pelo qual lutou em 1860, criaram uma tempestade de protestos em todos os quartéis, e, no final de 1894, quando foi acusado pela Câmara de Deputados de envolvimento com o escândalo do Banca Romana, ele se convenceu de que não era mais possível perseguir o interesse "nacional" por meio do Parlamento, que estava muito dividido entre o faccionalismo e o que Crispi chamou de "micromania". Em dezembro, ele suspendeu o Parlamento e, durante quase todo o ano de 1895, governou por decreto. Ele o suspendeu novamente em janeiro de 1896.

A tendência de Crispi para o autoritarismo foi em parte em interesse próprio; mas também foi sancionada por uma tradição tanto da esquerda, como da direita, que remonta ao *Risorgimento*. A maior parte do programa de Cavour na década de 1850 foi executada com pouca referência ao Parlamento, e Garibaldi defendeu (na verdade, praticou) o regime ditatorial como a melhor forma de governo em situações críticas. A essa tradição, Crispi acrescentou uma justificativa jurídica: ele afirmou (uma extensão lógica da ideia de nação divinamente instaurada, de Mazzini) que as nações existiam antes dos indivíduos que a compõem (*natio quia nata*, em sua frase enigmática em latim) e, portanto, tinha direitos próprios – especialmente, o direito de autopreservação. Por isso, o recurso à ditadura era aceitável, se "a nação" estivesse em perigo.

Em uma tentativa de salvar "a nação", assim como sua própria reputação (para ele, a distinção era difícil), Crispi se voltou para a política externa. Ele desejava uma guerra vitoriosa na África, algo que até Mazzini, seu antigo mentor, julgava estar em consonância com a "missão" da Itália no mundo. Durante a década de 1880, a Itália ocupou o porto de Massawa, na costa do Mar Vermelho, mas as tentativas de abrir caminho para o interior e ganhar o controle do comércio local não foram bem-sucedidas. No início de 1887, 500 tropas italianas foram massacradas em Dogali. Logo depois, em 1890, deu-se a revelação de que um tratado assinado com o Imperador da Abissínia, que presumidamente havia transformado a Etiópia em um protetorado italiano, tinha um erro de tradução. Crispi ficou mortificado. Quando retomou o mandato em 1893, decidiu se vingar da humilhação, mas sua impertinência levou à derrota mais desastrosa jamais imposta a um poder colonial na África, quando, em 1º de março de 1896, 5 mil soldados italianos foram mortos na Batalha de Adua.

Adua acarretou a queda de Crispi do poder, mas não acabou com a atmosfera de crise em torno das instituições. Os socialistas, os radicais e os republicanos protestavam mais do nunca contra o governo. Em 1897, o líder liberal, Sidney Sonnino, apelou ao rei que tomasse o poder do Parlamento e voltasse à letra estrita da Constituição: "Sua Majestade... A nação olha para o Senhor". Humberto se recusou a agir. Em maio do ano seguinte, quando um grave tumulto eclodiu em Milão, ele adotou uma linha mais firme e autorizou a introdução da lei marcial. O Exército abriu fogo contra os manifestantes, matando pelo menos oitenta, e vários partidos e associações "subversivos" (inclusive católicas) foram dissolvidos e seus líderes aprisionados. Para piorar, o rei condecorou o general que tinha encabeçado as operações, por serviços prestados "a nossas instituições e à civilização".

Em 1899, o governo, liderado pelo general piemontês Luigi Pelloux, tentou fazer passar um pacote de medidas que limitavam a liberdade de imprensa e cerceavam os direitos de reunião e greve. A extrema-esquerda organizou uma obstrução aos trabalhos legislativos, e ironicamente emergiu como defensora da Constituição. A partir disso, muitos argumentaram que os "subversivos" eram bem menos ameaçadores do que se supunha, e que, no devido tempo, poderiam ser "transformados" em partidários do governo. Uma nova brisa de otimismo liberal começou a soprar, movida pelos sinais de que a economia tinha saído da recessão. Pelloux abandonou seu pacote autoritário; e nem o assassinato do rei por um anarquista, no verão de 1900, desencadeou uma reação de direita. Pelo menos por enquanto, um governo forte não estava nos planos.

capítulo 7

Giolitti, a Primeira Guerra Mundial e a ascensão do fascismo

Crescimento econômico e a revolta idealista

A crise de 1890 levou o sistema político italiano à beira do colapso. Crispi considerou uma alternativa presidencial. Em 1895, ele disse à rainha que uma Câmara eleita seria impraticável, e sugeriu substituí-la por um Senado não eleito e puramente consultivo. Em 1897, expressou novamente sua profunda inquietação, e insistiu na adoção do modelo germânico: "Sempre que o Parlamento está envolvido no governo, ele o conduz ao abismo... O rei não governa, ele é governado... Se continuarmos com o atual sistema, teremos uma revolução". Muitos sentiram que a resposta estava em uma revolução, ou pelo menos em alguma forma de regeneração política ou espiritual fundamental. Na década de 1890, o marxismo invadiu as universidades e se tornou a crença dominante dos intelectuais; e, em 1900, até mesmo Gabriele D'Annunzio, o principal expoente do decadentismo, trocou de lado na Câmara dos Deputados, para se unir aos socialistas: ele declarou, "Como um homem esclarecido, eu vou em direção da vida".

A atmosfera de crise trouxe à tona as incertezas sobre a identidade da Itália, que estavam no ar desde a década de 1870. A visão heroica da grandeza nacional de Crispi tinha raízes principalmente no passado, no *Risorgimento*; outros preferiam olhar para um suposto futuro. A volta por cima da economia no final do século abriu um caminho alternativo, e, por algum tempo, reacendeu o sonho de Cavour e dos moderados de que as instituições liberais do país poderiam ser legitimadas pelo crescimento da prosperidade material. "Estamos no começo de um novo período histórico", proclamou confiante Giovanni Giolitti, em fevereiro de 1901. Giolitti dominaria a política italiana por uma década e meia, até a eclosão da Primeira Guerra Mundial. Assim como Cavour, ele pôs fé na modernização econômica; mas, diferentemente, confiou na indústria, em vez da agricultura, para abrir o caminho.

Depois de décadas de letargia, o crescimento da economia italiana entre 1896 e 1914 foi notável. Pela primeira vez desde 1860, o aumento do PIB excedeu muito o crescimento da população: o aumento médio no PIB *per capita* no período foi de 2,1% ao ano, em comparação com 0,9%, na Grã-Bretanha, 1,8%, na Alemanha, e 2,0%, na França (veja na TABELA 9). A média dos níveis de renda aumentou mais rapidamente do que em qualquer outra época, entre 1860 e a década de 1950, e muitos italianos tiveram sua primeira experiência de viver acima do limiar de subsistência, de permitir-se uma dieta mais variada, e mesmo ter um excedente para gastar com bens de consumo e serviços. Uma medida da nova abundância (e também das aspirações crescentes) foi o aumento da frequência da escola primária. Na Sicília, ela pulou de 55%, em 1901-1902, para 74%, cinco anos depois.

TABELA 9. Crescimento médio anual do PIB, da população e do PIB *per capita*: 1896-1913.

País	PIB	População	PIB *per capita*
Áustria[a]	2,5	1	1,3
Bélgica	2	1	1,5
França	1,9	0,2	2
Alemanha	3,2	1,4	1,8
Japão	2,8	1,2	1,6
Itália	2,8	0,7	2,1
Grã-Bretanha	1,7	0,8	0,9
Estados Unidos	4,3	1,9	2,4

(a) Fronteiras em 1919.

Fonte: Estimativas de A. Maddison, *Phases of Capitalist Development* (Oxford, 1982).

Grande parte do crescimento econômico no "período giolittiano" (como são conhecidos os anos 1901-1914) ocorreu na indústria. Os setores como de engenharia e da química saíram na frente. A Fiat foi fundada em Turim em 1899, e, nos anos seguintes, outros fabricantes de automóveis surgiram no norte da Itália, auxiliados, a partir de 1903, pela importação do ferro e do aço, isenta de impostos. Entre eles, a Isotta Fraschini (1904), a Lancia (1906) e a Alfa (produto de uma iniciativa britânica de 1906). Pirelli tornou-se rapidamente a empresa multinacional mais importante da Itália, pioneira na produção de borracha e líder mundial na fabricação de cabos isolados. A Montecatini liderou o próspero setor químico: produtora de um dos principais produtos químicos industriais, o ácido sulfúrico, cresceu por volta de 10,6% por ano, entre 1896 e 1913. Outro tipo de "indústria nova" foi a do açúcar de beterraba, criada praticamente do nada, na década de 1890, com forte apoio do governo: a produção de açúcar pulou de 6 mil toneladas, em 1898, para mais de 130 mil toneladas cinco anos depois.

Embora, nas décadas seguintes, o destino da produção italiana dependesse pesadamente de "novas" indústrias (tais como a engenharia industrial, que se destacou nesses anos), sua importância não deve ser exagerada. O *boom* da era de Giolitti tem origem, em grande medida, no crescimento sustentado dos setores tradicionais, especialmente o setor têxtil. O algodão e a seda floresceram: a quantidade de fusos de algodão quase dobrou entre 1900 e 1908, de 2,1 milhões, para 4 milhões, enquanto a indústria da seda conseguiu manter um terço de todo o mercado do mundo, até a Primeira Guerra Mundial, auxiliada pela evolução do processo de tingimento e tecelagem. A indústria da lã teve uma vida bem mais difícil: foi muito afetada por greves e pela incapacidade de se modernizar. A importância relativa contínua dos têxteis na Itália é comprovada pelo fato de que em 1911 eles ainda eram responsáveis por um quarto de todos os empregos na indústria.

O crescimento muitas vezes dramático da indústria italiana no periodo "giolittiano" foi o resultado de inúmeros fatores. O aumento geral da demanda mundial teve grande importância. Eram os anos da *belle époque* na Europa, do consumo notável e da afluência crescente da classe média: "Que episódio extraordinário no progresso econômico do homem", declarou Keynes, em 1919, sobre a era pré-guerra. Entretanto, a capacidade da Itália de se beneficiar do mercado internacional em expansão não foi uma consequência natural, e dependia de outros fatores mais específicos. Entre eles, um aumento enorme dos lucros estrangeiros, parcialmente relacionados ao turismo, mas, acima de tudo, às remessas de dinheiro: mais de 6 milhões de italianos emigraram, entre 1900 e 1910, e o dinheiro que enviavam para as famílias em casa ajudou a sustentar a balança comercial da Itália e pagou as importações de novas fábricas e maquinários, sobre os quais o *boom* foi construído.

Outro fator importante por trás do *boom* industrial foi a reorganização do setor bancário, depois dos escândalos da década de 1890. Em 1894, foram tomadas medidas para garantir que no futuro a impressão da moeda fosse firmemente controlada pelo Tesouro, um movimento que irritou os acionistas dos bancos de emissão, preocupados com o lucro, mas garantiu um novo grau de estabilidade financeira para a economia como um todo. O ano de 1894 também assistiu a criação do Banca Commerciale Italiana, em Milão, com capital estrangeiro, na maior parte, alemão. Este foi o primeiro, de quatro bancos "mistos" na Itália, que se mostrou vital para o financiamento de muitas iniciativas no período giolitiano. Os bancos "mistos" tinham como base o modelo alemão e ofereciam capital de risco em situações que outros bancos julgavam muito arriscadas. Eles monitoravam de perto as companhias nas quais investiam e tinham representantes nos conselhos empresariais.

Uma das áreas de investimento pesado do Banca Commerciale Italiana foi a eletricidade, e o crescimento rápido do setor, na década de 1890, permitiu que a Itália superasse algumas das desvantagens que o país sofreu no passado, devido à escassez de carvão. Grande parte do crédito pertence a Giuseppe Colombo, cuja consciência do potencial para a hidroeletricidade oferecido pelos grandes rios alpinos do Norte levou à inauguração, em Milão, em 1883, da primeira usina geradora central da Europa, que iluminou a casa de ópera La Scala, a Galleria e as ruas circundantes. Em 1890, a Itália produziu 11 milhões de kWh de eletricidade. Depois disso, a indústria cresceu aos trancos e barrancos, e, por volta de 1913, tinha uma capacidade de mais de 2 bilhões de kWh, maior do que a França e só um pouco menor do que a Grã-Bretanha. Essa eletricidade forneceu energia para muitas das novas fábricas da Ligúria, de Piemonte e da Lombardia.

A agricultura não acompanhou o grande *boom* na indústria, durante o período "giolittiano". É provável que a produção neste setor tenha aumentado aproximadamente 2% ao ano, auxiliada pelo fim da guerra comercial com a França e, acima de tudo, pelo aumento da demanda do mercado doméstico. A inovação técnica certamente aconteceu: um novo maquinário foi adotado, além de fertilizantes e pesticidas; e um ensino mais avançado passou a ser oferecido por organismos peripatéticos, conhecidos como *cattedre ambulanti*. A maioria desses avanços teve início na década de 1880, em resposta à depressão; e muitos eram restritos à Planície Padana.

Depois de 1900, um conjunto de projetos de recuperação de terras financiadas pelo Estado foi a nova iniciativa importante. Eles diferiam de projetos anteriores por terem uma abordagem "integral", que cobria simultaneamente vários problemas inter-relacionados em uma determinada área (tais como, drenagem, irrigação e desmatamento). Grandes somas foram gastas nesses programas (a maioria no Sul), mas os resultados foram modestos.

Nesse período, as principais mudanças na agricultura do Sul devem-se à emigração. Nos primeiros quinze anos do século, cerca de 4 milhões de pessoas (principalmente jovens trabalhadores rurais) deixaram o Sul para trabalhar fora do país, principalmente nos Estados Unidos (*cf.* TABELA 2, p. 44). Eles eram atraídos pelos altos salários (relativamente falando), para trabalhar nos canteiros de obras ou nas fábricas nos Estados Unidos, e por tarifas transatlânticas cada vez mais baixas: em 1900, era mais barato ir de Palermo para Nova Iorque do que para Paris. O dinheiro economizado permitiu que muitas famílias camponesas se libertassem de dívidas antigas e realizassem o sonho de comprar um lote de terra ao voltar para casa. Os comentaristas contemporâneos esperavam que isso fosse uma solução para a questão meridional; mas muitos dos novos arrendamentos eram muito pequenos ou de baixa qualidade para serem viáveis, e logo seus proprietários foram forçados a vendê-los.

Em muitos aspectos, as limitações do *boom* "giolittiano" são tão importantes quanto as mudanças. A Itália continuou a ser uma sociedade predominantemente rural: segundo o censo de 1911, quase 59% da força de trabalho dependia da agricultura, e muitos eram empregados na terra em meio expediente. As cidades, especialmente do Noroeste, cresceram; mas um grande número de imigrantes do campo foi empregado na construção ou no serviço doméstico, e não nas fábricas, e a força de trabalho industrial aumentou somente em cerca de 500 mil empregados no período de 1901-1911. Apesar do êxodo enorme de camponeses para o estrangeiro nesses anos, a zona rural italiana continuou superpovoada: de acordo com uma estimativa, a produção rural da Itália, de 1908 a 1911, poderia ter sido obtida com menos da metade da força de trabalho rural vigente, plenamente empregada.

A maioria dos italianos, principalmente no Sul, que quase não sentiu o impacto do *boom* "giolittiano", continuou a viver próximo do limite de subsistência. Em 1911, mesmo os trabalhadores da indústria, cujo padrão de vida era provavelmente bem melhor do que o de muitos camponeses,

IMAGEM 23. Emigrantes do sul da Itália chegando a Nova York. Fotografia de Lewis W. Hine (*c.* 1905). A maioria dos emigrantes italianos viajou com a ideia de voltar assim que tivesse economizado dinheiro o suficiente; muitos acabaram por se estabelecer permanentemente.

CAPÍTULO 7 – GIOLITTI, A PRIMEIRA GUERRA MUNDIAL E A ASCENSÃO DO FASCISMO | 205

ganhavam em média apenas 435 liras por ano, das quais, 350 eram gastas na alimentação. Os principais beneficiários do *boom* econômico foram provavelmente os integrantes das classes médias, cuja participação no total da riqueza privada, segundo uma estimativa, subiu de 25%, para 36%, entre 1890 e 1914. Em 1904, os diretores da Ansaldo recebiam entre 10 mil e 60 mil liras por ano, os engenheiros, 3.900 liras, e os guarda-livros e as secretárias, cerca de 1.700 liras. Em 1910, os funcionários públicos ganhavam em média um pouco mais de 2 mil liras, e os professores, 2.440 liras.

No entanto, a afluência das classes médias não significou a solução do antigo problema do intelectual subempregado na Itália. As oportunidades econômicas restritas, em especial no Sul, aumentaram ainda mais o fascínio por uma posição social mais alta e a segurança de um emprego no serviço público ou em profissões liberais. A partir do final do século, os sulistas começaram a ocupar cada vez mais os cargos burocráticos. O resultado (apesar da grande expansão do serviço público) foi uma pressão contínua, talvez crescente, no conjunto de cargos seguros para a classe média. Como descreveu um deputado, em 1899, as filas de "desiludidos das universidades... ricos de grego e latim, mas morrendo de fome, que juntos constituíam um novo tipo de proletariado intelectual, muito mais miserável e ameaçador do que o proletariado econômico", continuaram enormes.

Isso talvez justifique parcialmente a turbulência intelectual no período "giolittiano", e seja um motivo para tanta ambivalência e incerteza diante do primeiro sinal de modernização econômica na Itália. O rico filósofo e historiador Benedetto Croce, uma figura culturalmente dominante da época, se afastou do materialismo e de doutrinas relacionadas – o positivismo, o socialismo, e mesmo a democracia –, temendo que a busca de riquezas corroeria o tecido da sociedade, abalaria as massas e privaria os esclarecidos de sua liderança política e moral. A partir de 1903, Croce e seus seguidores (entre os quais, o filósofo siciliano Giovanni Gentile) embarcaram em uma cruzada para conquistar as classes médias para o "idealismo" e dissuadi-los do positivismo, a crença que tinha estado tão em moda na Itália, na década de 1890, e que tinha sustentado o avanço do socialismo, mas que agora era repudiada como meramente "uma revolta de escravos contra os rigores e a austeridade da Ciência".

Tanto na sua hostilidade ao socialismo, como em seu elitismo agressivo, o "neoidealismo" de Croce foi sintomático da ampla corrente do pensamento antimodernista e antidemocrático, que atravessou o período "giolittiano". Os jovens de classe média, cujas habilidades eram intelectuais, e não práticas, que tinham uma situação financeira precária, ressentiram-se dos novos favores concedidos aos tecnocratas e trabalhadores da indústria, e descarregaram seu ódio na imprensa. Os primeiros anos do século testemunharam uma sucessão de revistas radicais, com diferentes ênfases políticas, mas cujo tema comum era a hostilidade ao materialismo. A revista *Leonardo*, por exemplo, lançada em Florença, em 1903, estampou em sua primeira edição um ataque marcante ao telégrafo sem fio: "Enviar mensagens sem fio parece algo quase divino para os tolos; mas não seria apenas a substituição de um método material por outro?". Tais descobertas tecnológicas, ele dizia, podem tornar a vida mais rápida, "mas não mais profunda".

Essas revistas reuniram muitos dos intelectuais italianos mais importantes do período, e tinham como objetivo, com o aumento da autoconsciência, construir um tipo de "partido dos intelectuais", cuja tarefa seria regenerar moralmente a Itália e moldar uma nova elite governante. Isso fica claro na revista *La Voce*, fundada em 1908, por Giuseppe Prezzolini, que incluía contribuições de Croce e Gentile, do historiador Gaetano Salvemini, do economista Luigi Einaudi, do padre radical Romolo Murri, do escritor Giovanni Papini, e do poeta e artista Ardengo Soffici. Ela não tinha uma única voz, mas era quase consistentemente crítica a Giolitti e ao que considerava a decadência das classes políticas ("uma concepção superior de vida e de moralidade individual nos força a desprezar este grupo de homens", escreveu um colaborador, em 1910). A revista instava uma revolução espiritual na Itália, de uma forma ou de outra (existiam divergências), mas, se necessário, por meio da guerra.

O antimaterialismo dos jovens revoltados que escreviam nessas revistas nem sempre implicava na rejeição da modernidade. Não era tanto o processo de industrialização ou a mudança em si que os desagradava, mas a mentalidade subjacente – a hipótese (da qual o ex-funcionário público Giolitti parecia ser a encarnação) de que a finalidade última da vida era uma existência burguesa confortável, livre de desejos e perigos. No caso dos Futuristas – um grupo formado principalmente por artistas e escritores de Milão, liderados pela figura extravagante de Filipo Tommaso Marinetti, que, a partir de 1909, proclamaram sua visão irreverente do mundo em um conjunto de "manifestos" –, modernidade, ou mais precisamente, a máquina moderna, era glorificada; não porque os aviões ou carros tornavam a vida mais confortável ou fácil, mas, ao contrário, porque a tornavam mais excitante, insegura e perigosa.

A influência de revistas como a *La Voce*, ou de grupos como os Futuristas, é difícil de avaliar, e talvez não deva ser enfatizada. Entretanto, o fato de Giolitti ter fracassado (e, na verdade, nem se esforçou) em construir uma plataforma de apoio intelectual para suas políticas minou sua autoridade, nem tanto com as classes médias, que geralmente não conseguiam perceber a lógica do que ele fazia; e com a aproximação da Primeira Guerra Mundial, a situação econômica da Itália deteriorada e a ameaça de socialismo maior do que nunca, os jovens revoltados da *La Voce* e dos Futuristas não foram contestados quanto à superioridade moral e passaram a atrair interesse e simpatia. Suas ideias – inicialmente extravagantes – eram mais claras quanto ao que detestavam do que quanto ao que desejavam – começaram a tomar forma em programas políticos coerentes, dos quais o fascismo herdou boa parte de seu conteúdo, depois de 1918.

A EXPERIÊNCIA POLÍTICA DE GIOLITTI

Em 1860, Giovanni Giolitti tinha apenas 18 anos e não participou do *Risorgimento*. Isso talvez o tenha deixado psicologicamente mais livre do que muitos de seus antecessores, para contemplar novos rumos sociais e políticos para a Itália. Ele veio de Piemonte, e até os 40 anos foi funcionário público e chegou à posição de secretário-geral no Tribunal de Contas. Ele tinha um temperamento calmo e pragmático. Não gostava de retórica, e, na única ocasião em que se aventurou a citar Dante em um discurso, ouviu-se um sussurro de surpresa na Câmara. No entanto, muitos entendiam sua abordagem política discreta como cinismo; e, certamente, ele parece ter percebido que a maioria dos italianos tinha seu preço e poderia ser comprada. Ele tinha pouco tempo para escrúpulos, e uma vez defendeu a maneira como interferiu nas eleições alegando que era inútil vestir um corcunda com roupas normais.

Essa ausência de visão moral perturbava muitos dos críticos de Giolitti. Como escreveu Gioacchino Volpe, um historiador célebre, cujas preocupações sobre os limites do liberalismo o impeliram para o Partido Nacionalista, e, mais tarde, para o fascismo: "Giolitti parece nunca ter... quaisquer objetivos mais elevados à frente do aqui e agora, nada além da realização da ordem e do bem-estar pessoal... Ele nunca invocou o poder das emoções para gerar confiança e atrair as pessoas... Ele nunca poderia invocar a miragem de uma grande nação, aquele mito que inspira a ação dos homens... O presente, com todas as suas restrições, e tudo o que pode ser realizado de imediato, era sua única preocupação. Era tudo uma questão de ciência, racionalidade e senso comum, com as vantagens e deficiências que o excesso acarreta".

Se Giolitti parecia não ter ideais, o mesmo certamente não acontecia com sua visão política. Na década de 1890, ele testemunhou as tentativas de Crispi e Pelloux de deter o avanço do socialismo com o autoritarismo, e concluiu (embora um pouco tarde: como muitos outros liberais, ele a princípio apoiou o pacote de medidas repressivas de Pelloux) que outra tática era necessária. Com a recuperação da economia, seu objetivo foi canalizar parte da riqueza para as classes trabalhadoras, e assim afastar o Partido Socialista do revolucionarismo e atraí-lo para a cooperação com o governo de forma mais moderada e reformista. Em retribuição, os empregadores contariam com uma força de trabalho menos militante e mais produtiva: "É irracional", ele diz em suas memórias, "pensar que salários baixos ajudam a indústria. Salários baixos significam dieta pobre; e um trabalhador mal alimentado é fisicamente e intelectualmente fraco".

A abordagem de Giolitti das classes trabalhadoras era uma reminiscência do Iluminismo; mas sua origem piemontesa garantiu que a preocupação principal focalizasse mais a estabilidade e a força do Estado do que a justiça social. "A manutenção de salários baixos pode servir aos interesses dos industriais", ele escreveu, com uma observação que revela algo de suas prioridades, "mas não deve ser do interesse do Estado... é injusto, e mais do que isso, é um erro político e econômico." A neutralidade nas disputas trabalhistas era central na estratégia de Giolitti, um rompimento radical com a prática anterior, pois, no passado, a Polícia e o Exército eram usados para dissolver greves e intimidar os trabalhadores. Giolitti queria que as faixas salariais fossem estabelecidas livremente pela "lei da oferta e da procura"; e, o mais importante, ele queria que a classe trabalhadora percebesse que o Estado não era inimigo.

Giolitti foi auxiliado nessa estratégia pela atitude de setores-chave do Partido Socialista Italiano (PSI), que concluiu (com base na análise marxista) que a Itália possivelmente não conseguiria fazer uma revolução socialista, a menos que houvesse primeiro um processo de industrialização e fosse criada uma burguesia moderna e um proletariado. Na verdade, a ideia de "modernização" tornou-se a pedra de toque para muitos intelectuais do partido, e, às vezes, parecia abafar o suposto objetivo de revolução. Em 1900, isso estava claro para a primeira delegação parlamentar do partido, composta de 32 membros decididos; e Giolitti foi o homem para quem esses deputados se voltaram: "Ele nos entendeu... Oh, se ele ao menos empreendesse a recuperação econômica do país... e talhasse o coração de um país poderoso, verdadeiramente moderno e capitalista", disse um deles, Claudio Treves, "que glória para ele, que gratidão!".

Nos primeiros anos do século, a política de neutralidade do governo de Giolitti levou a uma onda de greves bem-sucedidas e ao aumento dramático do sindicalismo. Por volta de 1902, quase um quarto de um milhão de trabalhadores da indústria era filiado a sindicatos de orientação socialista. As "Câmaras do Trabalho", as mais características, e, em muitos aspectos, as mais importantes, instituições do movimento trabalhista italiano também experimentaram uma expansão rápida: seu número cresceu de 14, em 1900, para 76, dois anos depois. As Câmaras eram geralmente dirigidas por trabalhadores ou artesãos habilidosos, e não eram apenas centrais de emprego, mas também ofereciam instalações de lazer e educação, e propagavam a cultura e a moralidade socialista.

Giolitti não limitou sua boa vontade com os trabalhadores apenas à não intervenção nas greves. Ele também introduziu o primeiro programa sério de reformas sociais da Itália. Em 1902, uma lei proibiu o trabalho para menores de doze anos e restringiu o trabalho das mulheres para onze horas. Em 1907, foi instituído um dia de descanso compulsório, uma vez por semana. Entre outras medidas estavam a proibição do trabalho noturno nas padarias, a criação do Fundo Maternidade (1910) e o estabelecimento de fundos para a doença e para a velhice em determinadas profissões. Um sistema de seguro nacional voluntário já existia desde 1898, mas as tentativas de expandi-lo envolviam interesses escusos, e pouco progresso foi feito até o fim da guerra. As obras públicas eram muito menos controversas: por volta de 1907, o governo estava gastando 50% a mais com elas do que em 1900.

A expansão do movimento da classe trabalhadora, o aumento das greves, o crescimento da intervenção estatal e dos gastos públicos, e a benevolência de Giolitti com os socialistas testaram a postura dos empregadores italianos até o limite. Alguns líderes da indústria, incluindo Giovanni Agnelli, Camilo Olivetti e Giovan Battista Pirelli, simpatizavam com a experiência giolittiana. As viagens, e, em alguns casos, os estudos no exterior, lhes proporcionaram uma visão moderna do capitalismo, o gosto pelo risco e pelo planejamento, a crença no lucro, e a aceitação de que o conflito entre capital e trabalho era um componente do progresso, quando não um estímulo. Entretanto, esse não era um ponto de vista comum. A maioria dos empregadores italianos compartilhava a ideia de que o governo deveria atender seus interesses por meio de favores e concessões, e não se preocupar com os trabalhadores.

O ceticismo de muitos industriais em relação a Giolitti permaneceu mudo enquanto o *boom* econômico prosseguia e os lucros estavam favorecidos. Entre 1897 e 1907, os salários na indústria cresceram em termos

IMAGEM 24. Giovanni Giolitti, em uma fotografia de 1908.

CAPÍTULO 7 – GIOLITTI, A PRIMEIRA GUERRA MUNDIAL E A ASCENSÃO DO FASCISMO | 211

reais em torno de 2,2% ao ano, enquanto a produtividade *per capita* aumentou aproximadamente 3%. Contudo, depois de 1907, e principalmente depois de 1912, a velocidade do crescimento econômico reduziu-se rapidamente, e as margens de lucro caíram. A reação dos industriais foi a organização de cartéis e a intensificação da pressão sobre o governo por encomendas e contratações. Agora, a benevolência de Giolitti com os trabalhadores os incomodava mais do que nunca. Eles argumentavam que a Itália, como retardatária na cena industrial, não seria capaz de rivalizar com a Grã-Bretanha e a Alemanha, em suas relações trabalhistas, sem prejudicar seriamente a produção e a competitividade. A alegação era de que a produção deve prevalecer sobre a justiça social. Caso contrário, a Itália continuaria a ser uma potência empobrecida de segunda classe.

A hostilidade crescente dos empregadores italianos contra Giolitti fragilizou-o politicamente; mas seu programa já estava afundando em contradições internas. Por um motivo, era mais fácil prometer a neutralidade do Estado nas disputas trabalhistas do que sustentá-la: a violência geralmente irrompia durante as greves; era quase sempre difícil determinar quem provocou ou começou – a Polícia ou os trabalhadores – e levava todos facilmente a recriminações mútuas. Além disso, o fato de Giolitti ser extremamente dependente dos deputados do Sul, devido a sua maioria no Parlamento, o forçou a buscar uma política dupla: no Norte, modernização industrial, no Sul, preservação da economia de latifúndio, com proprietários de terra ausentes, resíduos feudais e relações trabalhistas cruéis, muitas vezes desumanas.

Essas inconsistências não teriam tanta importância se o apoio do Partido Socialista ao programa de Giolitti fosse unânime. Mas não era. O partido estava dividido entre reformistas – tais como Claudio Treves e Filippo Turati, homens ilustres, com educação universitária e princípios austeros, cuja fé no positivismo e a crença de que a sociedade evolui segundo leis científicas estritas combinavam com um humanitarismo profundo e generoso – e militantes revolucionários, intolerantes com o "colaboracionismo" e influenciados pelas novas correntes de pensamento, que davam primazia ao irracional na política: desejo, intuição, violência e mito. Entre os revolucionários, os sindicalistas eram especialmente ruidosos: eles queriam o embargo do poder, por meio de uma greve geral, e a fusão de poder econômico e político em sindicatos ou associações de trabalhadores.

A inabilidade de Giolitti de impedir a Polícia de abrir fogo contra os grevistas – mais de duzentos foram mortos ou feridos entre 1900 e 1904 – desferiu um golpe decisivo contra sua estratégia política. Os revolucionários do Partido Socialista denunciaram os chamados "massacres" e censuraram os colegas reformistas, que pensavam que nada de bom poderia vir da colaboração com Giolitti. Em 1904, os revolucionários foram vitoriosos no congresso do Partido Socialista; em 1908, os reformistas retomaram a maioria; mas, em 1912, perderam-na novamente para os revolucionários, agora dominados por jovens agitadores, como Benito Mussolini. Giolitti foi incapaz de "transformar" os socialistas; na verdade, suas tentativas de cortejar a esquerda terminaram, ao que parece, polarizando mais do que nunca a política italiana.

Entre os mais hostis à estratégia de Giolitti estava um grupo de jovens escritores e jornalistas dissidentes, conhecidos como nacionalistas. Eles apareceram no início do século, em Florença, e usavam as revistas literárias para expressar sua hostilidade à burguesia italiana e ao sistema parlamentar liberal, vistos como muito fracos e corruptos para salvar a nação da ameaça do socialismo. O pragmatismo de Giolitti e a falta de ideais, e sua visão de que o extremismo poderia ser subornado com racionalidade, parecia-lhes sintomática do fracasso da classe dominante da Itália. Eles pediam um governo mais autoritário e vigoroso para inspirar as massas, extinguir a luta de classes e levar a nação para a grandeza.

Os nacionalistas não eram de forma alguma um grupo coerente: eles estavam unidos mais por um radicalismo comum do que por uma uniformidade rigorosa de ideias, e nem todos eram antiliberais propriamente ditos. Contudo, um tema era recorrente com grande regularidade em seus escritos: o valor da guerra como um instrumento para galvanizar a burguesia e criar um sentimento de propósito coletivo. Eles achavam que os italianos precisavam perceber que a nação existia antes do indivíduo; e o indivíduo deve aprender a subordinar seus desejos materiais egoístas (e o socialismo era o apogeu do materialismo; e Giolitti, seu servo) aos interesses da nação como um todo. Uma guerra ensinaria aos italianos como morrer por um ideal. Ela também purgaria a burguesia do que o sociólogo Vilfredo Pareto chamou "seus sentimentos estupidamente humanitários", e forjaria uma nova elite dominante.

Depois de 1907, os problemas econômicos crescentes da Itália e o grande mal-estar com a atitude de Giolitti em relação aos socialistas conquistaram um novo público para os nacionalistas. Os industriais, em particular, foram atraídos por seus pontos de vista. Uma aproximação mais vigorosa dos socialistas era bem-vinda para eles; assim como, pelo menos para alguns, a perspectiva de gastos militares mais elevados; e também a ideia de equiparar o "interesse nacional" a uma produção maior. A instabilidade internacional e a ameaça de guerra na Europa, desencadeada pela crise nos Balcãs ou pela rivalidade colonial na África, reforçaram o apelo nacionalista, e, no final de 1910, foi realizado um congresso importante em Florença, reunindo grupos de nacionalistas de diversos matizes políticos e intelectuais. Aí também nasceu a Associação Nacionalista Italiana, que nos anos seguintes ajudou a transformar o nacionalismo na principal força política da Itália.

As vozes mais expressivas no congresso de Florença foram os defensores da guerra. Enrico Corradini, um dramaturgo e romancista menor, que, desde o começo do século, tinha sido o principal porta-voz dos nacionalistas, definiu o tom em seu discurso de abertura. Ele declarou que a Itália era "uma nação proletária, moralmente e materialmente"; e assim como as classes trabalhadoras tinham sido covardes e divididas, antes do socialismo lhes ensinar o valor do conflito, cabia agora aos nacionalistas ensinarem aos italianos as virtudes da "luta internacional": "E se isso signi-

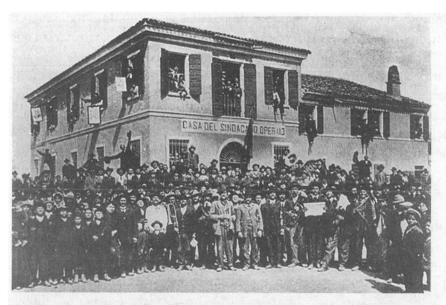

IMAGEM 25. As massas mobilizadas. Trabalhadores rurais e suas famílias na frente das sedes sindicais de Coccanile di Copparo, em Ferrara, durante uma greve, em 1910. Dez anos depois, esses edifícios foram saqueados pelos fascistas.

ficar guerra? Bem, vamos para a guerra! E deixe o nacionalismo incitar o desejo de vencer a guerra na Itália". Ele dizia que a guerra era o caminho para a "redenção nacional"; ela era a "ordem moral", uma forma de criar "a necessidade inexorável de uma reversão para o sentimento de dever".

Em setembro de 1911, a atmosfera crescente de beligerância na Itália foi o cenário da decisão extraordinária de Giolitti de invadir a Líbia. As motivações eram confusas. Depois da crise marroquina em julho, parece que ele estava preocupado com uma possível invasão da Tripolitania, pela França; e fez questão de proteger os investimentos econômicos italianos, que vinham crescendo na Líbia nos últimos anos. Mas os fatores domésticos eram mais importantes. Ele esperava que uma guerra bem-sucedida apaziguasse a opinião nacionalista; e também obrigasse os socialistas (ou, pelo menos, seis deputados no Parlamento) a definir sua posição – a favor ou contra o governo; e, agora, os sinais eram de que alguns reformistas estavam preparados para fazer parte do governo, sob o risco de dividir o partido, se necessário.

Os cálculos políticos de Giolitti foram muito ruins. A invasão foi razoavelmente bem-sucedida – embora tenha sido muito cara e deixado a Itália atada a uma colônia que nunca seria controlada completamente (dezenas, talvez, centenas de milhares de árabes perderiam a vida na Líbia, durante os próximos trinta anos de resistência ao domínio italiano). Os nacionalistas não deram crédito a Giolitti pela guerra: eles afirmaram que ela tinha sido mal conduzida – e a usaram como mais uma arma para atacar a classe dominante da Itália e o sistema parlamentarista. Os socialistas denunciaram a invasão; e qualquer perspectiva de serem "transformados" e atrelados ao rebanho constitucional desapareceu. Alguns reformistas deixaram o partido; a maioria permaneceu, para sofrer com os insultos dos revolucionários, que achavam que sua desconfiança de Giolitti era justa.

A guerra na Líbia destruiu o sistema giolittiano. A extrema-esquerda e a extrema-direita cresceram em prestígio e tamanho, o que tirou a sustentação do centro liberal. Os nacionalistas começaram a se efetivar como um partido antissistema; e, por volta de 1914, graças ao trabalho de um advogado brilhante, Alfredo Rocco, eles tinham formulado um plano para um novo tipo de Estado, que serviria às necessidades da "nação", e não do indivíduo, e na qual todos os "produtores" (dirigentes e trabalhadores) seriam controlados por sindicatos monolíticos. Agora, o PSI era liderado pelos revolucionários; por volta de dezembro de 1913, os sindicalistas eram 100 mil; e mesmo os anarquistas começaram a aproveitar o ressurgi-

CAPÍTULO 7 – GIOLITTI, A PRIMEIRA GUERRA MUNDIAL E A ASCENSÃO DO FASCISMO | 215

mento, e participaram de uma série de greves e tumultos violentos que abalaram a Itália em junho de 1914, durante a chamada "Semana Vermelha".

Sem conseguir alargar a base de legitimidade ao "transformar" os socialistas, Giolitti voltou-se para os católicos. Nos primeiros anos do século, as relações entre o governo e o papado melhoraram sensivelmente: com o crescimento do socialismo, o liberalismo parecia ser o menor dos dois males, e mesmo um aliado potencial na guerra contra o materialismo. Em 1904, a proibição papal, ou o *non expedit*, foi dispensado pela primeira vez, e os católicos foram autorizados a votar, desde que isso colaborasse com o afastamento de um socialista. Nas eleições de 1909, o *non expedit* caiu em cerca de 150 distritos eleitorais, e a participação em regiões fortemente católicas, como o Vêneto, aumentou dramaticamente. Agora, alguns deputados católicos ocuparam assento no Parlamento, embora o Vaticano tenha deixado claro que eles não eram porta-vozes da opinião da Igreja.

A aproximação entre a Igreja e o Estado foi totalmente pragmática, e nunca oficial; e não poderia ser, a menos que a questão romana fosse resolvida, e nem Giolitti, nem seus adeptos estavam preparados para quaisquer concessões a esse respeito. Na verdade, Giolitti disse uma vez que a Igreja e o Estado são "duas linhas paralelas, que nunca devem se encontrar". O resultado de tal rigidez de princípio foi que os liberais não conseguiram amarrar firmemente a enorme estrutura organizacional do catolicismo ao Estado. Nas eleições de 1913, a União Eleitoral Católica (o organismo criado por Pio X para mobilizar o voto dos fiéis) apoiou candidatos liberais em troca de certas garantias; mas o acordo deveria ser secreto, e quando as notícias vazaram, Giolitti enfrentou uma revolta no Parlamento, e seu governo caiu. Giolitti negou a existência do acordo, esvaindo todas as esperanças de que a Igreja e o Estado fossem capazes de se engajar em algum tipo de aliança formal.

Giolitti precisou dos católicos nas eleições de 1913, porque no ano anterior tinha sido aprovada uma lei eleitoral nova (concebida inicialmente como uma isca para atrair os socialistas para o governo), que permitia o voto a quase todos os homens adultos. Uma das expectativas era que o aumento do voto rural poderia ser uma compensação conservadora para as cidades; e parecia compensador o fato de a contagem de deputados do governo ter caído para 318, entre 511 (cerca de 60 a menos), enquanto o número de deputados do PSI aumentou de 41 para 79. Contudo, o sucesso relativo dos liberais dependia do catolicismo organizado. Eles próprios não tinham uma máquina partidária para confrontar a nova massa eleitoral; e as antigas ferramentas do clientelismo e da interferência da prefeitura eram inadequadas (pelo menos no formato atual) para assegurar o voto da classe trabalhadora, e mesmo da pequena burguesia.

Acima de tudo, ainda havia a questão sobre a relevância do Estado liberal para a Itália. O período "giolittiano" coincidiu com uma grande oscilação na economia, mas o conjunto da população, particularmente no Sul, não foi atingido pelas mudanças; e, por volta de 1914, mesmo os setores beneficiados da classe média urbana (especialmente no Norte) tendiam ao ceticismo, graças à militância do socialismo e ao critério político de "progresso" econômico. No entanto, o que o liberalismo italiano representava sem suas reivindicações materiais? "Nós não podemos oferecer o paraíso no céu, ao contrário de nossos colegas católicos", declarou o líder liberal Antonio Salandra, em 1913, "nem o paraíso na terra, ao contrário de nossos colegas socialistas." Em vez disso, ele afirmou, "a essência do liberalismo italiano é o patriotismo"; e foi essa crença que fez Salandra levar a Itália à guerra, em maio de 1915.

A Itália e a Primeira Guerra Mundial

A eclosão da Primeira Guerra Mundial, no final do verão de 1914, não encontrou nenhuma demanda geral de intervenção na Itália. Pelo menos em teoria, o país ainda era um aliado da Alemanha e da Áustria-Hungria, sob a Tríplice Aliança, assinada em 1882, e depois renovada em intervalos regulares; mas como a Áustria declarou guerra à Servia sem consultar a Itália, uma contravenção aos termos do tratado, o governo italiano decidiu que não tinha compromisso com os Poderes Centrais, e, por enquanto, permaneceu neutra. Parece que isso estava de acordo com a disposição geral do país; mas não era do gosto de todos. Alguns sustentavam que se a Itália ficasse neutra seria excluída de qualquer acordo territorial futuro; e, especialmente nos Balcãs, isso poderia ser um desastre. Outros eram da opinião de que a Itália deveria entrar na guerra por motivos domésticos, porque a guerra de alguma forma contribuiria para a construção da nação.

Entre os mais fortemente favoráveis à adesão à guerra – embora muitas vezes discordassem sobre o lado que a Itália deveria apoiar –, estavam vários grupos de intelectuais, identificados com a "revolta contra o positivismo" desde o início do século e fortes oponentes a Giolitti. Os Futuristas já tinham declarado em um famoso slogan que "a guerra [era] a única cura para o mundo"; e Marinetti saudou a eclosão da luta em 1914 como o "mais belo poema futurista até o momento". Os nacionalistas consideravam a entrada da Itália na guerra como um meio pelo qual "a nação" poderia se afirmar contra o Parlamento e, se necessário, "destruí-lo, derrubar as bancadas de estelionatários e purificar, com fogo e aço, o antro de alcoviteiros. Muitos intelectuais viram na guerra uma oportunidade para forjar uma comunidade nacional e completar o trabalho do *Risorgimento*.

O apoio à intervenção tampouco ficou limitado à direita política. Na esquerda existiam vários elementos que também achavam que a Itália deveria entrar na briga. O democrata e ex-socialista Gaetano Salvemini pensava que a experiência da guerra tornaria os italianos comuns mais conscientes politicamente e, consequentemente, mais assertivos, e assim, romperiam finalmente o poder das antigas elites, especialmente no Sul. Mais para a esquerda, muitos sindicalistas e anarquistas achavam que a entrada na guerra poderia gerar as condições adequadas para uma revolução. Esse ponto de vista era compartilhado por poucos do PSI, notavelmente pelo editor do principal jornal do partido, o brilhante, mas volúvel, Benito Mussolini. Em outubro de 1914, Mussolini veio a público em apoio à intervenção; e foi imediatamente expulso do partido.

Os "intervencionistas" eram muito francos e prontos para usar de quase qualquer meio para empurrar o país para a guerra. Contudo, nada mais eram do que uma minoria. O PSI ficou firme em suas demandas por neutralidade – o único partido socialista da Europa ocidental a manter essa posição. A opinião católica era em geral contra a intervenção; assim como a maioria dos deputados liberais. Giolitti sustentou em uma frase famosa que a Itália poderia garantir "muito" ao negociar a neutralidade com os outros poderes. Os homens de negócios temiam acima de tudo a ruptura que a guerra causaria, embora também estivessem preocupados: se a Itália ficasse fora da guerra, o país poderia acabar privado de matérias-primas vitais, principalmente da França e da Grã-Bretanha.

Afinal, a Itália foi impelida para a guerra em consequência de acordos secretos feitos pelas costas do Parlamento, pelo primeiro-ministro e o secretário de relações exteriores, e sem que o Exército, ou mesmo, aparentemente, o rei estivesse a par das negociações. No início de maio de 1915, quando ficou claro que a Itália tinha se comprometido com a guerra, ao lado da Grã-Bretanha e da França, houve protestos. Uns 300 deputados deixaram seus cartões de visita com Giolitti, como sinal de apoio à não intervenção. Mas era tarde demais. Um recuo agora acarretaria uma perda de prestígio desastrosa. Os futuristas e os nacionalistas, e outros intervencionistas, incluindo Mussolini, organizaram uma série de comícios a favor da guerra: a "nação" falou. O rei se rendeu ao inevitável, e a Itália entrou na guerra.

Em retrospecto, os acontecimentos de maio de 1915 parecem ser um ponto de virada na história da Itália liberal. Mussolini, Gabriele D'Annunzio e outros líderes que apoiavam a intervenção levaram o crédito pela entrada da Itália na guerra; e alegaram que isso foi um desafio ao Parlamento e outros inimigos da nação, principalmente os socialistas. Eles disseram que foi uma revolução: a "Itália real", a Itália das *piazzas*, dos ideais heroicos e do patriotismo, triunfou sobre a "Itália política", a Itália dos políticos mercenários, egoístas e covardes. Na verdade, a maioria esmagadora dos italianos recebeu a intervenção em silêncio; um silêncio que provavelmente não significava hostilidade ou, mesmo, indiferença, mas resignação.

Durante os três anos e meio seguintes, uns 5 milhões de italianos foram recrutados pelo Exército, e mais de 600 mil deles morreram lutando nas trincheiras no alto das colinas alpinas em Friul e Trentino. A maioria dos soldados da linha de frente eram camponeses, principalmente do Sul; e para muitos, a missão da Itália de proteger da Áustria os territórios não resgatados do sul do Tirol e de Ístria deve ter parecido irrelevante. As condições do Exército eram severas, mesmo para os padrões da época: as rações eram pobres, o pagamento, extremamente baixo, e a folga, restrita a apenas quinze dias por ano. A disciplina também era rigorosa: a dizimação era estimulada quando os culpados não podiam ser localizados; e entre 1915 e 1919, quase 300 mil soldados foram levados diante da corte marcial, principalmente por deserção.

A moral estava baixa, e isso contribuiu para a derrota humilhante da Itália em Caporetto, em outubro de 1917 – o episódio mais destrutivo da guerra, militar e politicamente, quando o Vêneto foi invadido e 300 mil soldados italianos foram feitos prisioneiros. Entretanto, a experiência da guerra não foi negativa para todos. Particularmente, entre os oficiais mais jovens (como Mussolini ou Marinetti, que tinham sido intervencionistas ativos), havia sempre um sentimento forte (e aparentemente contínuo) de que a guerra era ao mesmo tempo interessante e heroica. Essa atitude foi, em grande medida, política. Ela resultou da necessidade de justificar a decisão de entrar na Guerra; e também foi uma postura contra o neutralismo do PSI e contra a posição equivocada de muitos liberais.

É nisso que se configura a tragédia política da guerra. Longe de curar as feridas que tanto ameaçavam a estabilidade da Itália liberal, antes de 1914, a experiência de 1915-1918 serviu, mais do que nunca, para fragmentar a

CAPÍTULO 7 – GIOLITTI, A PRIMEIRA GUERRA MUNDIAL E A ASCENSÃO DO FASCISMO | 219

IMAGEM 26. Os Futuristas em paz e guerra. Acima, os artistas Carlo Carrà e Umberto Boccioni (sentados), e atrás, da esquerda para a direita, os escritores Palazzeschi, Giovanni Papini e Marinetti, em 1914. Abaixo, Marinetti (à esquerda) e os artistas Antonio Sant'Elia (morto em 1916), Luigi Russolo e Mario Sironi, no fronte, no nordeste dos Alpes, em 1915-1916.

nação. Agora, o PSI estava irremediavelmente fora do alcance dos limites constitucionais; a desconfiança e o ódio ao Vaticano se intensificaram, quando o papa se referiu à guerra como um "massacre inútil" (alguns generais acharam que ele deveria ser enforcado); e o governo foi amplamente condenado por não reprimir os derrotistas (o PSI). Além disso, a insistência do Exército em continuar na guerra sem a interferência dos políticos (a partir de agosto de 1916, os políticos foram banidos completamente da zona de guerra) significava que o Parlamento receberia pouco crédito ou prestígio pela vitória; mas os militares também culparam o governo quando as coisas não deram certo.

Assim, o governo (e o Parlamento) teve o pior dos dois mundos, e apesar de algumas iniciativas vigorosas empreendidas pelo novo primeiro-ministro, Orlando, depois de Caporetto, a classe governante italiana, e suas instituições liberais, provavelmente emergiram da guerra com a reputação mais manchada do que aprimorada. Isso foi lamentável e, em muitos aspectos, injusto, pois a maneira como o país tinha lidado com as demandas de produção, impostas por mais de três anos de luta, foi quase um milagre. Por exemplo, a Itália começou a guerra com apenas 600 armas, e terminou com 20 mil; por volta de 1918, o país tinha mais armas pesadas em campo do que a Grã-Bretanha; e sua indústria aeronáutica se desenvolveu de praticamente nada, em 1914, para a produção de uns 6.500 aviões, em 1918, com uma força de trabalho de 100 mil pessoas.

Essa conquista surpreendente foi o resultado do planejamento e da regulamentação estatal em escala sem precedentes. Qualquer empresa vista como necessária ao esforço de guerra era designada como "auxiliar". Seus preços e suas metas de produção eram fixados por um comitê governamental, e sua força de trabalho, submetida a uma disciplina militar. A distribuição de matéria-prima, particularmente o carvão, era monitorada cuidadosamente. No final da guerra, a Itália tinha quase duas mil empresas "auxiliares", a maioria na região Noroeste. Algumas se desenvolveram quase sem serem percebidas. Por exemplo, a Fiat tinha 4.300 trabalhadores em 1914, e produzia 4.800 veículos; em 1918, a empresa tinha mais de 40 mil empregados e produziu 25.144 veículos. A força de trabalho da Ansaldo aumentou de 6 mil para 56 mil, e sua produção maciça na guerra incluiu 3 mil aviões, 200 mil toneladas de navios mercantes e 46% da artilharia italiana.

Essa expansão econômica enorme foi o resultado da guerra, e a adaptação à paz foi extremamente difícil. Não era apenas uma questão de queda

CAPÍTULO 7 – GIOLITTI, A PRIMEIRA GUERRA MUNDIAL E A ASCENSÃO DO FASCISMO | 221

IMAGEM 27. Um *front* doméstico: varredoras de rua em Milão. Assim como em outros países europeus, a mobilização econômica de mulheres durante a Primeira Guerra Mundial estimulou as demandas para sua emancipação política. Essas demandas não foram atendidas. Contudo, o fascismo foi mais atencioso com as mulheres do que o Estado liberal.

nas encomendas do governo e dos problemas da conversão de um mercado essencialmente militar em um mercado civil. As expectativas também tinham mudado, e isso dificultou o retorno para as relações econômicas pré-guerra. A sensação de ter contribuído de forma vital para a guerra deu a muitos trabalhadores uma nova noção de valor político, e, depois de 1918, eles reagiram à ameaça de desemprego e à queda de padrão de vida com uma militância excepcional. Por sua vez, os empregadores estavam acostumados com o forte apoio estatal, e a retomada da neutralidade governamental produziu sentimentos de indignação e, até mesmo, traição.

No entanto, o mito engendrado pela Primeira Guerra Mundial foi mais importante do que essas mudanças econômicas. O fato não só de sobreviver, mas de realmente ganhar a guerra – em outubro de 1918, exatamente um ano depois da humilhação em Caporetto, as forças italianas repeliram os austríacos, em um avanço final sobre o rio Piave para Vittorio Veneto, onde proclamaram a vitória –, significou que um conjunto de valores políticos e morais adquiriu uma nova aura de legitimidade, e pôde apresentar um poderoso desafio para a combalida identidade liberal da Itália. A guerra foi considerada um triunfo dos ideais de maio de 1915, que certamente tiveram uma dimensão positiva (por exemplo, no patriotismo ou no desejo de liderança vigorosa), mas cujas manifestações principais foram negativas: a aversão ao socialismo, à igualdade, ao materialismo, ao Parlamento, ao humanitarismo, à democracia e ao pragmatismo.

A queda do Estado liberal

Quando a Primeira Guerra Mundial começou, nenhum dos beligerantes sabia bem pelo que estava lutando. De fato, Salandra tinha negociado a entrada da Itália sob o *slogan* infeliz do "egoísmo sagrado". Por volta de novembro de 1918, a situação era bem diferente: mais por acidente, do que por planejamento, os vencedores tornaram-se democracias, e os perdedores (incluindo a Rússia), autocracias; dando a impressão de que a guerra tinha sido uma luta pela democracia. A Itália, outrora aliada da Alemanha e da Áustria, agora unia-se à Grã-Bretanha, à França e aos Estados Unidos, e não tinha mais nenhuma justificativa política ou moral para resistir às demandas de plena "representação do povo". Em dezembro de 1918, o governo concedeu o direito universal de voto aos homens. Em agosto de 1919, teve lugar uma concessão ainda mais incontrolável, a da representação proporcional.

Os liberais foram levados a uma posição insustentável. Sem um partido organizado para mobilizar o eleitorado, eles ficaram em uma enorme desvantagem diante dos socialistas, com suas Câmaras do Trabalho, ligas locais e sindicatos. Eles não podiam nem confiar na Igreja (como Giolitti fez em 1913), porque, no início de 1919, foi fundado um novo partido católico, o Partito Popolare Italiano (PPI), que, embora não fosse estritamente "confessional", era dirigido por católicos, com um programa claramente católico. O partido agradou muito aos camponeses (principalmente aos pequenos proprietários), e era liderado por um padre, Don Luigi Sturzo, não tendo nenhum motivo para se sentir em dívida com os liberais. A crise

CAPÍTULO 7 – GIOLITTI, A PRIMEIRA GUERRA MUNDIAL E A ASCENSÃO DO FASCISMO | 223

enfrentada pelo governo ficou clara nas eleições de novembro de 1919: os socialistas ganharam 156 cadeiras e os *Popolari* (como os membros do PPI eram conhecidos), 100 cadeiras, enquanto os liberais e seus aliados ficaram reduzidos a menos da metade da Câmara.

O governo poderia ter se saído melhor se tivesse sido capaz de tirar o máximo proveito da vitória. Entretanto, a delegação italiana na Conferência de Paz de Paris exigiu mais do que seria razoável, e acabou sendo muito mal recebida. A Itália ganhou o Trento, o sul do Tirol e Ístria; não conseguiu a posse da Dalmácia e do porto de Fiume (Rijeka, Croácia); e o primeiro-ministro, Orlando, saiu da conferência desgostoso. Agora, o caminho estava aberto para os nacionalistas e outros grupos intervencionistas denunciarem o que chamavam de "vitória mutilada". Eles já estavam inclinados a argumentar que a Itália tinha vencido a guerra, apesar de seus líderes políticos; agora, aparentemente, o governo não conseguia nem mesmo ganhar a paz. Depois de junho de 1919, a revolta aumentou, quando Orlando foi substituído como primeiro-ministro, por Francesco Saverio Nitti, cuja aproximação conciliatória dos aliados lhe valeu a alcunha de *Cagoia* ("cagão"), por Gabriele D'Annunzio.

Em setembro de 1919, D'Annunzio marchou para Fiume, em um golpe militar organizado pelos nacionalistas e apoiado por alguns generais e industriais. A cidade ficou ocupada por mais de um ano. Nitti esquivou-se de mandar o Exército, em parte por temer um motim: isso fortaleceu a crescente falência moral do Estado liberal. Deixada à sua mercê, Fiume transformou-se em uma experiência de governo alternativo, com uma Constituição elaborada (mas não implementada) por sindicalistas revolucionários, e uma nova linguagem política, cuja essência era a paixão e a teatralidade. D'Annunzio improvisava discursos nos terraços e levava a audiência ao frenesi, com cânticos e *slogans* sem sentido. Foi conveniente que uma manifestação tão estranha de "revolta contra a razão" fosse sufocada por Giolitti: em dezembro de 1920, como primeiro-ministro no quinto e último mandato, ele interveio na Marinha, e D'Annunzio se rendeu.

Benito Mussolini observava D'Annunzio em Fiume com uma ponta de ciúme. Ele passou boa parte da guerra (depois de um período na linha de frente) em Milão, editando *Il Popolo d'Italia* [O povo da Itália], o jornal que tinha fundado depois de ser expulso do Partido Socialista. Ainda era simpatizante da esquerda; mas o problema que ele e outros exilados do PSI enfrentaram foi encontrar um seguimento político. Em 1918, ele alterou o título do jornal para "Diário dos combatentes e produtores": o termo

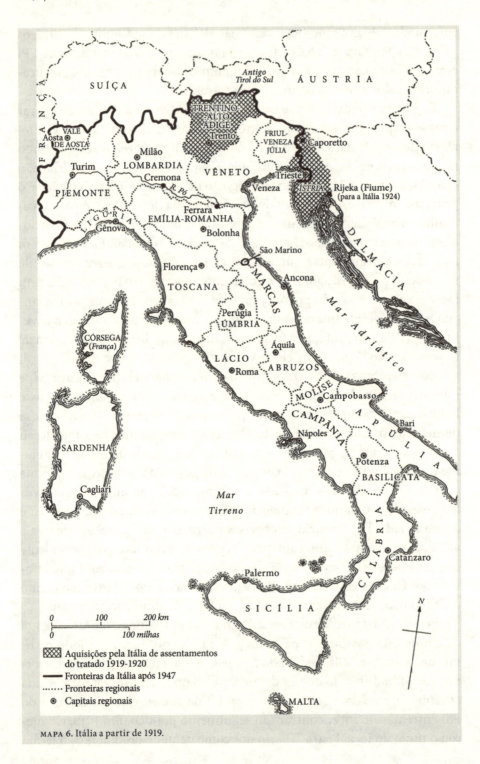

MAPA 6. Itália a partir de 1919.

CAPÍTULO 7 – GIOLITTI, A PRIMEIRA GUERRA MUNDIAL E A ASCENSÃO DO FASCISMO | 225

"produtores" tinha uma forte conotação sindicalista e nacionalista, e sugeria que Mussolini estava tentando se desligar dos socialistas e se aproximar de outros grupos intervencionistas. Contudo, em março de 1919, ele lançou um novo movimento, o *Fasci di Combattimento*, em Milão, cujo programa ainda era próximo ao do PSI: a abolição do Senado, uma Assembleia Constituinte, o confisco dos lucros de guerra e terra para os camponeses.

Mussolini e diversos futuristas, sindicalistas e nacionalistas, que o apoiaram na época estavam politicamente confusos. Eles compartilhavam uma crença na guerra e detestavam o liberalismo parlamentar; mas não tinham uma plataforma clara e visivelmente diferente dos socialistas. A situação difícil de Mussolini ficou clara nas eleições de novembro de 1919: nenhum deputado fascista foi reeleito, e nem mesmo em sua cidade natal, Predappio, na Romanha, Mussolini conseguira um único voto. Nessa situação, a única opção era ir para a direita, e, ao longo de 1920, muitos dos componentes de esquerda mais notáveis do programa fascista caíram. O que restou foi uma mistura emotiva de patriotismo grosseiro, a justificativa da guerra, a preocupação com a grandeza nacional, e, ligada a tudo isso, uma aversão crescente ao Partido Socialista. Agora, o fascismo começava a atrair a atenção dos setores mais conservadores da sociedade italiana. Contudo, o crescimento do movimento fascista, na segunda metade da década de 1920, deve-se a fatores fora do controle de Mussolini, acima de tudo à ameaça (ou melhor, à pretensa ameaça) do Partido Socialista. O PSI terminou a guerra alienado do Estado, vilipendiado pelos intervencionistas, e mais comprometido do que nunca com a retórica da revolução. Sua confiança aumentou com a vitória dos bolcheviques, na Rússia, em 1917. Os reformistas foram esmagados pelos militantes, que agitavam entre os operários e diaristas, e mantinham viva a esperança no colapso iminente do sistema, com uma sucessão de greves violentas, ocupações de fábricas e choques com a Polícia. No verão de 1919, uma onda de motins de fome varreu o norte e o centro da Itália, houve saque de lojas, plantação de árvores da liberdade e declaração de repúblicas locais. Em 1919, mais de um milhão de pessoas entraram em greve; no ano seguinte, o número foi ainda maior.

Grande parte dessa militância foi resultado da crise econômica que a Itália enfrentou depois de 1918. O desemprego cresceu muito, alcançando 2 milhões de pessoas no final de 1919, com a desmobilização das tropas e a diminuição gradual da produção de guerra. A inflação também aumentou: o índice de preços no atacado saltou em quase 50%, entre 1918 e 1920. As consequências foram devastadoras para os arrendatários e para as pessoas que tinham uma renda fixa (como os funcionários públicos). No campo, os latifundiários, muitos dos quais tinham sofrido com o congelamento de suas rendas em tempos de guerra, foram confrontados por ex-militares irritados, que exigiam terras. Depois do desastre de Caporetto, o governo vinha prometendo continuamente "terra para os camponeses" para levantar o moral. Agora, os proprietários de terras pagavam o preço; inclusive o governo sancionou a ocupação "ilegal" de propriedades, com dois decretos, em 1919 e 1920, que garantiam o direito de posse aos camponeses.

Os empregadores, frente aos novos e aterrorizantes níveis de militância, procuraram a ajuda do governo, que se recusou a tomar uma posição – parcialmente, por medo, mas também devido à crença de que uma revolução poderia ser evitada por meio de concessões. O confronto alcançou o ápice com a chamada "ocupação das fábricas", em setembro de 1920, quando, durante quase duas semanas, quase meio milhão de trabalhadores assumiram as fábricas e os estaleiros, expulsaram os gerentes e hastearam a bandeira vermelha. Giolitti não conseguiu enviar tropas, e pressionou os proprietários das fábricas a fazer concessões. Além disso, ele concordou em formar uma comissão para esboçar um projeto de lei que tornaria obrigatória a inspeção dos registros contábeis da empresa pelos sindicatos. Isso foi a gota d'água para muitos empregadores, o último ato de traição do governo; para muitos, parecia que a revolução tinha finalmente começado.

Não tinha; e de muitas formas, setembro de 1920 marcou o ponto alto da militância trabalhista pós-guerra. Nas eleições locais de outubro-novembro, o voto socialista caiu ligeiramente, embora o PSI tenha tido alguns ganhos notáveis, principalmente nas áreas rurais do Centro e no Nordeste: em Ferrara, a bandeira vermelha foi hasteada na prefeitura, no antigo Castello Estense, e *slogans*, incluindo "Viva Lenin!", foram pichados nas paredes. Entretanto, apesar da retórica e da postura militante, a liderança nacional do PSI não conseguiu pressionar seriamente por uma revolução. Serrati, a principal figura do partido, tinha dúvidas importantes (em particular) sobre a maturidade da classe trabalhadora italiana; e sentia, provavelmente com razão, que os aliados interviriam para esmagar uma insurreição socialista. O resultado foi uma lacuna fatal nas intenções entre a base e a liderança.

Sem uma estratégia nacional, os distúrbios do "biênio vermelho" de 1919-1920 foram perigosamente descoordenados. Em algumas regiões,

CAPÍTULO 7 – GIOLITTI, A PRIMEIRA GUERRA MUNDIAL E A ASCENSÃO DO FASCISMO | 227

os sindicalistas dominavam; em outras, os anarquistas estavam à frente. Em Turim, um grupo de jovens universitários talentosos, liderados por Antonio Gramsci, realizou uma experiência com "conselhos de fábrica" eleitos, planejados para serem blocos construtores de um novo tipo de autogestão; mas a experiência não transladou para outras cidades. A falta de uma liderança coerente privou o movimento dos trabalhadores não apenas de objetivo, mas também de resiliência, e, na metade da década de 1920, quando a economia italiana entrou em uma recessão severa, muitos apoiadores da base começaram a desgarrar, temerosos de que a militância contínua resultasse em represália por fazendeiros e industriais, que agora estavam desesperados para cortar os custos, com a queda de preços e as margens de lucro.

Nesse cenário, o movimento fascista decolou subitamente, no final da década de 1920. Os grupos paramilitares ou "esquadras", geralmente liderados por ex-oficiais subalternos, e quase sempre apoiados pelos militares e pela Polícia locais, espalharam-se pela Itália do norte e central. Eles começaram em Ístria e Friul, realizando incursões "patrióticas" em conselhos e instituições eslavas; mas, a partir do final do outono em diante, se voltaram para o maior "inimigo nacional", os socialistas, cujas infidelidades foram ampliadas pela recessão, a ocupação das fábricas e as eleições administrativas recentes. Por volta da primavera de 1921, o fascismo se tornou um movimento de massa. Seus redutos ficavam na Planície Padana (em cidades como Ferrara, Bolonha e Cremona) e na Toscana. Essas eram as regiões onde os camponeses e trabalhadores rurais eram mais organizados e militantes.

As esquadras eram formadas por homens jovens, que geralmente mal tinham saído da adolescência. Muitos eram estudantes de origem pequeno--burguesa; muitos também eram pequenos proprietários e meeiros, irritados com a política de coletivização de terras do PSI; e muitos tinham servido na guerra. Eles se diziam os restauradores da lei e da ordem e salvadores da Itália das mãos da tirania bolchevique. Aqueles que tinham sido vítimas da agitação e do abuso socialistas concordavam (inclusive vários setores da pequena burguesia, particularmente os funcionários públicos, cujo nível de renda tinha caído dramaticamente em 1919-1920, tanto em termos reais como relativos). As esquadras achavam que estavam simplesmente fazendo o que os governos liberais não tinham feito. Bater e matar socialistas, queimar e saquear as Câmaras de Trabalho e as sedes do PSI, e forçar os oponentes a beber óleo de rícino eram considerados atos de patriotas zelosos para salvar a nação.

Em poucos meses todo o edifício do movimento da classe trabalhadora na Itália veio abaixo. Os líderes do PSI estavam passivos. Alguns até ajudaram os fascistas com a divisão do partido, no pior momento possível: em janeiro de 1921, no congresso de Livorno, Antonio Gramsci e alguns de seus amigos saíram desgostosos da sala de conferência e fundaram o Partido Comunista Italiano (PCI). Eles foram seguidos por uma minoria do PSI, e, nas eleições de maio, os comunistas ganharam apenas quinze assentos no Parlamento. Eles eram um pouco mais do que uma força marginal, expressiva graças à qualidade de seus líderes, e não pela dimensão de seu apoio. A principal contribuição política foi negativa. Eles maximizaram a já grave desmoralização do PSI; e forneceram um excelente mote de propaganda aos fascistas: a Itália agora tinha um inimigo "bolchevique" real em seu bojo.

No inverno e na primavera de 1921, a erupção do movimento fascista surpreendeu Mussolini, tanto quanto qualquer um. Ele também ficou alarmado. Os primeiros fascistas tinham sido sindicalistas, futuristas e dissidentes socialistas, com inclinações radicais. Por contraste, os *squadristi* pareciam grosseiramente reacionários, e, na realidade, eram joguetes nas mãos dos latifundiários e homens de negócios locais que os patrocinavam. Eles foram inspirados por pouco mais do que um ódio cego ao socialismo e um amor à violência. Além disso, era difícil controlá-los. Em primeiro lugar, eles eram fiéis aos líderes da esquadra, ou *ras* – personagens rebeldes e exuberantes, como Roberto Farinacci, em Cremona, Italo Balbo, em Ferrara, e Leandro Arpinati, em Bolonha –, e Mussolini lutou do começo ao fim de 1921 para impor sua autoridade. No verão, ele tentou fazer uma paz formal com os socialistas; mas os *squadristi* se rebelaram e ameaçaram demiti-lo em favor de D'Annunzio.

O crescimento do movimento fascista em 1921 e 1922 dependia totalmente da atitude das autoridades. A Polícia e o Exército – que tinham sido alvos constantes dos insultos e da violência dos socialistas durante o "biênio vermelho" – de bom grado deram as mãos aos *squadristi*, equipando-os com armas e transporte, ou, o mais importante, fechando os olhos para sua brutalidade criminosa. Eles não estavam dispostos a dar atenção às diretivas do governo, pedindo que a lei fosse aplicada de forma imparcial. De qualquer maneira, o próprio governo foi manifestamente simpático ao movimento (mas não aos seus excessos): nas eleições da

IMAGEM 28. Guerra Civil (1920-1922). Acima, um típico pelotão fascista: o pelotão *Disperata* do *fascio* de Ponte a Egola, em Florença. Abaixo, seus inimigos: a "Guarda Vermelha" socialista, durante a ocupação das fábricas, em setembro de 1920.

primavera de 1921, Giolitti permitiu que Mussolini e os fascistas se afiliassem à lista de partidos do governo. Ele esperava que esta seria uma forma de equilibrar o extremismo do grupo (que ele estava inclinado a rejeitar como um subproduto neurótico da guerra) e absorvê-lo no sistema.

Na verdade, a eleição de 1921 simplesmente comprometeu o governo e permitiu que os fascistas agissem com mais impunidade do que nunca. Doravante, qualquer prefeito ou policial que se achasse no direito de opor-se aos *squadristi* poderia esperar um telegrama do Ministro do Interior informando sua transferência ou suspensão. Além disso, graças a Giolitti, agora os fascistas tinham 35 deputados no Parlamento, sem necessidade; e a Câmara estava mais dividida e incontrolável do que nunca, com o PSI e os comunistas ocupando 138 assentos, e os *Popolari*, 107. Nos dezoito meses seguintes, a Itália teve uma sucessão de governos lamentavelmente fracos, cuja falta de autoridade foi continuamente explorada e usurpada pelos *squadristi*, que assolaram livremente o norte e o centro da Itália. No início do verão de 1922, os fascistas tinham 300 mil membros; e, exultantes com o sucesso, muitos pediram a tomada revolucionária do poder.

A ilegalidade das esquadras era tanto um ativo, como um passivo para Mussolini. De um lado, ela lhe conferia uma grande influência política no Centro: ele poderia prometer o controle de seus seguidores, em troca de uma parcela de poder. Por outro lado, tinha de mostrar que realmente poderia controlar o movimento; e isso não era fácil. Os chefes fascistas locais, como Balbo ou Farinacci, certamente reconheciam as habilidades políticas de Mussolini e sua indispensabilidade virtual como líder nacional; e, em outubro de 1921, eles concordaram em permitir que o "movimento" se tornasse um partido, o Partito Nazionale Fascista (PNF), o que colocou Mussolini na posição de maior autoridade formal. Contudo, os *ras* também conheciam sua própria força: sem os *squadistri* rebeldes, Mussolini não teria musculatura política e não estaria na posição de negociador – o que ele foi cada vez mais capaz de fazer durante 1922 –, condições nas quais ele introduziria um governo de coalizão.

Assim, Mussolini foi obrigado a andar em uma corda bamba política. Ele teve de tranquilizar homens como Giolitti e Salandra, convencendo-os de que tinha pouca simpatia por seus seguidores e suas demandas subversivas, e de que, quando no poder, faria o possível para contê-los; ao mesmo tempo, ele foi obrigado a apaziguar as bases, alegando que suas negociações com os liberais eram apenas um estratagema tático, um cavalo de Troia, com o qual penetrar a cidade inimiga, e que, uma vez dentro, ele conseguiria destruir. A preferência de Mussolini pode muito bem ter sido por uma entrada pacífica e constitucional no governo – talvez a oferta de alguns ministros fascistas na coalizão liderada por Salandra. Mas os *squadristi* queriam o contrário: eles queriam a revolução. Em um comício em Nápoles, em 24 de outubro, 40 mil deles pediram uma marcha sobre Roma.

A ideia de uma marcha sobre Roma era plena de associações históricas. Para Mazzini, Garibaldi e seus seguidores democratas, ela tinha sido um símbolo de regeneração nacional e o meio pelo qual "o povo" tomaria a Itália para si, e a inauguração de uma nova era de grandeza espiritual. Entretanto, a marcha fascista sobre Roma, realizada em 28 de outubro de 1922, estava longe de ser gloriosa. Três colunas dispersas de jovens mal armados convergiram para a capital, debaixo de uma chuva torrencial. Inúmeros postos de correio, delegacias de polícia e prefeituras foram tomados. Mussolini permaneceu em Milão, bem longe da ação e próximo da fronteira com a Suíça: parece que ele não acreditou muito no sucesso do jogo. Mas o rei (por motivos ainda obscuros) se acovardou e se recusou a assinar um decreto autorizando o Exército a abrir fogo e dispersar os rebeldes; Mussolini foi chamado a Roma, e, aos trinta e nove anos, tornou-se o mais jovem primeiro-ministro da Itália.

capítulo 8

FASCISMO

DE VOLTA À ORDEM (1922-1925)

A marcha sobre Roma não foi um divisor de águas para a maioria dos contemporâneos. Não houve greves ou comícios; a rotina da vida diária seguiu incessante; e a imprensa relatou os acontecimentos como se fossem apenas mais um episódio dramático do drama pós-guerra italiano, caótico e violento. O clima geral era, no mínimo, de alívio – uma sensação de que a confusão e a incerteza dos últimos anos tinham acabado e a normalidade estava prestes a voltar. A maioria dos observadores antecipou que os *squadristi* seriam absorvidos pelo sistema; e muitos acreditavam que isso traria a injeção de energia espiritual tão necessária, que fortaleceria as instituições e diminuiria a lacuna entre a Itália "real" e a Itália "política". Os políticos, como Giolitti, foram tranquilamente desconsiderados por Mussolini, cujo modo plebeu e insegurança evidente os levou a pensar que ele poderia ser manipulado sem dificuldade, usado e descartado quando não fosse mais útil.

Mussolini foi nomeado primeiro-ministro de forma essencialmente constitucional, mas um desfile de "vitória" dos *squadristi* foi realizado pelas ruas de Roma, em deferência às bases, para alimentar a ilusão de um golpe de Estado. Esse início esquizofrênico definiu o tom para os anos seguintes. Mussolini teve que alternar entre apaziguar o *establishment* (do qual dependia para continuar no cargo) e provar aos chefes fascistas provinciais e seus seguidores que ainda era um subversivo. Contudo, mesmo com os excessos de linguagem, não estava claro o que os fascistas radicais ou "intransigentes" desejavam no lugar do regime liberal. Eles sabiam o que detestavam e almejavam destruir, mas poucos tinham quaisquer ideias políticas construtivas. O fascismo não tinha um programa próprio.

Nesta situação, Mussolini curvou-se aos pedidos do retorno da estabilidade, da ordem e da normalidade. Seu governo seria de reconciliação nacional: três postos ministeriais foram para os fascistas; o restante, para os liberais, o *Popolari*, um nacionalista, o filósofo Giovanni Gentile, e, para dois líderes das Forças Armadas. Ele começou a disciplinar os *squadristi* rapidamente: em janeiro de 1923, em um movimento de brilhante ambiguidade, criou a Militia fascista (MVSN). Aparentemente, ela servia "para salvaguardar a revolução fascista", mas seu principal objetivo político era manter os membros da base (que formavam a estrutura da Militia) sob um comando centralizado e cercear o poder dos *ras* locais, como Roberto Farinacci. Os clamores desses líderes de esquadra pela revolução e o uso persistente da violência ameaçavam destruir a credibilidade de Mussolini frente ao *establishment*.

A necessidade de Mussolini por respeitabilidade conservadora era extraordinariamente ampla. Ele anulou os decretos sancionando a apreensão de terras camponesas depois da guerra, para a alegria dos latifundiários do Sul. Em deferência à Igreja, os crucifixos foram recolocados em certos lugares públicos, e grandes somas de dinheiro público foram destinadas para a restauração de igrejas danificadas durante a guerra. Em 1923, uma grande ação de reforma da educação tornou a instrução religiosa compulsória nas escolas primárias; também acentuou a divisão dos *licei* de classe média com ênfase nas humanidades e escolas técnicas da classe trabalhadora. A política externa foi igualmente conservadora: em 1924, a liquidação pragmática das reivindicações da Itália na Dalmácia foi amplamente aplaudida pelo *establishment*; e, da mesma forma (curiosamente), o bombardeio de Corfu, em 1923, depois do assassinato de um grupo de comissários de fronteira italianos.

Indiscutivelmente, o passo mais importante na busca de Mussolini por respeitabilidade veio com a absorção dos nacionalistas pelo PNF, em fevereiro de 1923. Os nacionalistas – que eram elitistas, monarquistas, socialmente conservadores e hostis ao Parlamento – não tinham um grande número de adeptos, mas, do ponto de vista político, eram muito influentes, porque tinham sustentação nos postos mais altos: entre os generais do Exército, os acadêmicos, os funcionários públicos de alto escalão, os empresários ricos e no tribunal. Assim, eles foram o complemento perfeito para o fascismo, com sua ampla base na pequena burguesia e partes do campesinato, mas com uma escassez relativa de pessoal "de qualidade". A aliança se mostrou crucial para o desenvolvimento do regime: ela trouxe

IMAGEM 29. Mussolini com dois guarda-costas fascistas, durante uma visita a Londres, em dezembro de 1922. Seus modos bruscos e seu comportamento um tanto rude não caíram bem nos círculos diplomáticos. Mussolini sempre exibia um olhar demoníaco nas fotos.

o talento e as ideias de homens como Alfredo Rocco e Luigi Federzoni, que, depois de 1924, viriam a ser os principais arquitetos do Estado fascista.

O próprio Partido Fascista não era totalmente desprovido de conteúdo intelectual. A maioria dos *squadristi* pode ter sido rústica e anárquica (assim como seus *slogans* e cantos – como sugere, "*me ne frego*", "não dou a mínima"); mas alguns, especialmente aqueles que aderiram ao movimento no início de 1919, tinham sido fortemente influenciados pelas ideias dos sindicalistas e buscavam enquadrar o fascismo em um modelo radical. Eles queriam o fim da guerra de classes e aspiravam por um novo tipo de Estado, construído sobre "corporações" ou "sindicatos", nos quais os trabalhadores e empregadores cooperariam para promover os interesses econômicos da coletividade. A iniciativa privada deveria ser estritamente regulada e subordinada às necessidades nacionais. Essa linha sindicalista do fascismo era mais aparente no movimento sindical do PNF, que, depois de 1922, desenvolveu uma força política poderosa, principalmente graças à liderança comprometida de Edmondo Rossoni.

A persistência do radicalismo dentro do Partido Fascista não foi necessariamente desvantajosa para Mussolini – a menos que ficasse seriamente fora de controle. Na verdade, contanto que Mussolini parecesse genuinamente interessado em restaurar a "normalidade" na Itália, os aliados liberais estavam preparados a lhe oferecer toda a assistência necessária na luta contra a subversão, de onde quer que viesse. O exemplo mais impressionante disso foi a Lei Acerbo, de 1923, que propunha que a lista do partido que tivesse recebido o maior número de votos em uma eleição, pelo menos um quarto de todos os votos expressos, deveria ocupar automaticamente dois terços dos assentos no Parlamento. Essa era uma medida extraordinária; e o fato de ter sido aprovada com o apoio de Giolitti, Salandra e Orlando testemunha a enorme hostilidade que muitos liberais sentiam pelo sistema eleitoral existente, que tinha permitido que os socialistas tomassem a Câmara e impusessem uma sucessão de administrações incompetentes ao país.

O único partido constitucional que não apoiou a Lei Acerbo foi o Católico. O PPI tinha um problema relevante com o fascismo: enquanto muitos membros do alto clero, incluindo o papa, tinham simpatia por Mussolini (ao menos por suas concessões na educação), um grande número de párocos e adeptos regionais do PPI eram profundamente hostis, uma vez que eles, e os sindicatos e as cooperativas católicas que dirigiam, eram alvos frequentes da violência fascista. O resultado foi uma divisão fatal no partido. Don Sturzo, um líder do PPI, tentou desesperadamente mantê-lo unido; mas Mussolini explorou o racha com habilidade, expulsando os *Popolari* de seu ministério e empurrando o partido para a oposição. Assustado com uma ruptura com Mussolini, o papa Pio XI deixou clara sua insatisfação com Don Sturzo; e Don Sturzo, como padre, não teve outra opção, senão se demitir. Daí em diante, o PPI perdeu sua força.

Armado com a Lei Acerbo, Mussolini poderia enfrentar as eleições de abril de 1924 com confiança. A lista de candidatos do governo compreendia fascistas, ex-nacionalistas, liberais de direita (incluindo Salandra e Orlando), e, até mesmo, alguns *Popolari*. Os *squadristi* foram instruídos a não usar a violência contra a oposição, visto que as eleições seriam uma demonstração irrefutável da respeitabilidade do governo e do amplo apoio que desfrutava. Houve violência generalizada durante o evento, embora seu efeito sobre os resultados tenha sido questionável. Esses dependeram em grande parte de instrumentos consagrados, como o clientelismo e a intervenção dos prefeitos. O governo ganhou 66% dos votos, e, assim, teve direito a dois terços dos assentos. Um pouco mais da metade dos novos deputados eram fascistas.

A investida de Mussolini por respeitabilidade parece ter funcionado; e o mesmo aconteceu com o anseio dos liberais de atrair Mussolini para o âmbito constitucional. O socialismo não era mais uma ameaça (o PSI ficou reduzido, com menos de 5% dos votos, o PCI, com menos de 4%), nem os católicos; e com o recuo da crise econômica do pós-guerra e a volta da prosperidade, muitos devem ter sentido que a Itália estava prestes a embarcar em uma era de tranquilidade política. Não obstante, os *squadristi* pensavam o contrário. Eles esperavam que Mussolini usasse sua maioria no Parlamento para destruir o sistema liberal, e entregasse a tão prometida revolução em suas mãos. No início de junho de 1924, um grupo de extremistas do PNF sequestrou e matou o deputado reformista socialista Giacomo Matteotti, que alguns dias antes tinha proferido um discurso condenatório no Parlamento, em referência à violência fascista nas eleições recentes. Agora, a credibilidade de Mussolini estava em jogo.

Mussolini negou envolvimento no assassinato, apesar de certas insinuações do contrário. Entretanto, sua responsabilidade pessoal pelo assassinato não importava realmente para a crise que agora se desenrolava. A questão era o caráter e o objetivo do fascismo: ele seria uma força constitucional ou subversiva? Mussolini enfrentou um dilema estranho: renegar os *squadristi* e sua violência, o que o separaria de seus adeptos mais comprometidos, e ficar à mercê do *establishment* liberal; ou não se opor a eles, o que significaria aceitar o fascismo criminoso. Encurralado, ele tentou apaziguar os aliados liberais, nomeando o ex-nacionalista Luigi Federzoni, ministro do Interior, e sujeitando a Militia à disciplina militar; mas essas ações enfureceram os *squadristi*, sem convencer a oposição crescente a Mussolini.

Por sorte de Mussolini, os partidos de oposição reagiram às notícias sobre o sequestro de Matteotti simplesmente deixando o Parlamento, em protesto. Dessa forma, era pouco provável que ele fosse derrotado em uma votação na Câmara. Isto deu ao rei o pretexto perfeito para não demiti-lo. Contudo, à medida que a crise se aprofundava e a imprensa trazia à tona mais evidências do envolvimento de fascistas importantes em crimes, a posição de Mussolini parecia cada vez mais precária. Em meados de dezembro, Giolitti e Orlando foram para a oposição, e Salandra estava a ponto de se juntar a eles. Dois dias depois do Natal, foi publicado em um jornal da oposição o chamado *"memorandum* Rossi", uma acusação grave sobre o papel de Mussolini no assassinato de Matteotti. O governo não teve outra escolha senão a resignação.

Entretanto, se Mussolini saísse, os *squadristi* ficariam em sérios apuros. Eles perderiam seus empregos na Militia ou no governo regional; e muitos deles poderiam também ter de enfrentar acusações. Em 31 de dezembro, um grupo de membros importantes da Militia enviou um ultimato a Mussolini: ou ele agia contra a oposição ou eles desencadeariam uma onda de terror. Mussolini ficou encurralado: agora, sua única opção era arriscar a declaração da ditadura. Em 3 de janeiro de 1925, ele entrou no Parlamento e desafiou os inimigos a acusá-lo: "Se o fascismo foi uma associação criminosa... a responsabilidade é minha", ele declarou. Nem o rei, nem a oposição se moveram. Sem dúvida, eles temiam a guerra civil; e, provavelmente, as intenções de Mussolini eram claras para eles. Essa indecisão custou caro para a Itália liberal.

Partido e Estado

O discurso de 3 de janeiro de 1925 é frequentemente considerado um divisor de águas, quando o sistema parlamentarista liberal na Itália finalmente expirou e deu lugar à ditadura fascista. Na realidade, o regime fascista não surgiu da noite para o dia; nem mesmo conseguiu uma forma final definitiva. Na ausência de um programa ou de uma ideologia claramente concebidos, ele se desenvolveu de forma bastante tímida, reagindo, muitas vezes de forma pragmática, à pressão de grupos de interesse internos, ou respondendo a circunstâncias econômicas e políticas específicas. Mussolini procurou fazer disso uma virtude: ele afirmava que o fascismo tem a ver com espontaneidade, intuição, impulso e fé. Há também o fator importante de que o apoio popular ao regime dependia fortemente da figura carismática de Mussolini – dinamismo, impenetrabilidade e imprevisibilidade eram facetas importantes do seu "culto".

Assim como o fascismo surgiu com uma finalidade específica e nunca assumiu uma forma definitiva, o Estado liberal nunca foi realmente abolido. De fato, a continuidade foi mais marcante do que a mudança. O *Statuto* continuou sendo a Constituição da Itália; o rei ainda era o chefe de Estado e o comandante das Forças Armadas; e a máquina da administração conservou-se quase intacta. A burocracia não foi objeto de uma depuração sistemática, e era dominada, como antes, por funcionários públicos de carreira: entre 1922 e 1943, apenas cerca de um terço de todos os prefeitos eram nomeações "políticas" de fora da corporação tradicional. A Polícia e os *Carabinieri* eram igualmente não politizados: desde 1926 até 1940, a Polícia foi chefiada por um prefeito conservador, Arturo Bocchini, cuja perspectiva era firmemente utilitária, em vez de ideológica.

Depois de 1925, a "fascistização" do Estado refletiu a extensão da dependência de Mussolini das elites tradicionais. Ela também indicou a existência de pouca simpatia entre essas elites em relação ao liberalismo. Formalmente, Mussolini não era mais do que um primeiro-ministro, e assim como o rei Vítor Emanuel o indicara para *premier* em 1922, sempre poderia demiti-lo (como acabou fazendo) se a pressão fosse suficientemente forte. Assim, havia limites para o quanto "revolucionário" o fascismo poderia ser; e embora grande parte da retórica e da imagem do regime fosse fortemente radical, a substância era profundamente conservadora. Além disso, a base fascista estava pouco qualificada para assumir a máquina estatal. Poucos integrantes tinham alguma experiência ou treinamento administrativo; e muitos talvez estivessem mais preparados para brigar, por temperamento e intelectualmente, do que para o trabalho burocrático.

A necessidade de chegar a um acordo com as elites tradicionais significou que a principal tarefa de Mussolini, depois de 3 de janeiro, continuava a ser a destruição do poder e da independência das esquadras fascistas. Sua estratégia era criativa. Em fevereiro, ele designou o líder "intransigente", o *ras* de Cremona, Roberto Farinacci, para secretário do PNF. Aparentemente, isso seria uma vitória para os *squadristi*; mas era um cálice envenenado, porque Farinacci estava sendo convidado a se comportar com "responsabilidade" e disciplinar o partido – uma tarefa quase impossível, como ele pôde constatar. Em outubro, os *squadristi* florentinos amotinaram-se e assassinaram oito liberais. Mussolini os repreendeu violentamente; e, alguns meses depois, ele sentiu-se forte o suficiente para dar o golpe de misericórdia e demitir Farinacci.

O homem que substituiu Farinacci como secretário do PNF, Augusto Turati, tinha uma personalidade bem mais flexível. Alinhado com os desejos de Mussolini, ele realizou um expurgo completo do partido, expulsando cerca de 60 mil membros (principalmente jovens *squadristi*) entre 1926 e 1929. Em muitos lugares, a seção regional do partido foi completamente recomposta, usando pessoas "responsáveis", incluindo uma grande porcentagem de funcionários públicos (pequenos servidores, professores e funcionários do correio), para quem a adesão ao PNF era agora praticamente obrigatória – em 1933, passou a ser realmente obrigatória. Depois de 1926, os líderes do partido de nível regional ou provincial tendiam a ser profissionais liberais ou proprietários de terras, homens que no início da década de 1920 eram liberais, e provavelmente também antifascistas. No Sul, os aristocratas ocupavam frequentemente os principais postos.

Em outubro de 1926, a castração política do PNF foi selada pelo novo estatuto do partido, que introduziu uma centralização rígida. Doravante, todos os postos deveriam ser nomeados de cima, o que significava que a ligação orgânica entre o *ras* regional e seus seguidores, a fonte da tanta violência da esquadra no passado, poderia ser rompida. No mês de janeiro seguinte, Mussolini resolveu a questão do relacionamento entre o Estado e o partido, no nível provincial, em favor do Estado. Ele declarou que o prefeito seria o superior: "todos os cidadãos, e particularmente, aqueles que têm o grande privilégio e a honra de serem membros do Partido Fascista, devem respeito e obediência a este alto representante político do regime fascista". Assim, o Estado assumiu o controle do fascismo, e não o contrário (como muitos temiam e Farinacci esperava).

Por volta de 1927, Mussolini sentiu-se capaz de conter os *squadristi*, depois de ter derrotado a oposição constitucional sem maiores problemas. Os políticos que deixaram a Câmara dos Deputados em protesto ao assassinato de Matteotti foram impedidos de retornar; mas o PPI já estava morrendo, e o PSI estava dividido em facções discordantes; e os liberais e radicais, como Giovanni Amendola, que ainda tentavam resistir ao fascismo, ficaram impotentes sem o apoio do rei, e logo desistiram. A supressão formal da oposição veio em outubro de 1926. Depois de uma série de atentados à vida de Mussolini, todos os partidos de oposição foram banidos, e uma nova lei – "para a defesa do Estado" – colocou seu restabelecimento na ilegalidade.

A imprensa também foi reprimida. Na esteira do discurso de 3 de janeiro de 1925, a lei da censura foi reforçada, e os jornais que trouxessem críticas ao governo estavam sujeitos ao confisco. Entretanto, chegou-se a um acordo na maioria dos casos, sem coerção. Os industriais, proprietários dos principais jornais, estavam dispostos a evitar um confronto com Mussolini, e demitiram os editores ofensores e os substituíram por outros mais seguros. Os jornalistas sabiam que se saíssem da linha seriam despedidos. O resultado foi uma imprensa totalmente insossa em seus relatos políticos. O tom era hiperbólico, com a cobertura entusiasmada das ações do governo e elogios exagerados a Mussolini. Contudo, a "fascistização" causou poucos prejuízos às vendas, graças à popularidade das páginas esportivas e culturais.

O fato de Mussolini conseguir estabelecer um Estado de partido único e eliminar as forças de oposição, com relativa facilidade, revelou a extensão da perda de credibilidade da autoridade moral do antigo sistema parlamentar liberal, em meados da década de 1920. Isso também refletia o fato de que o novo regime estava sendo construído para acomodar e proteger os grupos governistas tradicionais, que por décadas sentiram-se ameaçados pelas demandas das massas. A perda de certo grau de liberdade pareceu, para muitos, um preço razoável a ser pago por uma maior segurança; e, de qualquer modo, o que o Estado liberal tinha lucrado com aquela "liberdade", senão a licença para a greve, o protesto e a subversão da nação? Além disso, as restrições impostas pelo fascismo tornaram-se, ao menos para a classe média, desprezíveis ou irritantes, em vez de realmente opressivas.

O apelo do regime fascista estava em sua tentativa de resolver muitos dos problemas que afligiam o regime liberal. O poder do Estado, que parecia tão prejudicado no passado pela preocupação com os direitos individuais, foi reforçado, principalmente, pela Lei de Segurança Pública de Alfredo Rocco, de 1926. Essa lei rejeitava "o dogma da liberdade pessoal como fundamento e objetivo da sociedade", e tornava a segurança do Estado (agora concebida como um organismo vivo com direitos próprios, de acordo com as ideias nacionalistas) crucial. A Polícia recebeu mais poder para prender, e podia mandar um homem para o "exílio interno" (*confino*) por até cinco anos pela simples suspeita da *intenção* de se envolver em atividades subversivas. Os cidadãos perderam todas as possibilidades de recorrer contra as decisoes do Executivo. Agora, o governo e o Estado estavam unidos.

Ao declarar sua rejeição aos "princípios de 1789", o fascismo herdou a ampla corrente de pensamento idealista, que remonta (se bem que com algumas variações) a Gentile e Croce, até De Sanctis e Mazzini, que enfatizaram a necessidade de forjar uma comunidade ou "nação" moral na Itália, e assim reparar o dano causado por séculos de divisão e servidão na Península. Eles argumentavam que, sem uma ética de lealdade coletiva, derivada de um sentido de identidade nacional forte, o individualismo e o materialismo inerentes à ideologia liberal atuariam corrosivamente e gerariam egoísmo e desordem. O fascismo procurou remediar isso. Seu objetivo era disciplinar a força de trabalho usando uma nova estrutura de sindicatos ("Estado corporativo"), e, simultaneamente, educá-la politicamente, por meio da propaganda. Em resumo, propôs-se uma reforma do caráter nacional e a realização do velho sonho de "fazer italianos". Embora o regime parecesse reacionário em muitos aspectos, suas experiências na orquestração do consenso frequentemente chegavam aos contemporâneos (e não apenas na Itália) como novas e progressistas.

A ECONOMIA FASCISTA

O desprezo pelo materialismo e a preferência pela espontaneidade e pela fé em lugar do planejamento privaram o fascismo de uma estratégia econômica coerente. O desejo, e não a razão, deu forma ao universo fascista. "Para mim", disse Mussolini no Parlamento, em dezembro de 1925, "a vida é luta, coragem e determinação." Essa perspectiva voluntarista coloriu a atitude do regime em relação à economia. Alegava-se que a pobreza relativa da Itália era devida à letargia da antiga classe governante: um novo espírito agressivo se fazia necessário para despertar as energias latentes da nação. Daí, o tom beligerante das principais iniciativas de Mussolini. A "batalha dos grãos" (1925) foi seguida pela "batalha da lira" (1926) e pela "campanha pelo produto nacional"; a indústria foi chamada para formar uma "frente comum" de resistência à ameaça colocada à Itália pelos concorrentes estrangeiros.

O vocabulário de batalha foi concebido como um substituto para a retórica socialista de classe e tornou-se particularmente manifesto a partir de 1925, quando o fascismo reforçou seus laços com os empregadores. Se os salários fossem cortados ou as condições de trabalho piorassem – como era comum, no final da década de 1920 –, era devido aos sacrifícios exigidos para o bem-estar da nação. O inimigo não era interno, mas estava no exterior: todos os italianos, empresários ou empregados, estavam engajados em uma luta comum para fortalecer o país e repelir as tentativas dos Estados industriais mais antigos de impedir que a Itália se tornasse um concorrente econômico sério. Na década de 1930, a ideia de uma conspiração "plutocrática" internacional foi cada vez mais usada pelo regime para explicar e justificar o crescente isolamento internacional da Itália.

Nos primeiros anos de governo, Mussolini adotou uma política financeira ortodoxa, destinada principalmente a tranquilizar (e conquistar) a elite econômica. Os gastos públicos diminuíram e foram feitos esforços para equilibrar o orçamento; os impostos sobre os lucros da guerra foram reduzidos ou abolidos; e a proposta controversa de Giolitti de um registro de acionistas foi arquivada. Mussolini teve sorte de que sua chegada ao poder tenha coincidido com uma recuperação da economia mundial. Esse fato e o fim dos encargos extraordinários para as despesas de guerra, que sobrecarregavam o tesouro público em 1921-1922, ajudaram-no a alcançar um excedente orçamentário em 1924-1925. Em 1923-1924, o sucesso de seu programa econômico foi um fator importante que o ajudou a aplacar a tempestade provocada pelo assassinato de Matteotti.

A criação do Estado de um só partido, depois de 3 de janeiro de 1925, obrigou Mussolini a repensar sua estratégia política. Ele ainda precisava do apoio dos industriais e latifundiários, por motivos políticos (e o PNF ainda não estava em posição de oferecer uma alternativa para a classe administrativa); mas agora ele estava sob a pressão de setores poderosos do partido, principalmente dos sindicatos, que almejavam uma revolução fascista para compor a reestruturação do Estado com as linhas sindicalistas. Na primavera de 1925, os sindicatos fascistas (ou "corporações"), liderados por Edmondo Rossoni, tornaram-se cada vez mais militantes, realizando várias greves importantes: em março, a greve nas indústrias da Lombardia envolveu mais de 100 mil trabalhadores. Os empregadores ficaram alarmados, assim como Mussolini, que decidiu domar os sindicatos.

Em abril de 1926, foi aprovada a Lei Sindical, um dos itens principais da legislação fascista. Ela foi sobretudo um trabalho do ministro da Justiça, Alfredo Rocco, um grande admirador da economia alemã, com seus cartéis e sindicatos monolíticos, e cuja ambição era regular e disciplinar a economia italiana no interesse da produção. Sua principal preocupação era trazer o trabalho para o controle do Estado. A lei fazia algumas concessões aos sindicalistas: por exemplo, confirmava aos sindicatos fascistas o monopólio das negociações e o estabelecimento de um tribunal independente para oferecer arbitragem compulsória sempre que houvesse um impasse em uma disputa; mas sua essência era altamente conservadora. A lei abolia as greves e as operações "tartaruga"; e, acima de tudo, não submetia os empregadores à supervisão do Estado ou do partido.

O resultado foi um sistema econômico que deixou os empregadores com o chicote na mão. Enquanto os trabalhadores eram representados nas negociações por funcionários indicados pelo PNF (geralmente bacharéis de classe média), os empresários podiam falar por si. Mussolini continuou a referir-se ao "corporativismo" ou "Estado corporativo", parcialmente em deferência aos líderes fascistas, como Giuseppe Bottai, para quem a Lei Sindical era apenas um passo no caminho para os sindicatos mistos (ou "corporações") de trabalhadores e de uma economia nacional planejada; mas, na verdade, o equilíbrio de poder inclinava-se firmemente contra a ala sindicalista do partido. Edmondo Rossoni foi demitido em 1928, e a Confederação dos Sindicatos Fascistas, a qual tinha chefiado, se dividiu e, na realidade, foi politicamente destruída.

Daí em diante, o que quer que fosse, o "Estado corporativo" não seria sindicalista. E tampouco beneficiaria as classes trabalhadoras. Apesar de documentos grandiosos, como a Carta do Trabalho, de 1927, com a proclamação de garantias sobre uma variedade de questões sociais e trabalhistas (quase todas não realizadas), ficou claro que, de fato, o fascismo tinha pouco a oferecer aos trabalhadores da indústria ou aos camponeses. No final da década de 1920, os salários foram substancialmente reduzidos em muitos setores, após uma grande reavaliação da lira, e embora os cortes devessem estar em linha com a queda de preços, na verdade, milhões de trabalhadores sofreram um declínio no padrão de vida. A criação formal do "Estado corporativo", em 1934, nada fez para alterar isso: as vinte e duas novas corporações "mistas" de empregadores e empregados careciam de poder, e todas as decisões econômicas importantes continuaram a ser tomadas como antes.

As consequências de tanto favorecimento aos empregadores foram particularmente terríveis no Sul – econômica e socialmente. Mussolini tinha anunciado no início de março, em Roma, que pretendia resolver a questão meridional; mas, uma vez no poder, ele se voltou para a conquista dos grandes proprietários de terras e se recusou a tomar medidas que pudessem custar o seu apoio. Isso irritou especialmente o principal especialista em agricultura do governo, Arrigo Serpieri. Em 1924, ele introduziu uma lei radical sobre a "recuperação integral da terra" (*bonifica integrale*), planejada para forçar os proprietários de terras a contribuir com o custo de melhorias em suas propriedades, caso contrário, enfrentariam a expropriação. Os latifundiários do Sul (principal alvo de Serpieri) ficaram furiosos e fizeram o *lobby* para remover a cláusula da expropriação. Eles conseguiram, destruindo assim qualquer chance real de que a "recuperação integral da terra" tivesse algum efeito no Sul.

O programa de "recuperação integral da terra" teve um pouco mais de impacto em outros lugares da Itália, embora, em geral, suas realizações tenham sido muito menos dramáticas do que a propaganda fascista alegava. A novidade do esquema reside no fornecimento de um pacote de medidas abrangentes ("integral") e interligadas (como irrigação, aquedutos,

CAPÍTULO 8 – FASCISMO | 245

barragens, estradas e casas) para transformar áreas específicas. Em alguns lugares, por exemplo na Maremma Toscana e na Campagna Romana, os resultados foram bastante impressionantes. O sucesso mais marcante (e mais difundido) ocorreu no Agro Pontino, ao sul de Roma, onde milhares de hectares foram transformados em pequenas fazendas e vilarejos. Contudo, na maioria dos casos, a "recuperação integral da terra" foi aplicada de forma pouco sistemática para ter um efeito real na agricultura.

O fracasso de Serpieri em forçar os proprietários de terra do Sul a dar sua contribuição para a recuperação da terra (em 1934, ele tentou reintroduzir a expropriação e foi demitido) era um sintoma da impotência do governo no Sul durante o período fascista. Ali, o PNF era amplamente controlado pelos latifundiários; e, sem qualquer representação política independente, o campesinato não tinha meios eficientes para resistir aos cortes de salários e às quebra de contratos. O padrão de vida dos trabalhadores e dos pequenos proprietários do Sul parece ter caído nos anos entre as guerras, em alguns casos, dramaticamente (principalmente na década de 1930); e, depois de 1921, os Estados Unidos introduziram cotas para o número de imigrantes, fechando a válvula de escape mais importante para a população do Sul.

A extensão do sofrimento do Sul sob o fascismo só pode ser imaginada porque a discussão sobre a "questão meridional" foi banida pelo regime (com a justificativa de que tinha sido resolvida) e as referências danosas à pobreza ou ao crime na imprensa foram proibidas. Não há dúvida de que muitos pequenos proprietários foram à falência no final da década de 1920, como resultado da reavaliação da lira. Eles não conseguiam mais reembolsar as hipotecas e tiveram que vender as propriedades. Depois de 1929, a palavra recessão foi provavelmente ainda mais desastrosa, porque causou uma grande queda nas exportações de alimentos, como as frutas cítricas, das quais dependiam muitos pequenos fazendeiros do Sul. A pobreza crescente na região levou dezenas de milhares de camponeses a deixar a terra e se mudar para as grandes cidades (apesar das proibições oficiais: mendigos faziam mal à imagem do regime) (*cf.* TABELA 6, p. 174). Isso provavelmente também incentivou o crescimento da criminalidade.

A tentativa do regime de aumentar a população italiana por meio de sua alardeada "campanha demográfica" parece estranha, uma vez que o Sul sempre sofreu com a superpopulação. Contudo, esse foi um exemplo do primado da política sobre a economia sob o regime fascista. Mussolini lançou a campanha em 1927, declarando que o Império Romano entrou em declínio devido à queda da taxa de natalidade, e que uma das maiores questões da Itália contemporânea era sua vitalidade demográfica. A principal fonte dessas ideias foi Corrado Gini, um demógrafo, muito influenciado pelas teorias da decadência francesas e alemãs da época. Entretanto, é provável que Mussolini também tenha sido incentivado por grupos católicos e clericais: na época, ele estava buscando ativamente uma solução para a "questão romana", e uma campanha para aumentar a taxa de natalidade na Itália certamente seria bem recebida pelo Vaticano.

As campanhas demográficas eram uma mistura de propaganda com incentivos financeiros. As grandes famílias eram elogiadas; as mães férteis eram premiadas e recebidas pelo Duce (que logo também teve mais dois filhos); os benefícios familiares foram introduzidos na década de 1930, juntamente com isenções fiscais para crianças, "subsídios de nascimento" e "empréstimos para casamentos"; e uma taxa punitiva especial foi imposta aos homens solteiros. Entretanto, essas e outras medidas parecem ter tido pouco impacto sobre a taxa de natalidade, que, a longo prazo, continuou em declínio constante especialmente no Norte, onde caiu abaixo do nível de reposição em algumas regiões. A população cresceu: de 41 milhões, em 1931, para cerca de 47 milhões, em 1950; mas isso se deve principalmente à queda da taxa de mortalidade – e ficou bem abaixo da meta de Mussolini, de 60 milhões (TABELA 5, p. 173).

A alta taxa de natalidade entre os camponeses foi um dos motivos que levou o regime a dedicar tanta propaganda para a agricultura e a "ruralidade"; mas o fascismo não colocou o dinheiro onde estava sua voz, especialmente depois do começo da Grande Depressão. Na década de 1930, muitas das iniciativas agrícolas do período liberal (como a *Cattedre ambulanti**) diminuíram gradualmente ou foram interrompidas. Além disso, os preços na indústria se comportaram bem melhor do que na agricultura. A única exceção importante foi o trigo, que, graças à "batalha dos grãos" (lançada em 1925 para tornar a Itália autossuficiente em cereais depois de uma colheita desastrosa) recebeu forte proteção. Isso incentivou a produção de grãos, mas também amparou fazendeiros ineficientes; e, no Sul, os resultados a longo prazo foram particularmente deletérios, porque o trigo substituiu outros cultivos (e também pastagens), e criou uma situação perigosamente inflexível (e por isso vulnerável), próxima à monocultura.

---

* A *Cattedre ambulanti di agricoltura* foi por quase um século a instituição de ensino agrícola mais importante da Itália. Patrocinada pelos círculos de intelectuais, tinha por público-alvo os pequenos produtores. (N.E.)

CAPÍTULO 8 – FASCISMO | 247

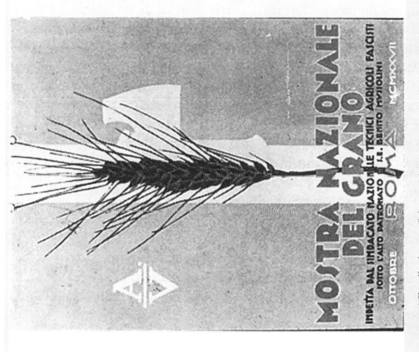

IMAGEM 30. A "batalha dos grãos". À esquerda, um pôster anunciando uma exposição nacional do trigo, em 1927 ("ano cinco" (A[nno]V) do regime). À direita, o anúncio de uma competição nacional do cultivo do trigo. A cabeça e o tronco são clássicos, embora, talvez, mais gregos do que romanos.

248 | HISTÓRIA CONCISA DA ITÁLIA

Durante o fascismo, a indústria continuou a progredir nos moldes estabelecidos no período giolittiano, particularmente nos setores químico, elétrico e mecânico. Em meados da década de 1920, a Itália era o maior exportador de fibra artificial (*rayon*); e os setores de corantes sintéticos, farmacêutico e de fertilizantes também estavam bem. As ferrovias foram eletrificadas; e as indústrias de telefonia e rádio se desenvolveram rapidamente. A indústria automobilística teve dificuldades com o tamanho limitado do mercado doméstico, produzindo apenas 55 mil veículos em 1929 (em comparação com 250 mil na Grã-Bretanha); mas, em geral, a fabricação de máquinas evoluiu. A indústria leve (vestuário, couro, madeira) experimentou avanços tecnológicos importantes e estabeleceu as bases para o sucesso pós-guerra de muitos empreendimentos menores, principalmente em regiões como a Toscana, as Marcas, a Emília-Romanha e o Vêneto.

Durante a década de 1930, em resposta aos problemas gerados pela primeira reavaliação da lira, em 1926-1927, e depois, pela Grande Depressão (que, em geral, afetou a Itália menos severamente do que os países mais industrializados), o regime tomou várias iniciativas importantes e não planejadas, que influenciaram profundamente o desenvolvimento econômico do país no futuro. A partir do final da década de 1920, inúmeros bancos enfrentaram dificuldades, uma vez que as empresas nas quais investiram começaram a quebrar. Por volta de 1931, o próprio Banco da Itália estava ameaçado. O governo interveio e instalou duas agências: o IMI (Istituto Mobiliare Italiano), em 1931, e o IRI (Istituto per la Ricostruzione Industriale), em 1933, que resgataram os bancos e assumiram suas ações. Logo, o Estado estava controlando o equivalente a mais de um quinto do capital das indústrias italianas – em especial, nos setores do aço, do transporte e da eletricidade. Na Europa, apenas a União Soviética tinha um setor público maior.

O IRI foi particularmente bem-sucedido. Ele foi concebido inicialmente como uma *holding* temporária, para disciplinar as empresas que controlava, e, depois, devolvê-las à esfera privada; mas, em 1937, tornou-se uma agência permanente. Suas empresas geralmente abarcavam os setores privado e público, e o Instituto comprava e vendia ações de forma competitiva. O sucesso se deve em parte à sua independência do Partido Fascista. O IRI era dirigido por Alberto Beneduce, que tinha sido ministro no governo de Ivanoe Bonomi, de 1921-1922; e, sob sua direção, o Instituto tornou-se o campo de treinamento de uma nova geração de gestores progressistas, cuja experiência e habilidades contribuíram de forma vital para a reconstrução da economia italiana depois da guerra, e para o "milagre econômico" das décadas de 1950 e 1960.

Outra evolução importante da década de 1930, com grandes implicações de longo prazo para a economia italiana, foi a introdução de sistemas de previdência. Em grande medida (assim como o IMI e o IRI), eles foram respostas imediatas aos problemas criados pela Depressão, e não correspondiam a uma política econômica ou social coerente. Os subsídios familiares começaram em 1934, principalmente para compensar os trabalhadores da perda de renda resultante da imposição da semana de quarenta horas. O seguro de saúde e acidentes foi incorporado aos acordos salariais; e, no final da década de 1930, foram introduzidos os abonos de Natal e as férias remuneradas. Tudo isso colocou uma grande pressão sobre o erário público; mas o regime estava sempre mais preocupado em assegurar e engendrar o apoio político, do que com a manutenção da ortodoxia financeira.

Como herdeiro da longa tradição do pensamento idealista na Itália, o fascismo começou a construir uma nação sobre alicerces espirituais, e não materiais. Isso ajuda a explicar a qualidade improvisatória de muitas de suas iniciativas econômicas. O crescimento econômico não era importante para o regime; mas a construção de uma identidade coletiva por meio da propaganda, e, eventualmente, da guerra, sim. O argumento foi que o Estado liberal tinha naufragado por seu "agnosticismo" – sua falha em reconhecer que as nações não vivem apenas de pão, e que, sem ideais (ou uma "missão", para usar um termo de Mazzini), elas não têm defesas morais contra as tendências desintegradoras dos interesses privados, setoriais ou regionais. Em grande medida, o fascismo foi uma tentativa de construir uma comunidade nacional na Itália.

FORJANDO UMA NAÇÃO FASCISTA

O fascismo começou como um movimento de elite: homens jovens que acreditavam que sua força moral tinha resgatado a Itália da desonra da neutralidade, em 1915, e levado a nação à vitória, em 1918. Embora muitas das ideias iniciais do movimento tenham sido prontamente sacrificadas no altar da conveniência política, o regime manteve uma fé elitista nos poderes criativos e purificadores da vontade superior. Mussolini disse que a principal tarefa do fascismo era formar um novo tipo de italiano, com novos valores e comportamentos. Isso tinha o sabor do utopismo do século XVIII; mas, em contraste com o Iluminismo, o fascismo procurou remodelar a sociedade, apelando para a razão, e não para o irracional no homem: o fascismo, segundo um *squadrista*, foi uma revolta contra o "intelecto" e "os homens de cultura", em nome da "fé, da vontade e do entusiasmo".

A tentativa de forjar uma nova comunidade nacional lembra os críticos do Estado liberal, que há muito estavam preocupados com o abismo emocional que separava as massas das instituições políticas. O fascismo construiu a ponte sobre o abismo. Seu objetivo foi substituir o fraco sistema parlamentar italiano por um regime mais estimulante, construído em torno de mitos e símbolos, cultos de liderança e da orquestração deliberada das esperanças, dos medos e das inseguranças coletivas. Entretanto, essa experiência de engenharia cultural foi mal planejada. O fascismo nunca foi um sistema "totalitário", e, na prática, foi forçado a se comprometer com uma variedade de sistemas de valores, muitos dos quais eram altamente conservadores. Na década de 1930, o "homem fascista" não era mais um jovem bárbaro. Ele era um pai patriota, trabalhador e devoto.

Um dos aspectos mais impressionantes da tentativa do regime de construir um consenso foi o "culto ao Duce". O fascismo engrandecia o indivíduo heroico: os grandes homens eram os motores da história, e não as forças materiais interpessoais. Depois de 1925, Mussolini foi submetido a um processo de quase deificação, fortemente incentivado pela Igreja Católica, e promovido por um coro de jornalistas, candidatos e incontáveis admiradores do regime. Entre os últimos, a mais notável foi a amante de Mussolini, Margherita Sarfatti, uma patronesse das artes muito inteligente, cuja biografia *best-seller* de 1926, intitulada *Dux* [Duce], descrevia Mussolini como a encarnação de tudo o que era essencialmente romano: "Romano no espírito e no semblante, Benito Mussolini é uma ressurreição do arquétipo itálico, que aparece uma e outra vez ao longo dos séculos".

Durante a década de 1930, o "culto ao Duce" alcançou uma dimensão extraordinária. As injunções aforísticas de Mussolini ("acreditar, obedecer, lutar", "viver perigosamente", "melhor um dia como um leão, do que cem anos como uma ovelha") estavam pintadas em todos os lugares, ao lado de slogans como "Mussolini está sempre certo". Os jornalistas eram obrigados a relatar seus atos e discursos em termos elogiosos (e o aplauso que ele recebia era sempre "interminável", "extático" ou "retumbante"). Achille Starace, um secretário do partido, obtuso, mas leal, levou o culto a extremos absurdos, durante quase toda a década de 1930, estipulando, por exemplo, que os funcionários do PNF ficassem em posição de sen-

IMAGEM 31. O culto ao Duce. Mussolini discursando para uma multidão em um estádio, em Veneza. Durante a década de 1930 (em parte, sob a influência do nazismo), o fascismo usou cada vez mais a encenação coreográfica, em uma tentativa de mobilizar as massas.

tido ao falar com o Duce ao telefone. Por sua transparência, o "culto ao Duce" conseguiu gerar um enorme entusiasmo e uma afeição popular por Mussolini, e ajudou a conferir uma determinada coesão ao regime, que de outra forma teria faltado.

De muitas formas, o "culto ao Duce" foi a religião oficial do regime; e o apoio à grandeza de Mussolini, da boca para fora, foi o critério mais importante de lealdade política requerido pelo regime. Na prática, o resultado foi uma boa dose de liberdade para discussão, e mesmo, crítica. Provavelmente, o motivo pelo qual apenas onze entre os 1.200 professores universitários do país, em 1931, recusaram-se a fazer um juramento de lealdade ao regime foi que eles sabiam que não haveria barreiras para que continuassem a dizer mais ou menos o que quisessem nos jornais acadêmicos ou por trás das portas fechadas das salas de aula. Na verdade, isso os deixaria mais livres do que nunca, porque o fascismo, assim como a Igreja Católica, estava preparado para permitir muito em troca de indícios de submissão.

O "culto ao Duce" tinha outro propósito político importante. Na realidade, ele colocou Mussolini acima do governo e do Partido Fascista, e ajudou a desviar as críticas de sua pessoa. Era possível afirmar que os problemas econômicos do país, a corrupção excessiva e a ineficácia da burocracia não eram culpa dele, mas da incompetência dos ministros ou de funcionários públicos mercenários, que traíam a confiança do grande homem, e, intencionalmente, o deixaram no escuro quanto aos sofrimentos reais do povo. Um alvo especial da crítica popular era o PNF. A partir do final da década de 1920, o partido perdeu quaisquer resíduos remanescentes do idealismo e da vitalidade intelectual, e se tornou uma máquina poderosa de proteção e promoção. A adesão atingiu mais de 2,5 milhões de membros por volta de 1939. A piada era que a maioria aderiu *Per Necessità Famigliari* – "por motivos familiares".

Entretanto, o Partido Fascista era tido pelo regime como um instrumento importante na construção do consenso. Os jovens eram um alvo especial, por um lado, porque desde o começo, o movimento cultuou a vitalidade e o rejuvenescimento (*Giovinezza* – Juventude – era o título de seu hino), e por outro, se preocupou com a doutrinação política. A partir de 1926, as organizações jovens do PNF assumiram uma importância crescente quando foram reunidas em uma instituição única, a *Opera Nazionale Balilla*, que compreendia a *Balilla* (para meninos de oito a quinze anos), a *Avanguardie* (de quinze a dezoito) e a *Piccole Italiane* (para meninas). A ênfase ficava com o esporte, mas havia também um elemento paramilitar forte, com uniformes, paradas e comícios, exibições de ginástica e muita propaganda para alimentar a lealdade e o orgulho pela nação (e ao PNF).

As experiências mais eficazes do fascismo na construção do consenso estão relacionadas ao lazer. A Opera Nazionale Dopolavoro, montada em 1925, compreendia uma rede enorme de clubes locais e instalações de lazer (muitas das quais foram anteriormente controladas pelos socialistas), com bibliotecas, bares, salões de bilhar e campos desportivos. Os círculos Dopolavoro organizavam exibições de concertos, teatro e cinema, faziam excursões de um dia à praia e passeios ao campo, e proporcionavam férias de verão extremamente baratas para as crianças. Em algumas regiões, eles ofereciam assistência social. No final da década de 1930, a organização Dopolavoro tinha aproximadamente quatro milhões de membros, e provavelmente tinha conseguido uma penetração nas classes trabalhadoras maior do que quaisquer outras agências partidárias. Entretanto, era mais ativa no Norte, do que no Sul; e em muitos pequenos centros rurais, suas atividades eram geralmente inconstantes.

Nos anos entre as guerras, o cinema e os esportes foram as formas mais populares de entretenimento de massa na Itália, e o regime explorava seu potencial como instrumento de controle social. Contudo, as atividades eram mais usadas para diversão do que como ferramentas para propaganda partidária, e só eram políticas na medida em que o regime as incentivava e as ajudava a ter uma abrangência nacional. A indústria cinematográfica do país era subsidiada, e a importação de filmes estrangeiros era restrita; mas, durante a década de 1930, a maioria das produções italianas era de comédias ou dramas escapistas, cujo éthos luxuoso de classe média (simbolizado pelo "telefone branco") as tornava muito parecidas com sua contrapartida hollywoodiana. Entre os relativamente poucos filmes comerciais com um tema "fascista" claro, apenas um ou dois tiveram sucesso com o público em geral – por exemplo, *Vecchia Guardia* [*Velha Guarda*], de Blasetti.

O esporte era visto como uma atividade "fascista" boa: a suposta perícia de Mussolini ao volante ou como cavaleiro recebia muita publicidade. O regime incentivava bastante a corrida de automóvel, o futebol (a Itália ganhou a Copa do Mundo duas vezes, na década de 1930), o ciclismo, o boxe e o esqui; e, na década de 1930, os funcionários do partido eram obri-

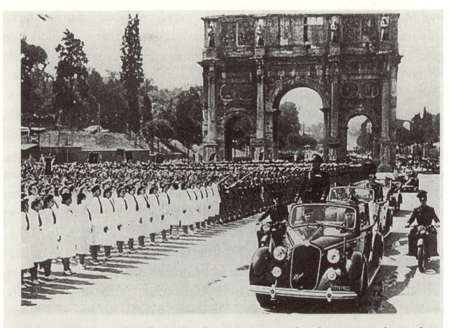

IMAGEM 32. Mobilização de mulheres. Mussolini inspeciona os membros de organizações fascistas femininas, na frente do Arco de Constantino, em Roma. O regime atribuiu às mulheres um papel tradicional na criação dos filhos e como "anjos do lar", mas também as envolveu como nunca na vida política nacional.

gados a dar o bom exemplo, saltando em público, através de aros e sobre barreiras. Voar era visto como particularmente "fascista". Dois dos filhos de Mussolini eram pilotos, e, Italo Balbo, o antigo *ras* de Ferrara, foi louvado como um herói nacional por seus voos de longa distância. Sem dúvida, o regime desviou boa parte de seu capital político da estreita identificação com o esporte; e foi graças ao fascismo que o esporte se tornou um elemento "nacional" na cultura italiana.

A aspiração do fascismo de ser "totalitário" (Mussolini foi o primeiro a usar o termo) deve ter funcionado contra qualquer entendimento com a Igreja; e, certamente, houve atrito: em 1928, os Escoteiros Católicos (um rival das organizações fascistas de jovens) foi fechado. Ainda assim, as vantagens políticas de um acordo com o papa eram muito grandes para serem negligenciadas por Mussolini, e, em 1929, em meio a um grande alvoroço, a questão romana foi finalmente liquidada. O Vaticano se tornou um Estado soberano, e uma grande soma foi cedida para compensar a perda de territórios papais em 1860 e 1870. Contudo, as disposições mais importantes vieram de uma concordata anexa. O ensino religioso foi estendido para as escolas secundárias, bem como as primárias, e a Ação

Católica, a principal organização leiga da Igreja, teve sua autonomia garantida, desde que ficasse fora da política.

A resolução da questão romana foi uma grande jogada política de Mussolini. Seu prestígio pessoal cresceu, tanto internacionalmente, como em casa; e, o mais importante, permitiu que o fascismo realizasse o sonho, há tanto tempo acalentado pelo Estado liberal, de usar a Igreja como um instrumento para garantir a anuência política das massas. De fato, assim que o Tratado de Latrão foi assinado, o governo organizou um plebiscito. Os eleitores foram convidados a aceitar ou rejeitar uma lista única de 400 candidatos para uma Câmara de Deputados remodelada. O clero apoiou ativamente os prefeitos e funcionários do partido; e os resultados foram extremamente expressivos: mais de 8,5 milhões votaram SIM, apenas 136 mil, NÃO. O regime atingiu um novo grau de legitimidade moral; e Mussolini – "o homem enviado pela providência", como dizia o papa – parecia invencível.

Entretanto, a reconciliação com a Igreja teve seu preço. Ao conceder a independência para a Ação Católica, com sua grande rede de organizações baseadas nas paróquias, o fascismo renunciou a qualquer alegação séria de monopólio da ideologia. Os riscos políticos de longo prazo eram consideráveis, visto que a Ação Católica era explicitamente considerada pelo Vaticano como uma ferramenta para penetrar na sociedade civil e treinar uma elite leiga católica. Mussolini conhecia o perigo. Em 1931, ele empreendeu um ataque à Ação Católica, e a responsabilizou por quebrar a concordata. A Igreja fez concessões. Porém, a Ação Católica continuou a ser uma força poderosa na sociedade italiana, com cerca de um milhão de membros na década de 1930. Sua associação de estudantes, a FUCI [Federação Universitária Católica Italiana], foi especialmente influente: muitos dos líderes da Democracia Cristã do pós-guerra passaram por suas fileiras.

Alguns aspectos do fascismo encaixam-se com a ideologia católica: a ênfase na fé, o antimaterialismo, a oposição ao socialismo e ao liberalismo, o sentido de hierarquia e ritual, e a crença nas virtudes da vida rural (e os males da urbanização). Muitos italianos viam algumas contradições significativas entre os valores católicos e fascistas. Contudo, a mentalidade do fascismo era essencialmente pagã. O "novo homem", moldado pelas organizações de jovens e pela propaganda do partido, deveria ser um guerreiro – viril, patriótico, disciplinado e austero; a "nova mulher", a esposa do guerreiro – leal e obediente, a educadora das crianças e a guardiã do lar. O fascismo procurava seu modelo na Roma dos Césares, e não nos papas; e foi a antiga Roma que proporcionou boa parte de seu simbolismo. "O fascismo, como um todo", escreveu um líder educador, em 1929, "é a ressurreição da romanidade (*romanità*)."

O culto à Roma Antiga fez parte da tentativa do fascismo de fabricar uma nova identidade nacional. O liberalismo e a democracia parlamentarista podiam ser repudiados como produtos importados; o fascismo, ao contrário, era original, um renascimento do verdadeiro gênio da Itália e o retorno de seu povo, pela via da Renascença, à época dos Césares. A "romanidade" permeou todos os cantos da vida fascista. O símbolo fascista – um feixe de varas com um machado projetado – era romano; assim como a saudação fascista; a história romana ganhou proeminência no currículo escolar; a Militia e as organizações para a juventude foram formuladas segundo o Exército romano; o dia 21 de abril, a data tradicional da fundação de Roma, tornou-se feriado nacional; e a retórica do regime estava saturada de termos latinos e alusões romanas.

A pintura, a arquitetura e a escultura também experimentaram a marca da "romanidade", embora, em geral, o regime nunca tenha desenvolvido uma política para as artes. Em parte porque Mussolini não estava particularmente interessado em arte; mas também, e talvez, principalmente, porque a luta entre as tendências progressistas e conservadoras com o fascismo ecoou virulentamente na esfera da cultura, criando uma situação difícil de resolver. Contudo, na década de 1920, o grupo de pintores Novecento, que se reunia em torno de Marguerita Sarfatti, atraiu uma boa dose de patrocínio oficial, provavelmente porque sua forma "moderna" de arte clássica parecia unir o campo tradicional ao progressista. O mesmo vale para o estilo "imperial" de arquitetura da década de 1930, que usou as antigas formas romanas (particularmente o arco arredondado) em uma linguagem moderna.

O culto da "romanidade" foi um aspecto do desejo do regime de fortalecer os sentimentos de identidade nacional; outro foi a tentativa de depurar a língua italiana. A campanha contra palavras estrangeiras começou em 1926, mas foi somente a partir da segunda metade da década de 1930 que medidas sérias foram tomadas para erradicá-las e introduzir equivalentes "italianas": "cocktail" transformou-se em *arlecchino*, "cognac", em *ratafià*, e assim por diante. Às vésperas da Segunda Guerra Mundial, essa experiência bizarra de nacionalismo reflete um novo grau de intervencionismo cultural pelo regime e resulta da influência crescente da Alemanha nazista. Em 1937, foi criado o Ministério da Cultura Popular, para exercer um controle mais sistemático sobre a imprensa e a mídia, e intensificar a propaganda política.

As escolas eram instrumentos de propaganda óbvios, e, a partir do final da década de 1920, o regime procurou elaborar currículos adaptados às exigências da nova era fascista. As maiores mudanças ocorreram no nível primário, onde foi introduzido um livro de textos oficial único, utilizado para ensinar todos os alunos, usando a vida de Mussolini ou características do PNF como material ilustrativo. Nas escolas secundárias, o governo foi forçado a ser um pouco menos impositivo, em parte porque não podia impor aos professores o mesmo grau de disciplina adotado nas escolas primárias (onde era mais fácil substituir o pessoal), mas também porque a classe média – cujos filhos lotaram os *licei* – teria restringido tanta propaganda manifesta. Como alternativa, os cursos tinham um caráter mais nacionalista, com ênfase maior no *Risorgimento*, no papel da Itália na Primeira Guerra Mundial e nas conquistas dos intelectuais italianos.

Contudo, o impacto da propaganda fascista, tanto nas escolas como em outras áreas da vida nacional, foi inevitavelmente um tanto restrito. Sem qualquer expurgo sistemático da burocracia, os principais setores do Estado continuaram nas mãos das antigas elites. Desde o início, grande parte do poder de Mussolini dependeu da cooperação negociada do empresariado, do Exército, dos grandes proprietários de terras e de outros grupos; e sua liberdade do controle do partido significou que boa parte do *éthos* corporativo permaneceu intacta durante os anos entre as guerras. A influência da Igreja, com a garantia da independência da Ação Católica e o crescimento do ensino religioso nas escolas, foi mais um atenuante dos valores fascistas.

Uma das maiores restrições ao apoio popular ao regime estava nas dificuldades econômicas enfrentadas por grande parte da população. Se os homens não vivem só pelo pão – como o fascismo afirmava ardentemente –, eles não poderiam viver sem ele. Os relatos do Sul, particularmente no final da década de 1930, falavam de uma pobreza cruel. "Sua Excelência deve estar sensível à realidade da Sicília", disse o secretário do partido, em 1937: "[Em Palermo], hordas de pessoas, que não conseguem encontrar trabalho, vivem nas ruas estreitas do distrito, e vão para a cama sem ao menos uma tigela de sopa... Como me disse uma senhora, 'Eu não entendo porque todos sofrem e, mesmo assim, ninguém se rebela'." Dois anos

IMAGEM 33. O estilo "imperial" de arquitetura. O Palácio da Civilização do Trabalho, de Marcello Piacentini, projetado em 1940-1941, para a Esposizione Universale di Roma (EUR). Uma releitura de antigos temas romanos.

depois, outro relato se referia a famílias do interior da Sicília que só tinham "raízes e forragem" para comer. A corrupção e o crime organizado também eram abundantes na ilha – embora ninguém ousasse se referir à Máfia em público, uma vez que ela supostamente não deveria existir no fascismo.

O problema principal da tentativa do fascismo de garantir um apoio fortemente enraizado está em sua superficialidade intelectual. Na realidade, o regime foi construído sobre negação da política: o culto ao Duce, a retórica patriótica, as paradas, os uniformes, os filmes, o futebol e viagens marítimas não compensavam a falta de ideias sérias e do debate real. No início da década de 1930, estava claro que o fascismo tinha perdido alguns de seus aspectos intelectuais; e, em 1934, o quase nascimento do "Estado corporativo" foi, para muitos, a última gota. Um novo impulso se fazia necessário. O Partido Fascista era uma máquina clientelista corrupta, dirigido por funcionários de meia idade embotados; a burocracia era ineficiente; e havia muito cinismo e indiferença. Entre os jovens – e especialmente, entre os jovens graduados, com os quais o regime contava para compor sua nova geração de líderes, e cujo número cresceu rapidamente nos anos entre as guerras (veja na TABELA 10, p. 260) –, havia indicação de uma frustração crescente. Mussolini respondeu com o lançamento de uma campanha de medidas "antiburguesas" radicais, na tentativa desesperada de finalmente forjar "novos" italianos – e empurrando o país para a guerra.

A GUERRA E O FIM DO FASCISMO

Como um produto da revolta contra o positivismo, o fascismo colocou grande ênfase na vontade, na ação, na fé e no artifício da violência. A guerra era a atividade fascista perfeita; e o objetivo fundamental que levou o regime a trabalhar para forjar um sentimento poderoso de identidade coletiva foi preparar os italianos para lutar e morrer por seu país. "Considero a... nação em um estado de guerra permanente", Mussolini declarou em dezembro de 1925. Por isso, não surpreende que muitas das iniciativas fascistas tivessem uma dimensão militar manifesta. A campanha demográfica, a promoção do esporte e da boa forma física, as organizações para a juventude, e a pressão para a autossuficiência econômica (começando pela "batalha dos grãos") foram todos planejados, pelo menos em algum aspecto, para preparar a Itália para a guerra.

Entretanto, como aconteceu com tantas outras coisas, o fascismo não seguiu um curso de ação consistente. Como muitos outros para quem os acontecimentos de 1915-1918 tinham sido uma experiência moral e política superior, Mussolini fez questão de perpetuar os valores e a retórica de guerra; mas, ao longo da década de 1920, o fascismo travou suas batalhas principalmente contra inimigos internos e impessoais: o PSI, os comunistas, os liberais, o *Popolari*, os cereais estrangeiros e o declínio demográfico. Fora o bombardeio de Corfu, em 1923, Mussolini deu pouca atenção à agressão ou à expansão no exterior. Ele via o fascismo como um fenômeno essencialmente italiano. Apenas a partir do final da década de 1920, tentou (com a ajuda do filósofo Giovanni Gentile) universalizar o fascismo como uma ideologia e doutrina.

Com a consolidação do regime em casa, Mussolini voltou cada vez mais a atenção para a política externa. Nesse momento, como em outros,

TABELA 10. Estudantes universitários.

	1861	1880	1900	1920	1940	1960	1970	1980	1998
Áustria	8.043	13.264	24.140	21.967[b]	—	40.815	57.297	121.000	242.000
França	—	—	—	49.931	76.485	210.900	651.368	864.000	1.591.000
Alemanha (Ocidental, a partir de 1950)	—	—	—	119.412	49.702	212.021	411.520	818.000	2.156.000
Espanha	7.679	15.732[a]	—	23.508	33.763	62.105	168.612	424.000	906.000
Grã-Bretanha	—	—	—	58.952[c]	44.034	130.000	259.000	340.000	627.000
Itália	6.504	11.871	26.033	53.239	127.058	191.790	560.605	764.000	1.334.000

(a) 1882.
(b) 1921.
(c) 1922.

Observe o crescimento desproporcional do número de estudantes na Itália no período entre as guerras.

Fonte: MITCHELL, B. R. *International Historical Statistics, Europa 1750-2005* (Basingstoke, 2007).

o fascismo foi um tanto eclético. Em 1920-1921, o movimento tinha explorado a retórica da "vitória mutilada"; e a ideia de tentar rever o acordo de Versalhes popularizou-se entre muitos do partido. Mas não era claro como isso poderia ser feito. A partir de 1926, Mussolini tentou desestabilizar os Balcãs apoiando grupos terroristas locais; mas com pouco sucesso. O nacionalismo foi uma influência particularmente importante sobre o fascismo: a ideia da Itália como uma "nação proletária", que precisava, por razões demográficas, se aventurar na expansão imperial no Mediterrâneo, foi assumida pelo fascismo e esteve insistentemente presente a partir do final da década de 1920.

A tática principal da política externa de Mussolini foi tentar e conseguir concessões por meio de mudanças repentinas inquietantes entre a beligerância e a subserviência. A partir de janeiro de 1933, ele teve um rival nesse jogo. Inicialmente, ele praticamente ignorava Hitler, mas a retirada do líder alemão da Liga das Nações o surpreendeu: o monopólio da imprevisibilidade por Mussolini parecia ameaçado. Em 1934, o chanceler austríaco, Dollfuss (que Mussolini considerava um *protégé*) foi assassinado em um golpe nazista: na época, sua esposa estava com Mussolini, que ficou furioso e ordenou a mobilização de tropas para Brenner. Ele logo começou a se sentir ofuscado e a tramar alguma ação dramática no exterior.

Desde o final de 1920, Mussolini vinha falando cada vez mais da necessidade de expansão colonial da Itália. Afirmava que isso se justificava dado o excedente populacional do país. Em 1932, depois de uma campanha particularmente brutal para reprimir rebeldes na Líbia (que envolveu o uso de gás e campos de concentração), foram feitos os planos preliminares para a invasão da Etiópia. Tais planos foram implementados em outubro de 1935. A conquista da Etiópia foi extremamente cara, até porque sanções foram impostas pela Liga das Nações; e ainda casais foram convidados a doar suas alianças de casamento para aumentar as reservas de ouro. Entretanto, a principal perda foi política. A Itália perdeu credibilidade na comunidade internacional (em particular, na Grã-Bretanha e na França), e Mussolini foi impelido de forma definitiva para a Alemanha. No final de 1936, ele estava se referindo a um "Eixo Roma-Berlim".

Apesar dos resultados desastrosos, a conquista da Etiópia mostrou-se extremamente popular na Itália. As lembranças dolorosas de Adua, em 1896, foram removidas: Baratieri, a viúva do comandante sem sorte, Crispi, enviou um telegrama a Mussolini, agradecendo por ter vingado seu marido.

Até mesmo Benedetto Croce aprovou. O apoio a Mussolini em casa nunca foi tão alto, e, em maio de 1936, do balcão do Palazzo Venezia, ele anunciou a fundação do Império Italiano para multidões em êxtase. Agora, uma nova via principal, a Via dell'Impero, ladeada de mapas do Império Romano, cortava o coração de Roma, entre o Capitólio e o Coliseu, simbolizando a herança do manto dos césares pelo fascismo.

A Etiópia deu a Mussolini uma perigosa sensação de autoconfiança. Ele estava convencido de que as democracias ocidentais eram decadentes. Em 1933, ele considerou o debate da Oxford Union, com seu famoso voto contra a guerra, um sinal de que os britânicos não tinham mais vontade de lutar. Parecia que o futuro pertencia ao fascismo. Na segunda metade de 1936, ele começou a enviar forças para a Espanha para ajudar o general Franco contra os republicanos. Não existia um motivo real para essa ação, que parecia um contrassenso; mas, agora, o senso comum aparecia cada vez menos em seus cálculos. A Guerra Civil continuou durante um tempo maior do que Mussolini esperava, e utilizou um grande número de tropas e aviões italianos. Ela também frustrou qualquer esperança de reconciliação com a França e a Grã-Bretanha, empurrando a Itália firmemente para os braços da Alemanha.

No outono de 1937, Mussolini visitou a Alemanha e foi tratado quase como um semideus. Ele se comprometeu a apoiar Hitler na "fascistização" da Europa, e anunciou que os dois países "marchariam juntos até o final". A viagem culminou com um comício dramático ao ar livre, em Berlim, com Mussolini discursando para uma multidão de centenas de milhares de pessoas, sob uma tempestade. Daí em diante, para todos os efeitos, Mussolini ficou escravo da Alemanha; e, sob a influência do nazismo, o fascismo sofreu uma metamorfose final, retrocedendo ao seu radicalismo antiburguês de 1919-1920, e tentando, com um ar de absurdo quase cômico, fabricar o "novo homem", que claramente não tinha conseguido criar nos quinze anos anteriores.

Em 1938, o regime introduziu a sua "reforma de costumes". De repente, o aperto de mãos foi banido com o anti-higiênico: no seu lugar, deveria ser usada a "saudação romana" – o antebraço direito erguido verticalmente. A forma educada de se dirigir a uma pessoa, *Lei*, era vista como não viril, e também foi banida. Ela foi substituída por *Voi*. Os funcionários públicos foram obrigados a usar uniformes, e havia restrições ao consumo de café, que agora era tido como um hábito decadente. Ficou claro que essas reformas foram introduzidas, em parte, para impressionar Hitler e sublinhar o parentesco ideológico entre o nazismo e o fascismo, a partir da imposição de uma nova marcha no Exército italiano, o "passo romano", que nada mais era que a marcha militar alemã, chamada passo de ganso. Sua adoção ofendeu particularmente o rei, que aparentemente não se preocupava com outra coisa além da dignidade do Exército.

Um dos aspectos mais brutais da "reforma dos costumes" foi a introdução de leis raciais. A conquista da Etiópia, em 1935-1936, levou a uma determinação por parte do regime de forjar uma mentalidade "imperialista" cruel, com base na ideia de superioridade étnica. As leis foram devidamente aprovadas em 1937, banindo a coabitação entre italianos e africanos. No outono de 1938, essas medidas foram acompanhadas por uma legislação antissemita. Os judeus italianos foram proibidos de casar com "arianos", ter empregos no serviço público, entrar para o partido ou ter mais do que cinquenta hectares de terra. Isso foi extraordinário. Há apenas alguns anos, Mussolini tinha negado explicitamente a existência de qualquer questão racial na Itália; e, durante muito tempo, ele teve uma amante judia. Os judeus italianos eram poucos – aproximadamente 45 mil – mas havia entre eles muitos acadêmicos e homens de negócios respeitáveis. Eles também foram bem assimilados. Muitos italianos ficaram profundamente indignados com as novas leis; e a Igreja também as condenou – embora sutilmente.

As leis raciais e a "reforma de costumes" atraíram o apoio considerável de jovens intelectuais, que esperavam que o regime intensificasse seu ímpeto ideológico. Mas, entre 1936 e 1939, o novo radicalismo fascista era provavelmente menos preocupante do que a situação econômica do país, para a maioria dos italianos. As sanções impostas pela Liga das Nações, depois da invasão da Etiópia, forçaram a Itália a desviar muito de seu comércio para a Alemanha (veja na TABELA 8, p. 193); mas a Itália tinha pouco a oferecer para a Alemanha, e, portanto, sua condição de negociação era fraca. Agora, a capacidade de comprar matérias-primas estava radicalmente reduzida, e, em 1936-1938, o país foi capaz de importar apenas aproximadamente a metade do que conseguia em 1913. A indústria italiana estava em sérios apuros. Foram introduzidas as licenças comerciais, os cartéis e a fixação de preços; mas o custo para o contribuinte para sustentar a produção industrial na Itália era enorme. O "empréstimo forçado" de 5% do valor da moradia era particularmente impopular.

Com a restrição da importação, o governo embarcou em uma política de autossuficiência econômica ou "autarquia". Algumas áreas da indústria receberam um incentivo especial. A indústria do alumínio, por exemplo, expandiu rapidamente. A maior parte da produção se dava em Porto Marghera, uma grande zona industrial, perto de Veneza, construída depois de 1922, e que, por volta de 1939, empregava 15 mil pessoas. A exploração do petróleo continuou a ser feita com nova força pela empresa petrolífera estatal, AGIP: por volta de 1939, ela conseguia atender a mais de um quarto das necessidades nacionais. Foram feitos esforços para encontrar alternativas sintéticas para os importados: a lã foi substituída por lanital (fibra artificial obtida [da caseína] do leite), e o algodão, pelo *rayon*. Contudo, tais iniciativas tiveram um sucesso limitado. Em 1939, a produção doméstica cobria apenas um quinto de todos os materiais primários que a Itália necessitava. O país não estava em condições de enfrentar uma guerra.

No final da década de 1930, ainda não estava claro em que extensão o caráter antiburguês e radical do regime representava uma tentativa de mitigar os temores econômicos e acalmar a raiva popular crescente com a corrupção e a ineficiência do Estado – e do PNF, em particular. Porém, no final da década de 1930, havia indicações de que o sentido de realidade de Mussolini estava se esvaindo rapidamente, uma tendência que não era contida por sua comitiva de medíocres e sicofantas, temerosos de lhe dizer a verdade. Ele também estava doente e sentia dores contínuas. Mussolini discursou sobre a necessidade de uma guerra para fazer italianos fortes; e disse que eles precisavam ser constantemente açoitados, por sua falta de senso de disciplina e obediência. Sua retórica beligerante era, em parte, deliberadamente calculada para assustar os britânicos e franceses e obter concessões; mas existem sinais de que ele às vezes também acreditava nela.

A verdade era que o Exército italiano (assim como sua economia) estava despreparado para aguentar uma guerra moderna prolongada: ele não tinha nem equipamento, nem treinamento. Apesar de toda sua retórica marcial, o regime não conseguiu fazer nenhum planejamento estratégico sério. A Marinha não tinha porta-aviões (apesar de ter alguns navios de guerra excelentes e uma frota de submarinos de primeira); em 1939, o Exército tinha apenas 1.500 tanques, quase todos leves (Mussolini achava que esses eram mais adequados às características italianas); a força aérea não tinha bombardeiros de longo alcance, e os aviões de caça eram muito lentos. Os veículos de transporte essenciais também eram escassos. Parece que se pensou pouco sobre o tipo de conflito no qual a Itália poderia se envolver: aparentemente não havia planos, nem mesmo para uma guerra no Mediterrâneo.

A maior parte dos problemas das Forças Armadas italianas era devida à liderança fraca. A oficialidade era conservadora, idosa e desatualizada: ela ainda se agarrava à noção de que a moral – e não a tecnologia – era a chave do sucesso. Outra fraqueza fatal foi a intensa rivalidade entre o Exército, a Marinha e a Aeronáutica. Isso resultou na falta de cooperação, e foi provavelmente o principal motivo da não existência de porta-aviões e da inadequação das defesas antiaéreas italianas. A culpa fora do próprio Mussolini. Ele imaginou que tinha alguma habilidade militar, e insistiu em ser simultaneamente o Ministro da Guerra, da Marinha e da Aeronáutica; mas suas decisões (se as tomou) raramente se apoiaram em discussões profundas: elas derivavam de uma fé perigosa na própria intuição.

Em agosto de 1939, o conde Ciano, Ministro das Relações Exteriores e genro de Mussolini, foi informado sobre a intenção de Hitler de invadir a Polônia. Ele ficou horrorizado; a Itália estava comprometida militarmente com a Alemanha, sob o "Pacto de Aço" do mês de maio anterior, e agora corria o risco de um desastre. Infelizmente, Hitler tinha contado para Mussolini sobre seus planos durante um de seus encontros, e Mussolini deve ter dado a impressão de que concordava: ele imaginava que falava bem o alemão e não usava intérpretes. Uma rota de fuga tinha que ser encontrada. Mussolini logo anunciou que só lutaria se a Alemanha enviasse 17 mil trens cheios de munição, uma quantidade impossível, como ele sabia; e, em setembro, quando a guerra eclodiu, ele proclamou, satisfeito com as palavras escolhidas, que a Itália era "não beligerante".

Entretanto, no mês de maio seguinte, com a Dinamarca, a Noruega, a Bélgica e a Holanda invadidas, e a França sendo devastada, Mussolini achou difícil se abster. Na primavera de 1939, ele anexou a Albânia (que durante alguns anos foi efetivamente um protetorado italiano), como compensação pela apreensão da Checoslováquia por Hitler; agora, ele buscava por colheitas mais substanciais, principalmente no Mediterrâneo. Em 10 de junho de 1940, em meio a um estado de espírito público marcado mais pela ansiedade que pelo entusiasmo, ele anunciou que a Itália estava entrando na Guerra; e alguns dias depois, ordenou a seu Exército avançar sobre os Alpes Franceses. O fraco desempenho das tropas italianas nessa breve campanha da Itália revelou o despreparo militar e expôs a ausência de um planejamento sério. No entanto, Mussolini tinha certeza de que as hostilidades logo terminariam e que a Itália surgiria como um poder dominante no Mediterrâneo.

Esse foi seu erro mais grave. A Itália foi arrastada para uma Guerra para a qual Mussolini a tinha preparado com um pouco mais do que barulho e retórica. Os próximos três anos testemunharam uma sucessão de fiascos militares. No outono de 1940, Mussolini invadiu subitamente a Grécia: as forças italianas foram derrotadas e a Alemanha teve que intervir para salvar a situação. E o pior, a Marinha italiana foi duramente derrotada no Cabo Matapão e nunca se recuperou. Na primavera de 1941, o Império do leste da África foi perdido; e, no mesmo ano, Mussolini insistiu em mandar 200 mil homens para o malfadado ataque à União Soviética. No norte da África, a Batalha de El Alamein preparou o caminho para a rendição das forças do Eixo, em maio de 1943, e a perda da Líbia, depois de mais de trinta anos. Em julho de 1943, a própria Itália enfrentou uma invasão.

No *front* doméstico, o moral estava corroído pela escassez de alimentos e pelo bombardeio aliado. Em 1941, foi introduzido o racionamento da maioria dos itens básicos; e o declínio da produção agrícola e a tendência de muitos camponeses de recusar a liberação de produtos para o Estado (quer para o consumo próprio, como para o mercado negro) resultam em dificuldades crescentes nas cidades. Os bombardeios aéreos aumentaram a angústia; e o derrotismo se alastrou. Em março de 1943, a Itália experimentou sua primeira agitação laboral em quase vinte anos, quando mais de 100 mil trabalhadores em Turim entraram em greve. Os protestos logo se espalharam para outras partes do Norte, e tiveram um caráter claramente político e econômico. Foram estimulados por organizadores comunistas, que operavam na clandestinidade em muitas fábricas. A Itália fascista não estava em ruínas apenas por fora, mas também por dentro.

Diante da derrota eminente, a atmosfera em Roma tornou-se pesada, com intrigas e conspirações. O problema era como tirar a Itália da Guerra. A corte foi o ponto central das intrigas, porque o rei ainda tinha o direito constitucional de demitir Mussolini e escolher seu sucessor. Além disso, o Exército continuou amplamente leal à Coroa, assim como os *Carabinieri* e a Polícia. Contudo, o rei (que não era lá muito corajoso) não se atreveu a agir com ousadia por medo de comprometer sua própria posição. Para sua sorte, vários líderes fascistas chegaram à conclusão de que a única esperança de salvar alguma coisa da ruína estava em se livrar de Mussolini.

Em 10 de julho de 1943, as Forças Aliadas desembarcaram na Sicília e encontraram muito pouca oposição. Na verdade, os habitantes da ilha deram as boas-vindas aos invasores. Sua lealdade ao fascismo foi corroída por anos de negligência, pela devastação da Guerra, e por atitudes extraordinariamente insensíveis de Mussolini, como sua decisão, em 1941, de transferir todos os funcionários sicilianos para o continente – um sinal claro de sua falta de confiança nos ilhéus. Na noite de 24 de julho, o Grande Conselho, principal órgão executivo do PNF, foi convocado. Dino Grandi, uma figura sênior do partido, apresentou uma moção, apelando ao rei para retomar seus poderes constitucionais completos: isso era parte de um plano bem preparado. Depois de um longo debate, a moção foi transmitida. No dia seguinte, Mussolini visitou o rei e foi demitido. O fascismo tinha chegado ao fim; e apesar de terem jurado defender o Duce com suas vidas, nenhum dos 4 milhões de membros do PNF apresentou qualquer demonstração séria de resistência ou protesto.

capítulo 9

A República

A Resistência (1943-1945)

A queda de Mussolini foi recebida com entusiasmo e um sentimento generalizado de que a Guerra em breve acabaria. Quando Pietro Badoglio, o novo primeiro-ministro, anunciou que a batalha continuava, poucos acreditaram, nem mesmo ele. O objetivo do governo era fazer a vontade dos alemães, até mudar rapidamente de lado com a assinatura de um armistício, e em seguida, com a ajuda dos Aliados, dominar Roma. Mas houve atrasos e não foram feitos planos adequados para preparar o Exército para o que estava prestes a acontecer (Badoglio e o rei estavam aterrorizados com os alemães – que já desconfiavam profundamente dos italianos). Em 3 de setembro, quando um armistício foi assinado, os alemães estavam despejando reforços na Península. Além disso, o Exército italiano não estava realmente disposto a lutar, qualquer que fosse o lado; e apesar do acordo de que as tropas italianas contribuiriam com uma ofensiva americana para capturar Roma, nenhum apoio foi disponibilizado. Sem quaisquer ordens superiores, as forças italianas simplesmente se dissolveram, deixando os alemães livres para ocupar todo o norte e centro da Itália.

Isso dividiu a Itália. O rei e seu governo fugiram de Roma para escapar dos nazistas e estabelecer residência em Brindisi: um ato facilmente interpretado como covardia e que selou o destino da monarquia em 1946. Enquanto isso, os alemães tiraram Mussolini da prisão na montanha Gran Sasso, levaram-no para o Norte e o instalaram à frente de um governo--fantoche às margens do Lago de Garda. A República de Salò, como foi chamada esta última encarnação do fascismo, era notável pela brutalidade de suas diversas forças policiais (algumas delas nada mais eram do que gangues criminosas privadas) e pelas tentativas de ressuscitar componentes sindicalistas do início do movimento: por exemplo, uma lei de 1944 declarara que metade do conselho administrativo de empresas grandes deveria consistir de representantes eleitos por trabalhadores.

Porém, era tarde demais para convencer as classes trabalhadoras de que o fascismo estava do lado deles. Ativistas comunistas já estavam atuando nas fábricas, e em março de 1944, organizaram uma greve geral bem-sucedida no Norte. O apoio limitado à República de Salò vinha de extremistas, como Roberto Farinacci, ou de trabalhadores da classe média. O próprio Mussolini estava doente e isolado. Não possuía qualquer poder real e era intimidado impiedosamente pelos nazistas. Sua filha favorita, Edda, o abandonou: ele ordenara a execução de seu marido, o conde Ciano, por votar contra o sogro na reunião do Grande Conselho de 24 de julho. Seu fim pode ser considerado um ato de misericórdia, bem como de justiça, ao ser capturado e morto a tiros por *partisans* [guerrilheiros], em abril de 1945, ao lado da amante, Claretta Petacci, na tentativa de fuga para o Norte pelos Alpes.

A investida dos Aliados vindos do Sul foi lenta e dolorosa. Os alemães resistiram fortemente, e os americanos estavam decididos a direcionar seus recursos para a ofensiva na França. Entretanto, a lentidão do avanço deu tempo para o surgimento de um movimento de resistência, muito importante para o futuro político da Itália. Os primeiros grupos de *partisans* surgiram no outono de 1943. Muitos eram formados por antigos soldados ou por prisioneiros fugitivos da guerra, que fugiam para as montanhas para escapar dos nazistas, sobrevivendo com o apoio dos camponeses locais. Realizavam atos de sabotagem e ataques-surpresa; mas também ajustavam antigas contas: às vezes, o movimento de resistência assemelhava-se tanto com uma guerra civil, quanto com uma guerra de libertação.

Os *partisans* logo foram atraídos para o círculo da política organizada, da mesma forma que os *squadristi* havia mais de vinte anos. O Partido Comunista reivindicava ter um número maior de seguidores, com talvez 50 mil combatentes na Resistência, mais da metade de todos os ativamente envolvidos. Em seguida vinha o Partido de Ação, uma formação radical, liberal e democrática, liderada principalmente por intelectuais ilustres, ansiosos por acabar com a mancha moral do fascismo. Eles e seu líder, Ferruccio Parri, tornar-se-iam os mais determinados defensores de um expurgo político do governo. O próximo grupo em importância era o dos democrata-cristãos, cujos partidários podiam contar com o apoio ativo de

IMAGEM 34. O fim do fascismo. Os corpos de Mussolini e de sua amante, Claretta Petacci (quarto e quinto da esquerda para a direita), suspensos, juntamente com outros fascistas executados, em um posto de gasolina em Piazzale Loreto, Milão, em 29 de abril de 1945.

muitos clérigos. Depois, vinham os ex-aliados dos comunistas, os socialistas e os liberais, estes últimos eram pequenos e de tendência monarquista.

A força dos comunistas residia principalmente em sua habilidade organizacional. Após a queda do fascismo, 3 mil de seus líderes foram libertados da prisão, começando imediatamente a trabalhar e conquistando apoio entre os *partisans* e operários. Na primavera de 1944, o secretário do partido, Palmiro Togliatti, retornou do exílio em Moscou e declarou sua vontade de se juntar ao governo do rei e de Pietro Badoglio. Esse foi um momento decisivo, conhecido posteriormente como o *svolta di Salerno* (a virada de Salerno). A decisão de cooperar em uma ampla aliança antifascista deve-se, em parte, à vontade de Stalin, mas também refletiu pensamentos do próprio Togliatti. Tendo visto o resultado deixado no início da década de 1920, ele concluiu que a Itália ainda tinha um longo caminho a percorrer antes que uma revolução socialista pudesse obter sucesso. Ele achava que a democracia era um pré-requisito.

A perspectiva da participação dos comunistas no governo não agradava aos aliados, ou pelo menos, aos britânicos; mas eles não foram capazes

272 | HISTÓRIA CONCISA DA ITÁLIA

de evitá-la. Em junho de 1944, após a libertação de Roma, os líderes dos principais partidos da Resistência forçaram a renúncia do General Badoglio (a quem Churchill apoiara fortemente, em grande parte porque ele parecia ser um bom monarquista: estava ansioso para apoiar a monarquia como um baluarte contra uma tomada comunista) e estabeleceram sua própria coalizão sob a liderança do velho Ivanoe Bonomi. Esta foi, na verdade, uma jogada. A coalizão revelou a autoconfiança das forças antifascistas, uma autoconfiança que às vezes tornava difícil a compreensão dos motivos que faziam os aliados olharem a Itália com algumas reservas.

No Norte não emancipado foram criados governos locais provisórios, conhecidos como Comitês de Liberação Nacional. Eles variavam em sua composição de uma região para outra, mas, como em Roma, tendiam a cobrir o espectro de partidos antifascistas. Suas atividades eram coordenadas por um órgão supremo, o CLNAI [Comitato di Liberazione Nazionale Alta Italia]. Com o fim da guerra à vista, foi proclamada uma insurreição geral para libertar as principais cidades antes dos aliados. O número de *partisans* cresceu de repente, de cerca de 80 mil, em março de 1945, para aproximadamente 250 mil, no final de abril; e, como planejado, os principais centros do Norte foram entregues aos britânicos pelos antifascistas. Isso teve um grande peso psicológico; mas foi também economicamente importante, uma vez que os *partisans* conseguiram impedir o Exército alemão de explodir as fábricas e os equipamentos ao se retirar.

A Reconstrução (1945-1948)

Os *partisans* deram uma importante contribuição para a derrota do fascismo; mas seu aporte para a mitologia política foi muito mais significativo. A nova ordem na Itália seria construída sobre os "valores da Resistência": democracia, liberdade, honestidade, responsabilidade, transparência e modernidade. A Itália teria um novo começo: varreria para longe as manchas do fascismo e do liberalismo, destruindo as velhas estruturas de poder e libertando a energia moral reprimida das pessoas – que agora eram amplamente consideradas simples "vítimas" de uma ditadura opressora. "Livrai-vos do governo!", declarou Luigi Einaudi, futuro Presidente da Itália, em julho de 1944: "Aboli todos os vestígios da máquina centralizada... A unidade do país não vem dos governantes... É feita por italianos, que devem aprender, às suas próprias custas e cometendo erros, a governar a si mesmos".

O "vento purificador do Norte", como era conhecido, mesclou-se com um profundo sentimento de humildade nacional e um forte desejo de aceitação da volta à comunidade internacional. Isso não era somente o resultado da derrota. Também fazia parte da longa dialética da Itália com a modernidade, que começara no século XVIII e continuara durante o *Risorgimento*, dando origem ao longo das décadas a muita impaciência política e raiva. O fascismo buscou uma solução em uma identidade local; mas seu fracasso só aumentou o sentimento de inquietação: "O fascismo", disse o escritor Corrado Alvaro, em 1944, "... era uma janela aberta para a Europa, através da qual as preocupações do dia a dia moderno se apressavam em atacar um país que desdenhava a si mesmo e procurava seus sonhos em outra parte".

No entanto, o desejo de renovação moral logo se frustrou. Para começar, o "vento do Norte" não alcançou o Sul, que tinha sido libertado pelos aliados e, portanto, não produzira nenhum movimento de resistência e nenhuma nova elite dominante. No Sul, o ano de 1945 significou uma confirmação da velha ordem: os grandes latifundiários e suas clientelas burguesas (e a Máfia) alternavam-se entre liberais e fascistas, assim como seus avós tinham sido bourbonistas e moderados. Em segundo lugar, a renovação não teve sucesso frente às realidades políticas. Os homens da Resistência careciam demasiadamente de habilidades necessárias para governar um país moderno. Além disso, muitos eram comunistas ou socialistas revolucionários, o que na época da Guerra Fria os tornou inaceitáveis.

Os anos 1945-1948 marcaram o triunfo da continuidade. Os símbolos, a retórica, e mesmo a Constituição, mudaram; mas a maioria do pessoal antigo e muitas das antigas instituições permaneceram intocadas. A decepção foi grande para aqueles que acreditaram em uma nova ordem moral; sua frustração revelou-se como uma grande fonte de instabilidade nos anos vindouros, incentivando partidos antissistema, movimentos de protesto e terrorismo, e alimentando uma corrente literária e jornalística que denunciava a República e seus governantes. No Sul, a autoridade desafiada do novo Estado ajudou a fornecer um álibi moral para aqueles que perpetrassem ou fossem coniventes com o crime organizado. Mais uma vez, a distância entre a Itália "real" e a "política", entre as pessoas e as instituições, era considerável.

Em maio de 1945, com o fim da guerra e os *partisans* prestes a assumir o controle do governo em Roma, a Itália tinha três problemas domésticos fundamentais para resolver. O primeiro era a questão do expurgo: até onde os fascistas ou simpatizantes de fascistas deveriam ser punidos ou removidos dos cargos públicos? O segundo era a questão institucional: que tipo de Constituição e governo a Itália do pós-guerra deve adotar? E o terceiro, a economia: como lidar com as questões imediatas da inflação descontrolada, do desemprego e da reconstrução, e também com as questões estruturais de longo prazo, particularmente a diferença existente entre o Norte e o Sul. Todos esses problemas estavam no topo das principais questões diplomáticas do Tratado de Paz, assim como o lugar da Itália na nova ordem internacional.

O problema do expurgo revelou-se especialmente difícil. Muitos dos fascistas mais notórios, dentre os quais Farinacci e Starace, já tinham sido presos e mortos pelos *partisans*; e durante a primavera e o verão de 1945, as represálias e *vendetas* continuaram a acontecer de forma indiscriminada: talvez 15 mil pessoas tenham sido mortas apenas nos meses de abril, maio e junho. Entretanto, a questão foi descobrir quem era, ou talvez mais realisticamente, quem não era fascista. Milhões de italianos tinham se juntado ao PNF; milhões tinham se inscrito nos sindicatos e centenas de milhares de empresários, proprietários, funcionários públicos e intelectuais tinham se beneficiado e colaborado com o regime – ou pelo menos nada fizeram em oposição a ele. Seriam todos "fascistas"?

Não surpreende que houvesse confusão e ressentimento quando os Comitês de Liberação Nacional formaram as "comissões de expurgo" e iniciaram o processo contra os apoiadores do fascismo. A situação ficou ainda mais preocupante quando Ferruccio Parri, o líder do Partido da Ação e primeiro-ministro, desde junho de 1945, decretou que os "colaboradores" com os nazistas ou com a República de Salò seriam passíveis de sanções penais. Muitos tribunais não aceitaram isso, recusando-se a condenar, pois juízes e júris frequentemente sabiam que eram tão culpados quanto os acusados. No final, venceu o pragmatismo ou uma sensação de pecado coletivo, e as tentativas de realizar uma limpeza sistemática foram suspensas. Ferruccio Parri demitiu-se desgostoso, e, em 1946, foi concedida uma anistia geral, elaborada pelo líder comunista Togliatti.

As consequências de tudo isso tiveram longo alcance. A burocracia continuou nas mãos de pessoas que assumiram ou foram promovidas por motivos políticos ou clientelistas, e que tinham trabalhado para um regime no qual o Estado era visto como mais importante do que o indivíduo, e no qual os cidadãos não tinham direitos: a ideia de serviço público e de eficiência (pelo menos, na prática) era estranha ao fascismo. Depois de 1945, o fracasso em conferir um éthos democrático à administração enfraqueceu seriamente a credibilidade da nova República aos olhos de cidadãos italianos comuns. Isso também frustrou os políticos bem-intencionados. Com frequência, projetos de lei importantes não se convertiam em práticas: simplesmente encalhavam em uma pilha de documentos não processados em Roma ou nas mesas de funcionários públicos locais.

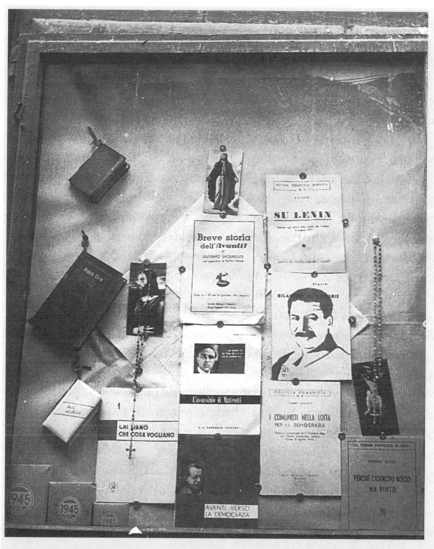

IMAGEM 35. Itália em 1945, uma aliança estranha e profana. Os livros, rosários e imagens devocionais católicas dividem o quadro de avisos com documentos dos Partidos Socialista e Comunista. Um material do Partido Fascista foi colocado discretamente à esquerda, na parte inferior.

O fracasso na remoção da burocracia teve outros resultados políticos importantes. Muitos policiais, juízes e prefeitos continuaram em seus postos, apesar de serem simpatizantes do fascismo. Uma consequência foi que durante pelo menos uma década, a lei era muitas vezes interpretada de forma altamente iliberal. Os antigos *partisans* foram condenados por "crimes" cometidos em 1943-1945, enquanto os adeptos da República de Salò eram frequentemente absolvidos. Em 1953, o escritor e editor de um roteiro sobre o ataque de Mussolini à Grécia foi encaminhado à corte militar como "soldado em licença" (uma categoria aplicada a todos os homens abaixo de 65 anos), e enviado à prisão por "difamação às Forças Armadas em combate". A "difamação das instituições do Estado" era um crime particularmente abrangente (e com grandes implicações para a liberdade de imprensa). Em 1957 foram feitas 550 acusações no âmbito dessa categoria.

Um motivo pelo qual a vontade política de realizar um expurgo não foi maior é atribuído à questão institucional. A ideia amplamente aceita (hipótese que refletia uma tendência legalista entre os políticos italianos, muitos dos quais eram advogados) foi que a melhor salvaguarda contra a repetição de 1922 seria uma Constituição bem elaborada. Isso era politicamente conveniente em 1945, dada a necessidade psicológica de enterrar o passado, mas também era uma visão bastante míope. Representava a intenção em reverter os piores aspectos formais do fascismo, mas apenas à custa de reproduzir alguns dos principais pontos fracos do sistema liberal. Além disso, embora as aparências mudassem, a essência (como no caso da burocracia ou do Código Penal fascista de 1931) era muitas vezes conservada.

A primeira questão a ser solucionada tratava da monarquia. Vítor Emanuel estava profundamente comprometido com o fascismo, e sua fuga de Roma, em setembro de 1943, enfraqueceu ainda mais sua posição. Na tentativa de salvar a dinastia, ele abdicou em maio de 1946 em favor de seu filho, Umberto. Um mês depois, em 2 de junho, no dia das eleições para a Assembleia Constituinte, foi realizado um referendo, e a República foi escolhida por uma maioria de apenas 2 milhões de votos (12,7 a 10,7 milhões). A clivagem política entre o Norte e o Sul era notável: Roma e o Sul votaram na monarquia (79% em Nápoles), o Norte a rejeitou (77%, na Emília e 85% em Trentino). Assim como seu predecessor em 1860, a República nasceu da discordância.

Em nenhuma parte o apoio à nova República foi mais limitado do que na Sicília. A ilha sempre teve uma tradição autonomista, e reagiu à unificação em 1860 com uma oposição, muitas vezes violenta, às tentativas de imposição de um controle centralizado. O fascismo não mudou isso: no final da década de 1920 ele realizou uma campanha dura contra a Máfia, mas abandonou a ilha à sua própria conta. No final da guerra, muitos proprietários de terras, preocupados com a perspectiva de um retorno à democracia (e principalmente com a força da esquerda), lideraram um movimento para tornar a Sicília independente. Eles receberam um apoio popular considerável durante algum tempo. O movimento chegou a ter um Exército próprio, que realizou operações guerrilheiras contra a Polícia e os militares. Entre os comandantes estava o bandido Salvatore Giuliano.

A agitação na Sicília forneceu o pano de fundo para as discussões na Assembleia Constituinte. Nas eleições de 2 de junho, os democrata-cristãos elegeram 207 dos 556 deputados, os comunistas, 104, e os socialistas, 115. O Partido de Ação conseguiu apenas sete assentos, e foi dissolvido em 1947. A principal preocupação dos delegados foi moldar um sistema político que garantisse a maior liberdade possível. O Parlamento era composto de duas Câmaras, ambas eleitas pelo sufrágio universal, masculino e feminino. O presidente deveria ter poderes muito limitados; a representação deveria ser proporcional; o Judiciário formaria um braço independente do governo; e, acima de tudo, haveria o governo regional, dividido em regiões, entre elas a Sicília, que teriam autonomia, estatutos especiais próprios e Parlamentos eleitos.

Essa concessão ao regionalismo foi planejada em parte para enfraquecer o poder do governo central e promover a democracia local; mas também refletia o temor do separatismo, não apenas da Sicília, mas de outras regiões periféricas, como: a Sardenha, o francófono Valle d'Aosta e o Tirol do sul, de língua alemã. Em 1948, a concessão apressada de autonomia para essas regiões "especiais" aniquilou o separatismo como questão política. Contudo, os deputados da Assembleia Constituinte revelaram seu calcanhar de Aquiles. A ânsia de evitar uma possível dissolução ou diminuição do território nacional expôs a extensão em que eles ainda estavam presos ao dilema emocional apresentado no *Risorgimento*: como combinar liberdade e unificação.

Esse dilema funcionou como uma corrente contrária, que limitou ou cerceou muitas das disposições da Constituição. Por exemplo, até 1970, o governo regional não foi implementado de fato, exceto nas regiões "especiais". O Tribunal Constitucional continuou a ser um fantasma até o final da década de 1950. Uma série de direitos importantes foi seriamente cerceada. O artigo 40 dizia que o direito à greve deveria ser exercido "no âmbito das leis que a regulavam". Tais leis não foram introduzidas, e a única legislação pertinente constante nos Estatutos era aquela aprovada pelo fascismo, que não foi revogada. Mesmo os poderes dados às regiões autônomas foram frequentemente desconsiderados. Na Sicília, a Polícia deveria ficar sob o controle do presidente da ilha: na prática isso nunca poderia ser permitido.

A Constituição (que entrou em vigor em 1º de janeiro em 1948) continha muitas inconsistências. Elas resultavam não apenas da falibilidade humana e da pressão dos acontecimentos, mas também das tentativas de acomodar os desejos de grupos tão diferentes, como os democrata-cristãos e os comunistas. Consequentemente, um recurso frequente à retórica comum e à ambiguidade. Igualmente importante, porém, foi a questão da insegurança política. Uma nova ordem estava sendo construída sobre as cinzas de dois regimes falidos; os riscos envolvidos eram grandes. Dar liberdade era teoricamente fácil: mas e se, na prática, isso significasse que a liberdade subverteria o próprio liberalismo? Esse foi o dilema de 1860. Não foi por mero descuido que a República manteve a Lei de Segurança Pública e o Código Penal de 1931, e com eles, as ferramentas de coerção.

Em face disso, talvez tenha sido surpreendente que os comunistas se mostrassem cooperativos na Assembleia Constituinte. Mesmo quando se tratou da questão das relações da Igreja com o Estado, eles apoiaram os democrata-cristãos e a extrema-direita, e garantiram que o Tratado de Latrão de 1929 fosse incorporado integralmente à Constituição. Entretanto, Togliatti estava determinado a parecer moderado e conciliatório: ele se recusou a explorar a agitação social que varreu grande parte do Norte industrial depois da guerra, e desconsiderou as propostas insurrecionais da linha dura do partido. Ele também (e isso não foi tão fácil de entender) se recusou a usar a agitação simplesmente para melhorar sua posição na negociação. Foi como se estivesse traumatizado pelo destino da esquerda nas décadas de 1920 e 1930, e determinado a apaziguar a burguesia a qualquer custo.

Essa estratégia era muito perigosa. Ela deixava a iniciativa inteiramente com os partidos conservadores, e, acima de tudo, com os democrata-cristãos, que eram capazes de assegurar que a essência da velha ordem liberal e fascista passasse para a nova República. Sem dúvida, Togliatti tinha calculado, acertadamente, que a Itália do pós-guerra formaria uma

CAPÍTULO 9 – A REPÚBLICA | 279

aliança capitalista ocidental, e que isso tornaria a ação revolucionária quase impossível. Contudo, ele acabou com o pior dos dois mundos: usado e, depois, em 1947, posto de lado, pelo centro e pela direita, que sempre poderiam alegar que o seu apoio à democracia parlamentar era apenas uma cortina de fumaça; e também sob suspeita, se não abandonado, por aqueles comunistas (presumivelmente a grande maioria) que esperavam que o partido se tornasse no mínimo uma força de mudança radical.

Togliatti foi influenciado em sua estratégia política pelos escritos do amigo Antonio Gramsci. Gramsci passou os últimos dez anos de sua vida na prisão refletindo sobre o curso da história da Itália, e, em particular, sobre o motivo pelo qual a burguesia italiana nunca conseguiu conquistar a ascendência moral ("hegemonia") sobre as classes trabalhadoras. As reflexões de Gramsci – contidas em um conjunto de cadernos contrabandeados para fora da prisão depois de sua morte, em 1937 – eram uma mistura de idealismo de Croce e marxismo. Ele argumentava que uma revolução bem-sucedida teria que ser precedida por uma guerra de ideias, para conquistar as pessoas mentalmente para o socialismo. A campanha seria liderada por intelectuais, e envolveria uma doutrinação da sociedade por meio de diversos canais culturais. A admiração de Gramsci pela Igreja Católica, que ele via como um modelo de força revolucionária em muitos aspectos, não é uma coincidência.

Depois de 1946, a Igreja seria o principal rival do PCI na luta pela supremacia ideológica. Os esforços de Togliatti para integrar seu partido no quadro democrático da República foram induzidos por um desejo de garantir aos comunistas uma base confiável na sociedade civil, de onde lançar uma guerra de ideias e minar o domínio cultural da Igreja. Até certo ponto, ele conseguiu. Durante o final da década de 1940 e a década de 1950, o PCI atraiu para sua causa uma grande lista de escritores, cineastas e artistas importantes, cujos trabalhos sem dúvida influenciaram muitos italianos, especialmente da geração mais jovem. Contudo, a Igreja tinha a vantagem histórica, e suas raízes eram profundas em toda a zona rural.

Além disso, a Igreja tinha agora os democrata-cristãos (DC) para defender sua causa. O DC não era um partido estritamente confessional: embora seu secretário, Alcide De Gasperi, se recordasse bem do que tinha acontecido com Don Sturzo e o PPI, em 1923, e estava determinado a livrar o partido, tanto quanto possível, de qualquer dependência do Vaticano; mas ele adotou valores católicos e contou com o apoio moral e organizacional da Igreja para o sucesso nas eleições. A partir da década de 1950, assim como o Partido Fascista fez anteriormente, o DC começou a colonizar a sociedade civil por meio de uma pletora de organizações paraestatais; e, enquanto os comunistas incitavam seus seguidores a ler Steinbeck ou Dos Passos, o DC travava sua campanha pela hegemonia com uma arma bem mais letal – o dinheiro.

Contudo, não foi só o acesso aos fundos públicos e a criação de grandes clientelas que deu vantagem aos democrata-cristãos sobre os comunistas; nem a abordagem menos erudita à cultura. Bem mais importante foi algo que nem o partido poderia realmente controlar: o aumento do consumismo. A partir de 1945, a Itália ficou trancada, tanto economicamente, quanto politicamente, dentro do mundo das economias industriais avançadas, com tudo o que isso implica em expectativas e valores. Ao passo que o PCI lutava para promover a imagem da União Soviética, e com isso uma moralidade austera de autossacrifício em favor da coletividade, o cinema, a televisão, as revistas semanais e várias novas mídias espalhavam uma mensagem mais sedutora de consumo privado. Os sonhos da maioria dos italianos comuns na década de 1950 eram produzidos em Hollywood, e não em Moscou.

Naturalmente, ao se tornar parte do Ocidente industrializado, a Itália também se subordinou às decisões estratégicas tomadas pelos governos do pós-guerra. Na década de 1930, o fascismo foi identificado com intervenção estatal e a tentativa de criar uma economia nacional autossuficiente. Foi em parte em reação a isso que o livre-comércio se tornou um dogma nos primeiros anos da República; embora o fato de muitas alavancas do poder econômico serem controladas por liberais doutrinários tradicionais, tais como Luigi Einaudi (diretor do Banco da Itália de 1945 a 1948, ministro do Orçamento entre 1947 e 1948, e presidente da Itália de 1948 a 1955), também estimulou essa escolha de direção. O resultado foi que entre todas as economias ocidentais do pós-guerra, a Itália teve provavelmente o menor planejamento e intervenção estatal.

Os principais beneficiários disso foram as principais indústrias exportadoras. Elas poderiam tirar vantagem do fato de terem sofrido menos danos do que a maioria de seus competidores do norte da Europa, e também, de que suas principais fontes de energia, as hidroelétricas, ainda estavam intactas. O governo as ajudou com controles cambiais brandos, o que proporcionou excelentes oportunidades para a especulação cambial. O resultado foi que nos primeiros anos depois da guerra, setores, como o têxtil, experimentaram um crescimento extraordinário. O aspecto negativo foi o efetivo abandono do planejamento: com a moeda estrangeira nas mãos dos exportadores, ficou muito difícil para o governo controlar os tipos de produtos importados, e, portanto, que áreas da economia teriam o que, e quando.

Em certo sentido, isso foi uma reafirmação (embora nunca tenha realmente desaparecido durante o fascismo, mesmo na década de 1930) do equilíbrio tradicional do poder econômico na Itália: os setores que já eram fortes e tinham influência política poderiam fazer prevalecer seus desejos. Isso ficou evidente com a ajuda americana, um elemento-chave na recuperação pós-guerra. De 1943 a 1948, a Itália recebeu o equivalente a mais de dois bilhões de dólares de ajuda dos Estados Unidos, além de 1,5 bilhão durante o Plano Marshall, nos quatro anos seguintes. Mais uma vez, o setor têxtil parece ter sido beneficiado desproporcionalmente; e grandes empresas públicas e privadas, como a Finsider (a gigante do aço) e a Fiat, também se deram bem, comprando uma nova fábrica, que finalmente lhes permitiu "alcançar" as principais nações industrializadas.

Na área das relações trabalhistas, o período de reconstrução também viu os industriais se afirmarem com bons resultados. A ajuda americana, em forma de alimentos e combustível, acalmou a movimentação da classe trabalhadora; mas os empregadores ainda precisavam garantir a concordância dos sindicatos. A confederação nacional CGIL [Confederação Geral Italiana do Trabalho] foi reconstituída em 1944. Em 1946, ela cedeu à pressão da principal organização patronal, a Confindustria [Confederação Geral da Indústria Italiana], e aceitou demissões em massa. Ao mesmo tempo, as negociações salariais em todo o país foram atingidas pela condição de que futuramente as fábricas nao deveriam buscar acordos exclusivos. Isso levou ao fim da influência dos representantes de chão de fábrica locais, e deixou os empregadores no controle indiscutível das fábricas. A CGIL também não conseguiu ganhar a aceitação de seu acalentado esquema de comitês de planejamento, composto de administradores e operários.

Embora o equilíbrio de poder tenha permanecido com os empregadores, os operários conseguiram garantir alguns benefícios importantes. Os acordos salariais de 1945-1946 garantiram salários mínimos nacionais na indústria, e também foram estipuladas concessões em feriados e um bônus anual de Natal. Porém, o benefício principal foi a introdução da *scala mobile*. Trata-se de um mecanismo de ajuste automático dos salários à inflação, para evitar o tipo de erosão no padrão de vida que ocorria durante o fascismo. Os industriais o adotaram sem resistência, e foi assim até 1985, quando o mecanismo foi modificado por um *referendum*. Apesar das salvaguardas, os trabalhadores italianos ficaram entre os menos pagos na Europa, durante a década de 1950.

Um fator importante favorável aos empregadores foi a abundância de mão de obra na Itália. No final da guerra, 40% da força de trabalho ainda estava envolvida na agricultura, e, especialmente no Sul, os níveis de desemprego eram graves. Sem uma reserva abundante de mão de obra (e, portanto, barata), muitas fábricas italianas tiveram que lutar para sobreviver: muitas eram pequenas (90% empregavam cinco pessoas ou menos), e entre as empresas maiores, as práticas trabalhistas e as técnicas de gestão eram geralmente arcaicas. Esta situação mudou pouco na década de 1950, visto que a maioria dos industriais demonstrava pouco interesse em explorar novas ideias e métodos. Em vez disso (e assim como no passado), eles procuravam que o governo lhes assegurasse uma força de trabalho barata e compatível; e foi o que conseguiram até a década de 1960.

Os temores que eles tinham de que a esquerda poderia lhes perturbar indevidamente o sono, influenciando o governo, se dissiparam em 1947. Em janeiro, o Partido Socialista (que, liderado pelo então amigo de Mussolini, Pietro Nenni, era mais pró-soviético do que o Partido Comunista) se dividiu, e um novo partido centrista se formou. Enquanto isso, a Igreja estava descontente com a presença dos comunistas no governo; e o mesmo aconteceu com os americanos (que afinal estavam ajudando a dissipar a ameaça da esquerda) a partir do início da Guerra Fria. A classe média no Sul também estava incomodada. Nestas circunstâncias, o primeiro-ministro democrata-cristão, Alcide De Gasperi, sentiu-se na obrigação de expulsar os comunistas e os socialistas de sua coalizão em maio de 1947.

Um ano depois, em 18 de abril de 1948, foram realizadas as primeiras eleições parlamentares na Itália do pós-guerra. A campanha foi suada. Sem pudor, a Igreja colocou todo seu peso sobre os democrata-cristãos. Os cardeais, bispos e padres divulgavam nos púlpitos as consequências de não apoiar o "partido de Deus". A Ação Católica tornou-se uma máquina eleitoral imensa: "comitês cívicos" especiais foram criados no país para mobilizar apoio. Agora, as mulheres podiam votar: elas eram frequentadoras mais assíduas da igreja do que os homens, e eleitoras naturais dos democrata-cristãos; mas tiveram que ser expulsas. Os americanos também fizeram o possível para garantir que os comunistas fossem barrados: aceleraram visivelmente o programa de ajuda nos primeiros meses de 1948. Eles também consideraram planos para uma intervenção militar no caso de uma vitória da esquerda.

Os comunistas tinham poucas coisas a retaliar. O culto a Stalin, ou *Baffone* ("grande bigode"), era certamente forte – e subsistiu entre os trabalhadores e intelectuais italianos até que Khrushchev destruiu o mito estalinista, da noite para o dia, em 1956; mas a situação internacional, assim como o dinheiro americano e a oposição ferrenha da Igreja, falavam contra eles. Em fevereiro de 1948, o golpe de Estado comunista em Praga marcou negativamente a imagem do partido, e foi usado por aqueles que afirmavam que a extrema-esquerda nunca poderia ser confiável no que diz respeito às regras da democracia; enquanto, quase na véspera da votação, uma promessa da Grã-Bretanha, da França e dos Estados Unidos de devolver Trieste para a Itália (cuja perda talvez tenha sido o acontecimento mais irritante do Tratado de Paz de 1947) trouxe um apoio maior aos democrata-cristãos.

O resultado das eleições de 1948 foi a vitória esmagadora dos democrata-cristãos. Eles receberam 48,5% dos votos e ocuparam 305 dos 574 assentos da Câmara dos Deputados – o único momento em que um único partido garantiu a maioria absoluta na história da República. Juntos, os comunistas e os socialistas receberam 31% dos votos, quase 8% a menos do que em 1946. Entretanto, enquanto o número de deputados do PCI cresceu de 106 para 140, o de socialistas caiu de 115 para apenas 41, principalmente em consequência da divisão desastrosa do PSI no ano anterior. O padrão da política italiana estava estabelecido para os próximos quarenta anos: o sistema ficou polarizado entre os dois maiores partidos, os democrata-cristãos e os comunistas, estes últimos efetivamente relegados à oposição permanente. Para todos os efeitos, a Itália era novamente um Estado de um só partido.

A ITÁLIA NA DÉCADA DE 1950

Depois das eleições de 1948, os democrata-cristãos partiram para consolidar seu poder. Assim como Mussolini, em 1925, De Gasperi precisou ampliar a base de poder: no seu caso, longe do Vaticano e da organização da Igreja, em direção das elites da indústria e das finanças, e, para baixo, em direção às massas. Em alguns aspectos, os fascistas tiveram dificuldade em garantir o apoio da classe trabalhadora; para os liberais, antes deles, foi quase impossível. Mussolini tentou conseguir por meio da retórica, do "culto ao Duce" e, na década de 1930, com medidas de assistência social. Nem sempre foi bem-sucedido, mas, de alguma forma, não precisava ser: não existiam eleições sérias para se preocupar, e o regime podia usar a censura e a coerção para manter a insatisfação ao longe. Por sua vez, os democrata-cristãos tinham uma tarefa mais difícil.

A Igreja foi sua aliada indispensável no caminho até o poder, mas não era preciso ter perspicácia política para ver os perigos inerentes a essa parceria. Os papas chegavam e iam embora com frequência; e a política mudava com eles. Além disso, embora a autoridade moral da Igreja ainda fosse muito forte na Itália, especialmente nas áreas rurais do Norte e em partes do Sul, não estava claro quanto tempo isso duraria frente à crescente onda de secularismo. Os democrata-cristãos precisavam de uma base mais firme para seu poder. A solução foi construir sobre as fundações já estabelecidas pelo fascismo e criar uma estrutura partidária intimamente entrelaçada com a do Estado e guarnecida com dinheiro público.

Entretanto, sua primeira tarefa foi lidar com o Sul. Isso era urgente, não apenas devido à terrível negligência do fascismo, mas também porque agora os camponeses tinham o voto e a importância política, como nunca tiveram antes. O fim da guerra expôs um quadro familiar: centenas de milhares de trabalhadores marchando para ocupar propriedades que, ou não eram cultivadas, ou que eles consideravam propriedade pública, em virtude de uma vez terem sido terras comuns. Entretanto, havia um novo aspecto importante na agitação: a presença dos comunistas, que, sob a influência de Gramsci, tinham rejeitado a antiga repugnância italiana pelo Sul e decidido que os camponeses sulinos eram tão importantes no processo revolucionário quanto os operários da indústria do Norte.

Entre 1944 e 1946, o ministro da Agricultura foi um comunista da Calábria, Fausto Gullo, que tentou alterar o padrão de posse no Sul com uma série de decretos elaborados. Porém, seu objetivo não era atender às necessidades materiais dos camponeses. Ele também queria mobilizá-los e fortalecer sua frágil consciência de classe estimulando, por exemplo, a formação de cooperativas. Os proprietários de terras se opuseram, muitas vezes violentamente: na Sicília, dezenas de líderes de esquerda foram mortos nesses anos, e, em 1º de maio de 1947, o bandido Salvatore Giuliano voltou às armas (a mando de elementos direitistas da Máfia local) contra um comício de 1º de maio dos camponeses, próximo a Palermo. Onze pessoas foram mortas.

Os democrata-cristãos ficaram alarmados com esses acontecimentos. Eles não gostariam de ver o individualismo camponês ser substituído pelo coletivismo; e não queriam se indispor com grandes proprietários e chefes mafiosos, que, no Sul, geralmente eram mais importantes eleitoralmente do que a Igreja. Consequentemente, no verão de 1946, eles assumiram o controle do Ministério da Agricultura e começaram a desfazer o trabalho de Gullo, e a aplacar os receios dos grandes latifundiários e seus aliados da classe média. Os "ilustres" sulistas, tais como os monarquistas, os liberais ou, no caso da Sicília, os separatistas, responderam abandonando os partidos de direita e transferindo seu apoio para os democrata-cristãos.

Os benefícios eleitorais apareceram em 1948, quando os democrata--cristãos aumentaram sua participação na votação do Sul, em comparação com 1946. Entretanto, o problema dos camponeses sulistas ainda persistiu. Se os democrata-cristãos tivessem um partido homogêneo de um tipo conservador ortodoxo, a questão teria sido politicamente muito simples: eles teriam continuado a apoiar os latifundiários e empregado a antiga fórmula da Polícia e do governo para conter o campesinato. Mas os democrata-cristãos eram uma mistura de correntes, algumas profundamente progressistas, particularmente em questões sociais. Além disso, o partido como um todo estava impregnado da ideologia católica do relacionamento entre classes, e isso se sobrepôs ao compromisso (pelo menos, publicamente) com a "justiça social".

Portanto, não foi fácil abandonar os camponeses do Sul. Afinal, Don Sturzo, que os democrata-cristãos consideravam um pai fundador (e que só veio a falecer em 1959), tinha começado sua carreira no leste da Sicília, com a criação de cooperativas de camponeses. Contudo, a ideologia não foi o único argumento. A prática política também foi considerada: será que os grandes proprietários teriam o mesmo grau de influência que seus pais e avós no mundo da década de 1950, e depois? E o que dizer dos comunistas? Se, depois que os americanos retirassem sua ajuda, os democrata-cristãos fossem vistos como perpetuadores da velha ordem, com os males do desemprego e da pobreza, os camponeses os abandonariam e iriam para a esquerda.

Assim, em 1950, os democrata-cristãos aprovaram três leis para acabar com as grandes propriedades, a maioria no sul da Itália, e também em partes do Centro e do Norte. Foram criadas "agências reformadoras" estatais especiais, com o poder de expropriar terras acima de uma determinada área ou valor, que seriam retiradas do cultivo ou então "não beneficiadas"; e essas terras foram distribuídas entre famílias de camponeses locais, essencialmente com base nas necessidades. As agências ofereciam crédito barato a longo prazo, assistência técnica para os novos fazendeiros, e realizavam obras de melhoramento. Ao todo, aproximadamente 700 mil hectares foram divididos durante a década de 1950, e estima-se que 120 mil famílias camponesas foram beneficiadas. Entretanto, isso atingia apenas 5% da população rural, e a grande maioria dos camponeses continuou sem terras, ou tinham lotes demasiadamente pequenos ou de má qualidade, inviáveis economicamente.

O problema estava em parte na escala. A Itália não era um país rico na década de 1950, e, na verdade, o Estado não poderia ter fornecido os fundos necessários (embora a tributação pesada fosse uma opção viável) para transformar o Sul em uma terra de pequenos fazendeiros prósperos. Contudo, outros fatores menores também contaram para o impacto limitado das reformas. Por exemplo, alguns latifundiários evitaram a expropriação ao dividir suas propriedades entre os membros da família, burlando as leis; outros declararam isenção, apresentando um pequeno galpão, um estábulo ou algum outro investimento modesto, como evidência de que a terra tinha sido "beneficiada". Outros ainda usaram antigos métodos de influência e favorecimento pessoal.

Entretanto, o caráter tímido das reformas agrícolas talvez tenha sido também uma expressão do viés industrial no norte da República. O fascismo nunca se identificou seriamente com a modernização, e, na propaganda e em suas políticas, se esmerou na defesa dos valores e das práticas tradicionais, principalmente no campo. Em parte como uma reação a isso, o novo regime enfatizou o crescimento econômico em sua agenda; e o crescimento foi equacionado quase instintivamente, tanto pela esquerda, como pela direita, com a industrialização. Os comunistas viam a formação de uma cultura industrial moderna como vital para o "progresso", enquanto os democrata-cristãos perceberam que a anuência política e o sucesso econômico eram inseparáveis da democracia de massas: e parecia que o caminho mais fácil para o sucesso econômico seria industrial.

Esta era a visão de Giolitti, meio século antes; mas o preço, então, como na década de 1950, foi a subordinação econômica do Sul e sua exploração

IMAGEM 36. O Norte e o Sul na década de 1950. Acima, linha de montagem da fábrica Fiat Mirafiore, em Turim, em 1955, com carros Fiat 600, de seis e quatro lugares. O Fiat 600 foi o primeiro carro italiano produzido em massa. Abaixo, um fabricante de carroças siciliano trabalhando ao lado de um relicário para São José, o patrono dos carpinteiros.

como um reservatório de votos fáceis para o governo. Assim como Giolitti tinha jogado com a vulnerabilidade dos latifundiários para construir uma maioria no Parlamento, e desse modo, a partir do início da década de 1950, os democrata-cristãos decidiram reforçar seu poder com a criação de enormes clientelas nas cidades e vilas pobres do Sul. O Norte era politicamente inconstante: as cidades industriais eram bastiões da esquerda, e a sociedade civil era relativamente madura e articulada, mas também, em certos aspectos, bastante volátil. O Sul, ao contrário, era fácil de controlar, pelo menos politicamente: os votos e o dinheiro geralmente andavam de mãos dadas.

Como partido dominante no governo a partir de 1948, o Democrata-cristão pôde utilizar sua posição para garantir que os fundos públicos servissem a suas necessidades eleitorais. Os organismos estatais, como a Cassa per il Mezzogiorno (criada em 1950 para promover o desenvolvimento no Sul, com bilhões de liras à disposição), eram dirigidos por homens do partido e se tornaram mecanismos de distribuição de patrocínio. O processo era simples: os apoiadores dos democrata-cristãos recebiam preferência com subsídios, contratos ou empregos, em troca de votos. Não havia uma garantia absoluta de retorno *quid pro quo* no dia da votação; mas era conveniente para o cliente ter seu patrono de volta ao poder, que então cuidaria de seus interesses.

Esse sistema de "clientelismo estatal" foi extraordinariamente eficiente. Dados os níveis de desemprego e pobreza no Sul, a simples promessa de um emprego ou um empréstimo era suficiente para criar um laço entre o patrono e o cliente. Tal promessa nem sempre foi cumprida: o importante era assegurar que o requerente conservasse a esperança. Outra vantagem do sistema era que ele se encaixava com o éthos feudal tradicional do Sul. Desde muito tempo, a distribuição de favores para parentes e amigos era considerada não apenas uma necessidade econômica, mas também um símbolo de poder e até mesmo, uma virtude. Como constatou um pesquisador americano, em Basilicata, em meados da década de 1950, não era do interesse dos políticos locais agir imparcialmente, pois era natural que dessem preferência a seus clientes.

Os fundamentos morais do "clientelismo estatal" ficaram mais fortes com a ênfase dos democrata-cristãos na santidade da família. Durante a década de 1950, a família cristã era constantemente apontada como o núcleo da sociedade, cujos direitos tinham de ser defendidos contra as reivindicações do Estado. Como afirmou um conhecido autor católico em 1958:

"Os deveres da família, encontrados na fé, no amor e na união, são de ordem superior... aos deveres sociais". De certa forma esse princípio foi uma arma ideológica para combater os ensinamentos coletivistas de esquerda; e sua eficiência era reforçada pelo fato de estar em harmonia com os pontos de vista da Igreja. Mas ele também tinha uma dimensão mais insidiosa: se a família e os valores familiares eram sagrados, onde ficava o Estado? Em termos específicos, os funcionários públicos tinham como primeiro dever os amigos e parentes ou a lei?

Uma das consequências da incerteza quanto às reivindicações do público sobre o privado foi o crescimento da "corrupção" a partir da década de 1950. A previdência social, as empresas estatais e o governo local foram transformados em enclaves do poder partidário, que atendiam mais às necessidades dos patrões (para quem os "votos preferenciais" eram vitais nas eleições), do que aos interesses da coletividade. As folhas de pagamento inflavam, na medida em que o quadro de funcionários crescia para aumentar a clientela: a adequação ao cargo muitas vezes não existia. Em 1968, em Nápoles, havia mais de 15 mil empregados municipais, um crescimento de quase 400% em quinze anos. Não surpreende que o resultado de tudo isso tenha sido uma sensação crescente de frustração em muitos setores, pois os serviços decaíram e a burocracia tornou-se vítima de esclerose.

Entretanto, em curto prazo, a colonização do Estado pelos democrata-cristãos valeu a pena. Ela consolidou sua permanência no poder e ajudou a libertá-los da dependência da Igreja. Foi um processo que afetou todo o país, mas os abusos mais notórios ocorreram no Sul, a região que o secretário do partido, Amintore Fanfani, apontou como o principal alvo para a expansão, a partir de 1954. Nesses anos, as cidades sulinas superlotadas tiveram um crescimento enorme na filiação partidária (por volta de 1961, Cosenza, na Calábria, tinha quase tantos filiados quanto Turim, Milão e Gênova juntas); e a maioria se tornou verdadeiros baronatos de alguns democrata-cristãos: Giovanni Gioia (e, depois dele, Salvatore Lima), em Palermo; Silvio Gava, em Nápoles; Antonino Drago, em Catânia.

Na década de 1950, o crescimento dos democrata-cristãos espelhou-se na expansão do Partido Fascista na década de 1930. Nos dois casos, a necessidade de um emprego ou de um emprego seguro era mais importante do que a ideologia. No Sul, o processo de expansão foi facilitado pelo fracasso da reforma agrária. Depois de 1950, centenas de milhares de camponeses deixaram a zona rural e se mudaram para cidades do Sul, em busca de trabalho. Ali, eles se juntaram aos exércitos de desempregados e indigentes,

290 | HISTÓRIA CONCISA DA ITÁLIA

dispostos a oferecer apoio aos democrata-cristãos em troca da perspectiva, mesmo que débil, de um emprego. Os sortudos encontraram um posto no governo local; alguns voltaram-se para o crime, uma indústria crescente no Sul; a maioria logo fez as malas novamente e se dirigiu para o Norte, onde forneceu a mão de obra barata sobre a qual grande parte do "milagre econômico" italiano foi construído.

Do "milagre econômico" ao protesto social: a Itália na década de 1960

Em meados da década de 1950, sob muitos aspectos, a Itália ainda era um país subdesenvolvido. Alguns setores da economia – por exemplo, carros, aço e produtos químicos – eram comparativamente avançados; mas esses oásis de modernidade ficavam quase inteiramente restritos ao Noroeste. A fabricação era geralmente de caráter artesanal e utilizava mão de obra intensiva. A agricultura ainda era a maior categoria de emprego e abarcava mais de 40% da força de trabalho; e neste setor também prevaleceu o atraso. Afora a próspera Planície Padana, a agricultura caracterizou-se por baixas taxas de crescimento e uma fragmentação crescente dos arrendamentos, particularmente no Centro e no Sul. Entre 1947 e 1955, a quantidade de terras cultivadas em unidades menores do que dez hectares cresceu de cerca de 10%, para quase nove milhões de hectares.

O padrão de vida da maioria dos italianos era baixo. Uma pesquisa do governo de 1951-1952 revelou que cerca de um milhão de famílias, quase todas do Sul, nunca comiam carne ou açúcar; e mais de 2,7 milhões de famílias foram classificadas como "pobres" ou "necessitadas", o equivalente a um quarto da população total. Talvez a situação mais desesperadora fosse dos diaristas do Sul, cujos salários eram geralmente menores do que a metade da remuneração de seus pares no Norte. Grande parte das casas do país carecia de conveniências: apenas 7% das residências tinham eletricidade, água potável e banheiro interno. O analfabetismo ainda era generalizado, e em algumas cidades do Sul o único material impresso disponível eram os boletins missionários ou folhetos políticos.

Em meados da década de 1960, a Itália já não era um país atrasado. A indústria havia crescido em média de 14% ao ano, com os investimentos no crescimento das fábricas, entre 1958 e 1963. Empresas como a Zanussi, a Ignis e a Candy ficaram internacionalmente conhecidas; a indústria de lambretas surgiu praticamente do nada. A Fiat avançou, fabricando modelos compactos baratos, dos quais o "600" foi o mais conhecido. Por volta de 1967, a empresa vendia mais carros no Mercado Comum do que qualquer outra, inclusive a Volkswagen. O padrão de vida melhorou muito. A renda *per capita* cresceu aproximadamente 134% entre 1952 e 1970. Na Grã-Bretanha, no mesmo período, o crescimento foi de apenas 32%. Agora, a maioria dos italianos podia se permitir comer carne regularmente. Eles também podiam armazená-la: em 1958, 13% das famílias possuíam uma geladeira; em 1965, 55%. (*cf.* TABELA 1, p. 42)

Essa transformação extraordinária – talvez a mais dramática na história do país – foi o resultado de inúmeros fatores. O envolvimento da Itália no Mercado Comum desde o início foi particularmente importante. De Gasperi foi um forte apoiador da integração europeia, que ele via como uma proteção da paz internacional e uma garantia (mesmo que indireta) da estabilidade política. Ele também a considerava uma ferramenta para a correção dos principais desiquilíbrios estruturais na economia italiana, e especialmente (pela livre circulação de trabalhadores) de seu grave problema do desemprego. Foi em grande parte devido à visão e à energia de De Gasperi que, em 1957, três anos depois de sua morte, a Itália se tornou um membro fundador da Comunidade Econômica Europeia (CEE).

Os benefícios da CEE para a Itália foram enormes. Apesar do temor de muitos industriais, no final da década de 1950, os setores mais avançados da economia eram suficientemente fortes para enfrentar o desafio do livre-comércio. Assim, a Itália estava em uma posição boa para lucrar com um novo aumento da demanda mundial. Entre 1958 e 1963, as exportações italianas aumentaram em média 14,4% por ano, sendo que a porcentagem referente aos países da CEE quase dobrou. A produção industrial cresceu em mais de 8% ao ano, uma taxa mais rápida do que qualquer outro país, com exceção do Japão, e talvez da Alemanha Ocidental. Em 1951, a Itália fabricou 18.500 geladeiras; e, por volta de 1967, esse número chegou a mais de 3 milhões. A produção de plásticos subiu quinze vezes em uma década, enquanto a Olivetti (indiscutivelmente a empresa mais progressista da Europa) quadruplicou a produção de máquinas de escrever entre 1957 e 1961.

Essa conquista extraordinária – que, quase da noite para dia, transformou a Itália de uma terra de camponeses, em uma nação industrializada moderna – foi o resultado não apenas do alto investimento e do crescimento da demanda, mas também, e talvez principalmente, de novas fontes de energia barata. No passado, a Itália foi prejudicada pela falta de carvão; na era do petróleo, isso não era tão importante. Em 1944, grandes depósitos de gás natural foram encontrados na Planície Padana e um pouco de petróleo (reconhecidamente de má qualidade) foi extraído na Sicília. A companhia de petróleo estatal, a ENI [Ente Nazionale Idrocarburi] (dirigida pelo excepcional empresário, Enrico Mattei), realizou acordos vantajosos com outros produtores de petróleo, e a indústria italiana conseguiu a energia mais barata da Europa Ocidental. Ao mesmo tempo, foi desenvolvida uma indústria do aço moderna e eficiente, principalmente por meio de investimentos governamentais.

A manutenção dessa economia mista, construída na década de 1930, depois da guerra, foi outro ingrediente importante do "milagre econômico". O IRI (Instituto para a Reconstrução Industrial) continuou a existir e foi responsável pela rede telefônica e pela construção de rodovias, entre outras coisas. Nesse período, as empresas do IRI (como a Alitalia e a Alfa Romeo) eram bem administradas e competitivas, e estimularam o restante da economia. O Estado não "planejou" realmente o milagre; mas se esforçou para oferecer apoio a essas empresas, e para desenvolver a infraestrutura do país. Ele também manteve os juros baixos e assegurou que a taxação favorecesse o investimento na indústria.

Contudo, o "milagre" não se deu sem prejuízos graves. Para começar, seu alcance foi geograficamente limitado. Ele se concentrou na região Noroeste e em partes do Nordeste e do Centro: o Sul permaneceu quase intocado. Consequentemente, a diferença entre as duas metades da Península se ampliou, e, em 1971, a renda *per capita* na região Norte foi o dobro se comparada ao restante da Península. Em segundo lugar, o *boom* nas indústrias de consumo não foi acompanhado por um desenvolvimento semelhante dos serviços públicos. Muitas vezes, a condição das escolas, dos hospitais, do transporte público e da habitação divergia do mundo glamoroso e elegante dos carros esportivos, da alta-costura e dos aperitivos retratados em filmes, como em *La Dolce Vita*, de Fellini (1959).

Em terceiro lugar, o milagre foi fortemente respaldado pela mão de obra barata. Centenas de milhares de camponeses, muitos deles do Sul, dirigiram-se para as cidades do Norte, e suas condições de vida e trabalho eram assustadoras. A população de Milão cresceu em mais de 400 mil habitantes entre 1951 e 1967; o mesmo se deu na cidade de Turim (que passou a ser a terceira maior cidade "sulina" da Itália, depois de Nápoles e

Palermo) (veja na TABELA 6, p. 174). Os imigrantes dormiam em *pensioni* toscas e miseráveis, quatro ou cinco pessoas em um quarto. Eles raramente eram empregados por períodos menores de dez ou doze horas por dia; os contratos eram de três a seis meses; e as condições de segurança, especialmente nas fábricas menores ou na construção civil, eram ruins: em julho de 1961, em Turim, oito trabalhadores da construção morreram em acidentes no período de apenas um mês.

O "milagre econômico" proporcionou a primeira experiência de uma renda regular a muitos camponeses; mas também provocou uma profunda desorganização, concreta e psicológica. Durante as décadas de 1950 e 1960, mais de nove milhões de italianos migraram para uma nova região do país. Homens e mulheres, geralmente analfabetos, cujas famílias raramente tinham ido além de suas comunidades rurais durante séculos, e que falavam apenas o dialeto, de repente se viram em meio às luzes de neón, os cartazes e o tráfego de uma enorme cidade movimentada: "Eu me senti sozinho, como se estivesse em uma floresta, sem uma única alma viva", recorda Antonio Antonuzzo, um camponês siciliano que chegou a Milão em 1962, depois que a pequena fazenda da família faliu. O desenraizamento, assim como a sensação de injustiça social, levou muitos (inclusive Antonuzzo) para a política coletiva, e plantou as sementes de 1968.

Os temores daqueles que imaginavam que a modernização econômica, como uma caixa de Pandora, iria liberar uma praga de males pareciam prestes a se realizar. Na década de 1950, as autoridades tentaram minimizar a ameaça política com a repressão. Os confrontos com a Polícia eram comuns; e às vezes a perseguição de ativistas de esquerda sugeria que pouco tinha mudado de fato desde o período fascista. Apenas na província de Bolonha, entre 1948 e 1954, dois trabalhadores foram mortos e quase oitocentos feridos em choques com a Polícia. Aproximadamente 14 mil acusações foram feitas por ofensas à ordem pública, incluindo crimes de incitação, tais como a venda nas ruas do jornal do PCI, *L'Unità*, ou a colocação de cartazes políticos.

A Igreja fez o que pode para ajudar o governo, por meio da guerra de propaganda contra a esquerda e da condenação da cultura moderna. Os adeptos das doutrinas comunista, materialista e anticristã foram excomungados, enquanto a Ação Católica, sob a liderança ativa de Luigi Gedda, tentou mobilizar os fiéis contra a "Ameaça Vermelha", usando quase todos os dispositivos possíveis, de filmes a romarias e comícios. O padre Riccardo Lombardi, chamado de "microfone de Deus", ficou famoso com seus sermões radiofônicos, que defendiam os valores cristãos e atacavam o socialismo. Os *night-clubs*, o *jazz* e outros aspectos da vida moderna eram condenados pela Igreja como licenciosos; e a ênfase renovada ao culto da Virgem Maria ajudou a divulgar os ensinamentos católicos sobre a família e a sexualidade. Em 1949, o papa proclamou Nossa Senhora a santa padroeira dos *Carabinieri*.

Felizmente para os democrata-cristãos, a ameaça de mudança econômica e social, que provocou um acúmulo de pressão revolucionária de esquerda, foi atenuada pelos acontecimentos de 1956. Naquele ano, Nikita Khrushchev fez revelações dramáticas sobre os expurgos estalinistas na década de 1930. Da noite para o dia, o mito de Stalin ("o homem que mais fez pela libertação da raça humana", segundo a manchete do obituário no *L'Unità*, em 1953) ficou fatalmente danificado. Outro golpe para o PCI veio com a repressão da revolução húngara, o que tornou difícil sustentar a ideia de uma União Soviética como a terra da verdadeira democracia. Togliatti tentou disfarçar as coisas; mas, por volta de 1957, cerca de 400 mil afiliados desgostosos deixaram o PCI. Desde então, o partido foi obrigado a se afastar de Moscou e fortalecer ainda mais seu compromisso com uma "via italiana para o socialismo".

A repercussão de 1956 sobre o Partido Socialista Italiano foi ainda mais profunda. Até então, o PSI provavelmente esteve mais próximo da União Soviética do que o PCI. Contudo, Pietro Nenni, o líder do partido, condenou fortemente a invasão da Hungria. Ele também criticou as tentativas jesuíticas de Togliatti para defendê-la, e doravante os socialistas desistiram de ficar à sombra do PCI e começaram a se mover para o centro da democracia social. Isso foi uma dádiva para os democrata-cristãos. Agora, eles tinham a oportunidade de fazer uma coalizão com o PSI (o terceiro maior partido da Itália, com um pouco menos de 13% dos votos nas eleições de 1953), e, dessa forma, isolar o PCI; com as novas tensões sociais produzidas pelo "milagre econômico", o deslocamento do eixo governamental para a esquerda parecia ser cada vez mais necessário.

A providência também ajudou de outra forma. Em 1958, morre o cauteloso e conservador Pio XII, que é sucedido por João XXIII. Seu pontificado breve (ele morreu em 1963) foi uma linha divisória: ele marcou o início de uma profunda reavaliação do caráter e do papel da Igreja na sociedade, um movimento incentivado pela consciência de que muitas ortodoxias pareciam antiquadas e estavam sendo amplamente contestadas tanto por leigos como por clérigos. O Vaticano procurou se distanciar dos partidos políticos (especialmente na Itália) e se concentrou totalmente em sua missão espiritual e pastoral universal. Com a abertura do Segundo Concílio do Vaticano, em 1962, ele também introduziu uma nova abordagem liberal de muitas questões sociais e doutrinárias. Esses processos ofereceram aos democrata-cristãos o cenário ideal para conduzir as negociações com os socialistas.

Em dezembro de 1963, os socialistas entraram para o governo e começaram uma série de coalizões de centro-esquerda, que, como esperavam, traria grandes reformas em áreas como a habitação e a educação, e reduziria a distância entre o Norte e o Sul. Entretanto, eles conseguiram muito menos do que esperavam. Em primeiro lugar, o PSI não conseguiu manter uma frente unida. Em 1964, a ala esquerda se dividiu para formar um novo partido, reduzindo desta forma a influência do PSI dentro da coalizão. Assim, ficou mais fácil para os democrata-cristãos ditar os termos e prevaricar sobre a legislação, por eles considerada inadequada (por exemplo, a introdução do governo regional). Em segundo lugar, a maioria dos industriais, especialmente nas empresas pequenas, que pouco fizeram para se modernizar na década de 1950, não se entusiasmou com as reformas socioeconômicas, que aumentariam os custos salariais.

Um terceiro motivo para a inabilidade dos governos de centro-esquerda da década de 1960 em conseguir mais no que se refere a reformas foi a insegurança, que beirava a paranoia, tanto do PSI, como dos comunistas. A lembrança da dissolução do movimento trabalhista na Itália em 1920-1921, pela ação dos fascistas em conluio com a Polícia, o Exército e partes do *establishment* político, deixou muitos esquerdistas apreensivos com a possibilidade de um golpe de direita. Uma consequência dessa insegurança foi a relutância de parte dos socialistas de enfrentar os democrata-cristãos. Outra foi a recusa dos comunistas de intervir firmemente nas bases e agitar por uma reforma. Os dois partidos temiam que se a fórmula de centro-esquerda se rompesse, o país seria atirado nos braços dos reacionários.

Esses temores não eram sem fundamento. A ausência de um expurgo político em 1945 deixou alguns ramos da burocracia (particularmente os serviços secretos e militares) com enclaves fascistas, prontos para conspirar contra a República. Em 1964, o chefe dos *Carabinieri*, Giovanni De Lorenzo, elaborou planos para o que poderia ter sido um golpe; e é possível que o presidente da Itália, Antonio Segni, da ala direita do Partido

Democrata-cristão, estivesse envolvido. Seis anos depois, o príncipe Valerio Borghese, um herói da guerra da República de Salò, tomou brevemente o Ministério do Interior, com um punhado de seguidores; e existem muitas indicações de que, durante a década de 1970, elementos das forças de segurança estavam em conluio com terroristas neofascistas para solapar o Estado.

A ameaça dessas conspirações contra a República talvez nunca tenha sido tão grande quanto se acreditava. O Exército italiano não tinha tradição de intervencionismo político, e é difícil imaginar (principalmente porque muitos dos 200 mil recrutas anuais eram simpatizantes esquerdistas) que ele poderia ter oferecido apoio a um golpe. Entretanto, o ponto importante dessa manobra subterrânea foi que ela ajudou a desacreditar a autoridade do Estado. Um cheiro de corrupção pairava sobre Roma, um odor que parecia ter sido dissipado pelo "vento do Norte", no final da década de 1940 e início da década de 1950. O ultraje moral, um ponto de referência tradicional para os intelectuais italianos, agora se juntava à crescente inquietação social e econômica dos trabalhadores; e o resultado foi politicamente explosivo.

O fracasso dos governos de centro-esquerda em responder adequadamente às tensões sociais criadas pelo "milagre econômico" se agravou pela paralisia crescente do setor público. A estratégia dos democrata-cristãos de usar as empresas estatais e a burocracia para construir uma clientela para o partido ganhou velocidade depois da década de 1950; e assim como o aprendiz de feiticeiro, o sistema desenvolveu vida própria e começou a fugir do controle. Os servidores públicos, os administradores das empresas do IRI e os políticos locais e regionais, perceberam que uma das melhores formas de aumentar seu poder e se proteger contra a sorte incerta dos patrocinadores em Roma estava no estabelecimento de sua própria clientela, atribuindo cargos a amigos e adeptos. Como resultado, a burocracia estatal tornou-se semelhante a um reino medieval: uma miscelânea de senhores feudais semiautônomos e preparados para se rebelar contra o centro, quando oportuno.

Nessa situação, a eficiência, a consistência e a lógica econômica sofreram, e os empreendimentos controlados pelo Estado, que foram geralmente bem-sucedidos na década de 1950, viram seus lucros começarem a declinar. O IRI começou a ir mal a partir de 1963, e mesmo o ENI ficou no vermelho, depois de 1969. Alguns dos exemplos mais flagrantes de má gestão ocorreram no Sul, onde, ao tentar superar a diferença crescente entre as duas metades da Península, o governo decidiu desviar o financiamento da agricultura e da infraestrutura (alvos principais na década de 1950) para a indústria. Mais uma vez, a política levou a melhor sobre o planejamento. Uma série de grandes fábricas foi construída, mas elas tendiam a priorizar o capital em detrimento da mão de obra, e, portanto, representaram pouco na solução do desemprego local. Além disso, sua localização foi muitas vezes determinada por considerações clientelistas, em vez de econômicas, fazendo que plantas enormes (logo apelidadas de "catedrais no deserto") surgissem em lugares improváveis, e por vezes, remotos, afastadas das instalações de apoio necessárias.

O governo de centro-esquerda não foi o único responsável pelo pouco beneficiamento do Sul por essas tentativas de industrialização. Parte do problema reside no caráter corrupto da maioria da sociedade do Sul. Os empresários locais frequentemente apresentavam propostas fraudulentas e mal elaboradas, e eram premiados com contratos pautados por preferências políticas, em vez de mérito. Entretanto, talvez houvesse um problema mais importante com a tentativa de industrialização do Sul. É justo esperar que uma região com pouca história na indústria, e uma força de trabalho mais sintonizada com a agricultura, do que com a produção industrial, possa se tornar prontamente uma sociedade industrial bem-sucedida, considerando particularmente a competividade crescente das empresas no Norte?

Contudo, o principal obstáculo ao progresso econômico e social no Sul baseava-se nos valores e nas estruturas do Estado democrata-cristão. Na década de 1860, os piemonteses tentaram – pelo menos durante algum tempo, e geralmente, brutalmente – introduzir a ideia de que a lei estava acima dos interesses privados e deveria ser respeitada e obedecida em consideração à "nação" ou pelo "bem da nação". Infelizmente, esta "nação" acabou por ser constituída por uma elite muito restrita, e parecia atender principalmente às necessidades do Norte. Isso limitou severamente a autoridade moral do Estado no Sul. Depois de 1945, os democrata-cristãos nada fizeram para alterar a situação; mais do que nada, eles a tornaram pior. Com a preocupação de manter os comunistas à margem e se entrincheirar no poder, eles adotaram o clientelismo como um método de autossustentação do governo, e assim reforçaram muitas das características mais corruptoras e debilitantes da sociedade sulista. As consequências a longo prazo para a reputação e a eficiência do Estado e das finanças públicas foram consideráveis.

As revoltas de 1968-1973

No final da década de 1960 e no início da década de 1970, a sociedade italiana foi abalada por uma série de movimentos de protesto. Em um aspecto, os protestos representavam o julgamento de uma geração na República, mais especificamente do fracasso dos políticos em atender às necessidades e expectativas de uma sociedade submetida a mudanças na década anterior. As causas da agitação eram muitas, e o fato de levantes semelhantes estarem acontecendo em outros países não permitiu que a experiência italiana fosse observada isoladamente. A moda do marxismo, a rejeição da autoridade, a depreciação do consumismo, a aversão à família, a revolta contra a guerra no Vietnã, o entusiasmo pela China de Mao Tsé-Tung – eram comuns aos manifestantes de Paris e Washington, e de Turim e Roma. Contudo, a Itália foi a única na amplitude e duração de sua cultura de protesto: de um jeito ou de outro, e com intensidades variadas, a oposição militante ao Estado persistiu por muitos anos depois de amainar em outros locais.

A primeira explosão de insatisfação ocorreu em 1967-1968 entre os estudantes universitários. Sua revolta se dirigiu em parte ao sistema educacional, que desde o início da década de 1960 tinha se expandido rapidamente, sem os recursos necessários para sua subsistência. Em 1962, o ensino secundário obrigatório foi introduzido, até a idade de 14 anos, e em poucos anos, a população escolar quase dobrou. Ao mesmo tempo, o acesso à universidade foi facilitado, e o número de estudantes também quase dobrou (veja na TABELA 10, p. 260). O resultado foi uma superlotação grave – a universidade de Roma foi planejada para 5 mil alunos: em 1968, tinha 60 mil – ensino inadequado e caos administrativo. Além disso, quase não existiam subsídios estatais, o que contribuiu para uma taxa muito elevada de evasão, especialmente entre os estudantes universitários oriundos da classe trabalhadora, que não podiam contar com o apoio financeiro da família.

No entanto, a interrupção de palestras universitárias, as manifestações pacíficas e os confrontos com a Polícia, que pontuaram o inverno e a primavera de 1967-1968, não demandavam apenas um sistema de educação melhor. Também eram a expressão de queixas mais importantes; e estas, sob a influência do que pode ser mais amplamente categorizado como pensamento marxista, foram convertidas em uma crítica geral de toda a sociedade italiana e seus valores. Durante muito tempo, a Itália esteve inclinada a produzir mais graduados do que sua economia poderia absorver, mas a rápida expansão da classe média instruída, depois da década de 1950, tornou o problema mais agudo. A perspectiva de desemprego, ou de ter que competir com milhares de pessoas por um simples cargo burocrático, em um sistema no qual o que realmente vale são os contatos, e não as qualificações, destruiu as expectativas dos jovens e transformou muitos deles em rebeldes com justa causa.

No começo, o movimento estudantil foi essencialmente espontâneo e não tinha um programa estruturado. Os envolvidos pareciam mais preocupados em doutrinar (e, onde possível, por em prática) um novo sistema ético baseado na oposição à autoridade, no libertarismo e em valores coletivistas, do que em se organizar com objetivos políticos específicos. Entretanto, isso mudou no segundo semestre de 1968. Cresceu um sentimento de que a Itália, e mesmo grande parte da Europa, estava passando por um período de revolução potencial, e isso levou à formação de numerosos grupos leninistas e estalinistas, muitos dos quais preparados para admitir o uso da violência para atingir seus objetivos. Entre esses grupos estavam o Potere Operaio, a Lotta Continua e *Il Manifesto*, que se tornaram nomes conhecidos no decurso dos anos vindouros.

Juntos, esses grupos constituíram a "nova esquerda" italiana, e excederam, tanto em tamanho, quanto em vitalidade, a quaisquer movimentos europeus comparáveis neste período. Contudo, a cooperação entre eles foi quase impossível, e passaram grande parte do tempo a justificar ou defender posições teóricas complexas, que geralmente derivavam de uma análise muito estreita e sistemática da sociedade. Eles produziram um fluxo constante de revistas, panfletos e jornais; e, embora as publicações tivessem a intenção de aumentar a consciência revolucionária, eram geralmente tão obscuras e abstratas que chegavam a ser ininteligíveis para a maioria das pessoas. A possibilidade de esses grupos conquistarem uma massa de seguidores era igualmente pequena; e, em desespero, durante a década de 1970, alguns de seus membros se voltaram para o terrorismo, na esperança de garantir pela violência aquilo que não tinham alcançado por intermédio da palavra impressa.

O apoio oferecido a esses grupos revolucionários pelos estudantes e intelectuais refletia a desilusão generalizada com o Partido Comunista Italiano entre os jovens. Até 1956, o PCI proporcionou a posição mais óbvia para qualquer pessoa que estivesse em busca de uma alternativa ao sistema vigente; mas os acontecimentos de 1956, e a entrada dos socialistas no governo, deixaram o PCI desorientado, tática e ideologicamente. Durante a década de 1960, ele parecia paralisado pela indecisão: temendo alienar seus eleitores de classe média ao recorrer à ação direta, e inseguro em relação à tomada do caminho pacífico e democrático, agora aberto para ele, com a esquerda tão gravemente dividida. Assim como aconteceu com o próprio PCI há quase meio século, a "nova esquerda" nasceu de um sentimento de frustração entre jovens, com a timidez da velha guarda.

Naturalmente, o desejo de uma ação revolucionária não teria sido tão forte se as condições para isso se mostrassem menos favoráveis. Em 1968-1969, os trabalhadores do norte da Itália entraram para a militância depois de anos de inatividade, e uma grande onda de greves, ocupações de fábricas e manifestações varreu o país, culminando com o "Outono Quente" [*autunno caldo*], em 1969. As causas do movimento eram tanto econômicas, quanto sociais. O desemprego diminuiu durante os anos do *boom*, e os salários nas indústrias ficaram ainda mais baixos na Europa ocidental; e a qualidade de habitação, transporte, educação e assistência médica era deplorável. Além disso, cresceram as expectativas, que eram alimentadas pelas imagens cintilantes do consumismo, que tremulavam diante de grandes plateias, em anúncios e programas televisivos, em filmes e nas revistas semanais glamorosas, tão populares na década de 1960.

Havia certamente uma forte dimensão política, mesmo nas agitações trabalhistas, nas quais os trabalhadores expressavam sua insatisfação, não apenas com suas condições materiais, mas também com os partidos e sindicatos de centro e esquerda, que eles compreensivelmente consideravam falhos; e foi por isso que os grupos revolucionários, tais como o Potere Operaio e a Avanguardia Operaia pensaram que agora teriam a chance de ganhar o apoio das massas, e começaram a criar células nas fábricas em Milão, Turim, Gênova e outros locais. No entanto, eles calcularam mal. Enquanto os estudantes que apoiavam a Lotta Continua ou o *Il Manifesto* (muitos dos quais eram de famílias abastadas de classe média) alegavam desprezo ao materialismo da sociedade capitalista, aqueles que eles queriam levar para o novo amanhecer coletivista ainda teriam que desfrutar os frutos da riqueza. Os soldados e os autoproclamados generais marchavam em direções opostas.

Portanto, não surpreendia que os trabalhadores fossem apaziguados em grande parte por meio de concessões econômicas. Os salários nas indústrias quase dobraram entre 1969 e 1973; uma nova lei de pensões foi aprovada; mudanças no sistema tarifário beneficiaram os menos abastados (pelo menos teoricamente); e uma lei de 1971 ofereceu a perspectiva

IMAGEM 37. A campanha para a adoção do divórcio. Uma manifestação em Roma, em 1970. As mulheres foram ativas nos movimentos de protesto no final da década de 1960 e durante a década de 1970, e o movimento feminista italiano tornou-se uma força política importante naqueles anos.

(parcialmente não realizada) de um aumento na quantidade de habitações públicas. Em muitas dessas reformas, os sindicatos agiram como mediadores, e o resultado foi que eles conseguiram melhorar dramaticamente sua posição frente aos trabalhadores: a adesão das duas principais confederações aumentou em mais de 60%, entre 1968 e 1975. O desfecho de tudo isso foi que a agitação nas indústrias se direcionou para canais legais, tornando a possibilidade de uma revolução mais remota do que nunca. Por volta de 1974, era claro que o ímpeto para a agitação coletiva declinou rapidamente.

A tensão foi atenuada por várias outras reformas que, em certos aspectos, alteraram profundamente o caráter do Estado italiano. Em 1970, o governo regional foi finalmente introduzido, depois de ter sido incorporado à Constituição republicana há mais de vinte anos. Cada região (eram quinze, exceto cinco regiões autônomas especiais, que já tinham recebido o próprio governo) tinha um conselho eleito e o poder de legislar sobre temas como a habitação, a saúde e a agricultura. Isso foi uma grande evolução. Ela resultou, como temiam os democrata-cristãos, no surgimento de administrações de esquerda na "região vermelha" da Toscana, Úmbria e Emília-Romanha. A mudança (e isso deve ter tido um significado maior em longo prazo) trouxe o gosto pela descentralização às regiões ricas do Norte e do Centro.

O ano de 1970 também assistiu à introdução de uma lei que permitia a realização de referendos nacionais, um "Estatuto dos Trabalhadores" (que garantia direitos importantes, como o recurso aos tribunais contra a demissão sem justa causa), e, talvez a mais notável, da lei do divórcio. Esta foi o ponto alto de uma campanha de quatro anos liderada pela Liga pela Instituição do Divórcio (LID), um grupo de pressão de um tipo raramente visto na Itália, que mobilizou a opinião da classe média progressista, e cujo sucesso encorajou outras iniciativas extraparlamentares semelhantes nos anos seguintes. Os democrata-cristãos se opuseram à nova lei e responderam com a promoção de um referendo nacional para revogá-la. Eles fracassaram: o *referendum* de 1974 deu a vitória clara à opinião leiga, com quase 60% dos votos a favor da permanência da lei do divórcio. Para alguns, este foi um sinal de que a era da hegemonia dos democrata-cristãos poderia estar chegando ao fim.

RECESSÃO, TERRORISMO E O COMPROMISSO HISTÓRICO DE 1973-1982

As reformas que sucederam as revoltas de 1968-1969 aliviaram as tensões, mas não as resolveram; e não serviram para alimentar a confiança no governo central. A disseminação da urbanização, os padrões de vida mais elevados, o maior acesso à educação e as novas oportunidades de lazer ajudaram a aumentar as expectativas e fizeram as deficiências do Estado parecerem piores do que nunca. Segundo uma pesquisa europeia, em 1970, 72% dos italianos estavam "altamente" ou "completamente" insatisfeitos com a atuação de sua democracia. Em 1976, o número passava de 80%, em comparação com aproximadamente 46% de insatisfação na Grã-Bretanha e menos de 20% na Alemanha, e a média para a Comunidade Europeia como um todo era de 45%. O terrorismo no Norte e o crescimento do crime organizado no Sul estavam entre as causas e os efeitos dessa falta de confiança nas instituições.

De certa forma, o consumismo funcionou para integrar a nação. Ele deu aos italianos um conjunto de símbolos unificadores, que ajudaram a romper divisões, que a educação, o serviço militar, a propaganda, a religião, e mesmo a guerra, não conseguiram destruir. As pessoas viajavam

CAPÍTULO 9 – A REPÚBLICA | 303

mais. Em 1948, quando De Sica fez o filme *Ladri di biciclette* (Ladrões de bicicleta), os italianos tinham bicicletas; em 1970, eles usavam carros – mais de 10 milhões, um aumento de cinco vezes no espaço de uma década (veja na TABELA 11, p. 304). A televisão, sem dúvida o mais potente de todos os instrumentos de padronização, entrou praticamente em todos os lares: em 1965, menos de 50% das famílias tinham um aparelho; por volta de 1975, o número era de 92%. O idioma ficou mais uniforme – embora em meados dos anos 1970 quase 30% da população ainda usasse apenas um dialeto.

Entretanto, essas grandes mudanças foram acompanhadas de outras que serviram para enfraquecer os laços coletivos e diluir, e mesmo, destruir, antigos símbolos de identidade. A frequência regular à igreja diminuiu rapidamente: de quase 70% dos adultos em 1956, para 35% em 1972. Em 1966, a Ação Católica ainda tinha mais de dois milhões e meio de membros, mas quase todos a abandonaram ao longo da década de 1970, sendo que a maioria das deserções ocorreram entre os jovens. As famílias ficaram menores, e talvez os laços familiares tenham enfraquecido – embora o parentesco e o patrocínio continuassem cruciais para encontrar empregos, especialmente no Sul, e talvez até tenham se tornado mais importantes durante a recessão da década de 1970. Os antigos padrões de vida comunitária ruíram fatalmente com a migração para as cidades.

O materialismo, como muitos observadores conservadores do século XIX temiam, poderia tanto desagregar, quanto integrar; e os políticos italianos agravaram enormemente o problema ao não vincular o consumismo a quaisquer ideais nacionais coletivos. Nos anos pós-guerra, e durante a década de 1950, a necessidade de se recuperar do fascismo e a luta ideológica entre o DC e o PCI deram um tom moralista à vida pública; mas, por volta da década de 1970, tudo isso acabou. As ferramentas dos partidos políticos – em particular, o clientelismo – tornaram-se fins em si mesmas, meios para conservar o poder e distribuir favores, em vez de construir uma visão social; e foi significativo que termos éticos, como pátria e "nação", desaparecessem da vida pública.

O fracasso moral da classe governante da Itália foi realçado por uma sucessão de escândalos. No início de 1974, foi descoberto que alguns políticos, sobretudo democrata-cristãos, tinham recebido dinheiro de empresas petrolíferas em troca de favores políticos. No mesmo ano, foi revelado que uma organização neofascista chamada Rosa dei Venti vinha realizando atos de terrorismo para preparar um golpe de Estado: entre os envol-

TABELA 11. Carros particulares em uso (em milhares): 1914-1998.

	1914	1920	1930	1940	1950	1960	1970	1980	1998
França	108	157	1.109	1.800	1.700[a]	5.546	12.900	19.130	26.810
Alemanha (Ocidental, a partir de 1950)	55,3	60,6	489	1.416[b]	516	4.489	13.941	23.192	41.673
Reino Unido	132	187	1.056	1.423	2.258	5.526	11.515	14.772	22.794
Itália	22	31,5	183	270	342	1.995	10.181	17.686	32.485

(a) 1951.
(b) 1939.

O triunfo do consumismo na Itália do pós-guerra.

Fonte: MITCHELL, B. R. *International Historical Statistics, Europa 1750-2005* (Basingstoke, 2007).

vidos estavam várias autoridades importantes dos serviços secretos e das Forças Armadas. Em 1976, dois ministros do governo foram processados por subornar a empresa americana Lockheed: um deles, o social--democrata Mario Tanassi, foi preso.

A credibilidade moral decadente dos partidos – principalmente o Democrata-cristão – piorou com a recessão econômica. Desde a década de 1950, a Itália tinha se tornado muito dependente do petróleo barato, e, por volta de 1973, três quartos de sua necessidade energética total era proveniente dessa única fonte. Consequentemente, a decisão da OPEP de aumentar as tarifas do petróleo em 1973 em 70% teve efeitos devastadores. Os preços se elevaram muito; e os industriais não conseguiam mais compensar os custos mais elevados com salários mais baixos: agora, os sindicatos eram muito fortes. Assim, o governo foi obrigado a desvalorizar a lira. Isso ajudou as exportações, mas impulsionou o aumento dos preços domésticos, e ao longo da década de 1970, a Itália ficou presa em uma espiral inflacionária que parecia ser totalmente incapaz de controlar.

Outro aspecto da crise econômica italiana na década de 1970 – que se mostrou particularmente incontrolável – foi a enorme dívida pública. Os custos crescentes da educação e da saúde, a enorme despesa com o Sul, as demandas cada vez maiores do fundo de seguridade estatal (Cassa Integrazione Guadagni – CIG) – que, desde 1975, garantia aos empregados demitidos 80% do salário durante um ano, um novo treinamento e assistência social – e os enormes prejuízos sofridos depois de 1974 com as empresas estatais da IRI resultaram em um déficit superior a 30 trilhões de liras em 1979. Por volta de 1982, os gastos públicos em relação ao PIB foram maiores na Itália, 55%, do que em qualquer outro país da Europa ocidental. Em 1970, o valor foi de 38% e, em 1973, de 43,5%.

O governo foi forçado a fazer grandes empréstimos externos, aumentar os impostos e elevar as taxas de juros. A recessão instalou-se e o desemprego aumentou. Entretanto, a situação na década de 1970 não foi totalmente negativa para a economia. No Centro e no Norte, e especialmente no Nordeste (que tinha uma forte tradição de produção familiar), surgiram pequenas empresas, capazes de cobrar menos do que os fabricantes em larga escala, por empregar mão de obra não sindicalizada e não realizar os pagamentos de seguro social (e muitas vezes, também de impostos). Elas eram geralmente avançadas tecnologicamente e capazes de produzir em massa itens como sapatos e roupas para o mercado exportador. É difícil avaliar o tamanho dessa economia "negra", mas uma estimativa sugere que ela foi responsável por algo entre 15% e 20% da força de trabalho em 1979.

O apoio aos partidos da coalizão estava fortemente ligado ao clientelismo, o que tornou quase impossível a contenção dos gastos públicos pelo governo italiano. Qualquer tentativa de promover cortes produzia veementes protestos do partido, ou de correntes dentro do partido, que achavam que seus eleitores ficariam desfavorecidos. Esse foi um defeito grave, e possivelmente fatal, do sistema construído pelos democrata-cristãos. Ao fazer da política uma questão de manter o poder quase a qualquer custo, com o fino (e cada vez mais transparente) verniz ideológico de manter o comunismo à distância, os governantes da República ficaram presos a um círculo vicioso: à medida que sua influência moral sobre o eleitorado evaporava, a sobrevivência dependia da compra de votos; mas a pressão sobre a economia poderia ser prejudicial a longo prazo.

O perigo era particularmente grande devido à situação desastrosa no Sul depois de 1973. O fracasso das tentativas do governo de acionar uma decolagem industrial na década de 1960 deixou o Sul dependente do dinheiro público. Além disso, a recessão mundial interrompeu a emigração, que desde a guerra tinha colaborado para manter as tensões no Sul sob controle. Em meados da década de 1970, a taxa de desemprego foi três vezes maior do que no Norte; e embora a renda média *per capita* tenha triplicado no espaço de uma geração (em grande parte graças às remessas), ainda era apenas metade do salário no restante do país (*cf.* TABELA 12). Foi nesse cenário de frustração e ressentimento crescentes que o crime organizado começou a aumentar em escala e violência.

Os grupos e as redes da Máfia sempre foram característicos da sociedade sulista e floresceram no vácuo criado pela ausência ou ineficácia das autoridades do Estado. Até a década de 1950, eles eram mais visíveis nas áreas rurais da Sicília ocidental e em partes da Calábria e da Campânia; mas o enorme influxo de dinheiro público no Sul abriu possibilidades novas e muito mais lucrativas do que as atividades tradicionais, como o controle do mercado de terras ou o monopólio do abastecimento de água local. O foco da atividade da Máfia mudou para as cidades: era ali que estavam os fundos estatais e os contratos públicos; e também onde se estabeleceu uma nova geração de políticos, ansiosa por construir sua clientela, e muitas vezes disposta a negociar patrocínio e proteção por votos.

Os laços estreitos entre a Máfia e os políticos tornou o problema do crime organizado mais insidioso do que nunca. Em 1962, depois de vários anos de guerra de gangues na Sicília, uma comissão de inquérito parlamentar foi formada para investigar a Máfia. Ela colecionou um tesouro de informações sobre quase todos os aspectos do fenômeno, e demonstrou, em particular, até onde a Máfia havia penetrado no governo regional e local, na tentativa de garantir o controle de contratos de construção, de obras públicas e do crédito. Suas descobertas levaram a uma nova e importante lei antimáfia, em 1965; e durante os anos seguintes, dezenas de milhares de suspeitos foram presos ou enviados para uma espécie de "exílio interno" fora da Sicília. Isso pode ter ajudado a conter o crime organizado, mas não resolveu o problema.

TABELA 12. PIB *per capita* (em paridade de poder de compra): 1870-1988 (Estados Unidos = 100).

	1870	1913	1950	1973	1988
França	67	54	44	66	70
Alemanha	63	53	38	69	73
Grã-Bretanha	120	78	61	66	68
Itália	61	36	28	55	68
Noroeste	—	49	44	—	88
Nordeste/Centro	—	36	27	—	73
Sul	—	27	18	—	46
Japão	27	22	15	60	73
Estados Unidos	100	100	100	100	100

Observe a diferença persistente entre o Norte e o Sul.

Fonte: ZAMAGNI, V. *Dalla periferia al centro* (Bolonha, 1990).

A força da Máfia não se baseia apenas na proteção política. Indiscutivelmente de maior importância era o fato de que ela recorria a um conjunto de valores e ideias que gozava de certa legitimidade popular, e que podia ser usado para justificar a violência criminal. O silêncio antes da lei (*omertà* [código de silêncio]), a *vendeta*, a hostilidade ao Estado, a honra, a coragem física e a retribuição de favores formavam um coquetel ideológico poderoso, que era tão útil e atraente para os desempregados das favelas de Palermo (ou Nápoles), na década de 1970, quanto para seus antepassados camponeses. A recessão econômica de 1973 e o fechamento dos caminhos legais para o enriquecimento renovaram os valores da Máfia ou da Camorra de Nápoles, especialmente quando o tráfico internacional de drogas começou a oferecer oportunidades espetaculares de lucro.

O sucesso das famílias mafiosas sicilianas ao substituir os clãs de Marselha no fornecimento de heroína para os Estados Unidos (estima-se que no final da década de 1970, Palermo produzia quatro ou cinco toneladas por ano – 30% do total do consumo americano) lhes deu acesso a enormes somas de capital, que, reciclados, poderiam ser investidos em uma ampla gama de atividades, do transporte ao turismo. Em outros lugares no Sul, especialmente na Campânia e na Calábria, o tráfico de drogas favoreceu o crescimento do poder e da influência de gangues criminosas, ao que parece ajudadas por novos níveis de organização: em Nápoles, Raffaele Cutolo controlava a Nuova Camorra Organizzata, enquanto, na Sicília, as facções mafiosas estavam federadas em uma estrutura conhecida como Cosa Nostra.

A violência crescia com o aumento do crime organizado; e, no início da década de 1980, o Estado corria o risco de perder inteiramente o controle em algumas áreas do Sul. Um fato particularmente perturbador foi o crescente número de assassinatos de funcionários públicos e políticos, o que às vezes deu ares de guerra civil à agitação. Na Sicília, as vítimas da Cosa Nostra incluíram magistrados, como Pietro Scaglione (1971) e Cesare Terranova (1979), o presidente da região, Piersanti Mattarella (1980), e o comunista local altamente respeitado, Pio La Torre (1982). O assassinato de La Torre precipitou a nomeação para Palermo do mais conhecido general dos *carabiniere* na Itália, Carlo Alberto dalla Chiesa. Sua missão era combater a Máfia; mas fez pouco progresso: em 3 de setembro de 1982, ele também foi assassinado.

A ameaça ao Estado pelo crime organizado no Sul do país foi acompanhada pelo desafio do terrorismo no Norte. Ele tinha origem tanto em grupos neofascistas, como de extrema-esquerda. As revoltas dos trabalhadores e dos estudantes de 1968-1969 conduziram ao renascimento das chances da extrema-direita, cuja votação aumentou para 8,7% nas eleições de 1972. Ao mesmo tempo, foram fundados vários grupos terroristas neofascistas, e é quase certo que eles foram responsáveis por muitos dos primeiros e mais cruéis ataques com bombas, incluindo o atentado na Piazza Fontana, em Milão, em 1969, no qual dezesseis pessoas foram mortas. Os terroristas de extrema-direita operavam de acordo com uma "estratégia de tensão". Seu objetivo era espalhar o caos e a frustração, e assim desencadear a repressão militar e o fim da democracia.

A violência neofascista nunca foi muito bem organizada; e, embora contasse com o apoio de poderosos, foi incapaz de se sustentar seriamente, depois de meados da década de 1970. Depois de alguns anos de calmaria, seu último grande ato foi a explosão de uma bomba na estação de Bolonha, em agosto de 1980, que matou 85 pessoas. Entretanto, quando o desafio da extrema-direita parecia declinar, a extrema-esquerda começou a crescer. Isso pode não ter sido inteiramente casual, pois quaisquer que fossem as intenções das Brigadas Vermelhas ou da Prima Linea [PL], a verdadeira beneficiária do terrorismo de extrema-esquerda provavelmente sempre seria a extrema-direita. Em certo sentido, os neofascistas não precisavam mais ter sua própria "estratégia de tensão": os revolucionários poderiam se encarregar disso.

O terrorismo de extrema-esquerda, assim como sua contraparte de extrema-direita, nasceu da efervescência do final da década de 1960. A organização Brigadas Vermelhas foi fundada em Milão, em 1970, por um grupo de jovens idealistas que pensavam que a revolução era eminente, e acreditavam que seria necessária uma abordagem mais voluntarista do que aquela defendida pela "nova esquerda" – em particular, a Lotta Continua e o Potere Operaio. Esses primeiros terroristas incluíam intelectuais de classe média desiludidos, tais como Renato Curcio, e militantes de famílias operárias, como Alberto Franceschini. Grande parte deles vinha da "zona vermelha" da Emília-Romanha; muitos tinham pais ou tios que estiveram na Resistência; e uma porcentagem curiosamente alta tinha crescido em um ambiente católico efervescente.

As Brigadas Vermelhas inspiraram-se em modelos de terrorismo estrangeiros, especialmente nos Tupamaros, do Uruguai. Eles também consideravam sua luta uma continuação da Resistência. No entanto, para começar, suas ações ficaram restritas principalmente à propaganda e a assaltos a propriedade, e foi apenas em 1974 que o nível de violência aumentou a ponto de chegar aos primeiros assassinatos. Essa mudança qualitativa coincidiu com o afluxo de recrutas para o terrorismo da "nova esquerda", que entrou em crise em 1975, depois de uma performance desastrosa nas eleições de junho. Os adeptos de grupos como a Lotta Continua foram forçados a aceitar que uma revolução pelas urnas não era viável: para muitos, a luta armada parecia ser o único caminho a seguir.

IMAGEM 38. O corpo do presidente dos democrata-cristãos, Aldo Moro, baleado pelas Brigadas Vermelhas, encontrado no porta-malas de um carro, na rua Caetani, em Roma, no dia 9 de maio de 1978. A rua Caetani ficava a meio caminho entre a sede do Partido Democrata-cristão e o Partido Comunista – uma escolha simbólica dos terroristas.

Por volta de 1976, bem mais de cem organizações terroristas de esquerda independentes estavam ativas na Itália. Muitas delas encontraram uma justificativa teórica para suas matanças nos escritos de intelectuais marxistas da "nova esquerda", entre os quais, Toni Negri, um professor de sociologia da Universidade de Pádua e apologista da violência revolucionária. As principais vítimas dos grupos terroristas eram os chamados "servos do Estado": juízes, policiais, industriais, e também jornalistas; e o objetivo declarado, pelo menos pelas Brigadas Vermelhas, foi usar o assassinato indiscriminado para paralisar de medo as classes governantes, e assim imobilizar o Estado e abrir caminho, em uma época de crise econômica, para o desenvolvimento vertiginoso da luta de classes revolucionária.

As Brigadas Vermelhas visavam acima de tudo a uma "desarticulação" do sistema político por meio de um golpe no "coração do Estado"; e foi esta ideia que inspirou a sua ação mais notória: o sequestro, encarceramento e assassinato de Aldo Moro, presidente dos democrata-cristãos e figura política importante no período, na primavera de 1978. Aldo Moro

CAPÍTULO 9 – A REPÚBLICA | 311

ficou detido por quase dois meses em um esconderijo em Roma. Seus sequestradores emitiram vários comunicados à imprensa, enquanto o próprio Moro escrevia uma série de cartas para seus colegas e familiares, implorando por sua libertação. Contudo, apesar do destacamento de 13 mil homens para o caso, quase 40 mil casas revistadas e 72 mil bloqueios rodoviários, a "prisão" de Moro nunca foi encontrada, e no dia 9 de maio, seu corpo foi abandonado no centro de Roma, a poucos passos da sede do DC.

Apesar da recusa dos democrata-cristãos de negociar com os terroristas por questões morais, o governo não conseguiu tirar muita vantagem do acontecimento. Alguns comentaristas, o mais famoso foi o novelista siciliano Leonardo Sciascia, denunciaram os democrata-cristãos por sua hipocrisia: que determinação "moral" eles tinham demonstrado durante os trinta anos anteriores no combate à corrupção, à ineficiência ou à Máfia? O episódio também foi muito misterioso. Como foi possível que a Polícia e os Serviços de Inteligência, depois de quase uma década de combate ao terrorismo, se mostrassem tão mal informados? Alguns suspeitaram de uma conspiração: afinal Moro estava trabalhando duro para trazer os comunistas para o governo, algo que sem dúvida muitos da direita adorariam impedir.

O assassinato de Moro foi uma linha divisória para o terrorismo italiano. O sentimento de indignação moral engendrado pelo assassinato forçou o governo a agir com maior rigor, e os resultados ficaram evidentes nas prisões em larga escala de 1979-1981. Contudo, a violência continuou. Pode-se dizer que piorou em 1978-1979; mas isso era mais um sinal de desintegração, do que de uma ofensiva fortalecida. Entre os terroristas, as controvérsias sobre as táticas aumentaram, levando muitos ao rompimento e à criação de organizações rivais. Ao mesmo tempo, a violência se tornou cada vez mais gratuita, o que afastou um grande número de pessoas que tinham demonstrado anteriormente alguma simpatia pela luta armada. Por volta de 1982, o Estado se impôs, e o terrorismo na Itália estava quase morto.

O cenário político para os anos de terrorismo foi proporcionado pelo chamado "compromisso histórico" do PCI. Por volta da década de 1970, a fórmula de centro-esquerda, que dominou a década de 1960, se esgotou. Os socialistas não conseguiram converter sua aliança com o DC em mais votos, e depois das eleições de 1972, passaram para a oposição. Enquanto isso, o PCI tinha um novo líder, Enrico Berlinguer, um sardenho rico, de uma família extremamente católica, que acreditava que a esperança no progresso moral e social da Itália, e de liberação do país da imobilidade dos anos anteriores, estava em uma aliança com o DC. Ele também temia um golpe de direita na Itália, se a esquerda tentasse chegar ao poder por conta própria: a queda do governo socialista de Salvador Allende, no Chile, o assombrava.

Em outubro de 1973, Berlinguer propôs um "compromisso histórico" entre os três principais partidos, o PCI, o PSI e o DC. Os comunistas, ele disse, estavam dispostos a ajudar a restaurar a economia da Itália, defender a lei e a ordem e respeitar a Igreja; em troca, eles queriam a reforma e uma participação política global. A proposta era bastante louvável para os democrata-cristãos. Eles tinham perdido os socialistas como parceiros na coalizão, e sua autoridade estava sendo minada pela corrupção e pela ineficácia crescente do Estado. Eles também precisavam de muito apoio no combate à recessão e ao terrorismo. Consequentemente, alguns democrata-cristãos mais moderados, particularmente Giulio Andreotti e Aldo Moro, responderam favoravelmente às propostas de Berlinguer; e o DC e o PCI começaram a convergir.

No início, as vantagens para o PCI foram consideráveis. Nas eleições regionais de junho de 1975, o voto comunista cresceu em mais de 6%, em comparação com 1970: e uma sequência de administrações locais de esquerda se formou ao longo da Itália do norte e central. O PCI estava apenas 2% atrás do DC; e as eleições nacionais do ano seguinte aconteceram em um clima de intensa emoção, mesmo porque a situação parecia altamente favorável para a esquerda na maior parte da Europa. Berlinguer tentou tranquilizar a opinião internacional, anunciando seu apoio à OTAN, na véspera da votação; mas apesar de um avanço, o PCI não conseguiu superar o DC. No entanto, a estratégia de Berlinguer parecia estar funcionando, e o PCI concordou em apoiar o novo governo a ponto de se abster dos votos de confiança.

Entretanto, o "compromisso histórico" teve seu preço. Ele ganhou o novo apoio do PCI entre a classe média, mas deixou perplexos muitos dos eleitores tradicionais do partido, mais inseguros do que nunca sobre o real significado da "via italiana para o socialismo". Ele também exigiu resultados, na forma de reformas viáveis, para se justificar; mas, como os socialistas descobriram durante a década de 1960, isso não era fácil de alcançar. Alguns itens importantes da legislação foram aprovados em 1976-1979: o governo regional foi reforçado, o serviço de saúde, reestruturado, os manicômios, fechados, o aborto foi legalizado, e a radiodifusão foi desregulamentada; mas muitas destas inovações foram contaminadas pelos efeitos corruptores do clientelismo partidário sobre a burocracia, com o qual o PCI, ansioso por compartilhar as vantagens, começava agora a contribuir.

Em março de 1978, o PCI passou a fazer parte da maioria no governo, embora ainda não tivesse ministros. Depois disso, as relações entre os dois principais partidos deteriorou. O assassinato de Moro, a eleição de um novo papa conservador, João Paulo II, e a invasão soviética ao Afeganistão ajudaram a reacender velhos sentimentos de desconfiança mútua; e o fato de muitos trabalhadores repudiarem as recomendações por austeridade do PCI (para ajudar a resolver os problemas econômicos do país) e começarem a deixar o partido, mostrou como era difícil (e politicamente perigoso) tentar subordinar os interesses econômicos setoriais aos da "nação". No início de 1979, os comunistas foram para a oposição; e, em junho, o eleitorado avaliou os três anos anteriores: a cota de votos para o PCI caiu em 4%.

O "compromisso histórico" não foi inteiramente negativo. Ele ajudou o país a enfrentar as tempestades do terrorismo e da recessão; e, pelo menos por algum tempo, alimentou a esperança de que o sistema ainda poderia se salvar. Entretanto, a timidez do PCI – o medo de que se pressionasse muito poderia causar o colapso da democracia – não permitiu que o partido tirasse proveito dos vários movimentos de protesto e reforma (incluindo a nova onda de agitação estudantil, em 1977), que haviam surgido, particularmente entre os jovens, a partir do final da década de 1960. As feministas, os novos grupos de esquerda, o pequeno e ruidoso Partido Radical, e várias outras organizações no Norte e no Sul, agitaram, muitas vezes militantemente, em apoio a um amplo espectro de questões, incluindo o desemprego, a habitação, a igualdade sexual, os poderes policiais, as prisões e o direito de família. Seus gritos foram muitas vezes ignorados; e, no final da década de 1970, o desencantamento tomou conta.

O fracasso moral do PCI se agravou graças a sua insensibilidade míope em relação ao PSI. Durante o "compromisso histórico", Berlinguer esbanjou atenção com os democrata-cristãos, e tratou os socialistas como um parceiro infantil, na verdade, quase insignificante. Isso irritou o jovem e ambicioso novo secretário do PSI, Bettino Craxi. Ele nunca perdoou a prepotência dos comunistas, e concluiu que não tinha nada a ganhar no futuro de uma aliança com eles. Em vez disso, ele procurou reconstruir a fórmula de centro-esquerda da década de 1960, mas desta vez o PSI se comportaria de forma menos passiva. A partir de 1979, os comunistas ficaram isolados; e qualquer chance de a República ter um governo que não incluísse o DC aparentemente desapareceu.

O FIM DA "PRIMEIRA REPÚBLICA"

O clima de crise que pairava em torno das instituições políticas no final da década de 1970 e no início da década de 1980 deu lugar, depois de 1983, a um interlúdio de otimismo e mesmo de orgulho nacional. Essa nova atmosfera foi criada principalmente por fatores econômicos. A recessão finalmente chegou ao fim em 1984, e foi seguida por um período de crescimento tão rápido que, por volta de 1986, alguns comentaristas falavam de um "segundo milagre econômico". A inflação, que em 1980 ficou em 21%, caiu para 4,6%, em 1987; enquanto o PIB, que tinha crescido em média apenas 0,8% ao ano de 1978 a 1982, cresceu em média 2,5% por ano entre 1983 e 1987. Em 1987, o governo italiano anunciou que a Itália tinha ultrapassado economicamente a Grã-Bretanha pela primeira vez, para se tornar o quinto poder industrial do mundo, atrás dos Estados Unidos, do Japão, da Alemanha e da França. Esta reivindicação foi fortemente contestada pelo governo britânico; mas pode muito bem ter sido correta (*cf.* TABELA 12, p. 307).

O *boom* fez parte de uma reviravolta na economia mundial; mas a competitividade das empresas italianas também era devida a uma redução dramática nos níveis de tomada de crédito. A Fiat liderou o caminho em setembro de 1980, quando demitiu 24 mil trabalhadores, entre os quais estavam quase todos os líderes militantes dos últimos anos; e, apesar das grandes greves, os sindicatos se mostraram incapazes de bloquear o movimento. Outras empresas seguiram o exemplo; e o resultado foi que os custos unitários do trabalho na indústria italiana foram reduzidos a níveis semelhantes aos da década de 1960. Entre os setores mais beneficiados estavam o de máquinas e da moda (a empresa de confecções Benetton foi um dos casos mais bem-sucedidos nesses anos). As empresas de porte pequeno e médio, no Centro e no Nordeste, eram especialmente dinâmicas: no final dos anos de 1980, algumas províncias do Vêneto, da Toscana e das Marcas tinham um pequeno negócio para cada 25 habitantes. A confiança pública na indústria italiana disparou, e o valor das ações na bolsa de valores de Milão mais do que quadruplicou entre 1982 e 1987.

No entanto, os frutos do *boom* da década de 1980 estavam longe de ser uniformemente distribuídos. Uma pesquisa de meados da década de 1980

CAPÍTULO 9 – A REPÚBLICA | 315

revela que aproximadamente 7% da população do centro e do norte da Itália vivia abaixo da linha de pobreza, enquanto no Sul, o número foi maior do que 18%. Uma das categorias mais pobres era a dos jovens desempregados urbanos; e o Sul foi novamente a região mais gravemente afetada. Em 1988, no Sul, aproximadamente 45% dos homens com idades entre 14 e 29 anos estavam procurando emprego; e entre as mulheres jovens, a porcentagem foi ainda maior. As implicações para o crime, especialmente para o crime organizado, foram enormes. Parte do problema era demográfico: a taxa de natalidade na Itália caiu de forma homogênea nas décadas de 1970 e 1980 (assim como em outros países ocidentais), mas a taxa de declínio foi mais acentuada no Sul do que no Norte mais próspero (que, no início da década de 1990, tinha a taxa de natalidade mais baixa do que qualquer país europeu).

O *boom* econômico da década de 1980 foi ajudado por – e contribuiu para – um espírito novo de otimismo político. Isso teve origem parcialmente no sucesso do Estado em derrotar o terrorismo; mas também foi o resultado de um novo clima de regeneração moral, que por algum tempo pareceu dissipar o cinismo e a corrupção que caracterizaram a política italiana nas décadas de 1960 e 1970. Entre 1978 e 1985, o presidente da República foi o velho socialista e *ex-partisan* Sandro Pertini, cujo estilo populista e rude, e a frequente reprovação do governo, do Parlamento e dos partidos, o transformou no político mais amado da Itália desde Mussolini, e introduziu uma marca necessária de autoridade moral nas instituições. Ao mesmo tempo, os democrata-cristãos, sob a liderança de Ciriaco de Mita, embarcaram em um programa de "renovação" projetado para restaurar sua credibilidade.

O clima de otimismo político na década de 1980 foi estimulado pelo afrouxamento do controle do governo pelos democrata-cristãos. Em junho de 1981, Giovanni Spadolini, um historiador e líder do pequeno, mas muito respeitado, Partido Republicano, tornou-se o primeiro primeiro-ministro não democrata-cristão, desde 1945, na liderança de uma coalizão de cinco partidos: os democrata-cristãos, os socialistas, os social-democratas, os liberais e os republicanos. Ele foi seguido entre 1983 e 1987 pelo secretário do PSI, Bettino Craxi, cujo governo não foi apenas o mais longo desde a guerra, mas também, em muitos aspectos, um dos mais bem-sucedidos. Parecia que a Itália tinha rompido a camisa de força de quarenta anos de domínio do DC; e agora surgia a perspectiva dos socialistas substi-

IMAGEM 39. Advogados, juízes e uma equipe de filmagem fazem uma pausa durante o primeiro "grande julgamento" dos membros da Cosa Nostra, em 1986. O tribunal "protegido" em Palermo foi construído especialmente para o julgamento, e por motivos de segurança era ligado diretamente à prisão.

tuírem os comunistas como o segundo maior partido, e dar a Itália do pós-guerra, pela primeira vez, uma oposição viável.

Também cresceu a esperança de que o crime organizado pudesse finalmente ser controlado. O assassinato de Carlo Alberto dalla Chiesa, em Palermo, em setembro de 1982, estimulou as autoridades a agir; e ao longo dos anos seguintes, incentivou uma campanha vigorosa e decidida na imprensa, e a Polícia cercou milhares de mafiosos. Entre eles estavam figuras políticas proeminentes. Um grande avanço aconteceu quando o juiz Giovanni Falcone persuadiu o chefe mafioso Tommaso Buscetta a falar. O testemunho de Buscetta revelou a existência da bem estruturada Cosa Nostra, com suas cerimônias de iniciação e uma hierarquia aparentemente rígida; e foi graças a seu testemunho que, em fevereiro de 1986, 456 mafiosos suspeitos foram a julgamento em Palermo. Vários outros "arrependidos" (*pentiti*) também foram induzidos a se apresentar, e os comentaristas começaram a falar com otimismo do colapso do *omertà* e do desaparecimento eminente da Máfia.

Infelizmente, todo esse otimismo durou pouco. No final da década de 1980, o *boom* chegou ao fim. Em setembro de 1990, a Fiat, que nos anos

CAPÍTULO 9 – A REPÚBLICA | 317

anteriores tinha confirmado sua posição como líder na fabricação de carros na Europa, anunciou que estava demitindo e cortando a produção em 10%. Outras empresas seguiram o exemplo. Entretanto, mais alarmante do que o início da recessão foi a percepção de que os anos de prosperidade nada fizeram para mudar a fragilidade estrutural básica da economia, e, acima de tudo, não tinham conseguido resolver o problema do enorme déficit no setor público. Desde o início da década de 1970, os gastos com os serviços sociais e as indústrias estatais tinham aumentado muito, e, por volta de 1983, chegaram a 58% do PIB. O governo de Craxi havia tomado algumas medidas para reduzir o déficit orçamentário, cortando os gastos públicos e tentando coibir a evasão fiscal; mas não foi muito bem-sucedido. Em 1985, a dívida pública estava em 85% do PIB; por volta de 1992, ela tinha crescido para 120%.

A crise nas finanças públicas colocou as instituições políticas do país sob os holofotes; porque estava ficando claro que a única esperança real de resolver o caos econômico recaía sobre uma reforma do sistema parlamentar e partidário italiano, para promover a estabilidade governamental e fortalecer o poder do Executivo. Em 1983, o governo de Craxi tinha organizado uma comissão de inquérito para explorar as opções possíveis: mas suas conclusões não conseguiram atrair o apoio geral. Alguns políticos (por um tempo, o próprio Craxi) argumentaram que a Itália deveria adotar a forma presidencial de governo nos moldes franceses; mas essas propostas deveriam lidar com o legado do fascismo, o que despertou em muitos uma profunda desconfiança de qualquer proposta de limitar os poderes da Câmara. O fato de Craxi ter sido retratado muitas vezes em charges políticas como uma reencarnação de Mussolini era indicativo dos problemas que a ideia de um governo forte enfrentava.

A necessidade de reforma institucional ficou mais evidente ainda diante da fragmentação crescente dos partidos, depois da queda do comunismo na Europa oriental, em 1989-1991; pois, ironicamente, o fim da União Soviética removeu um elemento-chave estabilizador no sistema político italiano. O medo da chegada do PCI ao poder foi um motivo importante para a manutenção do voto democrata-cristão desde a Segunda Guerra Mundial; com o sumiço do fantasma do comunismo, os democrata-cristãos perderam boa parte de sua razão de ser. Nas eleições de 1987, eles aumentaram ligeiramente sua parcela de votos para 34,3% – em parte, um resultado das tentativas de De Mita de limpar a imagem do partido; mas, nas eleições de 1992, os votos caíram para 29,7%, a primeira vez na história da República que ficaram abaixo de 30%. Agora, o apoio ao DC estava mais

318 | HISTÓRIA CONCISA DA ITÁLIA

concentrado do que nunca no Sul, onde tradicionalmente a ideologia contava bem menos nas eleições do que o dinheiro.

Os acontecimentos na Europa oriental e na União Soviética tiveram um efeito ainda mais devastador sobre o PCI. Em 1990, depois de debates prolongados e sofridos, a maioria dos delegados do PCI votou pela dissolução do partido e sua reconstituição como uma força social-democrática. Em janeiro de 1991, exatamente setenta anos depois de sua fundação, o Partido Comunista Italiano chegou ao fim e foi substituído pelo Partido Democrático de Esquerda (PDS). No entanto, uma minoria de conservadores de linha-dura se separou para formar seu próprio partido, enfraquecendo assim o PDS e colaborando para acelerar a fragmentação política da Itália. Nas eleições de 1987, o PCI tinha recebido 26,6% dos votos; em 1992, o Partido Democrático de Esquerda ganhou apenas 16,1%, e os conservadores (PRC), 5,6%. O PDS ainda era o segundo maior partido da Itália, mas só isso; e agora a Itália tinha quatorze partidos diferentes na Câmara, provavelmente um recorde para a Europa no pós-guerra.

O declínio dos democrata-cristãos e o desaparecimento do PCI não beneficiaram os socialistas. O PSI ganhou algum terreno em meados da década de 1980: sua cota de votos aumentou de 11,4% para 14,3% entre 1983 e 1987; mas isso estava longe do avanço esperado. Grande parte do problema estava na imagem do partido. Muitas pessoas não gostavam do estilo agressivo de Craxi, e desconfiavam de sua indisfarçável sede de poder (evidente depois de 1987, quando o DC retomou o cargo de primeiro-ministro em suas tentativas repetidas de derrubar o governo); mas, talvez o mais importante, foram os sinais crescentes de que o PSI tinha se tornado tão profundamente corrupto quanto os democrata-cristãos. Nas eleições de abril de 1992, os votos para o PSI caíram para 13,6%. Simultaneamente, um grande escândalo irrompeu, envolvendo propinas no conselho da cidade de Milão – um dos bastiões do PSI; e, ao longo do ano seguinte, dezenas de líderes socialistas foram presos. No início de 1993, o próprio Craxi foi implicado e forçado a renunciar ao cargo de secretário do PSI.

O escândalo de Milão foi a ponta do *iceberg*. A evidência de fraude e corrupção em escala colossal veio à tona em dezenas de cidades, graças às investigações zelosas do magistrado milanês, Antonio Di Pietro. Na primavera de 1993, o escândalo de *tangentopoli* ("cidade do suborno")[*]

---

[*] A expressão *tangentopoli* surgiu como apelido para este que foi considerado o maior escândalo de corrupção no país, desbaratado pela Operação Mãos Limpas. (N.E.)

ameaçava desacreditar, se não destruir, todo o *establishment* político e de negócios na Itália: milhares de executivos e políticos (a maioria democrata-cristãos e socialistas) estavam presos, e outros milhares foram objeto de investigação. A principal acusação era de recebimento de propinas e subornos em troca da concessão de contratos públicos – uma prática aparentemente quase rotineira em muitos municípios. Grande parte do dinheiro obtido dessa forma foi parar nos cofres das sedes dos partidos.

No início da década de 1990, a crise de autoridade moral que varreu o sistema político italiano não poupou nem mesmo os mais altos cargos do Estado. Em 1985, Sandro Pertini foi substituído como presidente da República por Francesco Cossiga, um democrata-cristão respeitado, que tinha sido ministro do Interior na época do sequestro e assassinato de Aldo Moro. Em 1990, foi revelado que, na década de 1950, Cossiga esteve envolvido na criação de uma força de ataque contrarrevolucionário, conhecido como "Gladio"; e surgiram evidências que essa organização pode ter estado mais tarde envolvida com o terrorismo de direita. Cossiga se viu sob investigação; e a pressão que ele enfrentou pode ter sido um fator subjacente a uma extraordinária série de ataques descontrolados, e muitas vezes imprudentes, que ele lançou sobre diversos alvos, incluindo seu próprio partido, o Judiciário e a Liga do Norte, um partido de protesto que crescia rapidamente no Norte.

No início da década de 1990, somando-se à crise enfrentada pelo sistema político italiano, havia o ressurgimento da atividade da Máfia no Sul. Em 1990, os níveis de violência voltaram ao patamar que tinham na década anterior; e, em algumas regiões, principalmente na Campânia e na Calábria, eles eram provavelmente superiores do que na época da década de 1860. Apesar do trabalho corajoso de juízes como Giovanni Falcone e das revelações de Tommaso Buscetta e outros *pentiti*, a situação na Sicília não melhorou. Muitos dos presos em meados da década de 1980 foram libertados poucos anos depois: ou não havia provas suficientes para condená-los, ou os tribunais não conseguiram chegar a um veredicto dentro do prazo legal. As autoridades voltaram claramente para a defensiva. Em maio de 1992, Falcone, sua mulher e seus guarda-costas sofreram um atentado a bomba. Algumas semanas depois, o segundo juiz antimáfia mais importante também foi assassinado.

O clima de confusão moral e econômica levou o país a buscar a salvação na Comunidade Europeia. A Itália sempre esteve entre os estados membros mais pró-europeus da CE – um sentimento historicamente enraizado no desejo, que remonta ao século XVIII, de evitar ser relegada à posição de potência de segunda classe na periferia do continente. Entretanto, no início da década de 1990, a integração com a Europa já não parecia mais ser a panaceia política e econômica de outrora. A incapacidade de sucessivos governos italianos de combinar sua retórica em favor da Comunidade com a ação, e garantir que a legislação da CE fosse devidamente implementada, implicou que o país ficasse cada vez mais fora de sintonia com os demais estados membros; e isso, somado aos problemas da dívida pública descontrolada e ao déficit orçamentário, ameaçava deixar as empresas italianas em grande desvantagem no mercado.

A sensação de que a Itália poderia ficar para trás economicamente era especialmente irritante para a classe média do Norte. Eles foram beneficiados nas décadas de 1970 e 1980, em grande parte devido ao sucesso do setor de pequenos negócios; e agora corriam o risco de uma grave queda nos padrões de vida, graças (na opinião deles) à incompetência e à corrupção do governo central. Acima de tudo, eles se ressentiam do fato de que os impostos que pagavam para Roma tinham sido usados para sustentar o Sul parasitário e para financiar um combate cada vez mais sem esperança ao crime organizado; e, agora, na tentativa de enfrentar a crise econômica do país, o governo estava aumentando os impostos e coibindo a evasão fiscal. Nas eleições de 1992, aproximadamente 9% do eleitorado – 17% no Norte – votaram na Liga do Norte, um partido formado recentemente, cuja plataforma combinava uma hostilidade veemente ao governo central, ao Sul e aos imigrantes, convocando a Itália a deixar de ser uma república unificada e se transformar em uma federação.

A Liga do Norte era composta principalmente por dois partidos regionais, a Liga Veneta e a Liga Lombarda, nenhum dos quais tinha alcançado um sucesso político considerável antes do final da década de 1980. Ela era liderada por um senador carismático, Umberto Bossi, e apresentava uma mistura curiosa do novo com o antigo. A Liga recebeu o forte apoio de empresas de alta tecnologia, mas se inspirava politicamente no passado, e exaltava particularmente as comunas da Idade Média: seu símbolo era o cavaleiro medieval, Alberto da Giussano, um dos líderes da Liga Lombarda, que derrotou o imperador Frederico Barbarossa, na Batalha de Legnano, em 1176. Grande parte da retórica da Liga do Norte convergia da força das tradições regionais e dos danos causados à Itália pela centralização. Entre seus ideólogos estava o federalista do século XIX, Carlo Cattaneo.

IMAGEM 40. A crise política e moral no início da década de 1990. A legenda deste desenho do jornal nacional *La Repubblica*, de outubro de 1992, diz: "Aviso aos usuários: estamos fora no momento. Se quiser deixar uma mensagem, fale depois do sinal".

O caráter híbrido da Liga do Norte – simultaneamente não convencional e conservador – refletia uma atmosfera de ambivalência estranha em torno do que ficou conhecido como a queda da Primeira República. Certamente muitas pessoas estavam ávidas por mudança: mas a intensidade e os termos dessas mudanças não eram claros. Como em 1922 e em 1945, o desejo de remover as armadilhas do antigo regime, e particularmente de varrer a liderança dos "homens culpados", era talvez mais intenso do que o desejo de alterar a essência do antigo sistema ou fazer perguntas embaraçosas quanto à responsabilidade dos italianos comuns sobre o que tinha dado errado. A dificuldade era em parte histórica: o passado da Itália oferecia algumas soluções óbvias para a crise atual. Bossi colocou sua fé no regionalismo e falou da criação de uma república no norte da Padânia; mas essa proposta não tinha sanção emocional histórica.

Outro grande problema do regionalismo, e certamente do federalismo, foi que ele poderia condenar as áreas mais pobres da Itália à ruína financeira. Essas regiões, principalmente no Sul, tinham sido dependentes de subsídios estatais massivos para sua sobrevivência. Elas também procuraram o Estado para reduzir, se não solucionar, o flagelo do crime organizado, que, apesar dos reveses sofridos no início da década de 1990, ainda era uma ameaça poderosa. O temor das regiões mais pobres contribuiu para o aumento do apoio ao partido neofascista, MSI, que, durante anos, foi um pouco mais do que uma força marginal na política italiana, mas que, a partir de 1991, sob a liderança do jovem e razoável Gianfranco Fini, se beneficiou do vácuo criado pela queda dos democrata-cristãos. Fini caracterizou o MSI como uma força "pós-fascista" democrática, comprometida com a defesa dos "valores nacionais e católicos", o que o ajudou (ou melhor, à Alleanza Nazionale [AN], como passou a se chamar) a receber 13,4% dos votos nas eleições gerais realizadas em março de 1994. No sul, a Alleanza Nazionale teve em média 20% dos votos.

A história de sucesso mais marcante das eleições de 1994 foi a da Forza Italia, partido fundado apenas dois meses antes pelo magnata da mídia e proprietário do clube de futebol AC Milan, Silvio Berlusconi. Assim como a Liga do Norte, a Forza Italia era uma mistura estranha do velho com o novo. O partido era muito patriótico e exibia um símbolo ostensivamente tricolor; mas seu patriotismo, e na verdade todo o éthos do partido, se baseava fortemente na linguagem e nas imagens do futebol – sem dúvida, o veículo mais poderoso para o sentimento nacional na Itália da década de 1990. Ele defendia os princípios dogmáticos do mercado livre e falava da criação de um segundo "milagre econômico" para libertar os empreendedores italianos das algemas da burocracia estatal. Ainda que o próprio Berlusconi, que enfatizou o fato de ser "novo" na política, tenha sido um dos mais notáveis beneficiários do velho e corrupto sistema clientelista. Grande parte de seu sucesso como homem de negócios se deu graças a estreitos laços com Craxi e com outras figuras desacreditadas da Primeira República, na década de 1980. E mais, ele corria o risco de ser sugado pela *tangentopoli*: seu irmão e parceiro nos negócios, Paolo, foi preso em fevereiro de 1994; e muitas pessoas especularam que o principal motivo de Berlusconi para entrar na arena política poderia ser a garantia de sua própria imunidade e a proteção de seu império de negócios, que

CAPÍTULO 9 – A REPÚBLICA | 323

estava em perigo. Seu relacionamento com o crime organizado na Sicília também era preocupante.

A Forza Italia garantiu 21% dos votos nas eleições, e Berlusconi se tornou primeiro-ministro, à frente de uma coalizão de direita, que compreendia seu próprio partido, a Alleanza Nazionale e a Liga do Norte. Era uma coalizão um tanto improvável, e Berlusconi e Bossi logo ficaram aprisionados na luta pelo poder: os jogadores podem ter mudado, mas as velhas táticas políticas continuaram. As promessas de Berlusconi de um "milagre econômico" foram expostas como retórica oca: longe de encorajar a competição, ele parecia mais preocupado em proteger os interesses de seus negócios e prejudicar os rivais. Ele ainda fez um ataque imprudente à independência do Banco da Itália. Seu discurso eleitoral de reduzir os impostos e gerar um milhão de novos postos de trabalho se mostrou ilusório (sem surpresas). Os problemas estruturais subjacentes da economia persistiram, e o déficit orçamentário continuou a crescer, tornando as chances de a Itália retornar ao sistema monetário europeu – do qual foi obrigada a sair em setembro de 1992 – cada vez mais remotas.

Berlusconi falou de seu compromisso com o combate à corrupção. No entanto, no poder ele parecia determinado a debilitar Antonio Di Pietro e os demais magistrados, alegando que seu trabalho era de inspiração política. Talvez ele percebesse – como deve ter sido o caso – que o interesse do público nas investigações judiciais estava começando a minguar. Ou talvez ele também acreditasse, como dono de uma agência que controlava quase toda a propaganda na televisão, que tinha o controle da flexibilidade da opinião pública. Seja qual for o motivo, suas tentativas deselegantes de atrapalhar a campanha anticorrupção contribuíram para o crescimento rápido do clima de desencanto com seu governo. No outono de 1994, ele enfrentou manifestações de protesto pesadas contra suas propostas de corte de gastos para as pensões e na saúde. Os magistrados de Milão anunciaram que ele estava sob investigação por contabilidade falsa em seus negócios, e, em dezembro, o parceiro de coalizão, Bossi, retirou seu apoio, e Berlusconi foi obrigado a renunciar.

Como em outras ocasiões desde 1860, os italianos depositaram sua fé em um homem que parecia oferecer salvação, para descobrir que essa fé foi mal colocada. Durante vários anos, a Itália viveu um drama quase surreal: partidos políticos se dissolveram, se transformaram ou surgiram do nada; os nomes e rostos antigos, símbolos de uma ordem política que parecia condenada à imobilidade permanente, tinham desaparecido de cena,

324 | HISTÓRIA CONCISA DA ITÁLIA

desacreditados: mesmo Andreotti, ministro em trinta governos diferentes e sete vezes primeiro-ministro, foi alcançado pela maré, e enfrentava um julgamento por supostos vínculos com a Máfia. Em meio a tudo isso, o fluxo de desejo por heróis para compensar o aumento do elenco de vilões era tão compreensível, quanto forte. Mas o clima era inconstante e imprevisível: Di Pietro, que tinha sido tratado quase como um semideus no início da campanha anticorrupção, foi cobrado por agir ilegalmente, e, por um bom tempo, em 1996 e 1997, teve que lutar para salvar sua reputação.

Um clima de realismo mais sóbrio começou a se espalhar pela Itália em 1995. A Europa oferecia claramente a melhor esperança de estabilidade a longo prazo; mas para isso seria necessário confrontar rapidamente os problemas econômicos do país. Particularmente, significava uma redução dos níveis dos gastos públicos, ainda em grande parte descontrolados, e que ameaçavam impedir a adesão da moeda única europeia pela Itália. A partir de janeiro de 1995, o primeiro-ministro era o respeitado ex-diretor--geral do Banco da Itália, Lamberto Dini, que, junto com seu gabinete de "técnicos não políticos", conseguiu tomar algumas decisões financeiras impopulares, mas muito necessárias, principalmente uma medida para controlar o custo crescente das aposentadorias. Ele também deu prosseguimento ao combate ao crime organizado no Sul; e deixou claro seu compromisso inequívoco com a campanha contra a corrupção. Depois da experiência um tanto infeliz com Berlusconi, a administração de Dini fez um bom trabalho para restaurar a credibilidade da Itália aos olhos da comunidade internacional.

Em abril de 1996, foram realizadas as eleições, e a vitória ficou com uma coalizão de centro-esquerda, conhecida como Ulivo, dirigida pelo respeitado economista e professor universitário Romano Prodi. Seu governo avançou no cumprimento dos critérios estabelecidos para a entrada da moeda única. Os impostos aumentaram e os gastos com os benefícios sociais foram reduzidos. Mas a dívida pública se manteve persistentemente alta; e muitos observadores achavam que um grau de "contabilidade criativa" estava sendo aplicado para ajudar o país a se qualificar para o lançamento do euro, em 1999. No entanto, inúmeros outros países enfrentavam problemas semelhantes aos da Itália, e isso, somado ao compromisso político esmagador de muitos dos líderes europeus com a grande integração, ajudou a garantir que, em maio de 1998, a adesão da Itália à moeda única fosse formalmente aceita. Nem todos os italianos estavam convencidos de que os sacrifícios envolvidos valessem a pena: no outono

CAPÍTULO 9 – A REPÚBLICA | 325

de 1997, o governo de Prodi enfrentou uma crise, quando um de seus parceiros na coalizão, a Rifondazione Comunista, se recusou a apoiar mais um pacote de cortes. Mas o governo foi rapidamente reconstituído: se a Itália se perdesse da Europa, onde estaria política e economicamente?

A Itália no início do século XXI

A agitação política e econômica da década de 1990 levou a muita discussão pública sobre o caráter da nação italiana. O fato de um grande partido, a Liga do Norte, estar questionando abertamente a validade do estado unificado, e denunciando o Sul do país, em termos geralmente estridentes e quase racistas, deu um caráter de urgência à discussão. Surgiram uma série de livros de intelectuais conhecidos, com títulos alarmistas como, *Se Deixarmos de Ser uma Nação, O Fim da Itália: o Declínio e a Morte da Ideologia do Risorgimento* e *A Morte da Pátria*, analisando quem ou o que seria o culpado da atual situação de instabilidade. A história, a geografia, a Igreja e o caráter nacional foram todos considerados responsáveis em medidas diferentes – como tinham sido nos debates ocorridos no *Risorgimento* sobre porque era tão difícil para a Itália alcançar a unificação ao longo dos séculos. Os partidos que dominaram a Itália desde 1945 também foram responsabilizados por não incutir um sentido forte de lei e de Estado, ou fornecer um quadro claro de memórias e valores comuns.

Somando-se à incerteza, estava a maneira como os partidos de direita, reunidos ao redor de Silvio Berlusconi – o homem que dominaria a política italiana durante a primeira década do século XXI –, colocaram em pauta os "valores da Resistência" sobre os quais a República do pós-guerra tinha sido construída. Com o comunismo amplamente desacreditado após a queda da União Soviética, abriu-se o caminho para leituras revisionistas da história do país no século XX. A ideia da superioridade moral dos *partisans* por terem lutado contra a República de Salò, em 1943-1945, foi seriamente atacada. O argumento foi que os apoiadores de Mussolini tinham pelo menos defendido uma "pátria" italiana; ao contrário, a resistência comandada pelos comunistas referia-se principalmente a Moscou. O clima político inconstante – evidente nos 6 milhões de votos ganhos pela Alleanza Nazionale nas eleições de 1996 – levou a mais tentativas de reabilitar o regime entre guerras. Os comentários de Berlusconi na revista *Spectator*, em 2003, foram sintomáticos: segundo ele, Mussolini tinha sido "benevolente", e sua ditadura não foi muito repressora: a punição de *confino* foi equivalente a "férias no exílio".

Essas indicações de uma atitude mais tolerante em relação ao período entre guerras estavam ligadas, em parte, a um desejo generalizado de maior estabilidade na vida política italiana depois da turbulência da década de 1990. O governo de Romano Prodi, que garantiu a adesão da Itália à moeda única europeia, foi o 35º desde a Segunda Guerra Mundial; e ficou fácil concluir que os desafios colocados ao país (e, não menos importante, as fragilidades estruturais profundas da economia, que teriam que ser abordadas, no caso da redução da enorme dívida pública) tinham uma chance melhor de ser resolvidos por administrações duradouras, com capacidade de adotar e aplicar grandes reformas. Além disso, com o fim da "Primeira República", abriu-se um vazio ideológico no centro da política italiana. Na ausência do catolicismo e do comunismo como determinantes poderosos da escolha eleitoral, muitos observadores sugeriram que um grau maior de "presidencialismo" seria necessário (e bem-vindo). Em outros países ocidentais, a política parecia ser impulsionada cada vez mais pelo personalismo e pelos meios de comunicação.

Neste cenário, o magnata bilionário da mídia, Silvio Berlusconi – cujo populismo contrastava veementemente com a imagem discreta da maioria dos políticos da República – foi levado ao poder nas eleições gerais de 2001. Ele liderava uma coalizão de direita, conhecida como Casa delle Libertà (Casa da Liberdade), cujos três principais partidos eram a Forza Italia, a Liga do Norte e a Alleanza Nazionale. Seu governo resistiu até 2006, com uma derrota apertada nas eleições gerais que favoreceu a coalizão de centro-esquerda de Romano Prodi. A duração do mandato de Prodi parece ter realçado a credibilidade decadente da esquerda. Sua coalizão extremamente heterogênea – variando de católicos a social-democratas e comunistas – ficou dilacerada. Prodi renunciou em 2008 e, após novas eleições, Berlusconi voltou ao poder. Ele continuou como primeiro-ministro – assolado por escândalos de corrupção e sexuais – até novembro de 2011, e se tornou o chefe de governo que mais tempo ocupou o poder, depois de Mussolini e Giolitti.

O sucesso de Berlusconi deve-se muito à fraqueza da oposição e à esperança – frequentemente expressa antes de 1922 e depois de 1945 – de que o governo parlamentar italiano seria mais vigoroso. Mas também se apoiou fortemente sobre seu domínio dos meios de comunicação. Embora o quase monopólio de emissoras de televisão privadas, que ele construiu a partir da década de 1970, fosse contrário às garantias de liberdade de expressão providas pela Constituição, nenhuma ação efetiva foi tomada

CAPÍTULO 9 – A REPÚBLICA | 327

IMAGEM 41. Silvio Berlusconi dirigindo um encontro de empresários importantes, em Milão, em abril de 2004. Berlusconi prometeu "um novo milagre econômico" para a Itália, que não se realizou.

328 | HISTÓRIA CONCISA DA ITÁLIA

contra ele. Na década de 1980, ele foi protegido por seu amigo e protetor, o primeiro-ministro socialista Bettino Craxi. Na década de 1990, a necessidade de reduzir o poder de mídia de Berlusconi parecia premente, dado o conflito de interesses evidente depois que ele se envolveu com a política nacional. Como primeiro-ministro, Berlusconi pôde complementar sua posse da televisão privada com um considerável grau de controle sobre os canais estatais da RAI.

Pode ser que a esquerda, com sua tradicional mentalidade elitista e intelectual, tenha subestimado gravemente o poder da televisão na formação de escolhas políticas. Berlusconi não tinha tais ilusões. No início do século XXI, as pesquisas revelaram que quase metade da população da Itália obtinha informações exclusivamente da televisão, enquanto dois terços afirmavam nunca ter lido um livro ou um jornal. Isso certamente está em sintonia com as tendências gerais da sociedade contemporânea, mas foi reforçado por um sistema educacional cada vez mais pressionado pela falta de investimento.

Uma pesquisa sugere que 2 milhões de adultos na Itália poderiam ser classificados como analfabetos e 15 milhões, como semianalfabetos. E foi entre os menos instruídos que a Casa da Liberdade conseguiu apoio. A influência de Berlusconi sobre a radiodifusão permitiu que ele projetasse uma imagem positiva de forma consistente, para as famílias em todo o país – condição especialmente valiosa quando teve que enfrentar acusações por crimes. Ele também conseguiu minimizar a crítica pública. Na pesquisa anual autorizada de imprensa, conduzida pela Casa da Liberdade em 2010, a Itália, juntamente com a Bulgária e a Romênia, foram os únicos membros da União Europeia cuja mídia foi classificada como "livre".

A determinação de Berlusconi em projetar um clima consistente de otimismo e bem-estar e de minimizar as críticas e verdades indesejáveis fez que muitas das características mais preocupantes da sociedade italiana no início do século XXI continuassem intocadas. Em deferência ao desejo de seus dois parceiros na coalizão, a Liga do Norte e a Alleanza Nazionale, Berlusconi dirigiu a atenção para a promoção de uma autonomia regional maior e para o reforço dos poderes do Executivo. Isso envolveu a emenda da Constituição – uma Constituição que em 2003 ele desacreditou publicamente como sendo em parte de "inspiração soviética". Não era claro como tais alterações na estrutura do Estado lidariam, por exemplo, com a fragilidade econômica persistente do Sul (onde o PIB por pessoa era 40% menor do que no Centro e no Norte), ou com o que parecia ser um crescente estrangulamento do crime organizado em regiões como a Campânia, a Calábria e a Sicília. Além disso, as alterações na Constituição requeriam a aprovação em um referendo – e em 2006, elas foram rejeitadas.

Indiscutivelmente, a característica mais perturbadora da Itália, no início do século XXI, foi a lentidão da economia. Uma ironia, visto que Berlusconi afirmou ser primeiro e acima de tudo um homem de negócios capaz de transferir suas grandes habilidades empreendedoras para o país como um todo; e também irônico que sua riqueza notória e seu estilo de vida exótico fossem aspectos importantes de seu carisma e apelo eleitoral. Entre 2000 e 2010, o crescimento médio anual na Itália foi de apenas 0,25% (medido pelo PIB a preços constantes). Entre todos os países do mundo, apenas o Zimbábue e o Haiti tiveram um desempenho pior. Além disso, a dívida pública começava a subir de forma constante novamente, após os esforços realizados para reduzi-la no final da década de 1990. Por volta de 2011, ela ficou em 120% do PIB (o dobro do nível permitido para a adesão à moeda única). Essa tendência alarmante aumentou a preocupação de que a Itália poderia acabar se tornando insolvente – uma preocupação exacerbada pelo início da crise financeira mundial a partir de 2008.

Por trás do desempenho pobre da economia existe uma ampla gama de fatores, que foram tornando a Itália cada vez menos competitiva. Os empregadores foram prejudicados pelo mercado de trabalho fortemente protegido e estritamente regulado, impostos proibitivos e contribuições para a previdência social, burocracia excessiva, cartéis, monopólios instituídos e um sistema de justiça notoriamente lento: em 2011, a duração média do processo civil era de nove anos. Essas e outras restrições tornaram a expansão das empresas particularmente difícil, e revelaram que a paisagem econômica da Itália ainda era muito semelhante ao que tinha sido na época do "milagre econômico", na década de 1960: um mundo densamente povoado com pequenas empresas, pequenos agricultores, profissionais liberais e trabalhadores liberais. A falta de investimento em pesquisa também foi um problema. Apesar de suas tradições culturais notáveis, nenhuma universidade italiana figurava entre os principais 200 centros mundiais de ensino superior. A corrupção, o clientelismo e (no Sul) o crime organizado forneciam os impedimentos adicionais para o investimento e o crescimento. A Itália ficou no 69º lugar no mundo em 2011 no índice de percepção da corrupção, compilado pela Transparência Internacional – atrás de países como Ruanda, Namíbia e Omã.

Berlusconi entrou na política se apresentando como um defensor fiel do mercado livre; e sempre se autodenominou um liberal. Mas seus governos não mostraram nenhuma ideologia econômica clara. Sua intervenção mais conclusiva na economia aconteceu em 2008, quando bloqueou a venda da companhia aérea estatal Alitalia para a Air France, insistindo que a empresa deveria permanecer em mãos italianas, por motivos patrióticos. Ele confiou a empresa a um consórcio de empresários italianos, e lhe concedeu o monopólio da rota mais lucrativa, entre Roma e Milão. A principal preocupação de Berlusconi quando estava no poder (além de promulgar leis *ad personam* para garantir que os vários processos criminais contra ele não fossem bem-sucedidos) sempre pareceu ser com a sustentação de sua popularidade pessoal. Ele se esquivava de enfrentar problemas indesejáveis, tais como os altos níveis de evasão fiscal no país – estimada em cerca de 40%. Ele também era extremamente crítico em relação ao ativista contra o crime organizado, Roberto Saviano, afirmando que a exposição da Camorra napolitana simplesmente manchava injustamente a reputação da Itália.

A estagnação persistente da economia, combinada com o enorme peso da dívida pública, tornou a Itália altamente vulnerável à tempestade econômica que começou a oprimir a moeda europeia em 2010. Os investidores estavam ficando cada vez mais céticos quanto à capacidade do país de honrar seus compromissos financeiros, e, na segunda metade de 2011, o custo dos empréstimos do governo começou a alcançar níveis insustentáveis. O país parecia estar à beira do desastre financeiro. Em novembro, Berlusconi perdeu a maioria no Parlamento e foi obrigado a renunciar. Para ocupar seu lugar, o presidente indicou o respeitado professor de economia Mario Monti – um ex-comissário europeu e liberal em economia – que reuniu um governo totalmente tecnocrático (e não eleito). O principal alvo da nova administração foi tranquilizar os mercados internacionais por meio da adoção (e, no devido tempo, da implementação) de reformas que enfrentassem a crise da dívida e produzissem condições favoráveis ao crescimento.

Os desafios que o país enfrentou na segunda década do século XXI foram enormes. E os problemas estavam longe de ser apenas de caráter econômico e estrutural. Como a história dos dois séculos anteriores demonstra repetidamente, em muitos aspectos, a maior dificuldade para a Itália foi estabelecer claramente os valores e os princípios sobre os quais o Estado deve ser construído. Desde o *Risorgimento*, as discussões sobre a nação italiana giraram, muitas vezes de forma preocupante, em torno de reivindicações concorrentes entre religião e laicidade, interesses públicos e privados, centralização e autonomia local, liberdade e autoridade, direitos e deveres, Norte e Sul – para citar apenas algumas das categorias rivais. E, na ausência de uma condução consistente pelos líderes do país, os "valores do Estado" ainda estavam longe de serem estabelecidos, mais de um século e meio depois da unificação – com consequências inevitavelmente prejudiciais para o prestígio das instituições. No início da década de 1990, a Itália parecia ter embarcado em uma nova trajetória. Os anos de Berlusconi sugeriam que não. A direção que o país irá tomar na nova fase de sua história permanece intrigantemente incerta.

Ensaio bibliográfico

As informações a seguir não representam um levantamento completo do material disponível em inglês. O objetivo é oferecer uma orientação geral dos livros relacionados aos tópicos tratados em cada capítulo. Considerando o peso das tradições historiográficas relacionadas à Itália no mundo de língua inglesa, os períodos medieval e renascentista são mais bem-servidos do que o período moderno.

Introdução

As décadas de 1980 e 1990 assistiram a discussões gerais intensas sobre as questões de Estado – e da construção da nação e identidade nacional. Muitos dos trabalhos-chave apresentam algumas considerações sobre a questão italiana. Entre eles: *Nationalism and the State* (Manchester University Press, 1982), de John Breuilly; *Imagined Communities* (Londres: Verso, 1983; ed. revisada, 1991), de Benedict Anderson; *Nations and Nationalism since 1789: Programme, Myth, Reality* (Cambridge University Press, 1993), de Eric J. Hobsbawm; *Nationalism* (Oxford University Press, 1994), de John Hutchinson e Anthony D. Smith (eds.); *The Construction of Nationhood: Ethnicity,Religion and Nationalism* (Cambridge University Press, 1998), de Adrian Hastings. Para a Itália, o trabalho do historiador italiano Alberto M. Banti, sobre como a nação italiana foi imaginada no século XIX, foi muito útil. Para um debate referente a sua leitura sobre o nacionalismo no *Risorgimento*, veja os ensaios na revista *Nations and Nationalism*, v. 15 (3), de julho de 2009. Para uma história geral da Itália moderna construída em torno do tema da construção da nação e do Estado, consulte *The Force of Destiny: a History of Italy since 1796* (Londres: Allen Lane, 2007), de Christopher Duggan.

1. As determinações geográficas da desunião

Para um levantamento das principais características geográficas da Itália, consulte *A Geography of Italy* (Londres: Methuen: 1967), de Donald S. Walker; *Italy: a Geographical Introduction* (Londres: Longman, 1983), de Jacques Béthemont, Jean Pelletier e Russell King. Sugestões interessantes e importantes sobre o impacto da localização geográfica da Itália no curso da história da Península podem ser encontradas no trabalho clássico de Fernand Braudel, *The Mediterranean and the Mediterranean World in the Age of Philip II* (Berkeley: University of California Press, 1996). Para as restrições materiais e humanas em relação à industrialização, consulte *The Industrial Geography of Italy* (Beckenham: Croom Helm, 1985), de Russell King. Para as articulações entre população e recursos na era moderna, consulte *A History of Italian Fertility during the Last Two Centuries* (Princeton University Press, 1977), de Massimo Livi-Bacci; *Material Nation: a Consumer's History of Modern Italy* (Oxford University Press, 2008), de Emanuela Scarpellini. Para um amplo levantamento do desenvolvimento na agricultura na Itália, da antiguidade até o século XX, consulte *History of the Italian Agricultural Landscape* (Princeton University Press, 1997), de Emilio Sereni. Para a história da língua italiana, consulte *The Italian Language* (Londres: Faber, 1984), de Bruno Migliorini e Thomas Griffith; *A Linguistic History of Italian* (Londres: Longman, 1995), de Martin Maiden.

2. Desunião e conflito: dos romanos à Renascença (400-1494)

Para uma introdução acessível e ampla aos principais desenvolvimentos políticos, econômicos, sociais e culturais, na Itália, nos séculos seguintes à queda do Império Romano, no Ocidente, consulte *Italy in the Early Middle Ages, 476-1000* (Oxford University Press, 2002), de Cristina La Rocca (ed.). Para uma introdução ao mesmo período do ponto de vista socioeconômico e político, consulte *Early Medieval Italy: Central Power and Local Society, 400-1000* (Londres: Macmillan, 1981), de Christopher Wickham. Para a Itália no contexto mais amplo da Europa, no início da Idade Média, consulte *Framing the Early Middle Ages: Europe and the Mediterranean, 400-800* (Oxford University Press, 2005) e *The Inheritance of Rome: a History of Europe from 400 to 1000* (Londres: Allen Lane, 2009), do mesmo autor. Sobre a emergência do papado como uma força política na Península, consulte *The Republic of St. Peter: the Birth of the Papal State,*

680-825 (Filadélfia: University of Pennsylvania Press, 1984), de Thomas Noble. E também *Popes and the Papacy in the Early Middle Ages, 476-752* (Londres: Routledge and Kegan Paul, 1979), de Jeffrey Richards.

As duas introduções básicas ao desenvolvimento das cidades-Estado são: *Society and Politics in Medieval Italy: the Evolution of the Civil Life, 1000-1350* (Londres: Macmillan, 1973), de John Hyde, e *The Italian City--Republics* (4ª edição, revisada e expandida por Trevor Dean) (Londres: Longman, 2010), de Daniel Waley. Para um levantamento amplo e acessível dos principais acontecimentos socioeconômicos e culturais do período, consulte *Italy in the Central Middle Ages* (Oxford University Press, 2004), de David Abulafia (ed.). Uma pesquisa expressiva sobre o século XIII e a transição para o *signorie* está em *Italy in the Age of Dante and Petrarch* (Londres: Longman, 1980), de John Larner. A obra magistral de Philip Jones, *The Italian City-State: From Commune to Signoria* (Oxford University Press, 1997) também deve ser mencionada. Uma leitura agradável sobre os normandos no Sul é *The Normans in Sicily* (Londres: Penguin, 1992), de John Julius Norwich. Um estudo detalhado sobre o século XI está em *The Age of Robert Guiscard: Southern Italy and the Norman Conquest* (Harlow: Longman, 2000), de Graham Loud. Sobre Frederico II, consulte o trabalho clássico (visionário) de Ernst Kantorowicz, *Frederick the Second, 1194-1250* (Londres: Constable, 1931); que pode ser complementado com, *Frederick II: a Medieval Emperor* (Londres: Allen Lane, 1988), de David Abulafia. Existe a narrativa clássica da época de Carlos de Anjou, de Steven Runciman, *The Sicilian Vespers: a History of the Mediterranean World in the Thirteenth Century* (Cambridge University Press, 1958). Um relato mais recente das lutas entre angevinos e aragoneses está em *The Western Mediterranean Kingdoms, 1200-1500: the Struggle for Dominion* (Londres: Longman, 1997), de David Abulafia.

Para introduções gerais sobre a vida política, econômica, social e cultural da Renascença Italiana, consulte o estudo clássico (publicado pela primeira vez em 1860), por Jacob Burckhardt, *The Civilisation of the Renaissance in Italy* (Londres: Penguin, 1990), que pode ser complementado com: *Italy in the Age of the Renaissance* (Oxford University Press, 2004), de John Najemy (ed.); *Italy in the Age of the Renaissance, 1380-1530* (Londres: Longman, 1989), de Denys Hay e John Law; *Power and Imagination: City-States in Renaissance Italy* (Londres: Allen Lane, 1980), de Lauro Martines; *City and Countryside in Late Medieval and Renaissance Italy: Essays Presented to Philip Jones* (Londres: Continuum, 1990), de Trevor

336 | HISTÓRIA CONCISA DA ITÁLIA

Dean e Christopher Wickham (eds.). Sobre o humanismo na Renascença, consulte os trabalhos seminais de Hans Baron – *The Crisis of the Early Italian Renaissance* (Princeton University Press, 1966) – e Paul Kristeller – *Renaissance Thought and its Sources* (Nova York: Columbia University Press, 1979) – que podem ser complementados pela pesquisa abrangente de Albert Rabil (ed.), *Renaissance Humanism: Foundations, Forms and Legacy* (3 vols.) (Filadélfia: University of Pennsylvania Press, 1988). Sobre a arte neste período, consulte *Art in Renaissance Italy, 1350-1500* (Oxford University Press, 2000), de Evelyn Welch, e *Art in Renaissance Italy* (Londres: Laurence King, 2005), de John Paoletti e Gary Radke. Sobre patrocínio, consulte *Patronage in Renaissance Italy: From 1400 to the Early Sixteenth Century* (Baltimore: Johns Hopkins University Press, 1994), de Mary Hollingsworth. Sobre Florença, os estudos de Gene Brucker continuam fundamentais: *Florentine Politics and Society, 1343-1378* (Princeton University Press, 1962) e *The Civic World of Early Renaissance Florence* (Princeton University Press, 1977) (que cobre o período de 1378 a 1430). Sobre Veneza, temos a introdução de Frederic Lane, *Venice: a Maritime Republic* (Baltimore: Johns Hopkins University Press, 1973). Sobre Roma, consulte *The Renaissance in Rome* (Bloomington: Indiana University Press, 1985), de Charles Stinger. Sobre o Sul, no século XV, consulte *Alfonso the Magnanimous, King of Aragon, Naples and Sicily, 1396-1458* (Oxford University Press, 1990), de Alan Ryder. Sobre as invasões da Itália em 1494, consulte *The French Descent into Renaissance Italy, 1494-1495: Antecedents and Effects* (Aldershot: Ashgate, 1995), de David Abulafia (ed.).

Para o contexto mais amplo da cultura italiana na Renascença, consulte: *The Civilisation of Europe in the Renaissance* (Nova York: Simon and Schuster, 1995), de John Hale; *Worldly Goods: a New History of the Renaissance* (Nova York: Talese, 1996), de Lisa Jardine (com foco na aquisição de bens materiais); e *The Renaissance in Europe* (Londres: Laurence King, 2003), de Margaret King.

3. Estagnação e Reforma (1494-1789)

Resumos gerais sobre este período podem ser encontrados em: *Italy, 1530-1630* (ed. Julius Kirshner) (Londres: Longman, 1985), de Eric Cochrane; *Italy in the Age of Reason, 1685-1789* (Londres: Longman, 1987), de Dino Carpanetto e Giuseppe Ricuperati; *Italy in the Seventeenth Century* (Londres: Longman, 1997), de Domenico Sella; *Early Modern Italy, 1550-1800: Three Seasons in European History* (Londres: St Martin's Press, 2000),

ENSAIO BIBLIOGRÁFICO | 337

de Gregory Hanlon; *Early Modern Italy: a Social History* (Londres: Routledge, 2000), de Christopher Black; *Early Modern Italy* (Oxford University Press, 2002), de John A. Marino (ed.).

Sobre as mudanças políticas na Península, em 1494, consulte *Politics and Diplomacy in Early Modern Italy: the Structure of Diplomatic Practice, 1450-1800* (Cambridge University Press, 2000), de Daniela Frigo (ed.). Sobre o governo espanhol, consulte *Good Government in Spanish Naples* (Nova York: Peter Lang, 1990), de Antonio Calabria e John Marino (eds.); e, sua interação com o papado, *Spanish Rome, 1500-1700* (New Haven: Yale University Press, 2001), de Thomas Dandelet. Sobre o desenvolvimento social e econômico no norte da Itália, no século XVII, consulte *Crisis and Continuity: the Economy of Spanish Lombardy in the Seventeenth Century* (Cambridge, Mass.: Harvard University Press, 1979), de Domenico Sella. Sobre a economia no Sul, consulte: *Pastoral Economics in the Kingdom of Naples* (Baltimore: Johns Hopkins University Press, 1988), de John A. Marino, e *The Cost of Empire: the Finances of the Kingdom of Naples in the Time of Spanish Rule* (Cambridge University Press, 1991), de Antonio Calabria. Sobre o declínio da economia, consulte *Crisis and Change in the Venetian Economy in the Sixteenth and Seventeenth Centuries* (Londres: Routledge, 2005), de Brian Pullan (ed.), e *The Rise and Decline of Urban Industries in Italy and the Low Countries: Late Middle Ages – Early Modern Times* (Leuven University Press, 1988), de Herman Van der Wee. Sobre o Iluminismo, existem os estudos clássicos de Franco Venturi. Alguns foram traduzidos: *Italy and the Enlightenment: Studies in a Cosmopolitan Century* (Londres: Longman, 1972); *The End of the Old Regime in Europe, 1768-1776: the First Crisis* (Princeton University Press, 1989); *The End of the Old Regime in Europe, 1776-1789: Republican Patriotism and the Empires of the East* (Princeton University Press, 1991). Veja também *The Case for the Enlightenment: Scotland and Naples 1680-1760* (Cambridge University Press, 2005), de John Robertson.

Sobre o desenvolvimento do Estado de Piemonte, nos séculos XVII e XVIII, consulte *Victor Amadeus II: Absolutism in the Savoyard State 1675-1730* (Londres: Thames and Hudson, 1983), de Geoffrey Symcox, e *War, Diplomacy and the Rise of Savoy, 1690-1720* (Cambridge University Press, 1999), de Christopher Storrs. Sobre o sul da Itália, consulte o trabalho clássico de Benedetto Croce, *History of the Kingdom of Naples* (University of Chicago Press, 1972), que pode ser complementado com *Naples in the Eighteenth Century: the Birth and Death of a Nation State*

(Cambridge University Press, 2000), de Girolamo Imbruglia (ed.); *A History of Sicily. Vol. II: Medieval Sicily, 800-1713, v. III: Modern Sicily after 1713* (Londres: Chatto and Windus, 1968), de D. Mack Smith. Sobre o papado, consulte *The Papal Prince – One Body and Two Souls: the Papal Monarchy in Early Modern Europe* (Cambridge University Press, 1987), de Paolo Prodi. Sobre o contexto mais amplo da mudança na Igreja Católica, consulte *The Counter-Reformation* (Oxford: Blackwell, 1987), de N. Davidson, e *The World of Catholic Renewal, 1540-1770* (Cambridge University Press, 1998), de Ronnie Po-Chia Hsia. Um estudo clássico sobre as mentalidades populares e heresia na época da Contrarreforma pode ser encontrado em *The Cheese and the Worms: the Cosmos of a Sixteenth Century Miller* (Londres: Penguin, 1992), de Carlo Ginzburg. Sobre o Grão-ducado da Toscana, consulte *Florence in the Forgotten Centuries, 1527-1800: a History of Florence and the Florentines in the Age of the Grand Dukes* (University of Chicago Press, 1973), de Eric Cochrane. Sobre a atratividade da Itália no século XVIII e o Grand Tour, consulte *The Evolution of the Grand Tour: Anglo-Italian Cultural Relations since the Renaissance* (Londres: Routledge, 1998), de Edward Chaney, e *Grand Tour: the Lure of Italy in the Eighteenth Century* (Londres: Tate, 1996), de Andrew Wilton e Ilaria Bignamini (eds.). Uma introdução às artes visuais pode ser encontrada em *Art and Architecture in Italy, 1600-1750* (6. ed., rev. por Joseph Connors e Jennifer Montagu) (New Haven: Yale University Press, 1999), de Rudolf Wittkower; e *The Triumph of the Baroque: Architecture in Europe 1600-1750* (Londres: Thames and Hudson, 1999), de Henry A. Millon (ed.).

4. O SURGIMENTO DA QUESTÃO NACIONAL (1789-1849)

Introduções curtas e boas à época do *Risorgimento* podem ser encontradas em: *Italy in the Nineteenth Century 1796-1900* (Oxford University Press, 2000), de J. A. Davis (ed.); *The Risorgimento and the Unification of Italy* (Londres: Longman, 2002), de E. F. Biagini e D. Beales; *The Italian Risorgimento* (Londres: Longman 2009), de M. Clark; e *Risorgimento: the History of Italy from Napoleon to Nation-State* (Londres: Palgrave, 2009), de L. Riall. Este último traz uma abordagem consistente dos debates historiográficos relacionados ao *Risorgimento*, especialmente aqueles desencadeados pela abordagem cultural recente do historiador italiano Alberto Banti.

Para uma visão geral desse período, com uma forte ênfase nos contornos culturais e políticos dos debates sobre a "nação" italiana, consulte *The Force of Destiny: a History of Italy since 1796* (Londres: Allen Lane, 2007) (cap. 1-9), de Christopher Duggan. Para obter um foco maior sobre a interface entre a sociedade e a política, consulte *A History of Italy 1700-1860: the Social Constraints of Political Change* (Londres: Methuen, 1979), de S. J. Woolf. Para obter uma excelente antologia de material de pesquisa, consulte *The Making of Italy 1796-1866* (Londres: Macmillan, 1988), de D. Mack Smith.

Para uma análise global do período napoleônico, consulte *The Napoleonic Empire in Italy, 1796-1814: Cultural Imperialism in a European Context?* (Basingstoke: Palgrave Macmillan, 2005), de M. Broers. Sobre o Exército como fonte de sentimento "patriótico", consulte *Soldiers of Napoleon's Kingdom of Italy: Army, State and Society, 1800-1815* (Boulder: Westview, 1995), de F. C. Schneid. Sobre o Sul e sua resposta à agenda revolucionária francesa, consulte *Naples and Napoleon: Southern Italy and the European Revolutions (1780-1860)* (Oxford University Press, 2006), de J. A. Davis. Sobre o envolvimento britânico na Sicília, consulte *Lord William Bentinck and the British Occupation of Sicily 1811-1814* (Cambridge University Press, 1956), de J. Rosselli. Sobre a resistência popular ao governo francês, consulte *The Most Monstrous of Wars: the Napoleonic Guerilla War in Southern Italy, 1806-1811* (Columbia: South Carolina University Press, 1994), de M. Finley.

Sobre o período da Restauração, uma avaliação compreensiva do governo austríaco pode ser encontrada em *Venice and Venetia under the Habsburgs, 1815-1835* (Oxford University Press, 2002), de D. Laven. Sobre o desenvolvimento econômico e político no Norte, consulte *Economics and Liberalism in the Risorgimento: a Study of Nationalism in Lombardy, 1814-1848* (Baltimore: Johns Hopkins University Press, 1965), de K. R. Greenfield; sobre a situação no Sul, consulte *Merchants, Monopolists and Contractors: a Study of Economic Activity in Bourbon Naples, 1815-1860* (Nova York: Arno Press, 1981), de J. A. Davis. Sobre as revoluções do Sul durante esses anos, e a resposta da monarquia *The Last Bourbons of Naples (1825-1861)* (Londres: Methuen, 1961), de H. Acton, ainda é útil. Para imagens do Sul e as origens da "questão meridional", consulte *The View from Vesuvius: Italian Culture and the Southern Question* (Berkeley: University of California Press, 2002), de N. Moe. Estudos mais antigos sobre Mazzini, de Bolton King – *Mazzini* (Londres: Dent, 2002) – e E. E. Y. Hales – *Mazzini and the Secret Societies: the Making of a Myth* (Nova York: Kennedy 1956) (consistente sobre os primeiros anos de Mazzini) – pode ser complementado por biografias mais recentes, como *Mazzini*

340 | HISTÓRIA CONCISA DA ITÁLIA

(New Haven e Londres: Yale University Press, 1994), de D. Mack Smith, e *Mazzini: a Life for the Religion of Politics* (Westport: Greenwood, 1997), de R. Sarti. Sobre Mazzini (e seu legado) no contexto internacional, consulte os ensaios em *Mazzini and the Globalisation of Democratic Nationalism 1830-1920* (Oxford University Press, 2008), de C. A. Bayly and E. F. Biagini (eds.). Sobre os democratas, consulte *The Democratic Movement in Italy, 1830-1876* (Cambridge, Mass.: Harvard University Press, 1982), de C. M. Lovett. Sobre os moderados, consulte *Italy in the Age of the Risorgimento, 1790-1870* (Londres: Longman, 1983), de H. Hearder. Sobre o envolvimento de exilados italianos nos debates sobre o liberalismo neste período, consulte *Risorgimento in Exile: Italian Émigrés and the Liberal International in the Post-Napoleonic Era* (Oxford University Press, 2009), de M. Isabella.

Para uma visão geral sobre as revoluções de 1848 no contexto europeu, consulte *Revolutions of 1848: a Social History* (Princeton University Press, 1971), de P. Robertson, e *1848: Year of Revolution* (Nova York: Basic, 2009), de M. Rapport. Para a revolução veneziana, a agradável narrativa de J. Keates, *The Siege of Venice* (Londres: Chatto and Windus, 2005), pode ser complementada com *Daniele Manin and the Venetian Revolution of 1848-1849* (Cambridge University Press, 1979), de P. Ginsborg. Sobre Pio IX, consulte *Pope Pius IX: Crusader in a Secular Age* (Boston: Twayne, 1979), de F. J. Coppa. Sobre a República Romana e o papel de Garibaldi, consulte *Garibaldi's Defence of the Roman Republic* (Londres: Longman, 1907), de G. M. Trevelyan – o primeiro dos três volumes de sua biografia de Garibaldi. Veja também *Garibaldi: Citizen of the World* (Princeton University Press, 2007), de A. Scirocco, e *Garibaldi: Invention of a Hero* (New Haven e Londres: Yale University Press, 2007), de L. Riall.

5. A Itália unificada

Existem inúmeros estudos sobre a história da Itália desde a unificação. *Modern Italy: a Political History* (nova edição) (New Haven e Londres: Yale University Press, 1997), de D. Mack Smith, ressalta os problemas na realização de arranjos políticos viáveis. *The Force of Destiny: a History of Italy since 1796* (Londres: Allen Lane, 2007), de C. Duggan, explora as ideias controvertidas sobre o caráter da nação e do Estado italiano. *Italy from Liberalism to Fascism 1870-1925* (Londres: Methuen, 1967), de C. Seton--Watson, traz uma avaliação positiva do período liberal. Entre os livros úteis estão: *Modern Italy, 1871 to the Present* (Londres: Longman, 2008), de M. Clark; *Modern Italy* (Basingstoke: Palgrave, 2003), de J. Foot; e *Liberal and Fascist Italy: 1900-1945* (Oxford University Press, 2002), de A. Lyttelton (ed.). *Making and Remaking Italy: the Cultivation of National Identity around the Risorgimento* (Oxford: Berg, 2001), de A. Ascoli e K. von Henneberg, é uma coleção interessante de ensaios sobre a identidade nacional italiana. *Numbers and Nationhood: Writing Statistics in Nineteenth Century Italy* (Cambridge University Press, 1996), de S. Patriarca, traz uma nova perspectiva sobre a relação entre a economia e a política neste período.

Sobre o contexto internacional da questão italiana, na década de 1850, *The Struggle for Mastery in Europe, 1848-1918* (Oxford University Press, 1954), de A. J. P. Taylor, ainda tem grande valor. Sobre Cavour e o surgimento de Piemonte como protagonista da questão nacional, consulte *Cavour* (Londres: Weidenfeld and Nicolson, 1985), de D. Mack Smith, e a coleção de ensaios do mesmo autor, *Victor Emmanuel, Cavour and the Risorgimento* (Oxford University Press, 1971). *Cavour* (Londres: Longman, 1994), de H. Hearder, apresenta uma avaliação mais positiva de Cavour do que Mack Smith. Consulte também *A Sterner Plan for Italian Unity: the Italian National Society in the Risorgimento* (Princeton University Press, 1963), de R. Grew. Sobre a perspectiva democrática da unificação, existem muitos trabalhos sobre Garibaldi. Além da trilogia clássica de G. M. Trevelyan e do estudo recente de L. Riall (mencionado anteriormente), existem boas biografias: *Garibaldi and his Enemies: the Clash of Arms and Personalities in the Making of Italy* (Londres: Longmans, 1965), de C. Hibbert, e *Garibaldi* (Londres: Constable, 1974), de J. Ridley. *Rome or Death: the Obsessions of General Garibaldi* (Londres: Jonathan Cape, 2005), de D. Pick, é um estudo psicológico interessante, embora peculiar. Sobre o papel dos democratas no exílio, consulte *Francesco Crispi: From Nation to Nationalism* (Oxford University Press, 2002), de C. Duggan.

Para os acontecimentos de 1859, consulte *A Carefully Planned Accident: the Italian War of 1859* (Londres: Associated University Presses, 1990), de A. Blumberg, e *The Origins of the Italian Wars of Independence* (Londres: Longman, 1992), de F. J. Coppa. Uma perspectiva social e cultural incomum pode ser encontrada em *Visiting Modern War in Risorgimento Italy* (Basingstoke: Palgrave Macmillan, 2010), de J. Marwil. Sobre a interação das agendas políticas em 1860, consulte o estudo clássico de D. Mack Smith, *Cavour and Garibaldi: a Study in Political Conflict* (2. ed.) (Cambridge University Press, 1985). Sobre a perspectiva siciliana, consulte *Sicily and*

342 | HISTÓRIA CONCISA DA ITÁLIA

the Unification of Italy: Liberal Policy and Local Power 1859-1866 (Oxford University Press, 1998), de L. Riall, e, do mesmo autor, *Under the Volcano: Empire and Revolution in a Sicilian Town* (Oxford University Press, 2013).

Sobre a agitação social e política da década de 1860, consulte *Conflict and Control: Law and Order in Nineteenth-Century Italy* (Basingstoke: Macmillan, 1988), de A. J. Davis. Sobre os desafios econômicos enfrentados pelo novo Estado, consulte *The Economic History of Italy 1860-1990: Recovery after Decline* (Oxford University Press, 1993), de V. Zamagni. Sobre as relações com a Igreja, a biografia de Pio IX, de J. Coppa, menciona-da anteriormente, pode ser complementada com o livro do mesmo autor, *Cardinal Giacomo Antonelli and Papal Politics in European Affairs* (State University of New York Press, 1990). Veja também *Church and State in Italy 1850-1950* (Oxford: Blackwell, 1960), de A. C. Jemolo. Para uma visão geral do cenário político e cultural nos anos imediatamente seguintes à uni-ficação, consulte o levantamento magistral de F. Chabod, *Italian Foreign Policy: the Statecraft of the Founders* (Princeton University Press, 1996).

6. O Estado liberal e a questão social (1870-1900)

Sobre as condições econômicas da Itália, o trabalho de V. Zamagni, ante-riormente mencionado, pode ser complementado por *An Economic History of Liberal Italy* (Londres: Routledge, 1990), de G. Toniolo. Sobre questões demográficas, consulte *A History of Italian Fertility during the Last Two Centuries* (Princeton University Press, 1977), de M. Livi-Bacci. Aspectos e condições de vida dos camponeses são encontrados em *Material Nation: a Consumer's History of Modern Italy* (Oxford University Press, 2011), de E. Scarpellini; *Family Life in Central Italy, 1880-1910: Sharecropping, Wage Labor, and Coresidence* (New Brunswick: Rutgers University Press, 1984), e *Amalia's Tale: a Poor Peasant, an Ambitious Attorney, and a Fight for Justice* (Boston, Mass.: Houghton Mifflin Harcourt, 2008), ambos de D. Kertzer. Sobre a classe média, consulte *Society and the Professions in Italy 1860-1914* (Cambridge University Press, 1995), de M. Malatesta (ed.). So-bre a aristocracia, consulte *Aristocrats in Bourgeois Italy: the Piedmontese Nobility 1861-1930* (Cambridge University Press, 1997), de A. L. Cardoza. Existem bons estudos em inglês sobre as classes trabalhadoras e o início do socialismo neste período. Entre eles, citamos *The Italian Socialist Mo-vement: Origins 1860-1882* (Princeton University Press), de R. Hostetter; *Andrea Costa and the Rise of Socialism in the Romagna* (Washington: University Press of America, 1980), de M. G. Gonzalez; e *Italian Anar-*

ENSAIO BIBLIOGRÁFICO | 343

chism 1864-1892 (Princeton University Press, 1994), de N. Pernicone. Um estudo interessante sobre a política da classe trabalhadora está em *Sesto San Giovanni: Workers, Culture and Politics in an Italian Town, 1880-1922* (New Brunswick: Rutgers University Press, 1986), de D. H. Bell. Milão foi abordada em *Politics and Class in Milan 1881-1901* (Nova York: Oxford University Press, 1992), de L. Tilly, e em uma perspectiva mais específica por J. Morris, em *The Political Economy of Shopkeeping in Milan 1886-1922* (Cambridge University Press, 1993). Sobre Nápoles, consulte *Naples in the Time of Cholera 1884-1911* (Cambridge University Press, 1995), de F. M. Snowden.

A "questão meridional" vem sendo repensada nos últimos vinte anos. Para uma introdução, consulte *The New History of the Italian South: the Mezzogiorno Revisited* (Exeter University Press, 1997), de R. Lumley e J. Morris (eds.), e *Italy's 'Southern Question': Orientalism in One Country* (Oxford: Berg, 1998), de J. Schneider (ed.). Sobre a reconsideração do papel do latifúndio na economia do Sul, consulte *Latifundium: Moral Economy and Material Life in a European Periphery* (Ann Arbor: University of Michigan Press, 1996), de M. Petrusewicz. A história do crime organizado no Sul tem sido extensivamente reescrita à luz das operações antimáfia da década de 1980 – embora a ênfase maior na estrutura e na organização nem sempre está bem-sustentada pela evidência. Para alguns problemas comprobatórios, consulte *Fascismo and the Mafia* (New Haven e Londres: Yale University Press, 1989), de C. Duggan. Os estudos mais antigos de H. Hess – *Mafia and Mafiosi: the Structure of Power* (Farnborough: D. C. Heath, 1973) – e de A. Blok – *The Mafia of a Sicilian Village* (Oxford: Blackwell, 1974) – podem ser comparados com as abordagens dos estudos mais recentes (com um foco fortemente urbano), tais como *The Sicilian Mafia: the Business of Private Protection* (Cambridge, Mass.: Harvard University Press, 1993), de D. Gambetta; *History of the Mafia* (Nova York: Columbia University Press, 2009), de S. Lupo; e *Blood Brotherhoods: the Rise of the Italian Mafias* (Londres: Hodder and Stoughton, 2011), de J. Dickie. Sobre o desenvolvimento de ideias racistas relacionadas com a questão meridional, consulte *Born to Crime: Cesare Lombroso and the Origins of Biological Criminology* (Westport: Praeger, 2002), de M. Gibson.

Sobre a desilusão crescente com a política parlamentar, no período, e a tendência ao autoritarismo nos últimos anos do século, consulte *Francesco Crispi: From Nation to Nationalism* (Oxford University Press, 2002), de C. Duggan. Uma perspectiva cultural interessante pode ser encontra-

344 | HISTÓRIA CONCISA DA ITÁLIA

da em *Byzantium for Rome: the Politics of Nostalgia in Umbertian Italy, 1878-1900* (Chapel Hill: University of North Carolina Press, 1980), de R. Drake. O papel da monarquia na vida política, geralmente subestimado, é explorado por D. Mack Smith, em *Italy and its Monarchy* (New Haven e Londres: Yale University Press, 1989). Uma introdução geral à política externa é apresentada por C. J. Lowe e F. Marzari em *Italian Foreign Policy 1870-1940* (Londres: Routledge and Kegan Paul, 1975); para considerações mais completas, consulte *Italian Foreign Policy: the Statecraft of the Founders* (Princeton University Press, 1996), de F. Chabod. As campanhas africanas e a política do Exército italiano destes anos são examinadas por J. Gooch em *Army, State and Society in Italy 1870-1915* (Basingstoke: Macmillan, 1989).

7. GIOLITTI, A PRIMEIRA GUERRA MUNDIAL E A ASCENSÃO DO FASCISMO

Sobre o desenvolvimento econômico neste período, consulte os ensaios relevantes de G. Federico (ed.) em *The Economic Development of Italy since 1870* (Aldershot: Edward Elgar, 1994). Para panoramas mais abrangentes, consulte *The Economic History of Italy 1860-1990: Recovery after Decline* (Oxford University Press, 1993), de V. Zamagni; e *The Economic History of Modern Italy* (Nova York: Columbia University Press, 1964), de S. B. Clough. Sobre o impacto do crescimento econômico na política, consulte *Planning, Protectionism and Politics in Liberal Italy: Economics and Politics in the Giolittian Age* (Washington: Catholic University of America Press, 1971), de F. J. Coppa. O impacto limitado da emigração no desenvolvimento da economia do Sul é considerado por D. Cinel, em *The National Integration of Italian Return Migration, 1870-1929* (Cambridge University Press, 1991). Sobre a sociedade e a política no Sul neste período, comece por *A History of Sicily: Modern Sicily after 1713* (Londres: Chatto and Windus, 1968), de D. Mack Smith, e *Violence and the Great Estates in the South of Italy: Apulia,1900-1922* (Cambridge University Press, 1986), de F. M. Snowden.

Para conhecer as novas correntes de pensamento, consulte as considerações do principal intelectual do período, B. Croce, em *A History of Italy 1871-1915* (Nova York: Russell and Russell, 1963). Sobre o próprio Croce, consulte *Benedetto Croce and the Uses of Historicism* (Berkeley: University of California Press, 1987), de D. D. Roberts. Sobre o nacionalismo e as conexões ulteriores com o fascismo, consulte *The Italian Nationalist*

Association and the Rise of Fascismo in Italy (Lincoln: University of Nebraska Press, 1978), de A. De Grand, e *Avant-Garde Florence: From Modernism to Fascismo* (Cambridge, Mass.: Harvard University Press, 1993), de W. L. Adamson. Sobre as teorias da "elite", consulte *Modern Italian Social Theory: Ideology and Politics from Pareto to the Present* (Stanford University Press, 1987), de R. Bellamy. A questão do desemprego entre os intelectuais é central no estudo sobre o sistema educacional, de M. Barbagli, *Educating for Unemployment: Politics, Labor Market, and the School System, Italy 1859-1973* (Nova York: Columbia University Press, 1982). Uma boa introdução geral aos principais desenvolvimentos literários neste período pode ser encontrada em *A Difficult Modernity: an Introduction to Twentieth Century Italian Literature* (Londres: Duckworth, 2005), de R. Gordon. Sobre o Futurismo, consulte *Futurism* (Oxford University Press, 1978), de C. Tisdall e A. Bozzola. Sobre D'Annunzio, consulte *Gabriele D'Annunzio: Defiant Archangel* (Oxford University Press, 1998), de J. Woodhouse.

The Hunchback's Tailor: Giovanni Giolitti and Liberal Italy from the Challenge of Mass Politics to the Rise of Fascismo, 1882-1922 (Westport: Praeger, 2000), de A. De Grand, é uma biografia equilibrada de Giolitti. As próprias memórias de Giolitti foram traduzidas como *Memoirs of My Life* (Londres: Chapman and Dodd, 1923), de G. Giolliti. Sobre a resposta dos socialistas ao programa político de Giolitti, consulte *Dilemmas of Italian Socialism: the Politics of Filippo Turati* (Amherst: University of Massachusetts Press, 1980), de S. Di Scala. Um levantamento geral sobre o socialismo pode ser encontrado em *From Elite to Mass Politics: Italian Socialism in the Giolittian Era, 1900-1914* (Kent State University Press, 1990), de J. E. Miller. Sobre os sindicalistas revolucionários e sua influência posterior sobre o fascismo, consulte *The Syndicalist Tradition and Italian Fascismo* (Manchester University Press, 1979), de D. D. Roberts. Sobre a invasão da Líbia e a política externa que conduziu a Itália à Primeira Guerra Mundial, consulte *Italy, the Least of the Great Powers: Italian Foreign Policy before the First World War* (Londres: Cambridge University Press, 1979), de R. J. B. Bosworth, e *Italy and the Approach of the First World War* (Londres: Macmillan, 1983), do mesmo autor. Veja também *In the Shadow of the Sword: Italy's Neutrality and Entrance into the War, 1914-1915* (Nova York: Lang, 1987), de W. A. Renzi.

Um excelente levantamento sobre a experiência da Itália na Primeira Guerra Mundial pode ser encontrado em *The White War: Life and Death*

346 | HISTÓRIA CONCISA DA ITÁLIA

on the Italian Front, 1915-1919 (Londres: Faber and Faber, 2008), de M. Thompson. Sobre as campanhas impostas a Caporetto, consulte *Isonzo: the Forgotten Sacrifice of the Great War* (Westport: Praeger, 2001), de J. R. Schindler. Sobre a Conferência de Paz de Paris, o trabalho mais antigo de R. Albrecht-Carrié, *Italy at the Paris Peace Conference* (Nova York: Columbia University Press, 1938), pode ser complementado por *The Legend of the Mutilated Victory: Italy, the Great War, and the Paris Peace Conference, 1915-1919* (Westport: Greenwood Press, 1993), de H. J. Burgwyn, e a narrativa agradável de M. Macmillan, *Peacemakers: the Paris Conference of 1919 and its Attempts to End War* (Londres: John Murray, 2001). A ocupação de Fiume por D'Annunzio é analisada por M. Ledeen, em *The First Duce: D'Annunzio at Fiume* (Baltimore: Johns Hopkins University Press, 1977).

Uma visão global da chegada do fascismo ao poder é encontrada em *Mussolini and the Rise of Fascismo* (Londres: Harper Press, 2007), de D. Sassoon. Consulte também os primeiros capítulos do clássico estudo de A. Lyttelton, *The Seizure of Power: Fascismo in Italy 1919-1929* (Londres: Weidenfeld and Nicolson, 1973), e *To the Threshold of Power 1922/33: Origins and Dynamics of the Fascist and Nationalist Socialist Dictatorships* (Cambridge University Press, 2007), de M. Knox. Entre os bons estudos locais estão: *Fascism in Ferrara 1915-1925* (Oxford University Press, 1975), de P. Corner; *Agrarian Elites and Italian Fascism: the Province of Bologna, 1901-1926* (Princeton University Press, 1982), de A. Cardoza; *Town and Country under Fascism: the Transformation of Brescia 1915-1926* (Oxford University Press, 1986), de A. Kelikian; e *The Fascist Revolution in Tuscany 1919-1922* (Cambridge University Press, 1989), de F. M. Snowden. Sobre a perspectiva socialista e comunista na crise pós-guerra, consulte *Antonio Gramsci and the Revolution that Failed* (New Haven e Londres: Yale University Press, 1977), de M. Clark.

8. Fascismo

A literatura em inglês sobre o regime fascista é muito mais extensa do que sobre os períodos anteriores da Itália moderna. Para biografias de Mussolini, as considerações altamente críticas de D. Mack Smith – em *Mussolini* (Londres: Weidenfeld and Nicolson, 1981) – podem ser comparadas com a descrição de R. J. B. Bosworth – em *Mussolini* (Londres: Arnold, 2002) (que se posiciona contra o trabalho revisionista do principal historiador italiano do fascismo, Renzo De Felice). *Mussolini: a New Life* (Londres: Weidenfeld and Nicolson, 2003), de N. Farrell, é uma biografia compassiva, em inglês. O estudo de M. Clark, *Mussolini* (Harlow: Pearson, 2005), destaca o imediatismo midiático do regime.

Há uma série de pesquisas sobre o regime. Entre os trabalhos mais breves e de grande valor estão: *Italian Fascismo: its Origins and Development* (Lincoln: University of Nebraska Press, 2000), de A. De Grand; *Italian Fascismo, 1915-1945* (Basingstoke: Palgrave Macmillan, 2004), de P. Morgan; e *Mussolini and Fascist Italy* (Abingdon: Routledge, 2006), de M. Blinkhorn. *Mussolini's Italy: Life under the Dictatorship 1915-1945* (Londres: Allen Lane, 2005), de R. J. B. Bosworth, é um estudo amplo e envolvente do regime, do ponto de vista da sociedade e da vida cotidiana. Uma história do regime contada, em grande parte, do ponto de vista do homem e da mulher italiana comuns pode ser encontrada em *Fascist Voices: an Intimate History of Mussolini's Italy* (Londres: Bodley Head, 2012), de C. Duggan. Entre os livros antigos que ainda podem ser proveitosos estão os escritos pelo proeminente intelectual antifascista italiano, G. Salvemini: *The Fascist Dictatorship in Italy* (Londres: Cape, 1928) e *Under the Axe of Fascism* (Nova York: Viking, 1936). *The Sacralization of Politics in Fascist Italy* (Cambridge, Mass.: Harvard University Press, 1996), de E. Gentile, é um estudo importante sobre o fascismo como um tipo de "religião política".

Sobre a consolidação do regime, de 1922 a 1926, o melhor estudo é o apresentado por A. Lyttelton, em *The Seizure of Power: Fascismo in Italy 1919-1929* (Londres: Weidenfeld and Nicolson, 1973). Sobre os aspectos das políticas econômica e social do fascismo, consulte: *The Plough and the Sword* (Nova York: Columbia University Press, 1938) (sobre a agricultura), de C. T. Schmidt; *Fascismo and the Industrial Leadership in Italy 1919-1940: a Study in the Expansion of Private Power under Fascismo* (Berkeley: University of California Press, 1971) (sobre a indústria), de R. Sarti; *The Culture of Consent: Mass Organisation of Leisure in Fascist Italy* (Cambridge University Press, 1981), de V. De Grazia; *Believe, Obey, Fight: Political Socialization of Youth in Fascist Italy, 1922-1943* (Chapel Hill: University of North Carolina Press, 1982), de T. Koon; *Dictating Demography: the Problem of Population in Fascist Italy* (Cambridge University Press, 2002), de C. Ipsen; *Italy's Social Revolution: Charity and Welfare from Liberalism to Fascismo* (Basingstoke: Palgrave Macmillan, 2002), de M. S. Quine. Sobre a campanha fascista contra a Máfia, consulte *Fascism and the Mafia* (New Haven e Londres: Yale University Press, 1989), de C. Duggan. A posição das mulheres sob o fascismo foi explorada por V. De Grazia, em *How Fascism Ruled Women* (Berkeley: University of Califor-

348 | HISTÓRIA CONCISA DA ITÁLIA

nia Press, 1992). Veja também *The Clockwork Factory: Women and Work in Fascist Italy* (Oxford University Press, 1994), de P. Willson, e *Peasant Women and Politics in Fascist Italy* (Londres: Routledge, 2002), do mesmo autor; e também, *Italian Fascism and the Female Body: Sport, Submissive Women and Strong Mothers* (Londres: Routledge, 2004), de G. Gori. Sob os aspectos da vida cultural sob o fascismo, consulte *The Patron State: Culture and Politics in Fascist Italy* (Princeton University Press, 1998), de M. S. Stone; *Mario Sironi and Italian Modernism: Art and Politics under Fascism* (Cambridge University Press, 2000), de E. Braun; *Fascist Modernities: Italy 1922-1945* (Berkeley: University of California Press, 2001), de R. Ben-Ghiat; *Fascist Spectacle: the Aesthetics of Power in Mussolini's Italy* (Berkeley: University of California Press, 2000), de S. Falasca-Zamponi; *Mussolini's Rome: Rebuilding the Eternal City* (Londres: Palgrave Macmillan, 2005), de B. Painter; e *Censorship and Literature in Fascist Italy* (University of Toronto Press, 2007), de G. Bonsaver.

Sobre as relações com a Igreja Católica, o trabalho antigo de D. A. Binchy, *Church and State in Fascist Italy* (Oxford University Press, 1941), pode ser complementado por *The Pope and the Duce: the International Impact of the Lateran Agreements* (Londres: Macmillan, 1981), de P. Kent, e *The Vatican and Italian Fascism, 1929-1932* (Cambridge University Press, 1985), de J. F. Pollard. Sobre os judeus sob o fascismo e as leis raciais, consulte *Mussolini and the Jews: German-Italian Relations and the Jewish Question in Italy* (Oxford University Press, 1978), de M. Michaelis, e *The Jews in Fascist Italy: a History* (Nova York: Enigma, 2001), de R. De Felice. Sobre a questão controversa da resposta da Igreja e dos italianos à perseguição dos judeus, um ponto de partida interessante é *The Italians and the Holocaust: Persecution, Rescue and Survival* (Nova York: Basic, 1987), de S. Zuccotti.

Sobre a política externa fascista em geral, consulte *Mussolini's Roman Empire* (Londres: Longman, 1976), de D. Mack Smith, (que sugere oportunismo e incoerência); *Italian Foreign Policy in the Interwar Period, 1918-1940* (Westport: Praeger, 1997), de H. J. Burgwyn; *Common Destiny: Dictatorship, Foreign Policy and War in Fascist Italy and Nazi Germany* (Cambridge University Press, 2000), de M. Knox; *Mussolini and the Origins of the Second World War, 1933-1940* (Basingstoke: Palgrave Macmillan, 2003), R. Mallett. Sobre a Líbia, consulte *Fourth Shore: the Italian Colonization of Libya* (Chicago: University of Chicago Press, 1974), de C. Segrè. Sobre a invasão da Etiópia, consulte (entre outros trabalhos em inglês) *The Coming of the Italian-Ethiopian War* (Cambridge, Mass.: Harvard University Press, 1967), de G. W. Baer, e *Ethiopia under Mussolini: Fascism and the Colonial Experience* (Londres: Zed, 1985), de A. Sbacchi. Sobre o Exército italiano sob o fascismo, consulte *Mussolini and his Generals: the Armed Forces and Fascist Foreign Policy, 1922-1940* (Cambridge University Press, 2007), de J. Gooch. Sobre a Segunda Grande Guerra, o livro de F. W. Deakin, *The Brutal Friendship: Mussolini, Hitler and the Fall of Fascism* (Londres: Weidenfeld and Nicolson, 1962), ainda é fundamental para a compreensão da aliança com a Alemanha nazista. Um estudo importante sobre os territórios ocupados pela Itália durante a guerra é *Fascism's European Empire: Italian Occupation during the Second World War* (Cambridge University Press, 2006), de D. Rodogno.

9. A REPÚBLICA

Sobre o armistício e suas consequências, consulte *A Nation Collapses: the Italian Surrender of September 1943* (Cambridge University Press, 2000), de E. Agarossi. Sobre a campanha dos aliados na Itália, consulte *Italy's Sorrow: a Year of War, 1944-1945* (Londres: Harper, 2008), de J. Holland. Sobre o período da República de Salò, consulte *Italy, 1943-1945* (Leicester University Press, 1985), de D. Ellwood. Sobre a Resistência Italiana, *Mussolini's Enemies: the Italian Anti-Fascist Resistance* (Princeton University Press, 1961), de C. Delzell, ainda é um bom ponto de partida. Veja também *For Love and Country: the Italian Resistance* (Lanham: University Press of America, 2003), de P. Gallo. Sobre as últimas etapas da Guerra, do ponto de vista dos camponeses, consulte *A Strange Alliance: Aspects of Escape and Survival in Italy, 1943-1945* (Florença: Olschki, 1991), de R. Absalom, e a narrativa clássica de um prisioneiro de guerra britânico que fugiu, *Love and War in the Apennines* (Londres: Hodder and Stoughton, 1971), de E. Newby.

A melhor história geral (em inglês) da chamada "Primeira República", focada nas limitações do Estado para atender às necessidades de uma sociedade em rápida transformação, é o livro de P. Ginsborg, *A History of Contemporary Italy: Society and Politics 1943-1988* (Londres: Allen Lane, 1990). Ele pode ser complementado pela descrição da queda da "Primeira República", escrita pelo mesmo autor, *Italy and its Discontents: Family, Civil Society, State 1980-2001* (Londres: Allen Lane, 2001). Sobre uma introdução geral ao tema da Itália do pós-guerra, consulte *Italy since 1945* (Oxford University Press, 2000), de P. McCarthy (ed.). Sobre a evolução de vários aspectos da cultura, desde 1945, consulte *The Cambridge Companion to Modern Italian Culture* (Cambridge University Press, 2001), de Z. G. Baranski e R. J. West (eds.).

Muitos estudos têm sido realizados sobre a Itália pós-guerra, principalmente por cientistas políticos dos partidos ou do sistema partidário. Para uma visão geral, consulte *Political Parties and Coalition Behaviour* (Londres: Routledge, 1988), de G. Pridham. Veja também *The Italian Party System (1945-1980)* (Londres: Pinter, 1985), de P. Farneti, e *Governing Italy: the Politics of Bargained Pluralism* (Oxford: Clarendon Press, 1993), de D. Hine. Sobre os democrata-cristãos, consulte *Italian Christian Democracy: the Politics of Dominance* (Basingstoke: Macmillan, 1989), de R. Leonardi e D. Wertman. *Politics and Society in Post-war Naples* (Londres: Cambridge University Press, 1973), de P. A. Allum, e *Patronage, Power, and Poverty in Southern Italy: a Tale of Two Cities* (Cambridge University Press, 1982), de J. Chubb, são estudos excelentes sobre como os democrata-cristãos usaram o clientelismo para se sustentar no poder. Consulte o livro de S. Gundle, *Dolce Vita: Murder, Mystery and Scandal in 1950s Rome* (Edinburgo: Canongate, 2011), para uma visão rápida e intrigante da corrupção política na década de 1950. Sobre o Partido Comunista, consulte *The Strategy of the Italian Communist Party from the Resistance to the Historic Compromise* (Londres: Pinter, 1981), de D. Sassoon, e *Moscow and the Italian Communist Party: from Togliatti to Berlinguer* (Londres: Tauris, 1986), de J. B. Urban. Sobre a resposta do Partido Comunista à cultura do consumo, consulte *Between Hollywood and Moscow: the Italian Communists and the Challenge of Mass Culture, 1943-1991* (Durham: Duke University Press, 2000), de S. Gundle. Para o relacionamento do Partido Comunista com o catolicismo, consulte *Comrades and Christians: Religion and Political Struggle in Communist Italy* (Cambridge University Press, 1980), de D. I. Kertzer.

Sobre o Plano Marshall, a reconstrução e o "milagre econômico", consulte *The United States and Italy 1940-1950: the Politics of Diplomacy and Stabilization* (Chapel Hill: University of North Carolina Press, 1986), de J. E. Miller; *America and the Reconstruction of Italy, 1945-1948* (Cambridge University Press, 1986), J. L. Harper; *The Economic History of Italy 1860-1990: Recovery after Decline* (Oxford University Press, 1993), de V. Zamagni; *Contemporary Italy: Politics, Economy and Society since 1945* (Londres: Longman, 1997), de D. Sassoon. Sobre a agitação da década de 1960 e seu contexto internacional, consulte *Democracy and Disorder: Pro-*

test and Politics in Italy 1965-1975 (Oxford: Clarendon Press, 1989), de S. Tarrow. Sobre o movimento e as ideias feministas na Itália do pós-guerra, consulte *Journeys among Women: Feminism in Five Italian Cities* (Oxford University Press, 1987), de J. A. Hellman. Sobre as dimensões culturais dos movimentos de protesto, consulte *States of Emergency: Cultures of Revolt in Italy 1968-78* (Londres: Verso, 1990), de R. Lumley. Uma boa narrativa sobre o terrorismo na década de 1970 é o livro de R. C. Meade, *Red Brigades: the Story of Italian Terrorism* (Basingstoke: Palgrave Macmillan, 1989). Sobre as raízes intelectuais do terrorismo, consulte *The Revolutionary Mystique and Terrorism in Contemporary Italy* (Bloomington: Indiana University Press, 1989), de R. Drake, e *Apostles and Agitators: Italy's Marxist Revolutionary Tradition* (Cambridge, Mass.: Harvard University Press, 2003), do mesmo autor. Sobre o sequestro e o assassinato de Moro, consulte *The Aldo Moro Murder Case* (Cambridge, Mass.: Harvard University Press, 1995), de R. Drake. O problema do crime organizado no sul da Itália foi extensamente analisado. Para a Sicília, além de inúmeros relatos jornalísticos, consulte *The Sicilian Mafia: the Business of Private Protection* (Cambridge, Mass.: Harvard University Press, 1993), de D. Gambetta, e *History of the Mafia* (New York: Columbia University Press, 2009), de S. Lupo. Sobre a campanha contra a Cosa Nostra, consulte *Excellent Cadavers: the Mafia and the Death of the First Italian Republic* (Nova York: Vintage, 1995), de A. Stille. Sobre Nápoles, consulte *Camorristi, Politicians, and Businessmen: the Transformation of Organized Crime in Post-war Naples* (Leeds: Northern Universities Press, 2006), de F. Allum. Para uma visão clara do interior da Camorra contemporânea, consulte *Gomorrah: Italy's other Mafia* (Londres: Macmillan, 2007), de R. Saviano.

Sobre a queda da "Primeira República", além do trabalho de Ginsburg, anteriormente mencionado, consulte *The Crisis of the Italian State: from the Origins of the Cold War to the Fall of Berlusconi and Beyond* (Basingstoke: Palgrave Macmillan, 1997), de P. McCarthy, e *The Italian Revolution: the Ignominious End of Politics, Italian Style?* (Boulder: Westview, 1995), de M. Gilbert. *Getting the Boot: Italy's Unfinished Revolution* (Nova York: Times, 1995) é um relato vivo feito pelo jornalista M. Frei. *The Italian Guillotine: Operation Clean Hands and the Overthrow of Italy's First Republic* (Lanham: Rowman and Littlefield, 1998), de S. H. Burnett e L. Mantovani, traz uma visão da direita sobre *tangentopoli* e o papel do Judiciário. Sobre o império de negócios e a ascensão ao poder de Berlusconi, consulte o relato crítico (e perturbador) de A. Stille, *The Sack*

352 | HISTÓRIA CONCISA DA ITÁLIA

of Rome: How a Beautiful European Country with a Fabled History and a Storied Culture Was Taken Over by a Man Named Silvio Berlusconi (Nova York: Penguin, 2006). Veja também *Berlusconi's Shadow: Crime, Justice and the Pursuit of Power* (Londres: Allen Lane, 2004), de D. Lane. Uma análise da intersecção entre mídia, dinheiro e poder, pode ser encontrada em *Silvio Berlusconi: Television, Power and Patrimony* (Londres: Verso, 2004), de P. Ginsborg. Para uma ampla pesquisa temática das tendências recentes da sociedade, política e economia italianas, consulte *Italy Today: the Sick Man of Europe* (Abingdon: Routledge, 2010), de A. Mammone e G. A. Veltri.

ÍNDICE REMISSIVO*

Abruzzi, 38.

Ação Católica, 255, 257, 282, 293 e 303.

Acordo de Paz de Viena (1815), 123.

açúcar, açúcar de beterraba, 40, 59 e 201.

Adua, Batalha de (1896), 196 e 261.

advogados, 64, 103 e 182-3.

ver também Judiciário; tribunais.

Afeganistão, 313.

África, 38, 196, 213 e 266.

ver também Etiópia; Líbia.

AGIP (Azienda Generale Italiana dei Petroli), 264.

Agnelli, Giovanni (1866-1945), 209.

agricultura, 38-40, 56, 60, 63, 90-1, 94, 96-7, 125-6, 172, 175, 189, 202-3, 266, 282 e 290.

ver também arrendatários; camponeses; fascismo; latifúndios; pequenos proprietários; proprietários de terras; Sul; trigo.

Agro Pontino, 245.

Agro Romano, 102.

Aix-la-Chapelle, Tratado de (1748), 100.

Albânia, 35, 51 e 265.

Alberti, Leon Battista (1404-1472), 85.

Alemanha, alemães, 35, 37, 123, 125, 135, 193, 200, 202, 211, 222, 243, 261-3, 265-6, 269-70, 302 e 314.

ver também Prússia.

Alexandre VI (1431-1503), papa (1492-1503), 87.

Alexandria, 100.

Alfa, Alfa Romeo, 201 e 292.

alfabetização, analfabetismo, 57, 80-2, 180, 290 e 328.

ver também escolas.

alfândega, *ver* tarifas.

alfândega (interna), 103.

Alfieri, Vittorio (1749-1803), 112.

Alfonso de Aragão (1396-1458), rei da Sicília (a partir de 1416) e de Nápoles (a partir de 1442), 82-3.

alimento, *ver* dieta.

Alitalia, 292 e 330.

Alleanza Nazionale, 322-3, 325-6 e 328.

Allende, Salvador (1908-1973), 312.

Alpes, 33, 45 e 121.

Alvaro, Corrado (1895-1956), 273.

Amalfi, 37, 59, 61 e 64.

Amari, Michele (1806-1889), 29.

Ambrósio, São (*c.* 334-397), 56.

Amendola, Giovanni (1886-1926), 240.

América do Norte, 43, 222, 245, 281, 283, 308 e 314.

América do Sul, 43 e 141.

---

* Os itens presentes neste índice cuja paginação menciona a letra *i* referem-se às indicações de imagens. (N.E.)

354 | HISTÓRIA CONCISA DA ITÁLIA

Amizade Cristã, 121.

amoreiras, 41, 46, 91 e 97.

> *ver também* seda.

anarquismo, anarquistas, 43, 189, 197, 214, 217 e 227.

Ancona, 115.

Andreotti, Giulio (1919-2013), 312 e 324.

Angevinos, 70 e 73.

annone, 105.

Ansaldo (empresa), 178, 205 e 220.

Antonuzzo, Antonio (n. 1938), 293.

Apeninos, 38.

Apostólicos, 76.

Apúlia, 35, 51 e 64.

Aquileia, 73.

árabes, 35-6, 59, 61 e 64.

Aragão, aragonês, 69 e 87.

Arezzo, 82.

Argentina, 43.

Ariosto, Ludovico (1474-1535), 88.

Aristóteles (384-322 a.C.), 80.

armistício (1943), 269.

Arpinati, Leandro (1892-1945), 228.

arrendatários, meação, 45, 96, 144 e 175.

arroz, 40, 91 e 176.

Aspromonte (1862), 163 (*i.* 18).

Assembleia Constituinte (1946-1947), 276-8.

Associação Internacional dos Trabalhadores, 171 e 188.

Associação Nacionalista Italiana, 213.

associações (*arti*), 68, 70, 74, 78, 94, 103 e 106.

Áustria, 36-7, 100, 113, 123-4, 137-8, 146, 149, 152-4, 169, 193, 216 e 222.

autarquia, 254.

autonomia, regional, *ver* regionalismo.

Avanguardia Operaia, 300.

Avignon, 70.

Bacchini, Benedetto (1651-1721), 104.

Badoglio, Pietro (1871-1956), 269 e 271.

Bakunin, Mikhail (1814-1876), 43 e 188.

Balbo, Cesare (1789-1853), 128, 137-8 e 147.

Balbo, Italo (1896-1940), 228 e 254.

Balcãs, 35, 56, 213, 216 e 261.

Banca Commerciale Italiana, 202.

Banca Romana, 191 e 195.

Banco da Itália, 248 e 323-4.

Bandello, Matteo (1485-1561), 27.

bandidos, bandidagem, 50, 95, 111, 121, 165 e 276.

Bandiera, irmãos, Attilio (1810-1844) e Emilio (1819-1844), 43 e 136.

Baratieri, Oreste (1841-1901), 261.

Barbarasi, família, 67.

Barbarossa, Frederico (*c.* 1123-1190), Imperador (1152-1190), 68.

Bardi, família, 75.

Bari, 36 e 57.

Barroco, 90.

Basilicata, 288.

Batalha,

> de Adua (1896), 196 e 261.
>
> de Benevento (1266), 70.
>
> de Calatafimi (1860), 156.
>
> de Castelfidardo (1860), 157.
>
> de Custoza (1848), 138-9.
>
> de El Alamein (1942), 266.
>
> de Legnano (1176), 68 e 320.
>
> de Magenta (1859), 154.
>
> de Novara (1849), 146.
>
> de Pavia (1525), 87.
>
> de Sedan (1870), 169.
>
> de Solferino (1859), 154.
>
> de Tolentino (1815), 123.

"batalha dos grãos", *ver* fascismo.

Beauharnais, Eugène de (1781-1824), 117.

Beccaria, Cesare (1738-1794), 106.

Bélgica, 135 e 144.

Belisário (505-565), 56.

Bellini, Giovanni (*c.* 1430-1516), 85.

Bembo, Pietro (1470-1547), 88.

bem-estar, 48, 162, 186, 209, 245, 249, 300-1, 305 e 324.

Beneduce, Alberto (1877-1944), 248.

Benetton (empresa), 314.

Benevento, 57 e 188.

ÍNDICE REMISSIVO | 355

Benevento, Batalha de (1266), 70.

Bérgamo, 25.

Berlinguer, Enrico (1922-1984), 311-2.

Berlusconi, Paolo (n. 1949), 322.

Berlusconi, Silvio (n. 1936), 322-3, 325-6 e 331.

Bernardino, São (1380-1444), 78.

Bismarck, príncipe Otto von (1815-1898), 193.

Bizâncio (Constantinopla), bizantinos, 35, 56-9, 61 e 82.

Bizzoni, Achille (1841-1903), 191.

Blasetti, Alessandro (1900-1981), 253.

Boccaccio, Giovanni (1313-1375), 82.

Bocchini, Arturo (1880-1942), 239.

Boccioni, Umberto (1882-1916), 219.

Bolonha, 46, 56, 70, 88, 154, 170, 227 e 309.

Bonaparte, José (1768-1844), rei de Nápoles (1806-1808), 116-7.

Bonaparte, Napoleão (1769-1821), imperador da França (1804-1815), 36, 113-20 e 153.

Bonifácio VIII (c. 1235-1303), papa (1294-1303), 70.

Bonomi, Ivanoe (1873-1951), 248 e 272.

Borghese, príncipe Valerio (1906-1974), 296.

Borgonha, 35 e 79.

Bossi, Umberto (n. 1941), 320-1 e 323.

Bottai, Giuseppe (1895-1959), 243.

Botticelli, Sandro (1445-1510), 85.

Bramante, Donato (1444-1514), 85.

Bréscia, 46, 104 e 189.

Brigadas Vermelhas, 309-10.

Brindisi, 37 e 269.

britânicos, ver Grã-Bretanha

Bronte, 156.

Bruges, 79.

Bruno, Giordano (1548-1600), 190.

Buonarroti, Filippo (1761-1837), 115 e 127.

Buondelmonte de' Buondelmonti (m. 1215), 67.

burguesia, 93, 97, 104, 118-9, 135, 144-5, 162, 212 e 279.

ver também classe média.

burocracia, burocratas, 97, 101, 124, 130, 165-8, 184, 205, 239, 257, 276 e 295-6.

Buscetta, Tommaso (1928-2000), 316 e 319.

Byron, Lorde (1788-1824), 128.

Cabo Matapan (batalha, 1941), 266.

Cadorna, Raffaele (1815-1897), 165.

Calábria, 51, 59, 64, 95, 181, 306, 308 e 319.

Calatafimi, Batalha de (1860), 156.

Calderari, 121.

Câmaras do Trabalho, 209 e 222.

Camorra, 308 e 330.

Campagna, Romana, 38, 95, 176 e 245.

Campanha demográfica, ver fascismo.

Campânia, 59, 90, 306, 308 e 319.

Campoformio, Tratado de (1797), 113.

camponeses, campesinato, 42-3, 45-7, 50, 60, 116, 121, 125, 131, 144, 155, 175-6, 178, 181, 190, 195, 218, 244-6, 266, 284-6, 289 e 292.

ver também arrendatários; pequenos proprietários.

Candy (empresa), 290.

Caporetto (1917), 218 e 226.

Cappelletti, família, 67.

Cápua, 59 e 64.

Carabinieri, ver polícia.

Caracciolo, Domenico (1715-1789), 108.

Carboneria, carbonari, 43, 123, 127, 132, 134 e 153.

Carducci, Giosuè (1835-1907), 190.

Carli, Gian Rinaldo (1720-1795), 105.

Carlos, o Audaz (1433-1477), duque da Borgonha (1467-1477), 86.

Carlos II (1661-1700), rei da Espanha (1665-1700), 100.

Carlos V (1500-1558), rei da Espanha (a partir de 1516), imperador (1519-1556), 87-8 e 99.

Carlos VIII (1470-1498), rei da França (1483-1498), 83 e 85.

Carlos Alberto (1798-1849), rei de Piemonte-Sardenha (1831-1849), 137-9.

Carlos de Anjou (1225-1285), 69.

Carlos de Bourbon (1716-1788), rei de Nápoles e da Sicília (1735-1759), 100.

Carlos Magno (742-814), 59.

Carpaccio, Vittore (c. 1450-1525/1526), 78.

Carrà, Carlo (1881-1966), 219.

356 | HISTÓRIA CONCISA DA ITÁLIA

carros, 200, 248, 290 e 303.

Carta do Trabalho (1927), 244.

cartagineses, 33.

cartismo, 137.

carvão, escassez de, 45, 186, 202 e 292.

Casa das Liberdades (Casa delle Libertà), 326.

Casati, Lei (1859), 180.

Cassa Integrazione Guadagni, 305.

Cassa per il Mezzogiorno, 288.

Castela, 87.

Castelfidardo, Batalha de (1860), 157.

Castiglione, Baldassare (1478-1529), 88.

Catalunha, catalães, 51 e 75.

Catânia, 289.

Cateau-Cambrésis, Tratado de (1559), 88.

Cattaneo, Carlo (1801-1869), 135, 144, 159 e 320.

Cattedre ambulanti, 202 e 246.

Cavalcanti, família, 72.

Cavour, Camilo Benso, conde de (1810-1861), 36-7, 46, 51, 138, 144-5, 147-60, 162, 165, 184, 196 e 199.

Cavour, família, 119-21.

Cefalù, 66.

CGIL (*Confederazione Generale Italiana del Lavoro* [Confederação Geral Italiana do Trabalho]), 281.

China, 298.

Churchill, Winston (1874-1965), 272.

chuva, 38.

Ciano, Galeazzo (1903-1944), 265.

Ciompi, Revolta de (1378), 76.

classe média, 156, 162, 181-3, 190, 201, 205, 216, 234, 299, 312 e 320.

ver também burguesia.

clientela, clientelismo, 78, 166, 216, 259, 273, 280, 288-9, 296-7, 303, 306, 313, 322 e 329.

clima, 38.

Cobden, Richard (1804-1865), 46.

Códigos Legais, 101-2, 106, 117, 160, 162 e 276.

Coglioni, família, 67.

Colleoni, Bartolomeo (1400-1476), 78.

Collodi, Carlo (pseudônimo de Carlo Lorenzini) (1826-1890), 181.

Colombo, Cristóvão (1451-1506), 27.

Colombo, Giuseppe (1836-1921), 202.

comércio, negócios, 35, 37, 47, 61-4, 75, 93-4, 125, 192 e 263.

comércio bancário, 75, 85, 91, 93-4, 191, 202 e 248.

Comitês de Liberação Nacional (CLN), 272 e 274.

"compromisso histórico", 311-3.

Comuna de Paris (1871), 171 e 188.

comunas medievais, 60-3, 66-70, 72, 86, 121 e 320.

Comunidade Econômica Europeia (CEE), União Europeia (UE), Mercado Comum, 291, 302, 316 e 328.

Confindustria, 281.

confino, 241 e 325.

confrarias, 74, 76 e 78.

connubio (1852), 149.

Conrado II (*c.* 990-1039), imperador (1027-1039), 61.

consorterie, 66-8.

Constance, Paz de (1183), 68.

Constantino (*c.* 288-337), imperador (306-337), 56.

ver também Doação de Constantino.

Constantinopla, *ver* Bizâncio.

Constituição (1948), 277-8, 326 e 328.

Constituições, governo constitucional (em *Risorgimento*), 127 e 144.

ver também Statuto.

Contrarreforma, 90.

cooperativas, 188 e 284-5.

Corfu, 234 e 259.

Corradini, Enrico (1865-1931), 213.

corrupção, 191, 289, 311, 315, 318, 320, 323, 326 e 329.

ver também clientela; Máfia.

Corsini, família, 93.

Cosa Nostra, 308 e 316.

ver também Máfia.

Cosenza, 289.

Cossiga, Francesco (1928-2010), 319.

Costa, Andrea (1851-1910), 188-9.

Craxi, Bettino (1934-2000), 313, 315, 317-8, 322 e 328.

Cremona, 61, 63, 67, 189 e 227.

crianças, 178, 180, 209, 246 e 253.

crime, criminosos, 50, 103, 163, 245, 290 e 315.
ver também bandidos; corrupção; Máfia.

Crispi, Francesco (1818-1901), 155, 170, 191-3, 195-6 e 208.

Croce, Benedetto (1866-1952), 205-6, 241 e 262.
ver também idealismo.

Cruzada, Primeira, 63.

Curcio, Renato (n. 1941), 309.

Custoza, Batalha de (1848), 138-9.

Cutolo, Raffaele (n. 1941), 308.

D'Annunzio, Gabriele (1863-1938), 191, 199, 218, 223 e 228.

D'Azéglio, família, 118 e 121.

D'Azéglio, Massimo (1798-1866), 136-7, 149 e 170.

D'Este, família, 72.

D'Este, Isabella (1474-1539), 79.

D'Este, Obizzo (1264-1293), 72.

dalla Chiesa, Carlo Alberto (1920-1982), 308 e 316.

Dalmácia, 223 e 234.

Dante Alighieri (1265-1321), 55, 70, 78, 183 e 207.

Datini, Francesco (1335-1410), 75.

De Amicis, Edmondo (1846-1908), 181.

De Gasperi, Alcide (1881-1954), 279, 282 e 291.

De Lorenzo, Giovanni (1907-1973), 295.

De Mita, Ciriaco (n. 1928), 315 e 317.

De Sanctis, Francesco (1817-1883), 145, 170 e 241.

De Sica, Vittorio (1901-1974), 303.

Democracia Cristã (DC), democrata-cristãos, 48, 270, 277-80, 282-6, 288-90, 294-7, 301-3, 306, 310-3, 315 e 317-9.

democratas (no *Risorgimento*), 134, 136, 139, 141, 146, 157 e 162.

Depretis, Agostino (1813-1887), 166, 186 e 191.

Di Pietro, Antonio (n. 1950), 318 e 323.

diaristas, *ver* camponeses.

dieta, 41, 175-6 e 200.

Dini, Lamberto (n. 1931), 324.

dívida pública, 152, 160, 305, 317, 320, 324, 326 e 329-30.

Doação de Constantino, 59 e 69.

Dogali (1887), 196.

Dolcino, Frei (m. 1307), 76.

Dollfuss, Engelbert (1892-1934), 261.

Donatello (1386-1466), 79.

Donati, família, 67.

Doria, família, 66 e 91.

Drago, Antonino (1924-1997), 289.

drogas, tráfico de, 308

Duccio di Buoninsegna (m. 1319), 79.

Durando, Giacomo (1807-1894), 30.

economia, *ver* agricultura; comércio; comércio bancário; indústria.

Eduardo III (1312-1377), rei da Inglaterra (1327-1377), 75.

educação, 146, 160, 171, 180-2 e 300.
ver também escolas; fascismo; universidades.

Einaudi, Luigi (1874-1961), 206, 272 e 280.

El Alamein, Batalha de (1942), 266.

Elba, 46.

eleições, locais, regionais, 225, 308 e 311.

eleições, parlamentares, 149, 170, 207, 215, 225, 277, 279, 285, 312-3, 320, 324 e 326.
ver também Assembleia Constituinte; leis eleitorais.

eletricidade, 202 e 248.

emigração, emigrantes, 42-3, 185, 201, 203 e 306.

Emília, 72, 96, 131, 248, 302 e 309.

engenharia, engenheiros, 184, 200-1 e 205.

ENI (Ente Nazionale Idrocarburi), 292.

enxofre, 46 e 130.

escolas, 80, 82, 107, 180, 234 e 292.
ver também alfabetização; educação; fascismo.

Espanha, espanhóis, 35, 37, 85-8, 90, 97, 99-101, 123 e 130.

esportes, 253-4 e 259.

esquadras, *squadrismo, squadristi*, 227-8, 230-1 e 233-40.

Esquerda, a (décadas de 1860, 1870 e 1880), 170-1, 181, 183, 188 e 190.

Estado corporativo (fascismo), corporativismo, *ver* fascismo.

Estados Papais, 70, 72, 88, 108, 125, 128, 138, 153-4, 157 e 159.

Estados Unidos da América, *ver* América do Norte.

Estevão II (m. 757), papa (752-757), 59.

estradas, 38, 47-8, 55, 120, 184 e 190.

Etiópia (Abissínia), 261-2.

Europa, relacionamento da Itália com a, 13, 27-8, 30 e 38.

> *ver também* Comunidade Econômica Europeia; *e também os países individualmente.*

Evelyn, John (1620-1706), 97.

Exército, 36, 102, 121, 163, 166, 182, 196, 208, 218, 228, 238-9, 263, 265-7, 269, 276, 296 e 305.

Ezzelino da Romano (1194-1259), 69 e 72.

Falcone, Giovanni (1939-1992), 316 e 319.

famílias, valores familiares, 66, 288-9, 298 e 303.

> *ver também* clientela; *consorterie.*

Fanfani, Amintore (1908-1999), 289.

Farinacci, Roberto (1892-1945), 228, 230, 234, 239, 270 e 274.

Farini, Luigi (1812-1866), 164.

fasci, siciliano, 195.

fascismo, 55, 183, 207, 272-4, 280, 284 e 286.

> alicerces do, 249.
>
> campanha demográfica, 245 e 259.
>
> e a "batalha dos grãos", 242, 246-7 e 259.
>
> e a cultura, 254 e 256.
>
> e a economia, 242-9 e 263.
>
> e a educação, 234 e 257.
>
> e a Igreja, 254-5 e 257.
>
> e a política externa, guerra, 234, 259 e 261.
>
> e a reforma dos costumes, 263.
>
> e a supressão da oposição, 240.

> e as leis raciais, 263.
>
> e o culto ao Duce, 238 e 250-2.
>
> e o Estado corporativo, 242-4 e 258-9.
>
> e o Sul, 244-5 e 257-8.
>
> e os sindicatos, 236 e 241-3.
>
> em 1920-1922, 225 e 227-8 .
>
> *ver também* esquadras, *squadrismo, squadristi;* Marcha sobre Roma; Militia; neofascistas; Partido Fascista; República de Salò.

federalismo, federalistas, 159 e 320.

Federzoni, Luigi (1878-1962), 235 e 237.

Fellini, Federico (1920-1993), 292.

feministas, 313.

Fernando (1452-1516), rei de Aragão e Castela, 87.

Fernando II (1810-1859), rei das Duas Sicílias (1830-1859), 138-9 e 146.

Fernando III (1769-1824), grão-duque da Toscana (1790-1824), 123.

Fernando IV (1751-1825), reinou como rei Fernando III da Sicília e Fernando IV de Nápoles (1759-1815), e como Fernando I, rei das Duas Sicílias (1815-1825), 123-4.

Ferrara, 83, 88, 115 e 226-7.

Ferrari, Giuseppe (1811-1876), 26 e 28-9.

ferro, aço, 46, 143, 178, 180, 201, 248, 281 e 290.

ferrovias, 36-7, 130, 135, 143-4, 149, 152, 184 e 248.

feudalismo, 96, 101-2 e 118-20.

feudos, contendas, 66-8.

Fiat, 200, 220, 281, 290, 314 e 316.

Filangieri, Gaetano (1752-1788), 111.

filmes, 280, 292 e 300.

finanças públicas, *ver* dívida pública.

Finsider, 281.

Fiume (Rijeka), 223.

Flandres, 35 e 79.

Florença, 61, 63, 66-7, 74-6, 82, 87, 91, 93, 95, 99, 103 e 212-3.

florestas, desmatamento, 39-40, 57 e 203.

Fórmia, 40.

Foscolo, Ugo (1778-1827), 120.

ÍNDICE REMISSIVO | 359

França, 35-7, 82-3, 86-7, 94-5, 112-3, 116-9, 121, 130, 132, 134-5, 144-5, 149, 152-3, 155-6, 164, 169, 172, 181-2, 185-6, 189, 192-3, 195, 200, 222, 261-2, 265, 283 e 314.

Franceschini, Alberto (n. 1947), 309.

Francisco de Assis (c. 1181-1226), 76.

Franco, general Francisco (1892-1975), 262.

francos, 59.

Fraticelli, 76.

Frederico II (1194-1250), imperador (1220-1250), 68 e 70.

Friul, 35, 82 e 227.

frutas, árvores frutíferas, 40, 91 e 245.

FUCI (Federazione Universitaria Cattolica Italiana), 255.

Futuristas, 206, 216-7 e 225.

Gaeta, 139.

Galileu Galilei (1564-1642), 89 e 170.

Gante, 79.

Garibaldi, Giuseppe (1807-1882), 134-5, 141, 155-9, 164, 168, 188, 192, 196 e 231.

gás, 46 e 292.

Gava, Silvio (1901-1999), 289.

Gedda, Luigi (1902-2000), 293.

Gênova, 33, 35-6, 38, 63, 66-7, 82, 88, 100, 108, 123, 139 e 300.

Genovesi, Antonio (1712-1769), 107-8 e 112.

Gentile, Giovanni (1875-1944), 205-6, 234, 241 e 259.

Ghiberti, Lorenzo (1378-1455), 78.

Giannone, Pietro (1676-1748), 104.

gibelinos, 69-70.

Gini, Corrado (1884-1965), 246.

Gioberti, Vincenzo (1801-1852), 137 e 145.

Gioia, Giovanni, 289.

Gioia, Melchiorre (1767-1829), 115.

Giolitti, Giovanni (1842-1928), 166, 191, 199, 206-10, 214-7, 222-3, 226, 230, 233, 236, 238, 286 e 288.

Giotto di Bondone (c. 1267-1337), 78.

Giuliano, Salvatore (1922-1950), 277 e 284.

Giussano, Alberto da, 320.

Gladio, 319.

godos, Guerras Góticas, 56.
 ver também ostrogodos; visigodos.

Goes, Hugo van der (m. 1482), 79.

Gonzaga, família, 73 e 79.

governo, local, 156, 162, 166, 191, 307 e 320.

Govone, General Giuseppe (1825-1872), 165.

Grã-Bretanha, britânicos, 36, 94, 113, 117, 121, 123-4, 130, 135, 143, 153, 155, 172, 178, 200, 211, 222, 248, 262, 264, 271, 283, 291, 302 e 314.

Gramsci, Antonio (1891-1937), 227-8, 279 e 284.

Grande Depressão (1929-1933), 246 e 248.

Grandi, Dino (1895-1988), 267.

Grécia, gregos, 33, 35, 38, 128 e 266.

Gregório VII (c. 1020-1085), papa (1073-1085), 26.

greves, 163, 189, 208-9, 211, 225, 241, 266, 270, 278, 300 e 314.

Grimaldi, família, 91.

Guastalla, 100.

guelfos, 69-70.

guerra(s), 28, 36, 56, 68, 82, 85, 87, 101, 130, 245, 253, 257, 259 e 325-6.
 da Crimeia, 153.
 da Independência americana, 111.
 de 1494-1559, 85.
 de 1859, 154-5
 de Sucessão Austríaca, 100.
 de Sucessão Espanhola, 100.
 de Sucessão Polonesa, 100.
 Napoleônica (1796-1815), 130.
 Primeira Guerra Mundial (1914-1918), 216 e 257.
 Segunda Guerra Mundial (1939-1945), 31.

Guerra Civil Espanhola, 262.

guerra comercial (com a França, a partir de 1888), 185, 192 e 202.

Guicciardini, Francesco (1483-1540), 85-6.

Gullo, Fausto, 284.

habitação, 176 e 292.

Henrique VII (1457-1509), rei da Inglaterra (1485-1509), 88.

360 | HISTÓRIA CONCISA DA ITÁLIA

Herder, Johann Gottfried (1744-1803), 132.

Hitler, Adolf (1889-1945), 261-3 e 265.

Hohenstaufen, dinastia, 68-9.

Holanda, 94 e 107.

humanismo, humanistas (Renascença), 80.

Humberto I (1844-1900), rei da Itália (1878-1900), 189 e 196-7.

Humberto II (1904-1983), rei da Itália (1946), 276.

Hungria, 69 e 294.

Hunos, 33.

idealismo, neoidealismo, 205, 241, 249 e 279.

Ignis, 290.

Igreja Católica, catolicismo, 31, 43, 48, 56, 90, 99, 102, 104, 106, 130, 145, 164, 168, 183, 215, 263, 278, 282, 289, 293-4 e 312.

   ver também fascismo; papado; relações da Igreja com o Estado; terras da Igreja.

Illuminati, 111.

Iluminismo, 102-4, 106-9, 111-2, 115 e 132.

IMI (Istituto Mobiliare Italiano), 248.

impostos, tributação, 50, 101-2, 116, 125, 130, 152, 155, 159-60, 162, 242, 286, 320, 323 e 329.

imprensa, jornais, 197, 240, 276 e 328.

indústria, industriais, 45-7, 90, 93-5, 97, 130, 162, 176, 178, 180-6, 190-2, 200-3, 206, 208-212, 220, 240, 242, 263-4, 288, 290-2, 295, 305-6, 314 e 317.

Indústria química, 201, 248 e 290.

Inocêncio III (*c.* 1160-1216), papa (1198-1216), 69 e 121.

Inquisição, 103.

intelectuais, como agentes políticos, 206, 216, 270 e 279.

IRI (Istituto per la Ricostruzione Industriale), 248, 292, 296 e 305.

Isabel I (1451-1504), rainha de Castela, 87.

Isotta Fraschini (empresa), 201.

Ístria, 218 e 223.

Jacini, Stefano (1827-1891), 145 e 170.

jacobinos, 112-3 e 121.

Japão, 291 e 314.

jesuítas, 48, 107 e 124.

João Paulo II (1920-2005), papa (1978-2005), 313.

João XXIII (1881-1963), papa (1958-1963), 294.

jornalismo, jornalistas, 183.

   ver também imprensa.

José II (1741-1790), imperador da Áustria (1780-1790), 107.

Jovem Itália (*Giovine Italia*), 134 e 136.

judeus, 124 e 263.

Judiciário, 147, 277 e 319.

   ver também advogados; tribunais.

Júlio II (1443-1513), papa (1503-1513), 87.

Justiniano, imperador (483-565), 56.

Keynes, John Maynard (1883-1946), 201.

Khrushchev, Nikita (1894-1971), 283 e 294.

La Farina, Giuseppe (1815-1863), 157.

La Marmora, Alfonso (1804-1878), 139.

La Marmora, família, 129.

La Scala, casa de ópera, 202.

La Torre, Pio (1927-1982), 308.

Lácio, 70 e 116.

Lamartine, Alphonse de (1790-1869), 30.

Lancia, 201.

latifúndios (*latifondi*), latifundiários, 55, 57, 96, 195, 211, 234, 243, 273, 285-6 e 288.

   ver também Sul.

Latini, Brunetto (*c.* 1220-1294), 27.

Lazzaretti, Davide (1834-1878), 48.

Leão III (m. 816), papa (795-816), 59.

Leão X (1475-1521), papa (1513-1521), 87.

Legnano, Batalha de (1176), 68 e 320.

Lei Acerbo, 236.

Lei Casati (1859), 180.

lei do divórcio (1970), 302.

leis eleitorais, eleitorado, 162, 170, 185-6, 189, 195, 215, 222 e 288.

leis raciais (1938), 263.

Lentini, Planície de, 38.

Leonardo (revista), 206.

Leopoldo (1747-1792), grão-duque da Toscana (1765-1790), 106.

ÍNDICE REMISSIVO | 361

Leopoldo (1797-1870), grão-duque da Toscana (1824-1859), 141 e 154.

levantes, agitação social, 45, 74, 76, 101, 128, 154 e 164.
   ver também bandidos; revoltas.

liberais (de 1922), *ver* democratas; Esquerda; moderados; Parlamento.

liberalismo (no *Risorgimento*), 135, 137, 144-6, 152, 163-4 e 175.

Líbia, 214, 261 e 266.

Liga das Nações, 261 e 263.

Liga do Norte, *ver* Liga.

Liga Itálica (1454), 82.

Liga, Lombarda (década de 1980), Liga do Norte, 319-23, 325-6 e 328.

Liga Lombarda (criada em 1167), 68 e 320.

Liga pela Instituição do Divórcio (LID), 302.

Ligúria, 116, 178 e 202.

Lima, Salvatore (1928-1992), 289.

língua, dialetos, 51-3, 88, 256-7 e 303.

Livorno, 82, 91 e 93.

livre-comércio, 144, 160, 171, 280 e 291.

Locke, John (1632-1704), 104.

Lockheed, escândalo, 305.

Lombardi, Riccardo (n. 1908), 293.

Lombardia, 41, 46, 72, 90, 97, 102, 123-5, 128, 136, 144, 176, 189 e 202.
   ver também Milão, Ducado de; Planície Padana.

Lombardos, invasões lombardas, 33 e 56-7.

Lomellina, 100.

Londres, 155.

Lorenzetti, Ambrogio (m. 1348), 79.

Lotta Continua, 299-300 e 309.

Luca, 61-2, 67, 76, 88, 91 e 100.

Luís XI (1423-1483), rei da França (1461-1483), 86.

Luís XII (1462-1515), rei da França (1498-1515), 87.

Luís XIV (1638-1715), rei da França (1643-1715), 100.

Luís de Orléans (1372-1407), 82.

Lutero, Martinho (1483-1546), 90.

Mabillon, Jean (1632-1707), 103.

macinato (imposto de munição), 160.

maçons, maçonaria, 108, 111, 113 e 190.

Maffei, Scipione (1675-1755), 104.

Máfia, crime organizado, 165, 258, 273, 277, 285, 306-8, 311, 316, 319 e 324.

Magenta, Batalha de (1859), 154.

Maistre, Joseph de (1753-1821), 108.

malária, 38 e 176.

Malatesta, família, 70 e 72.

Malatesta, Sigismondo (1417-1468), 83.

Maneirismo, 90.

Manfredo (1232-1266), rei da Sicília (1258-1266), 69.

Manifesto, Il, 299-300.

Manin, Daniele (1804-1857), 139 e 148.

Mantegna, Andrea (1431-1506), 79 e 85.

Mântua, 63, 88, 95, 100 e 189.

Manzoni, Alessandro (1785-1873), 136.

Maquiavel, Nicolau (1469-1527), 55, 86, 88 e 170.

Marcas, as, 70, 72, 115, 131, 157, 248 e 314.

Marcha sobre Roma (1922), 231.

Maremma (Romana, Toscana), 38, 97 e 245.

Marinetti, Filippo Tommaso (1876-1944), 206, 216 e 218.

Marinha, 36, 264 e 266.
   Mercante, 37 e 223.

Marsala, 156.

Marselha, 37 e 308.

Marshall, Plano, 281.

Marx, Karl (1818-1883), marxismo, 143, 188, 199 e 298.

Massa, 100.

Massawa, 196.

Matapan, Cabo (batalha, 1941), 266.

Mattarella, Piersanti (1935-1980), 308.

Mattei, Enrico (1906-1962), 292.

Matteotti, Giacomo (1885-1924), crise de Matteotti, 237-8 e 243.

Maximiliano I (1459-1519), imperador (1493-1519), 87.

Mazzini, Giuseppe (1805-1872), 132-9, 141, 143, 146, 148-9, 155, 157, 159, 162, 169, 171, 184, 188, 191-2, 196, 231, 241 e 249.

Medici, Cosimo de' (1389-1464), 74.

362 | HISTÓRIA CONCISA DA ITÁLIA

Medici, família, 74, 79 e 83.

Medici, Gian Gastone de' (1671-1737), grão-duque da Toscana (1723-1737), 100.

Médici, Lourenço de (1449-1492), 80.

Medici, Luigi de' (1759-1830), 130.

Melzi d'Eril, Francesco (1753-1816), 117.

Mercado Comum, *ver* Comunidade Econômica Europeia.

Messina, 99.

Metternich, príncipe (1773-1859), 124 e 132.

migração (interna), 51, 97, 125, 203, 245, 289-90, 293 e 303.

"milagre econômico" (1958-1963), 249, 290 e 292-4.

Milão, cidade de, 33, 37, 56, 61, 63, 72, 79, 95, 135, 138, 170, 172, 196, 202, 206, 289, 300, 308 e 318.

Milão, Ducado de, 82, 87, 95, 99-100, 104, 106, 112 e 115.

milho, 40, 91, 97 e 175.

militar, serviço, recrutamento, 48, 125, 175 e 182.

Militia, fascista (MVSN), 234 e 256.

minerais, recursos, 47.

    ver também carvão; enxofre; ferro; petróleo.

Minghetti, Marco (1818-1886), 186.

Modena, 56, 88, 100, 108, 123, 131 e 153.

moderados (no *Risorgimento*), 128, 134-6, 139, 147, 155, 158, 161, 170 e 196.

monarquistas (desde 1946), 285.

Monferrat, 73 e 95.

Monreale, 66.

Montaigne, Michel Eyquem de (1533-1592), 39.

montanhas, 38-39 e 90.

Montecatini, 201.

Montefeltro, família 70 e 72.

Montefeltro, Federico da (1422-1482), 78.

Montesquieu, Charles-Louis de Secondat (1689-1755), 104.

Moro, Aldo (1916-1978), 310, 312, 319 e 351.

Mosca, Gaetano (1858-1941), 195.

mosteiros, casas monásticas, 57, 60, 150 e 162.

MSI (Movimento Sociale Italiano), 322.

mulheres, 178, 209, 221 (*i*. 27), 254 (*i*. 32), 255 e 282.

Murat, Joaquim (1767-1815), rei de Nápoles (1808-1815), 116 e 123.

Muratori, Ludovico (1672-1750), 104.

Murri, Romolo (1870-1944), 206.

Mussolini, Benito (1883-1945), 212, 217-8, 223, 225, 228, 230-1, 233-4, 236-46, 249-50, 252-3, 255-7, 317 e 325.

Mussolini, Edda (1910-1995), 270.

nacionalistas, Partido Nacionalista, 183, 207, 212-4, 216-7, 223, 225, 234, 236-7, 241 e 257.

Napoleão I, imperador, *ver* Bonaparte, Napoleão.

Napoleão III (1808-1873), imperador da França (1851-1870), 149, 152-6 e 169.

Nápoles, cidade de, 35-8, 57, 59, 70, 87-8, 91, 93, 95, 99, 103, 105, 116, 156-60, 172, 188, 231, 289 e 308.

Nápoles, Reino de, 50, 82-3, 86-7, 93, 96, 100, 107-9, 116, 121, 124-5, 128-31 e 138.

Napoli, Carlo di (1702-1758), 103.

Napolitano, Nicola, 167.

Narses (*c*. 480-574), 56.

nazistas, nazismo, 257, 261 e 269.

    ver também Alemanha; Hitler.

Negri, Toni, 310.

Nenni, Pietro (1891-1980), 282 e 294.

neofascistas (depois de 1945), 296, 303, 308-9 e 322.

Newton, Isaac (1642-1727), 104.

Nice, 123 e 153.

Nicolau II (m. 1061), papa (1058-1061), 64.

Nicolau V (1397-1455), papa (1447-1455), 82.

Nitti, Francesco Saverio (1868-1953), 223.

nobres, nobreza, 64, 68, 70, 72, 74, 91, 97, 99, 101-2, 108, 125 e 165.

    ver também latifúndios; proprietários de terras.

normandos, 38, 64, 66 e 103.

Novara, Batalha de (1849), 146.

Novecento (movimento artístico), 256.

Nuova Camorra Organizzata, 308.

obras públicas, 209.

"ocupação das fábricas" (1920), 226.

ÍNDICE REMISSIVO | 363

ocupação de terras (por camponeses), 226, 234 e 284.

Odoacro (c. 433-493), 56.

Olivetti, Camillo (1868-1943), 209.

Olivetti (empresa), 291.

OPEP (Organização dos Países Exportadores de Petróleo), 305.

Opera dei Congressi, 190.

Opera Nazionale Balilla, 252.

Opera Nazionale Dopolavoro, 253.

Orlando, Vittorio Emanuele (1860-1952), 220, 223, 236 e 238.

ostrogodos, 56.

Otan (Organização do Tratado do Atlântico Norte), 312.

otomanos, Império Otomano, 75, 82-3, 94 e 137.

Otranto, 83.

"Outono Quente" (1969), 300.

"Pacto de Aço" (1939), 265.

Padânia, 322.

Pádua, 63, 78, 82 e 88.

Palaeologi, família, 73.

Palatina, Capela, Palermo, 65.

Palazzeschi, Aldo (1885-1974), 219.

Palermo, 36-7, 59, 66, 128, 138, 143, 165 e 265.

Pallavicino, família, 91.

Paolucci, Scipione, 48.

papado, papas, 28, 56, 59, 63-4, 69-70, 83, 88, 138, 146 e 153.

   ver também Estados Papais; Igreja.

Papini, Giovanni (1881-1956), 206.

Pareto, Vilfredo (1848-1923), 212.

Paris, 67 e 155.

Paris, Conferência de Paz de (1919), 223.

   ver também Versalhes.

Paris, Congresso de (1856), 153.

Parlamento (a partir de 1861), 147-8, 159, 165, 183-6, 189-90, 192-3, 195, 211, 214-5, 217, 228, 230, 234, 277, 315 e 330.

Parlamento (de Piemonte-Sardenha, 1849-1860), 147.

Parlamentos (Idade Média e início da Modernidade), 93 e 104.

Parma, 88, 95, 100, 104, 108, 123, 132, 154 e 189.

Parri, Ferruccio (1890-1981), 270 e 274.

Partido Comunista (PCI), comunistas, 43, 228, 230, 237, 266, 270-3, 277-80, 282-6, 294-5, 299-300, 311 e 317-8.

Partido de Ação (1943-1947), 270-2, 274 e 277.

Partido Democrático de Esquerda (PDS), 318.

Partido Fascista (PNF), 230, 235-6, 239-40, 250, 252, 259 e 267.

Partido Liberal (PLI), 271 e 285.

Partido Radical (PR), 313.

Partido Republicano (PRI), 315.

Partido Revolucionário Socialista da Romanha, 189.

Partido Socialista (PSI), os socialistas, 43, 189-90, 195, 208, 211-5, 217-8, 222, 225-8, 230, 237, 271, 273, 277, 282, 294-5, 299-300, 311-3, 315 e 318-9.

Partito Popolare Italiano (PPI), *Popolari*, 222, 236, 240 e 279.

Pavia, 56, 59 e 90.

Pavia, Batalha de (1525), 87.

Pazzi, família, 75.

Pelágio I (m. 561), papa (556-561), 56.

pelagra, 42 e 176.

Pellico, Silvio (1789-1854), 128.

Pelloux, Luigi (1839-1924), 197 e 208.

pequenos proprietários, pequenas propriedades, 45, 97, 125, 172, 175, 203, 245, 286 e 290.

   ver também camponeses, campesinato.

Persano, Carlo (1806-1883), 157.

Pertini, Sandro (1896-1990), 215 e 319.

Perúgia, 76 e 154.

Peruzzi, família, 66 e 75.

Peste Negra (1348), 75.

Petacci, Claretta (1912-1945), 270.

Petitti, conde Ilarione (1790-1850), 145.

Petrarca, Francesco (1304-1374), 80.

petróleo, 46, 264 e 305.

Piacenza, 55, 61, 63 e 100.

Piemonte (região de), 41, 46, 97, 165, 178 e 202.

Piemonte, Piemonte-Sardenha, Reino de, 37-8, 101-2, 108, 116, 118, 121, 123-4, 128-9, 136, 139, 146-9, 152, 154-5, 159-60 e 183.

364 | HISTÓRIA CONCISA DA ITÁLIA

Piemonte e Saboia, duques de, 73, 88, 95 e 100.

Pinerolo, 100.

Pio VI (1717-1799), papa (1775-1799), 108.

Pio IX (1792-1878), papa (1846-1878), 138, 164 e 169.

Pio X (1835-1914), papa (1903-1914), 215.

Pio XI (1857-1939), papa (1922-1939), 236 e 255.

Pio XII (1876-1958), papa (1939-1958), 294.

Pirandello, Luigi (1867-1936), 191.

Pirelli, Giovan Battista (1848-1932), 209.

Pirelli (empresa), 201.

Pisa, 35, 63, 82 e 106.

Pisacane, Carlo (1815-1857), 43 e 146.

Pisanello (*c.* 1395-1455), 73 e 85.

Pistoia, 82.

Planície de Lentini, 38.

Planície Padana, 37-8, 45-6, 55, 97, 144, 175, 189, 202, 227, 290 e 292.

Pó, rio, 40 e 47.

polícia, *Carabinieri*, 50, 163, 208, 227-8, 239, 269, 276, 293-5, 311 e 313.

Politécnica, Milão, 184.

política externa (geral), 36.

   ver também os países individualmente.

Popolari, ver Partito Popolare Italiano.

popolo (nas comunas medievais), 63, 68, 70, 72 e 74.

população, 41, 43, 63, 75, 83, 94, 101, 125, 171, 200, 216 e 245.

Portinari, Tommaso, 79.

Portugal, 90.

positivismo, 205 e 211.

Potere Operaio, 299-300 e 309.

Praga, 283.

praga, epidemias, 76, 95 e 126.

Prato, 82.

prefeitos, 165, 237, 239, 255 e 276.

Presidi, 100.

Prezzolini, Giuseppe (1882-1982), 206.

Prima Linea, 309.

Primeira Cruzada, 63.

Primeira Guerra Mundial (1914-1918), 216, 223 e 257.

Priuli, Girolamo, 37.

Prodi, Romani (n. 1939), 324-6.

professores, 51 e 180.

   ver também escolas.

proprietários de terras, 94, 96, 123-4, 130, 171, 189, 195, 226, 228, 243 e 286.

   ver também camponeses; latifúndios; nobres; pequenos proprietários.

Prússia, 113, 152, 154, 169, 171 e 182.

Quádrupla Aliança, 124.

"Questão Calabiana" (1854), 149-50.

Radetzky, marechal conde Johann (1766-1858), 138.

radicais (década de 1890), 196.

Ranza, Giovanni (1741-1801), 115.

Rastatt, Tratado de (1714), 100.

Ravena, 56 e 59.

recuperação de terras, 203 e 244.

   "recuperação integral da terra" (*bonifica integrale*), 244.

"refeudalização", 96.

reforma agrária (1950), 289.

Refundação Comunista, 325.

Reggio (Calábria), 95.

Reggio (Emília), 115 e 132.

regionalismo, governo regional, 160, 238, 277, 295, 301, 312 e 322.

relações da Igreja com o Estado (depois de 1860), 164, 169, 171, 190, 215, 234, 255 e 278.

Renascença, 35, 55, 62, 70 e 112.

República Cisalpina, 113 e 116.

República Cispadana, 113.

República de Salò, 269-70, 276 e 325.

República Napolitana (Nápoles, 1799), 116.

republicanos, republicanismo (no século XIX), 115, 134, 137, 155, 157, 165 e 196.

   ver também democratas.

Resistência (1943-1945), 269-70, 272, 309 e 325.

revoltas, revoluções,

   1585 (Nápoles), 93.

   1647 (Nápoles e Palermo), 99.

1674 (Messina), 99.

1820 (Nápoles e Palermo), 127.

1821 (Piemonte), 128 e 132.

1830 (Paris), 132 e 145.

1831 (Itália central), 132.

1848-1849, 141, 143, 146, 149 e 155.

1866 (Palermo), 165.

1968-1969, 300.

ver também levantes; Revolução Francesa.

Revolução Francesa, 108, 111-5 e 193.

Ricasoli, Barão Bettino (1809-1880), 154.

Rimini, 70.

rios, 39, 46 e 91.

Risorgimento, 55, 192, 196, 199, 217, 257, 273, 277, 325 e 330.

Rivola, família, 67.

Robespierre, Maximilien (1758-1794), 115.

Rocco, Alfredo (1875-1935), 214, 235, 241 e 243.

Roma, 35, 51, 55, 57, 59, 69, 86-7, 90, 95, 115, 134, 138-9, 164, 169-70, 172, 190, 231 e 266.

Roma Antiga, 86 e 121.

Romanha, 69-70, 136, 188, 248, 302 e 309.

Romantismo, 126, 132 e 136.

Rômulo Augusto, imperador (475-476), 56.

Rosa dei Venti, 303.

Rossi, Alessandro (1819-1898), 178.

Rossi, Pellegrino (1787-1848), 139.

Rossini, Gioachino (1792-1868), 136.

Rossoni, Edmondo (1884-1965), 236 e 243-4.

Rousseau, Jean-Jacques (1712-1778), 111.

Rubens, Peter Paul (1577-1640), 92.

Rucellai, família, 75.

Ruffo, cardeal Fabrizio (1744-1827), 116 e 121.

Rússia, 121, 153, 195 e 225.

ver também União Soviética.

Russolo Luigi (1885-1947), 219.

Saboia, duques de, *ver* Piemonte e Saboia.

Saboia, região de, 117, 123 e 153.

Sacro Império Romano, 60, 68 e 86.

ver também cada imperador individualmente.

Salandra, Antonio (1853-1931), 216, 222, 230-1, 236 e 238.

Salaparuta, 119.

Salerno, 37, 59 e 61.

ver também svolta di Salerno.

Salò, República de, 269-70, 276 e 325.

Salutati, Coluccio (1331-1406), 80.

Saluzzo, 95.

Salvemini, Gaetano (1874-1957), 206 e 217.

Santarosa, Santorre di (1783-1825), 128.

Sardenha, 38, 46, 50, 86-7, 124 e 277.

Sardenha, Reino da, *ver* Piemonte, Piemonte--Sardenha.

Sarfatti, Margherita (1880-1961), 250 e 256.

Saviano, Roberto (n. 1979), 330.

Savonarola, Girolamo (1452-1498), 78 e 86.

Scaglione, Pietro (1906-1971), 308.

Scala, família della, 72.

scala mobile, 282.

Sciascia, Leonardo (1921-1989), 311.

Scott, Sir Walter (1771-1832), 135.

Scrovegni, Reginaldo (m. após 1289), 78.

seda, 41, 46, 91, 94-5, 97, 178 e 201.

Sedan, Batalha de (1870), 169.

Segni, Antonio (1891-1972), 295.

Segunda Guerra Mundial (1939-1945), 31.

Sella, Quintino (1826-1884), 144, 160 e 169.

separação Norte-Sul, 37, 190, 273, 276, 292, 295-6, 306-7 e 328-9.

separatismo, siciliano, 277 e 285.

Serao, Matilde (1856-1927), 180.

Serpieri, Arrigo (1877-1960), 244.

Serrati, Giacinto (1876-1926), 226.

serviço de saúde, 312.

ver também bem estar.

Serviços Secretos (depois de 1945), 295-6, 304-5 e 311.

Sforza, Francesco (1401-1466), 80.

Sforza, Ludovico (1452-1508), 79.

Sicília, 33, 35, 46, 50, 56-7, 64, 66, 68, 73, 86-8, 90, 117, 125, 139, 155-7, 163, 165, 195, 200, 257, 267, 276-8 e 306.

ver também Nápoles, Reino de.

Siena, 76 e 79.

signorie (na Renascença), 72.

366 | HISTÓRIA CONCISA DA ITÁLIA

Sílabo dos Erros (1864), 164.

sindicatos, sindicalistas, sindicalismo, 209, 217, 223, 225, 227, 235, 243-4, 270, 281, 300-1 e 314.

Siracusa, 33.

Sironi, Mario (1885-1961), 219.

sistema de seguro, Estado, 209 e 249.
ver também bem-estar.

Sisto IV (1414-1484), papa (1471-1484), 83.

Smiles, Samuel (1812-1904), 162.

socialismo, socialistas, 183, 186, 188, 190, 195, 205, 207 e 225.
ver também Partido Socialista.

Sociedade Nacional Italiana, 155.

sociedades de auxílio mútuo, 188.

sociedades secretas, facções (no *Risorgimento*), 121 e 127-8.

Soffici, Ardengo (1879-1964), 206.

Solferino, Batalha de (1859), 154.

Sonnino, Sidney (1847-1922), 172, 176 e 196.

Spenser, Edmund (*c.* 1552-1599), 88.

Spinola, família, 91.

Stalin, Josef (1879-1953), 271, 283 e 294.

Starace, Achille (1889-1945), 250 e 274.

Statuto, 138, 146-7, 159, 162 e 238.

Stendhal (Henri Beyle) (1783-1842), 37.

Strozzi, família, 75 e 85.

Sturzo, Don Luigi (1871-1959), 222, 236, 279 e 285.

Sublime Perfect Masters, 127.

Suez, Canal de, 37.

Sul, condições sociais e econômicas no, 37-41, 50-1, 91, 96-7, 117, 119, 144-5, 160, 164-5, 171, 176, 180, 185, 203, 205, 211, 216, 244-6, 273-4, 282, 284-5, 289-90, 296-7, 315 e 318.
ver também Nápoles, Reino de; separação Norte-Sul.

Surrey, Henry Howard, conde de (*c.* 1517-1547), 88.

svolta di Salerno (1944), 271.

Tanassi, Mario, 305.

tangentopoli, escândalo de, 318 e 322.

Tanucci, Bernardo (1698-1783), 107.

Taranto, príncipe de, 73.

tarifas, 102, 130-1, 155, 160 e 186.
ver também comércio.

Teano, 158.

telégrafo, 36, 184 e 206.

televisão, 280, 303, 323, 326 e 328.

Teodorico (*c.* 454-526), 56.

Terni (usina de aço/siderúrgica), 186.

Terra di Lavoro, 99.

Terranova, Cesare (1921-1979), 308.

terras comunais, 106 e 160.
ver também feudalismo.

terras da Igreja, venda de, 115, 118 e 160.

terrorismo, 189, 273, 299, 302, 308-9 e 311.

têxteis, indústria têxtil, 74, 91, 152, 160, 178, 201 e 281.

Thomas, William (m. 1554), 28.

Tirol, sul (Alto Ádige), 218, 223 e 277.

Togliatti, Palmiro (1893-1964), 271, 274, 278-9 e 294.

Tolentino, Batalha de (1815), 123.

Torrigiani, família, 93.

Toscana, 40, 46, 50-1, 90, 97, 183, 227, 245 e 302.

Toscana, grão-duque da, 88, 91, 97, 100, 106, 113, 115-6, 138 e 144.

Toscanini, Arturo (1867-1957), 43.

Toynbee, Arnold J. (1889-1975), 26.

trabalhadores, na indústria, 74, 76, 178, 208-11, 225-7, 243-4, 271-2, 281, 292 e 300-1.

"transformismo" (parlamentar), 186 e 189-91.

Tratado
de Aix-la-Chapelle (1748), 100.
de Campoformio (1797), 113.
de Cateau-Cambrésis (1559), 88.
de Latrão (1929), 255 e 278.
de Paz (1947), 274 e 283.
de Rastatt (1714), 100.
de Versalhes (1919), 261.

Trento, 73 e 223.

Treves, Claudio (1869-1933), 209 e 211.

Treviso, 82.

tribunais, 68 e 103.
ver também advogados; Judiciário.

Í N D I C E R E M I S S I V O | 367

Tribunal Constitucional, 277.
Trieste, 283.
trigo, 94, 97, 99, 185 e 246.
Tríplice Aliança, 193 e 216.
Tuccia, Niccolò della, 78.
Túnel do Fréjus, 37.
Tupamaros, 309.
Turati, Augusto (1888-1932), 239.
Turati, Filippo (1857-1932), 211.
Turiello, Pasquale (1836-1902), 193.
Turim, 61, 159, 201, 227, 266, 289, 292 e 298.
turismo, 201.

Uberti, família, 67.
Ucrânia, 94.
Úmbria, 50, 70, 116 e 302.
União Eleitoral Católica, 215.
União Soviética, 248, 266, 280, 294, 317-8 e 325.
  ver também Rússia.
universidades, 80, 88, 144, 182, 199, 298 e 329.
Urbino, 70, 78 e 88.

Valle d'Aosta, 277.
Valtellina, 95.
Vasari, Giorgio (1511-1574), 79.
Vêneto, 35, 72, 113, 115, 157, 169, 183, 215, 218, 248 e 314.
Veneza, 33, 35-7, 57, 61, 63-4, 67, 73-4, 82-3, 87-8, 91, 93, 95, 100, 108, 113, 123, 128, 136, 139 e 141.
Verdi, Giuseppe (1813-1901), 136.
Verona, 82 e 95.
Verri, Pietro (1728-1797), 105 e 112.
Versalhes, Tratado de (1919), 261.
Vésperas sicilianas (1282), 70.
Vespúcio, Américo (1454-1512), 27.
Vicenza, 82.
Vico, Giambattista (1668-1744), 112.
Viena, Acordo de Paz de (1815), 123.
Vietnã, 298.
vilas, cidades, 45, 55, 59-63, 125, 172, 203 e 292.
Villafranca, príncipe de, 102 e 119.
Vinci, Leonardo da (1452-1519), 85 e 91.

vinhos, vinhedos, 94, 97, 125 e 185.
Visconti, família, 72 e 82.
Visconti, Matteo (1250-1322), 72.
Visconti, Valentina (1366-1408), 82.
visigodos, 33.
Vitor Amadeo II (1666-1732), rei de Piemonte-Sardenha (1720-1732), 100.
Vítor Emanuel I (1759-1824), rei de Piemonte-Sardenha (1802-1821), 123.
Vítor Emanuel II (1820-1878), rei de Piemonte-Sardenha (1849-1861); rei da Itália (1861-1878), 51, 146-7, 150-1, 153-7, 159, 170 e 192.
Vítor Emanuel III (1869-1947), rei da Itália (1900-1946), 239.
Vittorio Veneto (1918), 222.
Voce, La, 206.
Volpe, Gioacchino (1876-1971), 207.
Voltaire (François-Marie Arouet) (1694-1778), 104.
Volterra, 82.

Wyatt, Sir Thomas (1503-1542), 88.

Young, Arthur (1741-1820), 41 e 106.

Zancaruol, Giuliano, 85.
Zanussi (empresa), 290.
Zollverein, 135.

Este livro foi impresso pela Gráfica Rettec
em fonte Minion Pro sobre papel Pólen Bold 70 g/m²
para a Edipro no verão de 2024.